El juicio de Madame Caillaux

EDWARD BERENSON

El juicio de Madame Caillaux

Traducción de Carmen Cañedo y Luis Arias

Epílogo a la edición española

Una crítica del oportunismo en la Belle Époque

SANTIAGO EGUIDAZU

avarigani
EDITORES

A Catherine

Primera edición en español: diciembre de 2018

Título original: *The trial of Madame Caillaux*
Primera edición: University of California Press, 1993

Traducción: Carmen Cañedo y Luis Arias
Edición: Lorena Arigita

Imprime: Gráficas Geranios, S.A.
Deposito legal: M-40926-2018
ISBN: 978-84-948740-1-7

Obra publicada bajo acuerdo con Sandra Dijkstra Literary Agency y Sandra Bruna Agencia Literaria.

Impreso en España

CONTENIDOS

Relación de imágenes

Agradecimientos

Una gran cantidad de individuos e instituciones me han ayudado en la gestación de este libro. Fue una beca del Fondo Nacional de Humanidades para el Estudio e Investigación durante 1986-87, la que me ha permitido un año completo dedicado a la escritura y la investigación. Estoy muy agradecido a quienes posibilitaron la concesión de la beca y han mostrado interés por mi trabajo: Kay Voyatzis, Mayben Herring y Mary T. Chunko. Después, ha sido una beca de investigación de Humanidades del Rectorado de la Universidad de California la que me permitió contar con el tiempo adicional para completar el libro. También pude beneficiarme de los Fondos de Viaje y Asistencia a la Investigación por parte del Senado Académico de la UCLA.

La mayor parte de la investigación de esta obra la realicé en la Biblioteca Nacional de París y, a pesar de las frustraciones ocasionales propias de una institución mastodóntica como ésta, cualquier historiador, especialmente si es un historiador extranjero, sólo puede estar agradecido por la suerte de acceder a la incomparable colección documental allí custodiada. Durante mis frecuentes viajes a París, mi familia y yo disfrutamos de la extraordinaria hospitalidad de nuestros amigos Marie-Laurence y Jean Netter. Su generosidad hizo mucho para facilitar nuestra estancia en París y su amistad resultó de lo más gratificante durante todo este tiempo. También agradezco a Marie-Laurence por ayudarme a pulir mi escritura en francés y por compartir conmigo su interesante estudio sobre la política francesa contemporánea.

En cuanto a la cuestión editorial y de publicación, es difícil imaginar que alguien pueda encontrar mejor editor que Sheila Levine de la Editorial University of California Press, cuya plena identificación con la Historia hace que trabajar con ella sea todo un placer. Agradezco a Sheila por encontrar un sitio a mi libro en Berkeley tan rápidamente. Agradezco también a Rose Vekony por cuidar mi manuscrito durante el proceso editorial y a Edith Gladstones por la magnífica edición de la obra. Gracias especiales a Geri Thoma de la Biblioteca Elaine Markson, su consejo y apoyo me han ayudado mucho a lo largo de este camino.

Numerosos amigos y colegas han leído partes o todo el libro en manuscrito y sus contribuciones han ayudado considerablemente a este trabajo. Mis agradecimientos a Elinor Accampo, Judith Coffin, Nancy Fitch, Carlo Ginzburg, Ruth Harris, Steven Hause, Ted Margadant, Patricia O'Brien, Karne Offen, Hans Rogger y Debora Silverman. Me he beneficiado, también, del trabajo previo de otros numerosos historiadores y espero que mis notas al pie y referencias textuales hagan suficiente justicia a las deudas intelectuales que he contraído con ellos.

Pero, con mucho, la mayor de mis deudas la tengo con mi mujer, Catherine, cuya brillantez como escritora, editora y lectora me ha auxiliado de muchas más maneras de las que pudiera expresar. Ella leyó cada palabra de cada capítulo, a menudo varias veces y debo decir que su crítica fue impagable para entender el proceso legal en sí. Le agradezco por obligarme a escribir mejor y a pensar más intensamente. Aunque la mentalidad y los campos de trabajo a los que se dedica Catherine sean la sicología y las relaciones hombre-mujer, reconozco que en estos temas me ha enseñado e inspirado tanto como con el ejemplo de su escritura. Nuestra hermandad intelectual es sólo una parte de nuestra vida junto a la de nuestro hijo Jimmy, lo que me hace sentir profundamente afortunado. Este libro está dedicado a ella.

Prólogo

El 16 de marzo de 1914, a las seis en punto de la tarde, Henriette Caillaux se hizo avisar por el ujier del despacho de Gaston Calmette, editor de *Le Figaro*. El último visitante que tuvo Calmette, el novelista Paul Bourget, le había advertido que no la recibiera; tan repentina petición para que fuera atendida resultaba, cuando menos, extraña. Durante los tres meses anteriores, el periódico conservador de Calmette había atacado al marido de Henriette, Joseph Caillaux, antiguo primer ministro y cabeza del izquierdista partido Radical, mediante una campaña de libelos y con el asesinato público del personaje. Todo un montaje innoble hasta para los extremadamente laxos parámetros éticos de la Tercera República. Esta campaña había alcanzado su punto más ruin el 13 de marzo de 1914, cuando Calmette violó el único canon más o menos respetado con cierta seriedad entre los medios parisinos de comunicación, al traspasar la línea roja con la publicación de la correspondencia privada del político. El artículo de primera plana del 13 de marzo de 1914 de *Le Figaro*, reproducía, casi en su totalidad, una carta íntima que Joseph Caillaux había escrito unos trece años antes a la dama que acabaría siendo después su primera mujer (Henriette era la segunda). La carta contenía evidencias del doble juego político de Joseph y terminaba, además, con una comprometedora firma amorosa, *«Ton Jo»* («Tu Joey»). Al reproducir este documento, el editor Calmette añadió a sus desmedidos ultrajes lanzados contra Caillaux, el del ridículo. La carta hería a Joseph y a Henriette allí donde más daño provocaba y donde les hacía más vulnerables en el clima moral que se vivía en 1914: sus turbulentos pasados personales.

A pesar de la virulencia de la insoportable campaña de Calmette, el editor, como testificaría más tarde Bourget, recibió a Madame Caillaux con total afabilidad. Calmette gozaba, entre los círculos literarios parisinos donde ejercía una considerable influencia[1], de fama reconocida por su habitual galantería. Y, aunque él estaba a punto de provocar el divorcio de esta dama tras casi veinte años de matrimonio, no podía sino tratar a la esposa de su principal enemigo con la consideración debida a una señora de su posición. «No puedo rehuir a esta mujer», le dijo Calmette a Bourget minutos antes de que recibiera a la tan elegantemente vestida visitante[2].

1 Marcel Proust, cuyo manuscrito de *Por el Camino de Swann*, había sido rechazado por todos los editores, dedicó su gran obra a Gaston Calmette después de que éste convenciera a Grasset para que lo publicara. La dedicatoria dice:
«A Monsieur Gaston Calmette
Como testimonio de mi profunda
Y afectuosa gratitud.
Marcel Proust».

2 En todo caso, eso fue lo que Bourget afirmó que Calmette le había dicho según su testimonio en el juicio de Madame Caillaux. Transcripción de *Le Figaro*, 22 de julio de 1914. Todas las traducciones del francés son hechas por mí, salvo que se diga otra cosa en la nota.

Madame Caillaux lucía un abrigo de pieles sobre un vestido largo, quizás un atuendo demasiado formal para una cita de negocios hecha a última hora de la tarde. Su sombrero resultaba discreto y un manguito de piel unía las dos mangas del abrigo. Las manos de Henriette permanecían ocultas dentro del manguito. Antes de que Calmette hablase, ella le preguntó: «¿sabe usted por qué he venido?», «Pues no, Madame», respondió el editor, educado hasta el final. Sin mediar ninguna otra palabra, Henriette sacó su mano derecha del manguito protector. En el puño llevaba una pequeña pistola, una Browning. Se efectuaron seis disparos a toda prisa y Calmette cayó al suelo apretándose el vientre. Los trabajadores de *Le Figaro* que ocupaban los despachos de al lado, acudieron rápidamente y sujetaron a Madame Caillaux. Poco podían hacer ya por su patrón aunque ninguno albergaba dudas sobre lo ocurrido. Habían detenido a la asesina, con la pistola aún humeante en la mano. No obstante, «No me toquen», ordenó a sus captores. «Je suis une dame!»[3].

3 Ver el relato en *Gil Blas*, 7 de abril de 1914, así como las transcripciones de los tres primeros días del juicio impresas en *Le Figaro, Le Temps*, *Le Petit parisien* y en la mayoría de los restantes diarios parisinos entre el 21 y el 23 de julio de 1914. Debido a que todos quienes estuvieron presentes en los hechos que siguieron inmediatamente al disparo –incluida Madame Caillaux- los describen casi en los mismos términos, me he permitido la libertad de presentar esta parte de la narración no como una «recreación» de lo que ocurrió sino como los mismos hechos en sí. Para estos primeros momentos y para los siguientes que saldrán en los demás capítulos, me encuentro en deuda permanente con algunas excelentes narraciones del caso Caillaux. Ver Paulette Houdyer, *L'Affaire Caillaux... ainsi finit la belle époque* (Les Sables-d'Olonne: Editions le cercle d'or, 1977); Benjamin F. Martin, *The Hypocrisy of Justice in the Belle Époque* (Baton Rouge: Louisiana State University Press, 1984); John N. Raphael, *The Caillaux Drama* (London: Max Goschen, 1914); Peter Shankland, *Death of an Editor: The Caillaux Drama* (London: William Kimber, 1981); Charles-Maurice Chenu, Le procés de Madame Caillaux (Paris: Favard, 1960).

Instintivamente, los empleados del periódico aflojaron un poco a su presa mientras Henriette intentaba dar una explicación de lo que acababa de hacer: «Porque no hay justicia en Francia...». Pero antes de que lograra acabar su frase, una voz anónima la cortó con un impaciente «¡Cállese!». Un médico cercano examinó a Calmette a toda prisa y cuando el cuerpo quedó depositado en una camilla, la policía se dispuso a sacar de allí a Henriette. No obstante, no llegaría a entrar nunca en el furgón policial y avisó a los gendarmes presentes de que su coche y su chófer se encontraban al pie de las escaleras y que iría a la comisaría montada en su propio vehículo. Madame Caillaux podía ser una asesina, pero era también una dama de la alta sociedad; los oficiales atendieron a su requerimiento. Con la policía detrás custodiándola, Madame Caillaux fue llevada a la Jefatura donde el *commisaire*, formalmente, la acusó de asesinato.

Cuatro meses después, tras una dilatada investigación previa y una publicidad nunca vista, se abrió el juicio de Madame Caillaux en una decorada sala del Tribunal Penal -*Cour d'assises*[4]- de París. Fue el día 20 de julio de 1914, justo dos semanas antes de que toda Europa estallase en guerra. La situación diplomática ya resultaba muy amenazante para quienes se atrevían a asomarse a ella; sin que la mayor parte de los europeos lo supieran, las cosas iban a ir peor a medida que el asunto se embrollaba irremediablemente. A mitad de la celebración del juicio, los altos mandos serbios habían recibido una nota diplomática austriaca que

4 La *Cour d'assises* estaba reservada para los delitos más graves que, a menudo, llevaban asociada la pena de muerte.

suponía que el inicio de las hostilidades armadas en los Balcanes serían sólo una cuestión de poco tiempo. A petición de Alemania, Austria había preparado un ultimátum cuyas condiciones resultaban tan implacables, que forzaron irremediablemente a Serbia a entrar en una guerra balcánica en la que los Altos Mandos austriaco y alemán se disponían a luchar[5] desde hacía tiempo.

Mientras, el presidente francés Raymond Poincaré, desconocedor del ultimátum austriaco que se había estado preparando durante semanas, viajaba a San Petersburgo a reforzar su alianza con el gobierno ruso que era a la vez aliado de Serbia. Los austriacos sabían que Poincaré intentaba partir desde Krondstadt en ruta hacia Noruega a última hora del día 23 de julio y retrasaron, a propósito, la entrega del ultimátum hasta que el presidente francés dejara suelo ruso. Austria y Alemania querían a Poincaré –y al primer ministro René Viviani, que viajaba junto a él- aislado en medio del mar e imposibilitado de actuar diplomáticamente durante los seis días que duraba el viaje de vuelta hasta Francia. Privada del liderazgo francés, austriacos y alemanes suponían que la Triple Entente (Inglaterra, Francia y Rusia) se encontraría en dificultades para responder eficazmente a la situación que Berlín tenía esperanzas de dirigir[6].

5 Sobre el ultimátum y los hechos que llevaron a la declaración de guerra austríaca hacia Serbia, ver L.C.F. Turner, *Origins of the First World War* (London: Edward Arnold, 1970), cap. 5. Ver también la conocida consideración de Fritz Fischer sobre el interés alemán en promover un ultimátum hacia Serbia que fuera imposible de aceptar por parte de ésta en *Germany's Aims in the First World War* (New York: Norton, 1967), pp. 61-72.

6 John F. V. Keiger, *France and the Origins of the First World War* (London: Macmillan, 1983), p. 147.

Así, en este momento de grave peligro internacional, los líderes franceses se encontraban tan al margen de la escalada de la crisis como la ignoraban los parisinos. Con Poincaré y Viviane en medio del mar e inaccesibles a la prensa diaria, los periodistas franceses quedaban libres para desinteresarse de la impresionante crisis internacional –una crisis de la que la mayor parte de sus lectores querrían estar al tanto, de algún modo-. En vez de dar a la cuestión diplomática la atención que requería, los periódicos se centraron intensamente en el caso Caillaux para crear la ilusión de que, en realidad, no sucedía nada más. Tan obsesiva fue la prensa francesa en su fascinación por el caso Caillaux que Roger Martin du Gard hizo de esta fijación el argumento de un episodio decisivo dentro de su novela histórica *Les Thibault. L'eté 1914* (1936). En ella, Martin du Gard narraba la frustración de su héroe Jacques Thibault, políticamente muy concienciado, incapaz de encontrar en cualquier periódico francés importante la más mínima referencia a la situación diplomática. «La historia del juicio de Caillaux», confiesa el narrador, «ocupaba la primera plana de casi todos los diarios»[7]. Durante esta última crucial semana de julio de 1914, la opinión pública francesa estaba preocupada no por el clima creciente de guerra sino por el juicio de Madame Caillaux.

Los parisinos siguieron ávidamente el caso a través de los diarios con más tirada, periódicos que no sólo reproducían las transcripciones literales del juicio sino que las comentaban extensamente, puesto que las po-

7 Roger Martin du Gard, *Les Thibault, vol. 3, L'eté 1914* (Paris: Gallimard, 1936), p. 269.

sibilidades dramáticas que brindaba el mismo no se le escapaba a ninguno de los editores en cuestión. El caso Caillaux fue el primer juicio en la historia de Francia en que declaró desde el presidente de la República a otros muchos poderosos y notorios miembros de la sociedad francesa. Incluyendo a dos antiguos primeros ministros, a ministros de distintos gabinetes, a miembros del Parlamento, a directores de influyentes periódicos, a expertos médicos, a celebridades literarias y a brillantes intelectuales. El debate en la sala estaría capitalizado, en buena medida, por dos de los abogados más famosos del caso Dreyfus. Fernand Labori, que había defendido tanto a Émile Zola como al propio Dreyfus, representaba ahora a Madame Caillaux, mientras que el distinguido veterano nacionalista, Charles Chenu, tomó partido por la familia Calmette. Se hizo así, en conformidad con el código judicial francés, que permite que haya una representación de abogado acusador en la sala de justicia, además del fiscal, para los delitos de asesinato, actuando en nombre de la familia de la víctima (la parte civil –*partie civile*-).

Desde el arranque del juicio, el hecho central del asesinato de Calmette no fue motivo alguno de discusión. Henriette Caillaux jamás negó que realizó los disparos y varios testigos así lo confirmaron. Pero en los interminables procedimientos de los días siguientes ella, a pesar de todo, se declararía firmemente inocente.

Desde el mismo asesinato hasta el comienzo de la Primera Guerra Mundial, la prensa parisina atizó, incansable, las llamas de este peculiar juicio. Los periodistas lo denominaron «el juicio del siglo» y sus titulares llamaron la atención no sólo de los parisinos sino también del mundo entero. Los alemanes lo consideraron como el ejemplo más increíble de la frivolidad francesa en un momento como ése de crisis internacional. La prensa británica se sintió muy feliz por poder contar los detalles de otro escándalo parisino más, lo que le permitía mantener su habitual tono de superioridad moral. En cuanto a los corresponsales americanos, adoptaron una prosa aséptica aunque ligeramente teñida de hostil desaprobación hacia los Caillaux.

En París, el juicio sería narrado por los mejores *chroniqueurs* de la capital, dibujado por un ejército de artistas y fotografiado por multitud de semanarios ilustrados. Hasta que el 27 de julio, un descanso del tribunal dejara sin noticias, la crisis diplomática no comenzaría a rivalizar en las portadas con Madame Caillaux. Y hasta el 29 de julio, sólo tres días antes de la movilización general por la Guerra, periódicos tan importantes como *Le Petit parisien*, *L'Echo de Paris* y *Le Temps* dedicaron más espacio en sus portadas al tema que a las hostilidades del extranjero[8].

El propio ambiente de la *Cour d'assises* contribuía a conseguir una atmósfera teatral que hacía que los relatos de la prensa resultaran aún más irresistibles. Defensores, fiscales, testigos y hasta el mismo juez que presidía dirigieron largos soliloquios al jurado que pretendían alcanzar también a la opinión pública[9]. Al efectuar

8 Jean-Jacques Becker, *1914: comment les Français sont entrés dans la guerre* (Paris: Presses de la Fondation nationale des sciences politiques, 1977), pp. 131-135.

9 Por las excelentes descripciones de cómo funcionaba la *Cour d'assises*, ver Eugène Sice, *Dictionnaire d'assises* (Paris: Librairie générale de droit et de jurisprudence, 1938); Jean Cruppi, *La cour d'assises* (Paris: Calmann-Lévy, 1898); Robert Gaston, *Le code pratique et expliqué du jury criminel* (Carhaix: Imprimerie du peuple, 1914).

sus discursos, apenas sufrieron limitaciones restrictivas de tipo legal o procedimental. No sólo los abogados franceses tuvieron la oportunidad de explicarse con total largueza –la declaración inicial de Madame Caillaux duró toda una tarde- sino que ejercieron el mismo derecho al replicar el testimonio de los otros testigos. Además, acusado, fiscal, la acusación particular y el resto de abogados disfrutaron, en palabras del experto legal Eugène Sice, de la «más absoluta libertad», «sin límite alguno» para presentar evidencias y hacer preguntas a los testigos cuando lo creyeron necesario y sin que importase mucho que esto constituyera una difamación hacia sus personas. No se pidió tampoco a los abogados que avisaran a la parte contraria o al mismo juez que presidía la sala, antes de presentar nuevas evidencias en el juicio; los defensores, habitualmente, sostuvieron sus alegaciones con documentos y pruebas que eran desconocidas para la parte contraria. En cuanto terminó la intervención de la defensa en el juicio, la acusación no pudo responder a las nuevas evidencias, aunque éstas resultasen dudosas[10].

En cuanto a los poderes del juez supremo de la *Cour d'assises*, según Sice, fueron «ilimitados hasta el extremo». El presidente poseía el derecho, que ejercitó con frecuencia, de interrogar a la defensa –o a cualquier otro testigo- por el tiempo que deseara; mostrándose totalmente dispuesto a llevar a cabo su prerrogativa de que no hubiera nadie más importante que él en su sala. Ya, en un caso notorio, sucedido en 1879, un presidente de Sala había llegado hasta acusar públicamente a un abogado de «añadir mentiras a la infamia» y fue por ello

10 Sice, *Dictionnaire d'assises*, pp. 230-231.

exculpado después por la Corte de Casación (*Cour de Cassation*. Una especie de corte suprema) que alegó que no había sobrepasado en ningún momento los límites de su autoridad. Veinticinco años más tarde, otro presidente consideró adecuado interrogar a Marguerit Steinheil, acusada en un célebre caso de asesinato, durante tres días completos[11].

Pero, a pesar de los amplios poderes que disfrutaba cualquier presidente de sala, estos no eran absolutos. No podía llamar al orden en la sala a no ser que pudiera demostrar que alguien hubiese provocado un tumulto en ella. Pero lo cierto, es que la *Cour d'assises* se encontraría casi siempre en un estado permanente de tumulto –nada más explosivo que un tribunal en el que acusado, abogados, testigos y juez se podían decir de todo a todos y con total impunidad-, convertida en ingobernable aun para un presidente de sala dispuesto a mantener a raya a los abogados sin importarle las consecuencias. Por más que el presidente de sala dispusiera de amplio poder, allí tenía que enfrentarse a abogados que disfrutaban de prerrogativas tan amplias como las suyas, una situación que provocaría paralizaciones procedimentales y confrontaciones para las que no contaba con autoridad suficiente como para resolver[12].

De esta forma, la *Cour d'assise*, con su cacofonía de voces a todo trapo, su falta de control de los pro-

11 E. Debois, *Des fonctions du président de la cour d'assises* (Poitiers: Lévrier, 1912), pp. 80-83. Los jueces hicieron bastante más que presidir simplemente las sesiones; realizaron muchos de los interrogatorios y, a menudo, lo hicieron de forma agresiva. De hecho, los defensores franceses tenían que afrontar a un trío de acusadores: el juez, el fiscal y las acusaciones privadas contratadas por la *partie civile*.

12 Para los procedimientos judiciales y la ley francesa, ver Martin, *Hypocrisy of Justice*.

cedimientos y de las normas de presentación de las pruebas, se encontraba a años luz de cualquier sosegada y disciplinada sala legal propia del sistema judicial anglo-americano. La corte francesa parecía casi concebida para representar un drama teatral; a veces hasta se podía representar un espectáculo más convincente que cualquiera de los que proporcionaba el teatro. El espectáculo se efectuaría, además, no sólo para el público de la sala sino para toda una amplia audiencia nacional informada del acontecimiento por la incontrolable prensa sensacionalista.

El caso Caillaux, además de que produjo una enorme conmoción, invitaba a tomar partido. La prensa se mostró totalmente parcial a la hora de buscar culpables o de analizar la causa. En general, los periódicos de derecha y de centro sostenían que el asesinato obedecía al deseo de Joseph Caillaux por silenciar a su enemigo político, mientras que los periódicos radicales (centro-izquierda) y socialistas afirmaban que había sido la campaña de libelos de Calmette la que empujó a Henriette Caillaux a una locura pasajera. Los politizados lectores, a resultas de todas estas interpretaciones, se dividían conforme a sus convicciones. Para la derecha, Madame Caillaux era una asesina a sangre fría que actuó a instancias de su marido; para la izquierda, era sólo la víctima de una maquinación política que sobrepasaba con mucho a la presunta influencia ejercida sobre la mujer.

Esta lectura política de la actuación de Madame Caillaux alcanzaría su verdadero sentido en el enrarecido contexto político de 1914. Joseph Caillaux era uno de los más poderosos –y controvertidos- políticos con multitud de enemigos que esperaban aprovecharse de lo que inmediatamente sería conocido como el *Affaire Caillaux*. Por su parte, amigos y correligionarios, se esforzaban por minimizar los posibles daños causados en su grupo político por el mismo.

Desde 1914, la mayor parte de las interpretaciones históricas sobre el caso Caillaux han seguido similares pautas partidistas a las esgrimidas por uno u otro bando. Los relatos de la derecha han considerado culpable a Henriette Caillaux, mientras que los de la izquierda han tendido a absolverla de la responsabilidad en su actuación[13]. A menudo resulta interesante y, a veces, es totalmente crucial volver a reconsiderar los alegatos de un juicio sonado simplemente para revivirlos o, incluso, para revisar el testimonio y la decisión final sobre la base de aparición de una nueva prueba o de nuevas técnicas de investigación pericial. Pero en el caso de Madame Caillaux, opinar o asignar otra vez culpabilidades resultaría algo totalmente inútil; no hay ninguna nueva prueba significativa que solucione de una vez para siempre las todavía ambiguas interpretaciones. Lo que de verdad hace que el caso Caillaux siga teniendo importancia está en relación directa con sus documentos –el registro estenográfico del testimonio, los debates periodísticos, los documentos archivísticos- que nos permiten un acercamiento a las esferas de la cultura y de la política de la *Belle Époque* que de otra manera resultaría muy difícil. Esta «hermosa época» entre 1890 a 1914, ha sido crucial en la historia reciente, porque bajo la capa superficial hecha de elegancia aristocrática y prosperidad burguesa se encuentran las condiciones

13 Los mejores relatos pertenecen a Chenu, *Le procès de Madame Caillaux*; René Floriot, *Deux femmes en cour d'assises* (Paris: Hachette, 1966); Houdyer, *L'Affaire Caillaux*; Martin, *Hypocrisy of Justice*.

de una crisis moral y cultural que abriría las puertas a la guerra más brutal que jamás había conocido Europa hasta entonces[14].

La importancia de las personas y de los temas que intervinieron en el juicio de Madame Caillaux, no constituye sólo una ventana abierta a la historia política y cultural del periodo como ningún otro caso judicial lo fue, sino una parte crucial y hasta creadora de esa historia. En mis intentos para interpretar el verdadero significado de este juicio, casi un siglo después, he tenido en cuenta no sólo los contenidos de su testimonio y de las categorías de las ideas en torno a él, sino que también he procurado discernir las formas en que este testimonio nos ayudaría a formar –o al menos a cristalizar- las percepciones culturales y políticas de quienes estaban

14 Uno de los libros recientes más útiles sobre la historia política y social de la *Belle Époque* es el de Madeleine Rebérioux, La république radicale? 1898-1914 (Paris: Seuil, 1975). La traducción al inglés que hizo J.R. Foster, *The Third Republic from Its Origins to the Great War, 1871-1914*, incluye el artículo de Jean-Marie Mayeur Les debuts de la IIIe République (Paris: Seuil, 1973). Para una visión del periodo considerablemente más optimista que la de Rebérioux, ver Eugen Weber, France: Fin de Siècle (Cambridge, Mass.: Harvard University Press, 1986). Un excelente relato general desde la Tercera República hasta la Gran Guerra es el que proporciona, R.D. Anderson, *France, 1870-1914: Politics and Society* (London: Routledge and Kegan Paul, 1977). En *France 1815-1914* (New York: Oxford University Press, 1983), Roger Magraw dedica algunos interesantes capítulos a este periodo, al igual que Theodore Zeldin en *France, 1848-1945, vol. 1* (Oxford: Clarendon Press, 1973). Dos biografías de políticos señalados iluminan este periodo, la de Pierre Sorlin, *Waldeck-Rousseau* (Paris: A. Colin, 1966); y la de Harvey Goldberg, *The Life of Jean Jaurés* (Madison: University of Wisconsin Press, 1962). Todavía siguen vigentes los trabajos clásicos de Jacques Chastenet sobre este periodo: *La Belle Époque* (Paris: Fayard, 1949*); La France de Monsieur Faillières* (Paris: Fayard, 1949) y *Histoire de la Troisième République*, vols. 3 y 4 (Paris: Hachette, 1955). Sobre las intentonas, abortadas, de reforma social, ver Judith F. Stone, *The Search for Social Peace: Reform Legislation in France, 1890-1914* (Albany: State University of New York Press, 1985) y Sanford Elwitt, *The Third Republic Defended: Bourgeois Reform in France, 1880-1914* (Baton Rouge: Louisiana State University Press, 1986).

siguiendo el caso. Al abordar un discreto pero a la vez trascendental acontecimiento político desde un campo más amplio y globalizador como es el de la cultura, analizo la forma en que los hombres y las mujeres francesas percibieron algunos de los aspectos más fundamentales de su propia cultura: el significado del crimen y la criminalidad, la legitimidad del liderazgo político, las cambiantes concepciones de masculinidad y feminidad, las relaciones entre nación y familia, entre padres y dirigentes, las diferencias entre moral e inmoral, lo justo y lo injusto y entre actos honorables o deshonrosos.

Desde hace algunos años, los historiadores medievalistas y los dedicados a la Alta Edad Moderna de Europa vienen utilizando los registros de los juicios, tanto religiosos como civiles, para explorar aspectos culturales y sociales ocultos por la falta de cualquier otro documento escrito sobre los mismos. Este tipo de investigación se ha hecho famoso gracias a Emmanuel Le Roy Ladurie, Natalie Zemon Davis y Carlo Ginzburg quienes formaron la vanguardia del giro historiográfico que condujo desde la errónea percepción dominante de la historia económica y social como *histoire total* a lo que luego se llamaría la *histoire microscopique*; esto es, un acercamiento al pasado hecho a través de un exclusivo acontecimiento o de un único personaje utilizados como paradigmas[15]. Este cambio, proveniente de la historia

15 Emmanuel Le Roy Ladurie, *Montaillou: The Promised Land of Error*, traducción de Barbara Day (New York: Penguin Books, 1978); Natalie Zemon Davis, *The Return of Martin Guerre* (Cambridge, Mass.: Harvard University Press, 1983); Carlo Ginzburg, *The Cheese and the Worms: The Cosmos of a Sixteenth-Century Miller*, traducción de John y Anne Tedeschi (New York: Penguin Books, 1982). Ver también algunos otros importantes trabajos de «microhistoria»: Judith Brown, *Immodest Acts: The Life of a Lesbian Nun in Renaissance Italy* (New York: Oxford University Press, 1986); Pietro Redondi, *Galileo Heretic-Galileo*

social y antropológica, no se ha hecho sin dificultades, desde luego, pero nos ha permitido vislumbrar elementos de las creencias religiosas, de la vida familiar, de las prácticas sexuales y del poder político que de otra manera se habrían perdido irremediablemente.

Curiosamente, esta nueva microhistoria se ha limitado casi en exclusividad a la historia medieval y a la de la Alta Edad Moderna. Es posible que esto haya sucedido así por la influencia de la antropología cultural –una disciplina volcada en las sociedades primitivas- sobre

eretico (Princeton: Princeton University Press, 1986); Joseph Shatzmiller, *Shylock Reconsidered: Jews, Moneylending, and Medieval Society* (Berkeley: University of California Press, 1990). Otros trabajos en esta misma línea –aunque no se centren en asuntos judiciales- son los de Georges Duby, *Le dimanche de Bouvines* (Paris: Gallimard, 1973) y Robert Danton, *The Great Cat Massacre, and Other Episodes in French Cultural History* (New York: Basic Books, 1984). Muchos de los americanos que se dedican a la microhistoria han sido influidos por el famoso ensayo de Clifford Geertz, «Deep Play: Notes on the Balinese Cockfight» de su libro *Interpretation of Cultures* (New York: Basic Books, 1973). El estudio de Geertz, aunque tan atacado hoy por los antropólogos que lo consideran insuficientemente «dialéctico», sigue siendo, no obstante, fundamental para los historiadores culturales. Para el asunto de la crítica a Geertz, ver George E. Marcus y Michael M. J. Fischer, *Anthropology as Cultural Critique: An Experimental Moment in the Human Sciences* (Chicago: University of Chicago Press, 1986); Steven Webster, «Dialogue and Fiction in Ethnography», *Dialectical Anthropology* 7 (1982). Ver también Aletta Biersack, «Local Knowledge, Local History: Geertz and Beyond», en Lynn Hunt, ed., *The New Cultural History* (Berkeley: University of California Press, 1989). Las investigaciones de microhistoria citadas al principio resultaron muy encomiadas cuando aparecieron por vez primera, luego han sido objeto de revisiones críticas. Sobre la crítica a Ginzburg, ver Dominick LaCapra, *History and Criticism* (Ithaca: Cornell University Press, 1985), cap. 2. El trabajo de Natalie Davis es tema de un prolongado ataque desde las posiciones positivistas en la obra de Robert Finlay «The Refashioning of Martin Guerre», *American Historical Review* 93, nº 3 (junio de 1988); un reto del que Davis salió bien parada con su respuesta «On the Lame», *American Historical Review*, 93, nº3 (junio de 1988). Finalmente, Thomas Kuehn en «Reading Microhistory: The Example of Giovanni and Lusanna», *Journal of Modern History* 61, nº3 (septiembre de 1989), ofrece una útil e instructiva crítica de la obra de Gene Brucker y de la microhistoria en general.

la emergente historia antropológica dedicada casi en exclusividad a los periodos históricos más antiguos. El asunto Caillaux demuestra claramente, no obstante, que los historiadores del pasado reciente pueden también utilizar procesos judiciales claves para abordar temas culturales y políticos a menudo oscurecidos en las narrativas de periodos históricos más amplios. Entre una *grande histoire* de importantes acontecimientos públicos y una *petite histoire* de sucesos particulares y personales sin importancia, tiene su sitio la *histoire microscopique*, como ésta, a fin de iluminar los vínculos cruciales que se establecen entre las relaciones de género y el conflicto político, entre el drama familiar y la alta política, entre el honor personal y la lealtad política. Además, la sociedad parisina resulta particularmente dotada para dichos análisis microscópicos porque el centralismo francés aglutinó en la capital estatal los diversos elementos que conforman la compleja sociedad moderna: gobierno, comercio, industria, tribunales, vida intelectual, alta sociedad y Prensa. En este denso entorno urbano, un hecho singular como el caso Caillaux que tocaba tantos aspectos entrelazados de la intensa vida de París, nos permite abrir ahora nuevas visiones sobre los lazos establecidos entre la política y la cultura. A diferencia de muchos de los juicios de la época medieval y de la Alta Edad Moderna, el caso de Henriette Caillaux ha dejado un registro documental completo en las transcripciones verbales del proceso llevado a cabo en la sala. Los funcionarios estenógrafos registraron cada palabra del testimonio del caso y los principales periódicos de París publicaron estas transcripciones en su totalidad. Así, excepto por algún error tipográfico ocasional o alguna omisión involuntaria, periódicos como *Le Figaro* y el semigubernamental *Le Temps* proporcionan un exacto registro de cada sesión en la que intervinieron el juez, la acusada, los testigos y los distintos abogados a lo largo del juicio[16].

Esto no significa, desde luego, que las transcripciones constituyan el juicio propiamente dicho. Un juicio, en sí mismo, constituye un acontecimiento oral y visual a la vez en el que el tono de voz, la expresión facial, los silencios y los gestos ayudan a estructurar el significado de lo que se dice. También las reacciones del público y la temperatura emocional de la cámara contribuyen a ello. Hay que mencionar que las transcripciones recogen algunas de estas señales y sonidos, especialmente los que se refieren a las reacciones del público y a ciertos gestos dramáticos tales como los desmayos de Madame Caillaux pero comentarios como «alteraciones en la sala» difícilmente traslucen las tensiones y el drama que un incidente judicial pudo evocar. Ni tampoco lo logran los incontables comentarios periodísticos que intentaban describir la atmósfera de la *Cour d'assises* y aledaños, la apariencia de la acusada, las actitudes de los jueces, el aspecto y el estilo de los testigos y abogados. Estos relatos completan mucho de lo que no sale en las transcripciones pero debemos considerarlos con sumo cuidado porque, inevitablemente, dibujan unos retratos con palabras, aunque desde su particular punto de vista.

Docenas de fotógrafos y dibujantes contribuyeron con sus imágenes sobre la sala publicadas en diarios y semanarios ilustrados, a nuestro sentido de

16 Las transcripciones originales estenográficas no están disponibles.

lo visual, ausente en las transcripciones escritas. Sin embargo, no pueden ser consideradas como unas representaciones fidedignas del propio juicio. Los editores decidían qué imágenes debían utilizarse y cuáles ignorarse. Sus decisiones se basaban, en parte, sobre la manera en que los fotógrafos habían interpretado el asunto. Si el editor era hostil a Madame Caillaux, no iba a publicar una fotografía que la presentara envuelta en un aura de simpatía. Los periodistas no podían, no obstante, determinar completamente lo que sus lectores verían –y cómo lo verían- porque los fotógrafos y dibujantes ofrecían a menudo información visual crucial con resultados imprevistos por el propio artista o por su editor. En el grabado reproducido aquí (figura 1), *L'Illustration* quizás sólo quiso retratar a Madame Caillaux testificando en el tribunal. Pero lo que de verdad revela, seguramente sin intención alguna, es la composición abrumadoramente masculina de la sala. Madame Caillaux permanece crudamente como una mujer sola hablando frente a un mar de caras masculinas con bigotes, como una mujer indefensa sometida a su mirada, abierta a su escrutinio. A nosotros, los lectores de finales del siglo XX, la foto señala la inevitable presencia del condicionamiento de género presente en este caso.

Como apuntan todas estas observaciones, las transcripciones nos sirven como una representación *textual* del juicio, completada a su vez con los comentarios que las rodean y con las imágenes que las ilustran. Aunque no puedan reconstituir el juicio como tal, los documentos nos procuran un medio excelente para analizar las realidades reveladas –y producidas- por este célebre caso.

Fig. 1. Madame Caillaux textifica ante un tribunal exclusivamente masculino. El señor Chenu, tercero por la izquierda en la fila de abajo, es el abogado de la familia Calmette; en el centro, el hombre de pelo blanco es el señor Labori, abogado de Henriette Caillaux (*L'Illustration*, 25 de julio de 1914).

Dada la naturaleza de mis fuentes, su interés histórico, y a fin de ofrecer una versión textual del juicio, he desarrollado mi narración ajustándola a la del propio proceso judicial. Cada capítulo corresponde (con una única excepción)* a un solo día del juicio y al individuo que dominó en ese día, bien a través de su propio testimonio o bien a través del testimonio de los otros. Cada capítulo aborda también el asunto o el conjunto de asuntos fundamentales del día. En su estructura cronológica, el libro sigue escrupulosamente el orden del juicio, con la importante licencia de que en cada capítulo me muevo hacia atrás –o hacia adelante, a veces- en el tiempo y en el espacio para poder interpretar mejor los significados de los asuntos planteados en cada uno de los días. Este acercamiento

* El capítulo VI, que corresponde a los días sexto y séptimo del juicio.

narrativo entronca en la línea de la «descripción densa» –corriente creada por la antropología cultural- en un intento de examinar el caso de Madame Caillaux como una manifestación de significados que ayudan a explicar no sólo los avatares del juicio sino la clave de los conflictos culturales e ideológicos en los que estuvo inmerso[17].

Aquellos conflictos ideológicos y culturales, así como otros muchos fenómenos políticos y culturales, forman el contexto del juicio, los aspectos que rodean la vida y pensamiento que dio forma a lo que ocurrió en la sala y a la que el mismo juicio aportaría un nuevo significado. Partes de este contexto las construyo desde las fuentes primarias; el resto se debe a las contribuciones de numerosos historiadores y a otros investigadores cuyos trabajos iluminan e informan al mío[18]. Mi narración histórica, así, está, necesariamente, vinculada a las suyas pero no solamente de una manera textual, como proponen los postestructuralistas[19]. Si

17 «Descripción densa» –*Thick description*- es, desde luego, una aproximación interpretativa que sigue los principios marcados por Clifford Geertz en su artículo «Thick Description: Toward an Interpretive Theory of Culture», en *Interpretation of Cultures.* Una aproximación ejemplar para entender los casos de asesinatos en los que estuvieron implicadas mujeres en el contexto social y cultural de su época, es la de Mary S. Hartman, *Victorian Murderesses* (New York: Schocken Books, 1977).

18 Todos estos investigadores irán saliendo en las notas siguientes. Aquí, me gustaría señalar en particular la deuda que tengo contraída con los trabajos de Jean-Claude Allain, Jean-Jacques Becker, Claude Bellanger, Jean-Denis Bredin, Ruth Harris, Steven C. Hause, Paulette Houdyer, Gerd Krumeich, Joan B. Landes, Benjamin F. Martin, Anne Martin-Fugier, Annelise Maugue, Arno J. Mayer, Claire Goldberg Moses, Robert A. Nye, Karen Offen, Michael B. Palmer, Michelle Perrot, Joan W. Scott, Debora L. Silverman, Bonnie G. Smith, Judith F. Stone y Bertram Wyatt-Brown.

19 Ver Robert F. Berkhofer, «The Challenge of Poetics to (Normal) Historical Practice», *Poetics Today 9*, nº.2 (1988) para el debate que mantuvo con Roland Barthes sobre su libro *S/Z* (New York: Farrar, Straus and Giroux,

consideramos la Historia como es, al menos en parte, el conocimiento del pasado a resultas de una investigación realizada y evaluada conforme a los parámetros de una disciplina académica altamente desarrollada, entonces podemos referirnos al contexto histórico que existe «fuera del texto»[20]. Ese contexto comprende un conjunto de hallazgos sobre el pasado –siempre provisional, incompleto y moldeado, necesariamente, por el lenguaje- efectuado desde el presente por la comunidad de historiadores y de lectores[21].

1974 , en el que renunciaba fácilmente a la posibilidad de que la evidencia histórica y la narración histórica pudieran referirse de verdad a una realidad pretérita. Similar desacuerdo mantiene David Harlan, «Intellectual History and the Return of Literature», *American Historical Review 94*, nº3 (junio de 1989). Una crítica teórica brillante y contundente a la vez tanto a Berkhofer como a Harlan es la de Lionel Gossman, «Towards a Rational Historiography», *Transactions of the American Philosophical Society 79*, nº 3 (1989).

20 Para una acrítica discusión sobre la tesis de Jacques Derrida, que sostiene que «no hay nada fuera del texto», ver E.M. Henning, «Archaelogy, Deconstruction, and Intellectual History» en Dominick LaCapra y Steven L. Kaplan, eds. *Modern European Intellectual History* (Ithaca: Cornell University Press, 1982). Para un interesante análisis de los problemas del texto y del contexto, ver Dominick LaCapra, «Rethinking Intellectual History and Reading Texts» en *Modern European Intellectual History*; Dominick LaCapra, *Rethinking Intellectual History: Texts, Contexts, Language* (Ithaca: Cornell University Press, 1983), pp. 26-27, 84-117; LaCapra, *History and Criticism*, pp. 81-86. El sentido de las relaciones entre el texto y el contexto en el pensamiento de LaCapra es tan complicado que fácilmente uno puede preguntarse, tal y como hace John F. Toews, si «la teoría de la densidad lingüística y la complejidad de textos, contextos y sus aparentes relaciones circulares resulta de alguna posible utilidad como aclaración o guía para la práctica historiográfica». Ver John F. Toews, «Intellectual History after the Linguistic Turn: The Autonomy of Meaning and the Irreducibility of Experience», *American Historical Review 92*, nº.4 (octubre de 1987), p. 886.

21 Aquí sigo los planteamientos de Gossman en «Towards a Rational Historiography». A pesar de las muchas críticas recientes que ha recibido de historiadores y de la disciplina histórica, especialmente de aquellos más influidos por la teoría literaria francesa, Gossman pulveriza sus argumentos de manera sólida cuando se refiere a lo que los historiadores hacen en realidad no sólo cuando escriben sus obras sino cuando planifican sus investigaciones, inte-

Como el personaje central de este juicio es una mujer, un aspecto crucial de su contexto es la forma en que los relatores del periodo (mayoritariamente hombres) consideraban a las mujeres y especialmente a las criminales. El género resulta siempre «una útil categoría de análisis histórico»[22], fundamental para la mejor comprensión del caso Caillaux y de la sociedad que determinó su veredicto final. Durante la *Belle Époque*, las preocupaciones sobre el significado de la masculinidad y de la feminidad surgieron de manera particularmente intensa en el momento en que los hombres, como grupo, se esforzaban en hacer valer la existencia de diferencias jerárquicas naturales entre los dos sexos. Esta fijación francesa en cuanto al género –y también al matrimonio, el divorcio y la familia- era consecuencia en buena medida de los temores que siguieron a la derrota del país a manos de Prusia en 1870 y de una percibida decadencia del poder francés que los analistas del momento achacaban a la decadencia moral y a las cambiantes relaciones entre los sexos. Si Francia era débil, algo admitido de manera común por todos, su debilidad provenía del creciente déficit demográfico producido por la emancipación de las mujeres, la legalización del divorcio y la castración o afeminamiento de los hombres.

---

gran y evalúan el trabajo de los demás, revisan y conceptúan de nuevo su labor a la vista de nuevas evidencias y un autoexamen crítico. Ver también el interesante debate de James T. Kloppenberg sobre la valoración de la investigación histórica basada en lo que denomina «hermenéutica pragmática»: «Objectivity and Historicism: A Century of American Historical Writing», *American Historical Review 94*, nº4 (octubre de 1989).

22 Joan W. Scott resalta su importancia en un reciente e influyente artículo titulado «Gender: A Useful Category of Historical Analysis». Ver su obra *Gender and the Politics of History* (New York: Columbia University Press, 1988), cap. 2.

Durante la *Belle Époque*, la vida privada y la pública, la sexualidad y el nacionalismo, la cultura y la polítíca confluyeron en la cuestión del género. Muchos de los más acuciantes asuntos políticos –especialmente sus temores y obsesiones sobre una potencial guerra contra Alemania- fueron expresados habitualmente como aspectos de una agudizada guerra entre sexos. Ciertamente, la historia política estuvo «formulada en el campo del género» tal y como Joan Scott sostiene de forma tan acertada[23]. El *Affaire Caillaux* forma parte de esta historia de género que debería ser contada[24].

23 Scott, «Gender», p. 49. Hoy en día contamos con una extensa lista de títulos sobre género y sociedad en la Francia del siglo XIX. Entre los que más me han resultado provechosos, destacan Steven C. Hause, Women's *Suffrage and Social Politics in the French Third Republic* (Princeton: Princeton University Press, 1984); Anne Martin-Fugier, *La bourgeoise: femme au temps de Paul Bourget* (Paris: Grasset, 1983), Annelise Maugue, *L'identité masculine en crise* (Paris: Rivages, 1987); Claire Goldberg Moses, *French Feminism in the Nineteenth Century* (Albany: State University of New York Press, 1984); Karen Offen, «Depopulation, Nationalism, and Feminism in Fin-de-siècle France», *American Historical Review 89*, nº3 (junio de 1984); Michelle Perrot, ed., *Une histoire des femmes est-elle posible?* (Paris: Rivages, 1984); Bonnie G. Smith, *Ladies of the Leisure Class* (Princeton: Princeton University Press, 1981).

24 Aunque debiera decir «parte» de la historia de género, porque los registros documentales reflejan el indudable sesgo masculino de su época. Debido a que la mayoría de los escritores de este periodo estuvieron más interesados en los hombres que en las mujeres, más en la esfera masculina de la política y los negocios y menos en la esfera femenina del hogar y la reproducción, nosotros sabemos mucho más de los personajes masculinos de este drama que de los femeninos. Por lo tanto, mis análisis sobre Joseph Caillaux y Gaston Calmette resultan más densos y más completos que los que he hecho sobre Henriette Caillaux y Berthe Gueydan, la primera mujer de Joseph Caillaux. He procurado compensar esta descompensación documental, pero la insuficiencia de información sobre la infancia y los pasados familiares de las dos mujeres impondrían unos límites insalvables a mis esfuerzos.

I. Henriette Caillaux y el crimen pasional

La señora Caillaux era, según su propia descripción, una «bourgeoise». Sus padres vivían holgadamente en la ciudad de Rueil, no muy lejos de París. Creció con la esperanza de un matrimonio temprano y conveniente. Henriette consiguió esto a la edad de diecinueve años, momento en el que se mudó directamente de la casa de sus padres a la de su marido, Leo Claretie. Doce años mayor que ella, Claretie escribía para *Le Temps* y tenía una modesta reputación de hombre de letras. La pareja tuvo dos hijos, sin los que, Henriette afirmaba, el matrimonio no hubiera durado tanto como duró. En 1908, tras catorce años juntos, Henriette le pidió a Leo el divorcio. Se había unido sentimentalmente con Joseph Caillaux un año antes, y Leo permitió que su vínculo terminara de inmediato. Sin embargo, no cabía la posibilidad de un matrimonio rápido con Caillaux; él estaba aún casado con Berthe Gueydan, su mujer desde hacía menos de dos años. Berthe se mostró más reacia a abandonar a su esposo que Claretie, y consiguió retrasar el matrimonio de Henriette y Joseph hasta octubre de 1911[25].

Una vez que Henriette hizo realidad su sueño de casarse con Joseph Caillaux, todo estaba arreglado. O al menos todo debería haber estado bien, declaró ella el primer día del juicio, «si nuestras vidas no hubieran estado envenenadas por las calumnias»[26]. Había encontrado en su matrimonio con Caillaux «la más completa felicidad». Se había visto bendecida con un marido que se preocupaba por ella, una hija[*], y una vida doméstica excepcionalmente agradable. Juntos, ella y Joseph tenían propiedades heredadas e inversiones valoradas en más de millón y medio de francos, situándolos entre las familias más ricas del país. Disfrutaban, según ella dijo, «de una gran fortuna que nos permitía vivir con gran comodidad»[27]. La fotografía de la figura 2, tomada mucho antes del *Affaire Caillaux*, representa ese ambiente con una mirada de felicidad y serenidad.

* Su segundo hijo había muerto en 1908 a los nueve años.

25 *Le Petit parisien*, 20 de julio de 1914; Jean-Claude Allain, Joseph Caillaux. Le défi victorieux, 1863-1914 (Paris: Imprimerie nationale, 1978), 1:79-85.

26 *Le Petit parisien*, 20 de julio de 1914

27 Ibíd.; Allain, Caillaux 1:47. Para la consideración de la posición privilegiada en la cada vez más jerárquica pirámide de riqueza, ver Adelaine Daumard, Félix-Paul Codaccione, Georges Dupeux, Jacqueline Herpin, Jacques Godechot y Jean Sentou, *Les fortunes françaises au XIXe siècle* (Paris: Mouton, 1973).

Fig. 2. Henriette Caillaux en una pose muy sencilla durante el inicio de su matrimonio con Joseph Caillaux (*L'Illustration*, 21 de marzo de 1914).

Por desgracia para la feliz pareja, había demasiados esqueletos guardados en sus armarios para que la dicha durase. La arrogancia política de Joseph le había creado innumerables enemigos y las relaciones prematrimoniales adúlteras de la pareja permitían a los oponentes proyectar sus ataques políticos en términos morales. Según se desarrollaba el juicio, la derecha pudo condenar la posición política de Caillaux, no en sus propios términos, sino como el producto inevitable de la corrupción de valores.

El adulterio, el divorcio, la riqueza, el escándalo y la alta política de altura: he aquí los ingredientes de un melodrama de la vida real que se desarrollaría poco a poco a finales de 1914, entre sesión y sesión judicial. Los parisinos, con su gusto por el espectáculo, su adicción al folletín, no podían perdérselo. Y puesto que el sistema legal francés prácticamente no ponía freno a la prensa, los editores y los columnistas no dudaban en comentar ampliamente cualquier aspecto del juicio de la señora Caillaux. Los periódicos raras veces esperaron a la decisión del jurado antes de declarar a un acusado culpable o inocente y, en el caso de la señora Caillaux, emitieron su juicio mucho antes de que el juicio comenzara. Durante la instrucción previa al juicio, un procedimiento similar a nuestra instrucción ultra secreta del Gran Jurado, la prensa publicó casi todas las pruebas presentadas incluso aunque hacer eso resultase, estrictamente hablando, ilegal. Por tanto, mucho antes de que empezara el juicio el 20 de julio de 1914 en la sala de lo penal de París, el caso de Henriette Caillaux ya había sido juzgado minuciosamente en la sala de la opinión pública.

En este ambiente de absoluta libertad periodística, la prensa francesa tenía más poder para moldear el resultado de los juicios -especialmente los juicios que implicaban sexo y política y acusados como la señora Caillaux- que la prensa de otros países. «Los británicos nunca habrían permitido a la prensa opinar tan ampliamente sobre un asunto subjúdice», declaró el *Mercure de France* en un artículo sobre el *Affaire Caillaux*. Nunca les permitirían a los periodistas «influir en el veredicto y publicar los documentos clave del juicio. Todo esto constituiría para ellos un delito de "desacato al tribunal", que es rigurosamente castigado»[28].

Una vez que el juicio empezó realmente, los periodistas estaban cada vez más ansiosos por narrar y comentar, puesto que el elenco de personajes representaba prácticamente a la más completa élite social y política de la Tercera República. Y, puesto que la prensa concentraba tanta atención en el caso Caillaux, las distintas partes del

28 *Mercure de France*, 16 de julio de 1914, análisis de John N. Raphael, «El Drama de Caillaux» (London: Max Goschen, 1914).

caso sacaron toda la ventaja posible de una publicidad sin precedentes. Los Caillaux y sus oponentes sabían que lo que decían y hacían en la sala moldearían la presentación del caso en la prensa y con ello la percepción que el público tendría de sus declaraciones. Quizá, además, eran conscientes de que los reportajes de la prensa afectarían también al jurado, a cuyos miembros no se les impedía hablar con su familia o amigos de su caso o leer sobre él[29]. En efecto, los jueces de Francia, hombres en su mayoría cultos pero no independientes provenientes de la clase media y media baja, presenciaban los juicios dos veces[30]. Lo oían primero dentro de la sala de justicia como miembros de la sala de lo penal y, más tarde, fuera, como parte del público lector influenciado por el énfasis y las interpretaciones del periodismo de masas. Leyendo los periódicos podían revivir -y revisar- las impresiones que se habían formado el día anterior.

29 Raphael, *The Caillaux Drame*, pág. 298. Los tribunales franceses tenían el derecho de prohibir a los jurados hablar sobre los casos fuera de la sala del tribunal y recibir información sobre ellos, pero en la práctica raras veces hacían uso de ese derecho. Véase Eugène Sice, *Dictionnaire d'assises* (Paris: Librarie générale de droit et de jurisprudence, 1938), pág. 178.
30 Jean Cruppi, *La Cour d'assises* (Paris: Calmann-Levy, 1898), pag. 21-28. Una lista típica de 1.500 posibles jurados para la *Cour d'assises* del Sena (Paris) incluía, Cruppi descubrió, 849 (56% del total) pequeños comerciantes, artesanos, representantes de ventas empleados comerciales asalariados; 281 (19%) particulares que vivían de los ingresos de alquiler o de las inversiones; 174 (12%) miembros de profesiones liberales, funcionarios e ingenieros; 64 (4%) personas jubiladas; 57 (4%) arquitectos; 53 (3%) médicos, veterinarios y farmacéuticos; y 22 (1%) artistas. Esta lista de posibles jurados no incluía personas de la élite ni a obreros. El jurado del juicio Caillaux reproducía la lista típica, cuestionando la afirmación de Le Figaro (17-18, 22 de mayo de 1914) de que los funcionarios lo habían alterado en nombre de Caillaux. Los doce miembros del jurado de Caillaux incluían 7 (58%) comerciantes y artesanos; 2 (17%) inversores; 2 (17%) funcionarios; y 1 (8%) arquitectos. La lista de jurados para el juicio Caillaux se publicó en el *Journal des débats*, el 21 de julio de 1914.

De ahí que cuando el juez Albanel le pidió a la señora Caillaux que le contara al jurado «todo lo que le parezca sea de provecho para usted», ella sabía que tendría la oportunidad de hablar sin restricciones no sólo al tribunal sino a toda la nación[31]. Como se pueden imaginar, Henriette Caillaux tenía mucho que decir, y procedió a declarar durante varias horas, interrumpida únicamente por las esporádicas preguntas del juez. Un orador hábil podía aprovecharse considerablemente de tal libertad oratoria, y Henriette hizo un buen uso de su capacidad.

Dado que la señora Caillaux admitió haber disparado y matado a Gaston Calmette, su defensa tuvo que centrarse en las circunstancias atenuantes, insistiendo en que no se la debería considerar responsable del asesinato. La apuesta era arriesgada ya que, si el jurado declaraba a Henriette Caillaux responsable, sería sometida a cadena perpetua con trabajos forzados o incluso a la pena de muerte. Si, por el contrario, lograba convencer a los doce magistrados de que sus emociones o las acciones de otras personas la habían tornado en una persona que no podía ser considerada completamente responsable, en ese caso, bajo la justicia francesa los miembros del jurado podrían optar por emitir un veredicto de «culpable con circunstancias atenuantes». Tal veredicto la salvaría de la pena capital o de la cadena perpetua, pero conllevaría una sentencia mínima de cinco años de cárcel con trabajos forzados. De la única manera que Henriette Caillaux podía evitar completamente la condena era convenciendo al jurado de que las circunstancias en torno al día 16 y las de ese mismo

31 *Le Petit parisien*, 21 de julio de 1914.

día habían sido tan atenuantes que exigían un veredicto de «no culpable»[32]. Puesto que Henriette admitió haberle disparado a Calmette, tal veredicto no sería fácil de conseguir. Toda su declaración iba, no obstante, encaminada hacia la consecución de este fin. Para conseguirlo, se presentó como la víctima de pasiones fuera de control, como una mujer que se había vuelto irresponsable a causa de unas emociones mucho más fuertes que su voluntad. Aseguraba que unos impulsos incontrolables habían silenciado las indicaciones normales de la consciencia, haciéndola perder el control sobre sus propias acciones. La campaña de Calmette contra su marido -y también contra ella misma- había trastornado a Henriette hasta el punto de dejar que sus nervios la dominasen libremente aunque fuera por poco tiempo. Por lo tanto, no era responsable de lo que había hecho; el suyo era un crimen pasional.

Al dar tales explicaciones, la señora Caillaux apelaba a dos niveles, distintos pero relacionados. Por una parte, evocaba el viejo discurso romántico que consentía, incluso idealizaba, a las mujeres regidas por sus pasiones. Y por otra parte invocaba al nuevo lenguaje científico que concedía un papel poderoso, incluso determinante, al sistema nervioso y al inconsciente. De esta manera, la señora Caillaux iba de un lado para otro en su declaración entre la imagen literaria y la científica del crimen de pasión, apelando al jurado como si fuera una heroína de emociones incontrolables y a los expertos como si fuera una víctima de las leyes deterministas

32 Sobre las leyes francesas y los castigos para el asesinato véase Benjamin F. Martin, *The Hypocrisy of Justice in the Belle Époque* (Baton Rouge: Louisiana State University Press, 1984), pág. 205; Peter Shankland, *Death of an Editor: The Caillaux Drame* (Londres: William Kimber, 1981), pág. 149.

de la Naturaleza. Juntos los dos discursos aumentaban aún más sus posibilidades de absolución. La literatura convertía a la mujer de pasiones ingobernables en un personaje familiar y empático, mientras que la psicología criminal la colocaba más allá de la ley[33].

Los editores y periodistas franceses comprendieron los esfuerzos de la acusada por presentarse a sí misma como una heroína apasionada, como la trágica autora de un *crime passionnel,* por lo que incluso cuando describían sus modales y su apariencia hacían todo lo que podían por debilitar o respaldar la imagen que ella misma había tratado de crear. Por su aspecto físico, los periódicos conservadores interpretaban que era culpable, mientras que los de la izquierda, generalmente, apelaban al sufrimiento, el patetismo y la pasión de su aspecto. En la descripción inicial que publicó el rotativo derechista y anti-Caillaux *L'Illustration* de la señora Caillaux, les pedía a sus lectores que se imaginaran a una jugadora muy cuidadosa que medía cada una de sus palabras y no a una víctima enajenada o a una mujer dominada por los sentimientos. Para el cronista de

33 Sobre la defensa del crimen pasional como melodrama romántico, véase Ruth Harris, *Murder and Madness: Medicine, Law and Society in the Fin de Siècle* (Oxford: Clarendon Press, 1989), pág. 213-28. Sobre la modalidad melodramática del discurso en sí mismo, véase Peter Brooks, *The Melodramatic Imagination: Balzac, Henry James, Melodrama and the Mode of Excess* (New Haven: Yale University Press, 1976). En un artículo reciente sobre el famoso caso pre-revolucionario del conde de Sanois, Sara Maza subraya el punto hasta el que el abogado defensor de Sanois, Pierre Luois de Lacretelle, redactó su escrito de forma melodramática -un estilo de escritura que destacaba en «lenguaje hiperbólico, fuertes emociones, y polarización moral», un estilo «democrático» diseñado para transmitir significados inmediatamente accesibles incluso a los espectadores más ignorantes. Véase Sara Maza, «Domestic Melodrama as Political Ideology: The Case of the Comte de Sanois», *American Historical Review 94*, núm. 5 (diciembre 1989): 1257-59.

L'Illustration, la forma de vestir de Henriette revelaba su insensible banalidad de carácter, un carácter que no merecía compasión:

Su silueta. Soberbiamente envuelta en negro iluminado sólo ligeramente por los cabellos rubios que asoman bajo su sencillo sombrero con penacho, es la de una mujer joven, discretamente elegante. Es la silueta de una «bourgeoise», usando la expresión de la señora Caillaux, pero de una burguesa sin carácter ni distinción. Resulta una persona neutra con sus ojos inexpresivos, su nariz fina, sus labios finos, su perfil grueso... el timbre de su voz ligeramente cascada. Su voz, aunque un poco dura a veces, errática, staccato, medida, no muestra ninguna de esas irrupciones repentinas que revela la emoción, la pasión o el dolor. Tras su exposición no hay espontaneidad sino mucha deliberación[34].

Por lo tanto, para *L'Illustration*, el halo de la señora Caillaux, juvenil y elegante a primera vista, era impasiblemente burgués si se inspeccionaba más de cerca. El traje negro, sobrio, tocado con un simple sombrero con una pluma aspiraba a ser elegante pero, muy al contrario, realzaba la mediocridad de su aspecto, la insulsez de su carácter (véase el boceto de *L'Illustration*, figura 3). La nariz y los labios finos, la voz resquebrajada aunque comedida revelaban su falta de pasión. Era tan vulgar que resultaba poco femenina, incluso «neutra». Ésta no era la heroína romántica capaz de grandes crímenes pasionales. Planificaba cada uno de sus movimientos de forma metódica, en absoluto espontánea. El significado de la cita no puede estar más claro: el crimen de la señora Caillaux tuvo que ser premeditado; era completamente responsable de su acto.

34 *L'Illustration*, 25 de julio de 1914.

El diario *Le Matin*, un poco más comprensivo con los Caillaux, pintaba el cuadro con pinceladas distintas: la entrada de la señora Caillaux era «estudiada quizás, pero llena de compostura y control». Su «modesto traje negro, escasamente realzado por el color malva de su blusa, ¡es perfecto para la ocasión!». Y apareciendo con este «atuendo discreto» -continuaba el columnista-, «con los ojos bajos, su palidez, su pelo rubio, la señora Caillaux era una mujer que parecía genuinamente estar agobiada de infelicidad»[35]. La descripción de *Le Matin* estaba mucho más matizada que la de *L'Illustration* porque, por un lado, Caillaux parecía exudar autocontrol; pero, por otra parte, mostraba modestia y falta de pretensión en el conjunto que llevaba puesto. No aparecían las insinuaciones de ordinariez y banalidad de carácter en la narración de *Le Matin* y el escritor se esforzaba en refrendar la vulnerabilidad- y por tanto también su feminidad-.

Nadie esperaba que *Le Figaro* mostrase compasión por Henriette, y durante todo el juicio los colegas del difunto editor la procesaron en casi cada una de sus páginas. Su descripción se parecía a la de *L'Ilustration*: una elegancia superficial que no conseguía enmascarar su intrínseca ordinariez. Para ellos, Henriette tenía una «fisonomía que insinuaba vagamente una especie de elegancia parisina pero sin distinción ni encanto». En general, su apariencia le proporcionaba «la trivialidad de una dependienta», es decir, la trivialidad de la mujer considerada normalmente durante ese periodo como la peor vanidad y superficialidad de las mujeres[36]. Pero, a

35 *Le Matin*, 21 de julio de 1914.

36 Sobre las compras, dependientas y grandes almacenes véase Rosalind Williams, *Dream Worlds: Mass consumption in Late Nineteen-Century France* (Berkeley: University of California Press, 1982); Michael Milier, *The Bon*

pesar de esta suavidad de apariencia, «en su declaración era dura, severa y sin ningún tipo de emoción»[37]. *Le Petit journal* iba aún más allá, diciendo que sus mismas facciones revelaban orgullo y premeditación. «Físicamente... da la impresión de ser una mujer engreída y caprichosa. Su nariz como un pico de águila... le da a su perfil un carácter temerario y altivo, exagerado por los finos labios pálidos»[38]. Finalmente, el derechista *Echo de París* declaró que su traje negro y su sombrero negro con pluma le otorgaban a la señora Caillaux «la fisionomía de una walkiria fúnebre»[39].

Fig. 3. Henriette Caillaux se dirige al tribunal (*L'Illustration,* 25 de julio de 1914).

Era una amazona de la muerte salida de las profundidades de la imaginación de Wagner. Sin duda tales descripciones hicieron mucho para influenciar a los lectores de periódicos a favor o en contra de Henriette Caillaux. Resultarían todavía más importantes las teo-

---

Marché, Bourgeois Culture and the Department Store, 1869-1920 (Princeton: Princeton University Press, 1981).

37 *Le Figaro*, 21 de julio de 1914.

38 *Le Petit journal*, 21 de julio de 1914.

39 *L'Echo de Paris*, 21 de julio de 1914.

rías fisiológicas y psicológicas sobre el delito y el comportamiento criminal que ellos habían popularizado en 1890 y que exhibieron extensamente durante el juicio. Estas teorías tendían a asignar la responsabilidad del crimen no a la voluntad consciente sino a las fuerzas sobre las que los individuos no tenían control: cualidades heredadas, entornos propicios al delito e impulsos provenientes del inconsciente o «propuestas» que actuaban sobre él. Los expertos defendían cada vez con más frecuencia que la gente cometía delitos no por su elección sino porque la herencia, el ambiente y la psicología les llevaba, a menudo contra su voluntad, a cometer acciones violentas y malvadas[40].

Los delitos por los que los principales criminólogos franceses consideraban a todos los individuos, y espe-

40 Por supuesto que estas teorías no supusieron que los interrogantes de los criminólogos sobre la responsabilidad personal les hicieran cuestionar la aplicación de las penas correspondientes. Como demuestran Robert A. Nye y otros, las teorías de finales del siglo XIX encontraban la justificación para el castigo en la defensa social, en la necesidad de proteger a la sociedad del daño que le hacían los delincuentes y para animar a los ciudadanos respetuosos de las leyes a seguir así. Con todo, como se verá a continuación, las explicaciones deterministas sobre la responsabilidad criminal de los expertos hicieron que los legos que actuaron como jurados fuesen remisos a condenar ciertas clases de criminales, especialmente a los que declaraban como motivación el crimen pasional. Véase Robert A. *Nye, Crime, Madness, and Politics in Modern France* (Princeton: Princeton university Press, 1984). *Discipline and Punish*, de Michel Foucault, traducido por Alan Sheridan (New York: Pantheon, 1977), ha desatado el interés en la historia del crimen y la criminología en la Francia del siglo XIX; la literatura, en general excelente, es amplia y creciente. Además del estudio brillante y pionero de Nye, véanse los trabajos igualmente importantes de Ruth Harris, *Murder and Madness* y «Murder under hipnosis in the case of Gabrielle Bompard: psychiatry in the courtroom in Belle Époque Paris», en W.F. Bynum, Roy Porter, y Michael Shepherd, ed., *The Anatomy of Madness* (Londres: Tavistock Publications, 1985): Michelle Perrot, ed., *L'impossible prison: recherches sur le système pénintentiarie au XIXe siècle* (París: Seuil, 1980); Patricia O'Brien, *The Promise of Punishment* (Princeton: Princeton university Press, 1982); Thomas J. Duesterberg, *Criminology and the Social Order in Nineteenth-century France*, Indiana University, 1979.

cialmente a las mujeres, menos responsables eran los crímenes pasionales. Según los expertos, tales crímenes se daban cuando las pasiones violentas desencadenaban los impulsos motores surgidos del inconsciente- vistos no como un depósito freudiano de voluntades reprimidas y deseos inescrutables sino como un conmutador psicológico que transmitía descargas al resto del cuerpo-. Estos impulsos podían superar fácil y rápidamente las facultades racionales de un individuo. Como consecuencia, una persona normal podía convertirse temporalmente en un autómata. Como tal transformación en teoría le podía ocurrir a cualquiera, los expertos aseguraban que era difícil considerar a los autores de ciertos delitos «pasionales» responsables de sus acciones[41].

Con estas teorías deterministas diseminadas ampliamente por la prensa, en la que las historias de crímenes reales y las novelas populares por entregas habían hecho mucho por despertar los sentimientos de comprensión hacia las heroínas de *crime passionnel*, la señora Caillaux se benefició doblemente de la ciencia positivista y de la literatura romántica. Ambas habían hecho a los hombres y mujeres franceses de la *Belle Époque* reacios a castigar a los individuos atrapados en las garras de la pasión, prisioneros de un estado irracional que la misma ciencia creía capaz de engullir casi a cualquiera.

41 Uno de estos expertos médicos, Maurice de Fleury escribió: «cualquiera que se atreva a descender a lo más íntimo de sí mismo... está obligado a admitir que en ciertos momentos atroces se ha visto a sí mismo, con terror, capaz de maldad, de una acción espantosa hacia sí mismo u otros. En ciertos momentos ha sentido en su boca el horrible gusto del crimen». Edouard Toulousse cita a Fleuryen *Les conflits intersexuels y sociaux* (París: Bibliothèque Charpentier, 1904), pág. 296. Para la cuestión del crimen, psicología y responsabilidad personal, véase Harris, *Murder under hipnosis.*

Cuando la señora Caillaux subió al estrado el 20 de julio de 1914 empezó describiendo los efectos emocionales de la campaña de *Le Figaro* contra su marido. Ella sabía que él era honesto y honorable, pero los periódicos y los políticos estaban diciendo que había cometido los crímenes más increíbles. Según ellos, él habría regalado el Congo al emperador alemán a cambio de una información financiera privilegiada que le llevó a conseguir una fortuna en la bolsa de Berlín. Y se había dicho que, con el dinero ilícito, Joseph le había comprado a Henriette una corona con joyas valorada en 750.000 francos. Joseph Caillaux había privado a la nación de una colonia preciada para colmar a su esposa de diamantes. Si este tipo de reportaje se hubiera ceñido a la prensa sensacionalista populachera de París, dijo la señora Caillaux al tribunal, ella podría no haberlo tenido en cuenta. Pero lo más alarmante de este sórdido asunto era la amplitud con la que las mentiras se difundían y se creían. El *Le Figaro* de Calmette era enormemente influyente y el buen nombre del editor otorgaba credibilidad a lo que decía. Fuera donde fuera, Henriette parecía que la gente se mofaba de ella, para someterla al insulto y al escarnio: «Todo el mundo me saludaba con sonrisa irónica… [Y] notaba que se burlaban de mí y me sentí un poco ridícula»[42].

Un día, mientras estaba sentada en la galería de visitantes de la Asamblea Nacional, Henriette se encontró en medio de una multitud hostil. Cuando su marido subió al estrado, la gente empezó a gritar: «Caillaux, Congo; Caillaux, Congo ¡Vuelve a Berlín! ¡Vuelve a Berlín!». Toda la galería parecía estallar contra ella.

42 Transcripción- *Le Temps*, 29 de julio de 1914

«Tuve que escabullirme avergonzada. No quería decir nada; estaba como loca... Estaba sobrecogida por la impresión»[43].

Nunca antes había sentido tanto el odio contra su amado flotando en el ambiente. Y empeoró. En las meriendas y en las fiestas oía cómo llamaban a su marido «ese Caillaux ladrón». Los criados y los tenderos, no sin cierto regodeo malicioso, la mantenían informada de todo lo que se decía contra Caillaux. El país entero, o al menos así lo creía Henriette, pensaba que ella y Joseph disfrutaban de un estilo de vida opulento gracias a la venta del Congo, el fraude con acciones valorado en seis millones de francos, y a una serie de arreglos para hacer negocios fraudulentos. Se decía que Joseph Caillaux y su esposa se habían enriquecido a costa de los ciudadanos y los accionistas[44].

Henriette afirmaba que, por encima de todo, a ella le encantaba su vida tranquila en casa, aunque al mismo tiempo valoraba su posición social. La campaña de *Le Figaro* la había destrozado porque atentaba contra estas dos cosas. La habían expulsado de las reuniones sociales mientras el periódico que llegaba a su puerta le había metido dentro de su protegido santuario las calumnias y el desprecio. Esto la desazonó, la inquietó y la puso nerviosa. No podía dormir. Uno de los asistentes de Caillaux declaró que «estaba sorprendido por la transformación que había sufrido la señora Caillaux... me parecía deprimida, incluso más vieja. Parecía un animal atrapado». Así mismo, Isidore de Lara

43 Ibíd.
44 Ibíd.

notó en su amiga Henriette «cierta exaltación seguida por momentos de depresión y desánimo»[45].

Este era su estado de ánimo, declaró Henriette, en los días previos al 13 de marzo cuando Calmette publicó el facsímil de una carta que se conocería para siempre por su cariñosa despedida, -«*Ton Jo*»-. Caillaux le había escrito la nota a Berthe Gueydan, por entonces su amante y más tarde su primera esposa, en 1901. En aquel momento Gueydan estaba casada con el asistente de un colega de Joseph en el Consejo de Ministros o gabinete francés, donde Caillaux ejercía de ministro de economía. No se podía negar la autenticidad del documento ya que Calmette reprodujo una de las firmas de Caillaux debajo de la que aparecía en la carta. En ella Caillaux, durante mucho tiempo defensor del nuevo impuesto sobre la renta propuesto para Francia, había escrito: «Hoy he aplastado el impuesto sobre la renta mientras parecía que lo defendía»[46]. Calmette declaró que había impreso la carta solo por razones políticas, en un intento de demostrar la hipocresía política del ministro de economía. Pero no convenció totalmente a nadie porque el delator «*Ton Jo*» no se eliminó. Al dejarlo, el editor le dio al documento un dejo personal además de ilícito. Quedó como prueba de la aventura adúltera de Caillaux y por tanto de su moralidad más que cuestionable.

Los Caillaux creían que la carta del «*Ton Jo*» había llegado a Calmette vía Gueydan y que probablemente el editor tenía copias de otras cartas personales. Esta correspondencia afectaba a Henriette directamente ya

45 Transcripción-*Le Temps*, 29 de julio de 1914
46 *Le Figaro*, 13 de marzo de 1914.

que incluía las cartas de amor que Caillaux le había escrito a ella mientras continuaba casado con Berthe. Henriette y Joseph creían, o eso declararon, que al publicar «*Ton Jo*» Calmette había avisado de su intención de imprimir también las cartas dirigidas a Henriette.

Lo que les había confirmado su intención fueron los recursos que Calmette había utilizado para preparar a sus lectores para «*Ton Jo*». Poco antes de que apareciese la carta, Le Figaro había anunciado una inminente «*intermède comique*» en la campaña antiCaillaux seguida de un vergonzoso descargo de responsabilidad escrito por Calmette: «Estamos en el momento decisivo en el que no debemos arredrarnos ante ningún procedimiento sin importarnos cuánto transgreda nuestras costumbres o cómo perjudique nuestros gustos y valores»[47]. Para los Caillaux la palabra «*intermède*» significaba claramente que algo vendría a continuación y el descargo de responsabilidad indicaba que, al igual que la carta «*Tom Jo*», lo que vendría violaría la norma no escrita del periodismo que rechazaba sacar la correspondencia privada al dominio público. Las reclamaciones de los Caillaux a propósito de estas cartas fueron cruciales para el caso. No sorprende que hubiera un amplio debate sobre este tema en el juicio. Charles Chenu, defensor de la familia Calmette, defendía que el «*intermède comique*» era solo eso, un interludio. La carta «*Ton Jo*» iba a proporcionar un alivio tragicómico antes de que *Le Figaro* avanzase hacia otros temas más propiamente políticas. Calmette no tenía más cartas, declararon algunos de los testigos de Chenu, pero si las tuviera, era demasiado caballero como para publicarlas. No, dijo Chenu al tribunal, el ti-

47 Transcripción-*Le Temps*, 21 de julio de 1914.

roteo de Calmette no tenía nada que ver con las cartas puesto que no existía ninguna evidencia de que el editor planease publicar nada que fuera más allá del «*Ton Jo*». Él mantenía que el tiroteo fue algo meramente político diseñado para silenciar una campaña de revelaciones políticas que demostraban lo que era realmente Caillaux[48].

La respuesta de Henriette y Joseph Caillaux a la postura de Chenu fue clara y plausible. Independientemente de que Calmette realmente pretendiera publicar las cartas, ellos creyeron que lo haría; en su estado nada más importaba. Raymond Poincaré, presidente de la República y enemigo político de Caillaux prestó apoyo al argumento de los Caillaux. En declaración bajo juramento, Poincaré confirmó que justo después de que hubiese aparecido «*Ton Jo*», un Caillaux desazonado le dijo que temía que Calmette pudiera publicar cartas que perjudicasen a Henriette. Caillaux había añadido, de acuerdo con la declaración del presidente, que la posibilidad de ver las cartas impresas había horrorizado a Henriette[49].

Henriette estaba tan disgustada que, de hecho, según declaró había contemplado la idea del suicidio. «Ese día pensé quitarme la vida (cuando apareció el «*Ton Jo*»)... Si ustedes supieran lo que yo hubiera dado ese día, si alguien me lo hubiera pedido, habría dado mi vida gustosamente a cambio de la promesa de que esas cartas no saldrían a la luz»[50]. ¿Por qué una reacción

48 Véase *Le Figaro*, 29 de julio de 1914.

49 *Le Temps*, 21 de julio de 1914; *Gil Blas*, 7 de abril de 1914

50 Transcripción-*Le Temps*, 21 de julio de 1914. Harris demuestra que los relatos de deseos suicidas eran una parte muy predecible en todas las defensas de crímenes pasional durante el período de fin de siglo. Véase Harris, *Murder and Madness*, págs. 213-28.

tan extrema? Incluso antes de que apareciese «*Ton Jo*» ella ya estaba deprimida y humillada; la carta le hizo perder el control. «Había perdido el juicio, la razón»[51]. Y en ese estado de nervios, el temor a que su pasada inmoralidad fuera expuesta ante todos la había puesto al borde del abismo. «La publicación de estas cartas o parte de ellas habría significado exponer todo lo que para mí era más privado, mis secretos más íntimos, los secretos más queridos que tengo y los que mantengo más escondidos. Habría sido arrancarme mi honor de mujer. Siempre me habían dicho que para una mujer el hecho de tener honorabilidad significaba vivir una vida completamente sin tapujos, sin aventuras». Su padre, un burgués rico con valores anticuados, siempre le había dicho: «Una mujer que ha tenido un amante es una mujer sin honor». Si su padre viviera, concluía Henriette, habría renegado de ella[52].

Hacia mediados de marzo Henriette estaba tan consternada que su marido, ignorante hasta entonces, tomó conciencia finalmente de su angustia[53]. Y probablemente sin darse cuenta, empeoró las cosas diciéndole que iba a «reventarle la cara a Calmette» (*casser la gueule à Calmette*)[54]. No sabía exactamente cuándo lo haría, pero lo haría cuando llegase el momento adecuado. Henriette declaró que esta afirmación temeraria la conven-

51 Transcripción-*Le Temps*, 21 de julio de 1914.

52 Ibíd. De acuerdo con Harris, las damas de sociedad como la señora Caillaux normalmente afirmaban que su motivación para cometer un crimen pasional era defender su reputación o «defender su honor como mujeres». Harris sugiere que recurrían a la violencia "con la misma intención que cuando los hombres se enfrentaban en duelo» En *Murder and Madness* de Harris, pág 213. Para más debate sobre las mujeres, el crimen de pasión y el duelo véase el capítulo 5.

53 Testimonio de Joseph, *Le Temps*, 21 de julio de 1914.

54 Transcripción-*Le Temps*, 21 de julio de 1914.

ció de que Joseph pensaba cometer un acto violento contra Calmette, quizá incluso que podía llegar a matarlo. «En ese momento una película... me pasó rápidamente ante mis ojos... Vi a mi marido, que era un buen tirador, matando al señor Calmette. Lo vi arrestado, arrastrado ante el juzgado de lo penal». Sería en ese momento cuando «poco a poco, la idea de sustituirle... se apoderó de mí»[55]. Henriette llevaba escrito en su mente el guion cinematográfico de un duelo que terminaría trágicamente para su marido. La única forma que tenía de evitar que se llevara a cabo este guión era, tal y como dijo Henriette: «ir yo misma a exigirle un desagravio al editor jefe de *Le Figaro*»[56]. Como mujer no podía retar a Calmette a un duelo, pero no había ningún código de honor que le impidiese usar medios más femeninos. Había expresado su deseo de «exigir un desagravio» solamente durante la instrucción. En el juicio lo explicó de manera algo distinta: «Mi marido me habría protegido si me hubiesen atacado, si no hubiera sido un cobarde. Pero yo, quería defenderlo como él me hubiera defendido a mí»[57].

Henriette, en esta parte de su declaración, reivindicaba que había actuado en defensa de su marido, que había intentado proteger a su marido de un duelo que hubiera arruinado su carrera política. Pero como se verá, nada podría haber beneficiado más la carrera de Joseph que un duelo con Calmette, dada la auténtica

55 *Le Petit parisien*, 26 de marzo de 1914. Este testimonio viene de la instrucción previa. Es importante mencionar que Henriette no lo repitió durante el juicio. Claramente implica premeditación.

56 *Le Petit parisien*, 25 de marzo de 1914.

57 Transcripción-*Le Temps*, 21 de julio de 1914.

obsesión que la *Belle Époque* tenía con los duelos y la creencia, extendida entre la élite masculina, de que enfrentándose en un duelo un hombre recuperaba su honor y demostraba su honrosa hombría. Por lo tanto, puede que Henriette con su ataque buscase inconscientemente dañar a su marido más que defenderlo, minar su carrera más que reforzarla. El efecto que su acción tuvo fue el de poner en duda su masculinidad y asociarle con graves delitos. Al dispararle a Calmette no solo pretendía silenciar a su atacante sino además terminar con una carrera política que le había hecho tanto daño y la había, como ella le explicaría al juez de instrucción, «cansado y enfadado»[58]. Al menos esta fue la conjetura planteada por un importante periodista, Guy de Cassagnac: «El disparo que acaba de matar a Gaston Calmette también ha matado, de rebote, a Joseph Caillaux: ¿tal vez es esto lo que la asesina pretendía?»[59].

Quizás fuera así. Hay pruebas de que la carrera política de Caillaux le había causado a su mujer una considerable tristeza no solo tras la campaña de la prensa sino casi desde el principio de su relación. En 1909, involucrada en una aventura amorosa extramatrimonial con Caillaux, la por entonces Henriette Rainouard desaprobó el hecho de que su amante se negase a poner fin a su primer matrimonio antes de ser reelegido para el parlamento: «con tu deprimente política, -escribió en una carta de la que se apoderó Berthe Gueydan y que más tarde entregó al tribunal, «pisoteas nuestros cora-

58 Citada por Jules Herbaux, el fiscal. Transcripción-*Le Temps*, 29 de julio de 1914.

59 *L'Autorité*, 17 de marzo de 1914, citado en *La Guerre sociale*, 16-24 de marzo de 1914.

zones. Pareces encontrar en esa bestia inmunda (en la política) tanto placer que para ti es lo más importante»[60].

Incluso después de su matrimonio en octubre de 1911, Henriette seguía estando molesta, incluso celosa de la carrera política de Joseph. Cuando le propusieron volver al gobierno como ministro de economía en 1913, ella le rogó que no aceptara, temiendo que «algo terrible nos pueda pasar»[61]. Es imposible saber con seguridad qué quería decir con esa afirmación, pero es posible que pensara que algo horrible le sucedería a su matrimonio. Quizás ya había problemas en la relación; según el periodista Georges Suarez, circulaban rumores en aquella época que afirmaban que «el matrimonio pasaba por graves dificultades»[62]. Algunos insinuaban que Joseph estaba en relaciones con otra mujer. El cotilleo por sí solo, incluso si no era cierto, habría sido frustrante, especialmente tras la aparición del «*Ton Jo*», la carta que Joseph había escrito a una amante anterior. Su publicación puede haberle recordado a Henriette que su marido tenía un pasado de compromisos efímeros y que no había dudado en dejar una esposa por otra mujer[63]. El mismo Joseph dio a entender esto en su declaración del segundo día. «¿Qué podía haber inquietado más a Henriette», preguntó él al tribunal, «que una carta escrita por su marido a otra mujer? Y ¿qué podía ser más hiriente que el fragmento del editorial de Calmette en el que éste decía que el fin de mi primer matrimonio

60 Chenu citó estas líneas en sus conclusiones el día octavo y el último día. Transcripción-*Le Temps*, 29 de julio de 1914.

61 Joseph Caillaux, *Mes mémories* (París: Plon, 1947), 3:83-84.

62 Georges Suarez, *Briand* (París: Plon, 1938), 2:481.

63 Para estos rumores sobre una aventura extramatrimonial, véase Rudolph Binion, *Defeated Leaders: The Political Fate of Caillaux, Jouvenel, and Tardieu* (Nueva York: Columbia University Press, 1960), p. 69; Allain, Caillaux, 1:423.

había matado las ilusiones de mi mujer, sus sueños y su fe?»[64]. Dado que Joseph aparentemente desatendía las necesidades de Henriette y con todos esos rumores en circulación, la segunda señora Caillaux bien puede haber presagiado el inminente derrumbe de sus propias ilusiones, sueños y su fe.

Por tal motivo, en marzo de 1914 y tras haber soportado interminables semanas de ataques políticos y personales y de rumores relativos a una aventura extramatrimonial, Henriette puede que viera transformarse sus celos por la vida política de Joseph en odio, en un deseo, aunque inconsciente, de perpetrar un acto que lograra dos objetivos: silenciar a Calmette y apartar a su marido de la vida política. Puede que el crimen pasional de Henriette, si fue tal, tuviera como objetivo no solo a Gaston Calmette sino también a Joseph Caillaux. Quizás se imaginó que al cometer este acto recuperaría la exclusividad de Joseph. En cierto modo lo consiguió ya que el asesinato de Calmette exigió no solo que Joseph dimitiera del gobierno que encabezaba, sino que además se comprometiera con la defensa de su esposa. Joseph se implicó a fondo en el crimen de Henriette en virtud de la campaña periodística que lo había precedido, y el juicio le brindó la oportunidad de reivindicarse al mismo tiempo que intentaba defender a su esposa. Como parte de esa defensa tenía que comprometerse de nuevo con su matrimonio, ya que ahora necesitaba parecer decente y honrado frente al ataque conservador que condenaba sus posiciones políticas desde el punto de vista moral[65]. Louise Weiss, vieja amiga y confidente

64 Transcripción-*Le Figaro*, 22 de julio de 1914.

65 Véanse los capítulos II y IV para un análisis detallado de este ataque conservador.

de la pareja, escribiría años más tarde en un comentario sobre las consecuencias del asesinato en el matrimonio Caillaux: «Esos disparos de pistola unieron a dos seres que enseguida llegaron a odiarse. Su matrimonio fue su verdadero castigo... ya que el juicio lo había hecho indisoluble. La decisión del jurado adquirió la categoría de sacramento»[66].

El asesinato cometido por Henriette puede que, realmente, le hubiese devuelto a Joseph, pero era demasiado tarde, parece, para revivir su amor. Hacia el final de la vida de Henriette, Weiss le preguntó cuáles habían sido sus primeros sentimientos cuando vio desplomarse a Calmette delante de ella. Después de un momento de duda Henriette respondió «que no amaba al presidente [Joseph Caillaux]»[67].

Es probable que esa afirmación de Henriette –suponiendo que el relato de Weiss sea cierto- representara una transformación retrospectiva a una expresión consciente de lo que, décadas antes, había sido en gran parte un sentimiento inconsciente. No hay pruebas, en 1914, de que la señora Caillaux cuestionase abiertamente su amor por su marido o de que desease perjudicar su carrera. Si hubiera hecho eso habría violado la propia premisa de su matrimonio; después de todo, Joseph ya era primer ministro en el momento en que se comprometieron. Lo que parece haber alcanzado la consciencia de Henriette fue la inversión de su deseo inconsciente: el sentimiento de amor, no la falta del mismo, el deseo de defender a su marido, no el de arruinar su carrera.

66 Louis Weiss, *Mémories d'une européenne (1893-1919)* (París: Payot, 1968), 1:175.
67 Ibíd.

Cualesquiera que fueran sus motivos en la tarde del 16 de marzo de 1914, nunca los conoceremos completamente, le dejó esta nota a su marido solo unas horas antes de su funesta visita a *Le Figaro*: «Me di cuenta de que tu decisión [de luchar contra Calmette] era irrevocable. Y por lo tanto decidí adoptar mis propias medidas; yo haré justicia. Francia y la República te necesitan; yo perpetraré el acto»[68]. Henriette se apresuró a añadir en la sala que realmente su intención no había sido matar a Calmette sino asustarle: «Quería darle un susto».

Estas declaraciones de Henriette pueden sonar como una prueba de premeditación. Pero ella afirmaba lo contrario recurriendo a las creencias contemporáneas relativas a la psicología y el inconsciente. Una y otra vez, la señora Caillaux explicó su acto diciendo que había perdido momentáneamente el control sobre sus pensamientos y sus acciones. «Me guiaba un deseo que había sustituido mi propia voluntad». Y esta voluntad sustituta le había privado de toda su racionalidad. «Perdí el juicio, la razón... Fue una locura [ir a ver a Calmette], lo sé. ¡Fue una locura!»[69]. Anteriormente, durante la instrucción, en cierto modo había dado más detalles, describiendo su cuerpo como el escenario de una lucha entre dos voluntades opuestas en las que, básicamente, la irracional y violenta resultó ser demasiado fuerte. «Era como tener dos seres separados dentro de mí, como dos voluntades separadas. Por una parte, quería ir a una merienda a la que me había invitado una amiga y me puse un vestido ele-

68 Transcripción-*Le Temps*, 21 de julio de 1914.
69 Ibíd.

gante; si hubiera ido [quería decir, si hubiera planeado ir] a *Le Figaro* para llevar a cabo la acción que realicé, no me hubiera puesto elegante. Por otra parte, sentía una fuerza superior apoderarse de mí y ésta fue la que me condujo»[70]. Es digno de ser tenido en cuenta que dijera «si hubiera ido a *Le Figaro*» como si, de algún modo, su verdadero yo no hubiera ido allí en absoluto. Puede que ella creyese realmente en aquello de lo que intentaba convencer al jurado: que la Henriette Caillaux real no había cometido crimen alguno. Una voluntad ajena la había transformado momentáneamente en otra persona.

Prácticamente, todos los que defendían su postura, desde su marido hasta la prensa simpatizante o el señor Labori, ponían un gran énfasis en la psicología de su voluntad cautiva. Defendían que el de Henriette no había sido un disparo normal sino un crimen pasional. Tales crímenes tenían que ser juzgados de manera diferente ya que la gente que los cometía no era totalmente responsable de sus actos. Como escribió un periodista pro-Caillaux, la señora Caillaux a mediados de marzo de 1914 «había empezado a comportarse como si estuviese en un sueño». «Actuaba sin darse cuenta de lo que hacía, como empujada por una fuerza oculta que, no obstante, estaba en su interior»[71]. El radical Lanterne denominaba el asesinato «un acto de pasión irracional» al que «nadie podía resistirse»[72]. Y su abogado concluyó que su cliente «no era consciente de sus acciones y debía haber sufrido una perturbación mental»[73]. La conclusión de Labori estaba inspirada, según él dijo a

70 *Le Figaro*, 30 de julio de 1914.
71 *Les Hommes du jour*, 25 de julio de 1914.
72 *La Lanterne*, 21 y 26 de julio de 1914.
73 *Journal des débats*, 30 de julio de 1914.

la sala, por un anónimo aunque altamente reputado especialista en enfermedades mentales que escribió que la señora Caillaux había obedecido a «un impulso inconsciente que dio lugar a un trastorno de personalidad múltiple». Se había convertido en «una autómata sin voluntad propia» para quien «el automatismo de su arma (la Browning) se correspondía con el automatismo (es decir, la operación inconsciente) de su estado mental»[74].

Al emplear estos argumentos, los simpatizantes de Henriette se hacían eco del mayoritario punto de vista en Francia aportado por la psicología acerca de los crímenes pasionales. Y este tipo de enfoque abundaba. La Francia de la *Belle Époque* estaba fascinada, casi obsesionada, por el *crime passsionel*, por el asesinato que conllevaba celos, ira y amor frustrado. Los psicólogos, los criminólogos y los abogados generaban un chorreo continuo de tesis doctorales sobre este tema, mientras que los periodistas y novelistas convertían los *fait divers* [sucesos] o historias reales de crímenes, en arte popular. Parece que casi todo el mundo buscaba emoción o quizás ilustración en los relatos de asesinatos cometidos por pasión -maridos celosos que apuñalaban a los amantes de sus esposas, mujeres jóvenes seducidas y abandonadas que envenenaban a los hombres que las habían traicionado-.

Por lo general, los franceses trataban estos crímenes con indulgencia, especialmente cuando los cometían las mujeres[75]. Las novelas y los periódicos idealizaban

74 Transcripción-*Le Temps*, 29 de julio de 1914; Le Figaro, 30 de julio de 1914.

75 Para una discusión más detallada de la «cuestión de la mujer» y el crimen pasional véase el capítulo III. Para un trabajo reciente sobre las mujeres y el crimen pasional, véase Harris, *Murder and Madness*: Joëlle Guillais, *La chair de*

a los individuos cuya rabia y cuyos celos estallaban de forma violenta, mientras los jurados exoneraban a los acusados de crímenes «pasionales», ya fueran hombres o mujeres. De manera significativa, en la literatura profesional de la época tendía a fomentar la indulgencia en esta cuestión.

Los expertos en todos los campos relevantes construyeron una justificación intelectual de peso para la tolerancia de la gente hacia los crímenes de pasión. Luego, parecería lógico que la señora Caillaux y sus defensores tuvieran la esperanza de aprovechar todo este caudal de indulgencia hacia su asesinato. Después de todo, ya fuesen amigos o enemigos de la acusada, prácticamente todo el mundo relacionado con el caso aceptaba el principio de la defensa para que se viese como un crimen pasional. Excepto el extremista *Action Française*, los partidos involucrados no cuestionaban la noción de que los crímenes pasionales debían tener una consideración especial. El argumento en el tribunal giraba sobre si la acción de Henriette debería o no considerarse como uno de estos crímenes. Tal y como lo expuso el amigo de los Caillaux en *La Guerre sociale*, «No me preocupa el resultado del juicio siempre y cuando los miembros del jurado lo juzguen como un crimen pasional»[76].

---

l'autre: le crime passionnel au XIXe siècle (París: Olivier Orban, 1968). En *Victorian Murderesses* (Nueva York: Schocken Books, 1977), Mary S. Hartman compara las asesinas británicas y francesas; para un relato excelente sobre la situación en América, véase Ann Jones, *Women Who Kill* (Nueva York: Ballantine Books, 1988).

76 *La Guerre sociale*, 22 de julio de 1914. Solo entre los protagonistas de este caso, el ultranacionalista *Action française* (21 de julio de 1914) era hostil al modo en el que la psicología había ayudado a transformar el crimen pasional en una excusa para el asesinato. En opinión del editor, los aliados republicanos de Caillaux esperaban convencer al jurado de que «el crimen [tenía] otras motivaciones, íntimas y privadas [no criminales]. Buscaban reducirlo a uno

Aunque nadie cita estadísticas exactas, los que se interesaban por el crimen y la psicología de la criminalidad creían que los crímenes pasionales estaban en alza[77]. Según Louis Proal, uno de los principales juristas de la época, «tales crímenes [los pasionales]... no son una novedad; lo que es nuevo es la frecuencia»[78]. Los reportajes sensacionalistas hacían que esto pareciera así y la reciente investigación de Ruth Harris confirma, al menos para París, la exactitud de estas percepciones. Harris descubre que los delitos pasionales homicidas, junto con los asesinatos en general, aumentaron constantemente durante la *Belle Époque*. En 1880, cinco de los treinta asesinatos cometidos en París fueron catalogados como crímenes pasionales, mientras que en 1910 los crímenes pasionales representaban treinta y cinco de cada cien asesinatos. Los hombres cometían más delitos pasionales que las mujeres, pero únicamente porque los hombres cometían muchos más asesinatos en total. Prácticamente todos los asesinatos por los que fueron enjuiciadas mujeres parisinas- seis en 1881, once en 1905, catorce en 1910- fueron considerados crímenes pasionales, y solo un tercio de todos los asesinatos cometidos por hombres tuvieron la misma consideración. Y en cuanto a los resultados de estos juicios por

de esos crímenes pasionales con los que era tan fácil confundir a los jurados y al público en general usando ciertas teorías psicológicas, diseñadas para abrumarlos con una ola de indulgencia humanitaria ante la cual todos los sentimientos eran sagrados e iguales y que representa la decadencia del juicio.»

77 Véase por ejemplo el trabajo del destacado criminólogo Louis Proal. En *La criminalité fémenine* (París: Editions de Soye, 1900), Proal deploraba el aumento de los crímenes que «son el resultado de pasiones incontenibles» p. 26. Véase también Louis Holz, *Les crimes passionnels* (París: Imprimerie A. Mellotteé, 1904), p. 62.

78 Louis Proal, *Passion and Criminality in France*, traducción de A. R. Allinson (París: Charles Carrington, 1901), p. 178.

asesinato, las mujeres fueron casi siempre absueltas, mientras que menos de un tercio de los hombres fueron absueltos, lo cual sugiere que la mayoría de los que podían defenderse de forma plausible aduciendo pasión tenían más posibilidades de quedar libres -aunque los hombres tenían ligeramente menos probabilidades de ser puestos en libertad-. El criminólogo Louis Holtz afirmó en aquel tiempo que la mayoría de los acusados por crímenes pasionales quedaban impunes; los hallazgos de Harris corroboraron esta opinión[79].

Estas estadísticas fueron responsables, al menos en parte, del interés profesional por los crímenes pasionales durante la *Belle Époque.* Casi indefectiblemente, los autores de libros de alto nivel sobre este tema deploraban la laxitud de los juristas hacia los autores de tales delitos. Pero esta queja jeremíaca normalmente se reservaba al capítulo inicial. Las partes sustanciales de estos trabajos, mientras, tendían a explicar los procesos psicológicos que producían crímenes pasionales de tal forma que en realidad exoneraban a los asesinos de cualquier responsabilidad por sus acciones. Por ejem-

79 Harris, *Murder and Madness*, p. 210 n. 3; Holz, *Crimes passionnels*, pp. 128-34; Duesterberg, *Criminology and the Social Order*, p. 394. Los trabajos recientes de James M. Donovan, «Female Criminality and the Juries in France, 1825-1913» (trabajo presentado en la *Western Society for French History*, octubre 1989), confirma la teoría de Harris en cuanto a que los jueces eran demasiado indulgentes hacia los crímenes pasionales femeninos entre 1900 y 1913. Más allá de las tasas de asesinato sólo en París, las tasas de absoluciones para todos los crímenes franceses, especialmente cuando se analizaban por sexos, son también considerables. Para los hombres, las tasas de absolución fluctuaban entre 19 y 25% desde 1850 a 1890 y estaban en el 28% en 1900. Aun siendo alta, la tasa masculina no se había incrementado sustancialmente. Más significativas eran las estadísticas para las mujeres. Durante el periodo que va desde 1856 a 1860, el 33% de las mujeres acusadas de felonía y delitos menores. Para 1876 o 1880 la tasa había subido al 35%, y en 1892 se había disparado al 50%, donde permaneció hasta 1900.

plo, una tesis doctoral* hecha por Hélie Courtis (1910), que tuvo gran acogida, comenzaba proclamando que «hoy en día, los crímenes pasionales se han convertido en delitos sin responsabilidad personal» y «ya es hora de reaccionar contra una tendencia desastrosa que presenta al asesino como una especie de mártir perseguido». Pero hacia el final del libro, después de examinar la psicología del delito, concluía que «incluso si no podemos justificar la impunidad de los criminales pasionales, merecen la indulgencia de los jueces»[80]. De la misma forma, uno de los notables abogados de Poitier proclamó en un discurso importante ante el colegio de abogados local que el «sentimentalismo a la manera de Rousseau» actualmente en boga había creado una «lástima malsana hacia los delincuentes». El resultado era un «estado de anarquía» en el que cada vez más los asesinos quedaban impunes. Sin embargo, esta retórica dura no le impidió concluir diciendo que «el amor es un poder fundamentalmente dominador» y que «a la vista de ese poder… sería absurdo hablar de responsabilidad personal completa e injusto esconder nuestra lástima e indulgencia»[81].

Los comentarios de la época sobre los crímenes pasionales tenían contradicciones como éstas referidas a dos de las posiciones teóricas planteadas en el nuevo campo de psicología criminal que hacían difícil esta-

* Las tesis doctorales (especialmente las publicadas) son indicadores excelentes del alcance de la aceptación de la opinión profesional en un periodo dado; las disertaciones que quedaban fuera tendían a ser rechazadas. El rechazo significaba que no había título, ni credenciales profesionales y normalmente no se publicaban.

80 Hélie Courtis, *Etude médico-légale des crimes passionnels* (Toulouse: C. Dirion, 1910), pp. 10-11, 104-5.

81 Joseph Sur, *Le jury et les crimes passionnels* (Poitiers, 1908), pp. 17,23,29.

blecer la responsabilidad personal. La primera giraba en torno a una nueva creencia en el poder del inconsciente, en la habilidad de este, más que antiguo, reino de la psique -siendo sus otros reinos el subconsciente y el consciente- para liberar cargas nerviosas tan potentes que podrían amenazar la misma consciencia, tomando el control absoluto del comportamiento de un individuo en un momento. La segunda posición afectaba a la total falta de distinción entre cordura y locura: los psicólogos habían concluido que nadie está absolutamente cuerdo y la gente «normal» con frecuencia manifestaba un comportamiento patológico.

Relacionada con estas teorías psicológicas estaba la psicología social desarrollada a finales del siglo XIX que echaba la culpa de los trastornos nerviosos de la época, muy generalizados, a las tensiones de la sociedad urbana moderna. La «neurastenia» se convirtió en el diagnóstico dominante de los hombres y mujeres franceses del *fin-de-siècle* estresados y enervados por la intensidad claustrofóbica de su mundo urbanita. El ruido, el tráfico, la publicidad, el teatro, el conflicto social, todo sobrecargaba el sistema nervioso, creando una población de bombas de relojería emocionales. Y en cuanto a la clase trabajadora, la pobreza y el peligroso aburrimiento de la labor industrial magnificaban sus efectos. En palabras de Louis Proal, la vida urbana, «las preocupaciones de la lucha por la existencia, y la ansiedad por la pobreza han destrozado el sistema nervioso» tal como han hecho «la indulgencia excesiva en el placer, las preocupaciones mundanas, las largas veladas en los teatros y salones»[82]. ¿Cómo si no, argumentaban

82 Proal, *Passion and Criminality*, p. 310.

Proal y sus colegas en las ciencias sociales, podría uno explicarse las altas tasas de suicidios, divorcios, delitos y alcoholismo de la época, junto con su incesante propaganda revolucionaria? La Francia del *fin-de-siècle* había desarrollado la cultura de la neurastenia, uno de cuyos derivados era el crimen pasional[83].

Así es que la sociedad urbana sobrecargaba un sistema nervioso que, para los psicólogos, era suficientemente frágil por sí mismo. De acuerdo con Joseph Maxwell, un doctor que además era fiscal general auxiliar en París, un marido que encontrara a su mujer en la cama con otro hombre podía perder fácilmente todo control racional cuando los impulsos de su sistema nervioso tomaban el mando[84]. O tal como lo decía Curtis, el delincuente pasional se caracterizaba por «problemas psíquicos que suprimen todo el control de las facultades intelectuales sobre el reflejo muscular que constituye el hecho homicida». No actuaba por crueldad premeditada sino por influencia de «una sucesión de sacudidas musculares originadas por un simple impulso motriz». Cuando una emoción violenta como los celos, o la rabia, o un amor frustrado se apoderaba de un individuo, «distorsionaba el funcionamiento del sistema nervioso», produciendo «una explosión de reflejos simples, una sucesión de actos violentos mecánicos». El individuo se sumía en un «*état passionnel*», un estado transitorio que podía apoderarse de un individuo cuerdo de manera tan sencilla como de uno desequilibrado.

83 Nye, *Crime, Madness and Politics*, pp. 132-70; Duesterberg, *Criminology and the Social Order*, pp. 291-356; Holz, *Crime passionnel*, pp- 61, 62,72,144: Debora L. Silverman, *Art Nouveau in Fin-de-siècle France* (Berkeley: University of California Press, 1989), cap. 5.
84 Citado en Curtis, *Étude médico-legale*, pp. 57-58.

Este estado era el resultado de «una momentánea modificación de la circulación cerebral… causada la mayoría de las veces por un estallido de emoción». En otras palabras, un individuo normal dominado por la emoción podría convertirse en uno sujeto a los mecanismos mecánicos de su sistema nervioso. Incluso aquellos que tengan «el carácter más pacífico» podrían verse dominados por impulsos nerviosos que producirían «el reflejo muscular que constituye el acto homicida»[85].

El mensaje de este debate es claro: la gente normal podría cometer crímenes pasionales sin dejar de ser normal. Simplemente se apodera de ellos «un estado patológico transitorio… que convertía a individuos normales en enfermos durante un trágico momento». Eso es por lo que, según los psicólogos, el delincuente pasional tenía que distinguirse del malhechor real, que según la opinión emergente francesa era el reincidente. Este último había sido programado por la sociedad y la genética para llevar una vida de delincuencia y actuaba por «fría crueldad… y disfrutaba de la… satisfacción de la venganza». Al contrario del individuo apasionado que mostraba un remordimiento profundo por un acto de violencia, el reincidente* mostraba «insensibilidad física y moral por el sufrimiento de los demás»[86]. El primero actuaba por amor; el segundo –ya sea un caco, asesino o ladrón- actuaba por egocentrismo. Buscaba «obtener

85 Ibíd., pp. 69,70,95,97.

* Los influyentes criminólogos italianos llamaban al reincidente un «criminal nato».

86 Ibíd., pp. 96-97, 69-70; Nye, *Crime, Madness and Politics*, pp. 78-96. Sobre Cesare Lombroso, el líder de la escuela italiana, Véase Nye, *Crime, Madness and Politics*, cap. 4; Harris, *Murder and Madness*, pp. 81-84. Para las opiniones altamente problemáticas de Lombroso sobre las mujeres y el crimen, véase Harris, *Murder and Madness*, p. 36 n. 31; Jones, *Women Who Kill*, pp. 5-11.

beneficio personal y placer de su delito». El delincuente pasional, al contrario, era «esencialmente desinteresado, impulsado por la violencia de su amor o su odio». No sacaba beneficio material de su delito y después volvía a su ser[87].

Estos debates se abrieron camino en la prensa, los diarios simpatizantes de los Caillaux los emplearon para abogar por la exculpación de Henriette. El día que comenzó el juicio, *La Lanterne* les pidió a sus lectores que tuvieran en cuenta el estado de nervios de la señora Caillaux: «Después de días y semanas en las que los nervios de esta mujer estuvieron constantemente quebrantados por la polémica, por afrentas, y por indescriptibles terrores, llegó el momento en el que *ninguna voluntad consciente* podía resistirse a la tentación de un encuentro (con Calmette), y más tarde a la locura del asesinato. La psicología aquí es así de simple»[88]. El izquierdista *Guerre sociale* tomó prestado el lenguaje de los psicólogos incluso de una forma más directa. «Durante meses, su pobre maquinaria nerviosa lo sufrió todo, lo soportó todo, pero un buen día su sistema se sobrecargó, la máquina se salió de su rumbo, y finalmente la caldera estalló». Para el día del crimen la señora Caillaux había alcanzado un nivel «de exaltación, de neurosis, que bloquea toda capacidad para razonar». El suyo fue «el acto de una lunática, de una persona demente cuya razón y sentido común podrían retornar únicamente tras la distensión nerviosa producida por la muerte de Calmette». El editor continuaba declarando que ninguna de las mujeres que él amaba y respetaba más -incluidas las más estables

87 Holz, *Crimes passionnels*, pp. 10, 104.

88 *La Lanterne*, 21 de julio de 1914. El énfasis es mío.

emocionalmente- serían «incapaces de sustraerse a un arrebato de locura ante ciertas situaciones»[89].

Parece muy probable que tales argumentos afectaran a los miembros del jurado; sin duda Louis Proal lo creía. En su trabajo de setecientas páginas sobre la pasión y la criminalidad, defendía que, desde Rousseau, la literatura y el teatro populares franceses había idealizado a los criminales y creado una solidaridad popular hacia los que actuaban guiados por la emoción. Según lo expresaba él: «las novelas y las obras de teatro han exaltado la nobleza de los crímenes pasionales de tal forma y justificado tan elocuentemente la venganza que los jurados, olvidando el deber que se les ha encomendado cumplir, fracasan totalmente en su defensa de la sociedad y se apiadan, no de las víctimas, sino de los autores de los crímenes de esta naturaleza»[90]. Sin duda hay exageración en esto, pero la aseveración contiene su carga de verdad. A fin de cuentas, una de las obras más populares de finales del siglo XIX, *La Femme* de Claude de Dumas el joven, exaltaba la virtud de la venganza homicida. E incluso Paul Bourget, el escritor conservador y amigo íntimo de Calmette, publicó una novela que empatizaba con el crimen pasional de una mujer poco después de la muerte del editor[91]. Proal podría haber añadido que las nociones románticas sobre los crímenes pasionales que impregnaban a las novelas y las obras de teatro parecían ahora verse confirmadas por la nueva ciencia de la psicología criminal.

El escritor André Gide demostró cómo esta teoría psicológica afectaba a los miembros del jurado, inclui-

89 *La Guerre sociale*, 22 de julio de 1914.

90 Proal, *Passion and Criminality*, p. 292 y passim.

91 Paul Bourget, *Le démon du midi* (París: Plon, 1914).

do él mismo, en una memoria que escribió después de ejercer en un tribunal de apelación provincial[92]. En una ocasión, a Gide y a sus colegas miembros del jurado se les pidió juzgar a un hombre que había matado a su querida después de que ella se hubiera negado dos veces a dormir con él. El jurado, reseñó Gide, se había mostrado hostil hacia el acusado hasta que un médico testificó que «el reconocimiento psiquiátrico y biológico, además de una naturaleza especialmente impulsiva de su crimen (del acusado), indican una anomalía mental que atenúa su responsabilidad». Lo que la declaración del doctor significó para los miembros del jurado colegas de Gide, escribió el novelista, era que la frustración sexual del acusado se había transformado en una energía impulsiva que anuló su juicio y su voluntad, haciéndole matar a la mujer que amaba aún en contra de sus intenciones. Como evidencia de que el acusado no había querido en realidad matar a su querida, el doctor señaló una serie de heridas graves en las manos del asesino, explicando-sin ironía aparente- que el hombre había sujetado el cuchillo por la hoja, no por el mango, para evitar que penetrase muy profundamente. El hecho de que el asesino había sufrido mientras le infringía docenas de heridas poco profundas a su amante parecía haber impresionado profundamente al jurado, ya que Gide escribió que el testimonio del doctor había hecho que varios miembros del jurado se postulasen en favor del acusado. El jurado luchó y luchó contra su decisión, pero finalmente lo declaró culpable[*]. Sin embargo,

92 André Gide, *Souvenirs de la cour d'assises* (París: Editions de la Nouvelle revue francaise, 1913).

* Solo se necesitaba una mayoría simple en *la cour d'assise* para condenar o exculpar.

Gide disintió, defendiendo que éste era realmente un crimen pasional, el cual por definición merecía indulgencia. Puede que finalmente el novelista convenciese a los miembros del jurado titubeantes puesto que dos días después de que el juicio hubiera terminado volvieron a reunirse los doce miembros y, por unanimidad, pidieron al juez que perdonase al acusado[93]. A pesar de este giro radical, es significativo que los miembros del jurado hubieran reaccionado al principio con un veredicto de culpabilidad, quizá esto sugiera que consideraban que los criminales pasionales masculinos de algún modo merecían menos compasión que sus homólogos femeninos.

Otros intelectuales destacados fueron menos comprensivos con el crimen pasional que Gide, pero casi todos los que opinaron sobre el jurado explicaron en términos similares su inclinación por la indulgencia para los responsables de tales crímenes. Resumiendo la apreciación general del jurado, un escritor que se hacía llamar Dap declaró que «todo lo que se contemplaba como pasional, impulsivo, se consideraba digno de indulgencia»[94]. Los individuos famosos que sondearon las encuestas interminables de la época sobre el sistema de jurado culparon de esta indulgencia casi de forma unánime a la influencia perniciosa de la opinión periodística y de los especialistas tanto como al teatro y a la literatura popular[95]. Por su parte, el eminente

93 Gide, *Souvenirs*, pp. 78-79.

94 «La réforme du jury», *Revue judiciaire*, 25 de abril de 1914.

95 De acuerdo con Pierre Prud'hon, *Le jury criminel* (París: Rey, 1914), p. 160, tales encuestas aparecieron en *L'Opinion*, *Le Journal*, *Gil Blas*, *Le Journal des débats*, *Excelsior*, *Le Figaro*, *La Revue judiciaire*, *Paris-Journal*, *L'Eclair*, *Les Echos parisiens* y *Le Temps*, entre otros muchos.

filósofo Henri Bergson coincidió en una encuesta patrocinada por *L'Opinion* en que «no hay duda de que los jurados se revelan, en muchos casos, escandalosamente indulgentes». Casi siempre están dispuestos a absolver los crímenes etiquetados como «pasionales», y por pasionales quieren decir «cualquier delito que no está motivado por el robo». Pero Bergson no culpaba a la prensa ni a los psicólogos ni incluso a la literatura popular, sino a los tribunales. Mantenía que los jurados, especialmente los parisinos, tendían a excusar los crímenes de pasión porque los jurados de los tribunales de lo penal les parecían más un teatro que un lugar donde se debían tomar decisiones de vida o muerte. Con su dramática oratoria, sus magistrados togados, su público ruidoso, el tribunal de lo penal de Paris ofrecía un espectáculo dramático no muy diferente al de una obra dramática en un teatro real o los juicios sobre asesinatos o desórdenes que se publicaban en la prensa barata. La naturaleza dramática del crimen pasional -continuaba- llevaba a los miembros del jurado a considerarlo como un tipo de «deus ex machina» introducido en la vida real por «alguna fatalidad exterior, como si fuera un hecho irreal, un incidente procedente de un sueño», que no tenía nada que ver con «el mundo cotidiano de la vida diaria que por sí mismo conforma la realidad». Una última razón, según Bergson, para explicar la indulgencia del jurado en los crímenes pasionales tenía su origen en la naturaleza misma de la ley francesa. El código penal requería que los jurados dictaminasen no de acuerdo con su entendimiento razonado de la ley, sino únicamente en consonancia con las «impresiones» que percibían de los testigos del caso. La ley, en otras palabras, necesitaba que los jurados juzgasen las consecuencias de las pasiones incontrolables de otros con base en las pasiones irracionales propias. Bergson declaró que los jurados «se abandonaban a sus sentimientos, a impulsos no atemperados por pensamientos racionales»[96].

Los periódicos u otras publicaciones raras veces solicitaban las opiniones de los jurados ordinarios, pero uno de estos individuos consiguió que sus puntos de vista se publicasen en *L´Opinion.* A Léon Prevost, un lechero que había estado en las sesiones del tribunal de lo penal en 1913, se le preguntó por qué había votado a favor de absolver a una mujer joven acusada de asesinar a su amante en un ataque de pasión. Respondió que «el hombre le había hecho cosas deplorables y ella se vengó»[97]. Aparentemente Prevost consideraba esta explicación suficiente por sí misma, ya que no se esforzó por demostrar por qué el asesinato era la forma apropiada -y justificable- de vengarse.

No solo los miembros del jurado sino también los abogados creían que los criminales pasionales eran dignos de comprensión e indulgencia porque no se les podía considerar responsables de sus acciones, por muy homicidas que fueran. El abogado Joseph Sur declaró que «el amor extingue la razón… y la persona más apacible se convierte en criminal… La persona apasionada ya no es dueña de sí misma»[98]. Incluso el mismo Louis Proal argumentaba que las pasiones violentas podían convertir temporalmente a las personas normales en asesinos. «Si observamos durante su encierro a los criminales… que se complacen de haberse vengado, notamos repentinos

96 «La psychologie du jury, enquête», *L'Opinion*, 18 de octubre de 1913.
97 Ibíd., 25 de octubre de 1913.
98 Sur, *Jury*, pp. 29,32.

giros en su comportamiento, cambios de ideas y sentimientos que demuestran que son como otras personas». Es importante tener en cuenta que Proal, como Henriette Caillaux, entrelazaban los dos discursos -literario y científico- para explicar el crimen pasional. Para él, la literatura y la prensa sensacionalista fomentaban los crímenes pasionales, aunque esto era así a causa de su efecto inconsciente sobre el sistema nervioso humano. La pasión, escribió Proal, «tensa los nervios y... causa un dolor positivo mientras permanece insatisfecha. Este dolor cesa tras la realización del acto de la venganza, ya que trae consigo una descarga de la electricidad que estaba contenida dentro de los nervios»[99].

Visto este debate, la mayor parte aireada por la prensa, tanto los miembros del jurado como los abogados debían preguntarse por qué las personas deberían afrontar un castigo severo por los actos violentos producidos por un sistema nervioso que actuaba por su cuenta. Además, los miembros del jurado sospecharían inconscientemente que ellos mismos podían caer bajo el hechizo de torcidas pasiones. ¿No habían sugerido los psicólogos y sus divulgadores en la prensa que nadie, ni incluso el individuo más tranquilo y más normal, era inmune a tales respuestas pasionales? O quizá algunos albergaban secretas esperanzas de que también ellos pudieran ser capaces de vivir heroicas ilusiones pasionales como éstas. Las novelas y las obras dramáticas podrían despertar tales esperanzas ocultas, incluso aunque realmente no llevasen a la gente a cometer crímenes tempestuosos.

Lo que debe haber reforzado muchos de estos sentimientos fue la nueva forma en la que los psicólogos

99 Proal, *Passion and Criminality*, p. 178.

dibujaron el esquema de la mente. Los psicólogos franceses de finales del siglo XIX, al igual que Freud, habían descubierto un aspecto de la psique inaccesible a la mente consciente[100]. Consideraban que los seres humanos poseían fuerzas interiores e inclinaciónes que ellos mismos no sabían -y probablemente no pudieran saber- que existiesen. Todo un ámbito de la mente parecía ahora tener vida propia, una vida que podía funcionar independientemente de la voluntad consciente. Para las personas que no estaban acostumbradas a concebir la mente de esta manera, el inconsciente debió haber sido una noción tremendamente importante y profundamente preocupante. Parecía que los individuos ya no podían afirmar que ejerciesen un control total sobre su propio comportamiento. Parte de la psique era desconocida incluso para sí misma.

Estas ideas suscitaron unas cuantas preguntas preocupantes para los hombres y mujeres franceses de final de siglo. ¿Hasta qué punto eran los individuos responsables de sus actos? ¿Se podía conciliar el concepto del libre albedrío con la existencia de un subconsciente? Y a la luz de la motivación inconsciente ¿cómo deberían ser juzgadas ciertas acciones criminales? Tales preguntas se mostraban particularmente relevantes en los crímenes pasionales, ya que muchos de los que asesinaban por celos o un amor frustrado nunca antes habían cometido un solo delito y mucho menos un acto de violencia criminal[101]. Su crimen se podría fácilmente considerar como originado por im-

100 Sobre este descubrimiento, véase Henri F. Ellenberger, *The Discovery of the Unconscious: The History and Evolution of Dynamic Psychiatry* (Nueva York: Basic Books, 1970).
101 Holz, *Crimes passionnels*, pp. 5-6.

pulsos desconocidos alojados en el subconsciente, impulsos que incluso los individuos normales eran incapaces de frenar. Según los explicaba el criminólogo Raymond Saleilles, «hay actos que ocurren por sí mismos... como elementos de nuestro ser interior se manifiestan en la superficie... sin que nos demos cuenta de que podríamos actuar de otra manera»[102].

Mientras tanto, los psicólogos criminales empezaron a analizar la trayectoria psíquica que llevaba de la motivación inconsciente al acto incontrolable, del impulso pasional al crimen violento. El criminólogo italiano Enrico Ferri escribió que todo empezaba «en la oscura atmósfera del inconsciente». A continuación, pasaba al subconsciente donde entraban en juego los valores morales y éticos del individuo. Si estos eran lo suficientemente fuertes, los impulsos criminales podrían no ver nunca la luz del día. Pero, más comúnmente, los impulsos criminales llegaban hasta la parte consciente de la mente donde «en la mayoría de los casos no encontraban ningún obstáculo en el cerebro, o al menos ninguno lo suficientemente fuerte y, gracias a un ambiente propicio, se manifestaban en forma de un impulso exterior y muscular»[103].

El período de tiempo que separaba al impulso original del acto violento dependía de la pujanza de la fuerza inconsciente y el peso opuesto de sus recursos conscientes. Cuando la sensación original era enormemente potente y las defensas conscientes eran débiles o no estaban prevenidas, se producía inmediatamente la reacción física. Si las defensas eran un poco más

102 Citado en ibíd., p. 67.

103 Citado en Courtis, *Étude médico-legale*, p. 70. Como Courtis dejó claro, el trabajo de Ferri tuvo gran influencia en Francia.

fuertes el resultado era «un reflejo retardado» (*réflexe retardé*); un individuo con una sensibilidad moral muy desarrollada podría retrasar la reacción días o incluso semanas. De acuerdo con Maxwell, «el empuje del acto violento encuentra una resistencia en el subconsciente del individuo que lucha para no sucumbir». Sin embargo, los que lograban inhibir temporalmente el impulso violento, por desgracia, lo podrían empeorar aún más. En palabras de Krafft-Ebing, «dentro de las personas que tienen naturalezas apasionadas, la pasión sigue creciendo incluso aunque esté siendo combatida por el rechazo moral e intelectual de la persona». De producirse un accidente o la mínima perturbación «los últimos gérmenes de la reflexión y del autocontrol serían destruidos». Esta es la razón por la que los crímenes pasionales tenían lugar mucho después del choque emocional original. La lucha entre el impulso y la consciencia continuaba «hasta el día en el que, habiéndose agotado los recursos de la resistencia, el impulso triunfa». Por esta razón, decía Courtis, «debemos tener mucho cuidado al intentar evaluar hasta qué punto hay responsabilidad en el crimen pasional. Incluso las naturalezas más nobles pueden equivocarse y, en estos casos más que en ningún otro, el análisis detallado del delito debe ir acompañado del análisis del estado mental del delincuente»[104].

Como este debate psicológico deja sobradamente claro, los conceptos de libre albedrío y responsabilidad individual se habían visto tan empañados por la ambigüedad que, incluso cuando se podía demostrar premeditación, los psicólogos dudaban al evaluar la

104 Courtis, *Étude médico-legale*, p.102.

responsabilidad. Lo que parecía premeditación por parte del delincuente pasional podría, por el contrario, haber sido «la lucha que continuaba en el escenario del alma entre la conciencia moral intentando oponerse a la autosugestión criminal y la tempestad apasionada que finalmente logra demoler todos los obstáculos»[105]. Podían haber pasado días y semanas entre el impulso original y el acto violento, pero el retraso no significaba que el acusado hubiese pasado el tiempo planeando su crimen. Más bien podía haber estado intentando evitarlo, empeñándose en vano en reprimir las emociones que surgían de su interior. Ferri llegó a considerar tal aparente premeditación «altruista», ya que mostraba una genuina «preocupación por la víctima», un esfuerzo, por infructuoso que fuera, por salvarle la vida[106].

Con todas estas preocupantes incertidumbres no es extraño que los jurados tuvieran cada vez más dificultades para condenar a los acusados de asesinato. En efecto, cuanto más grave era la acusación, más reacios eran los jurados a condenar; dudaban a la hora de sentenciar a los acusados a la pena de muerte o a trabajos forzados de por vida dada la aparente posibilidad de que hondas fuerzas psicológicas fuera de su control les hubieran obligado a asesinar o mutilar. Esta reticencia se veía reforzada por la naturaleza de la legislación criminal francesa cuyo exhaustivo código instruía a los jurados a emitir los fallos no de acuerdo con los estándares legales de prueba o con cualquier otra definición legal de evidencia admisible sino de acuerdo simple-

105 Ibíd., p. 58.
106 Citado en ibíd.

mente con «los hechos que constituyen» el caso que se trata[107]. La ley y los hechos estaban completamente separados, con los magistrados ocupándose exclusivamente de la primera, y los miembros del jurado de la segunda. De este modo, a los jueces se les prohibía que diesen instrucciones a los miembros del jurado sobre cómo se deberían evaluar las pruebas de un caso desde el punto de vista de la ley; los magistrados eran incapaces de dar al jurado orientaciones sobre los tipos de pruebas que estaba permitido tener en cuenta. Los miembros del jurado, escribió Eugène Sice, tenían que fiarse de «ningún otro juez más que su conciencia». Y para dictar sus sentencias se les permitía, incluso se les exigía, tener en cuenta cualquier prueba que ellos como particulares considerasen relevante[108]. Pero al hacer esto, se les prohibía tener en cuenta las implicaciones legales o penales de las decisiones que iban a tomar. En otras palabras, a los miembros del jurado se les prohibía tener en cuenta las posibles penas al emitir sus veredictos[*].

El código penal francés era producto del esfuerzo de la Revolución francesa por crear un sistema legal

107 Proveniente de la Revolución francesa, la legislación que engendró este código es brillantemente analizada por Cruppi, *Cour d'assises*, pp. 31-59.

108 Sice, *Dictionnaire d'assises*, pp. 246-247. Se suponía que los jurados basaban sus juicios en «todos los elementos-materiales, morales, psicológicos-que aparecían en sus mentes como resultado de los argumentos orales y las discusiones que se producían en su presencia». Para una perspectiva iluminadora de la relación entre hecho y ley desde una perspectiva antropológica, véase Clifford Geertz, «Local Knowledge: Fact and Law in Comparative Perspective», en *Geertz, Local Knowledge* (Nueva York: Basic Books, 1983).

* En la práctica, por supuesto, los jurados normalmente ajustaban sus resoluciones a las sentencias que el código requería. Si consideraban la sentencia demasiado dura, a menudo decidían absolver.

accesible al ciudadano medio, de ideología revolucionaria, que ensalzase el sentido común por encima de la opinión profesional. La ideología alcanzó su apogeo durante el periodo de gobierno jacobino radical. Robespierre y sus seguidores rousseanianos consideraban al individuo corriente, libre de los prejuicios y la sofistería de la existencia civilizada, mucho más capaz de dictar justicia humana que el hombre educado[109]. Por consiguiente, los miembros del jurado deberían guiarse únicamente por sus propias impresiones, libres de las cargas del sacerdocio de los magistrados profesionales. Para facilitar estos dictámenes personales y basados en las impresiones, los revolucionarios decidieron que los jurados, la mayoría indoctos en leyes, dictasen sus sentencias basándose únicamente en los hechos. «Los hechos», declaró Robespierre, «siempre son los hechos; incluso el más plebeyo de los hombres puede juzgarlos»[110].

En esta cuestión, Robespierre demostró una gran ingenuidad, aunque su populismo legal tenía buena intención, convirtió las decisiones judiciales en algo muy arbitrario puesto que los hechos raras veces eran evidentes. Ese era el caso especialmente durante la *Belle Époque,* cuando el confuso despliegue de nuevas teorías psicológicas y sociológicas –todas ampliamente divulgadas por la prensa- les ponía difícil a los jurados saber cuáles eran los hechos y mucho más difícil

109 Para los debates revolucionarios sobre este tema, véase Emile Giraud, *L'oeuvre d'organisation judiciaire de l'Assamblée nationale constituante* (París: Giard, 1921). Michael Fitzsimmons, *The Parisian order of Barristers and the French Revolution* (Cambridge, Mass.: Harvard University Press, 1987), que comenta el ataque de los jacobinos a la profesión legal en Francia.
110 Citado en Cruppi, *Cour d'assises,* p.35

saber interpretarlos. A causa de las consideraciones psicológicas que se habían presentado en el problema de culpabilidad e inocencia que iban desde la omnipotencia del impulso hasta la fragilidad del deseo consciente, los hechos no podían hablar por sí mismos. Y los jurados, influidos por estas teorías populares e impresionados por las emociones de la sala, hallaban los hechos de un caso cualquiera pertinentes como mucho. Jean Cruppi, el eminente abogado y futuro ministro de justicia, escribió «tal como están las cosas hoy en día, con el embrollo de sistemas, con teorías vulgarizadas diseminadas por todas partes -teorías de inevitabilidad atávica, de determinismo, de la influencia corruptora de ciertos ámbitos sociales-, ¿quién puede declarar a un hombre culpable con seguridad, sin emoción o ningún tipo de duda?... La escuela, los barracones, el libro, el periódico, todos han tenido efecto en las mentes de la gente (incluso en la de los más limitados), perturbando sus ideas claras y seguras con dudas psicológicas latentes, dudas que en palabras de los abogados y expertos les llevan hacia el plano de la consciencia»[111].

Durante el juicio de la señora Caillaux, Henriette y sus adeptos apelaron precisamente a estas dudas e incertidumbres, a la elasticidad y ambigüedad de los hechos en los crímenes pasionales. Buscaban demostrar que esto era todo un hecho, para el momento en que el jurado deliberase que el estado emocional de Henriette la había vuelto irresponsable, la había empujado a cometer un acto ante el que no ella no pudo

111 Ibíd., pp. 59,60. Harris comienza su libro, *Murder and Madness*, con esta cita.

responder. Hicieron un gran esfuerzo para conseguir este objetivo; después, los Caillaux y sus aliados incorporarían las teorías psicológicas diseñadas para minar ciertos «hechos» preocupantes que la parte contraria arguyó, especialmente aquel ante el que resultaban más vulnerables: la aparente premeditación.

El día del disparo Henriette no solo compró y probó un arma automática, además le escribió una nota a su marido anunciando sus intenciones: «Soy yo la que debo ejercer la justicia... soy yo la que llevaré a cabo el acto»[112]. Henriette defendía que esta información parecía más dañina de lo que realmente era, ya que incluso mientras se estaba preparando para su encuentro con Calmette se vistió para ir a una merienda a la que le habían invitado. Es decir, Henriette «no sabía lo que estaba haciendo» y se preparó simultáneamente para dos eventualidades diferentes. Era como si un par de fuerzas opuestas estuviesen luchando en su interior, tirando de ella en direcciones opuestas. Por consiguiente, se puso un traje apropiado para asistir a una merienda «elegante» (figura 4) y a continuación redactó una nota que decía que iba a «hacer justicia» en *Le Figaro*. «No tenía la intención de ir a *Le Figaro* a montar una escena; pero al final, me dije a mí misma, si monto una escena me retrasaré para la cena, y por eso escribí (a mi marido)». El propósito de su testimonio era manifestar una indecisión debilitante, aparentar que estaba tan indecisa entre los dos planes opuestos -uno inofensivo, el otro cargado de peligro- que perdió todo control sobre sus acciones. «Me empujaba» dijo

112 Transcripción-*Le Temps*, 21 de julio de 1914.

al tribunal, «una voluntad que se había apoderado de la mía»[113].

Fig. 4. Henriette Caillaux con el vestido que habría llevado a la recepción de la embajada italiana el 16 de marzo de 1914 (Agence Nouvelle, París).

Intencionadamente o no, este testimonio se ajustaba al retrato de los psicólogos sobre el criminal pasional. Los expertos habían advertido de que lo que a un lego le podía parecer premeditación podría, por el contrario, ser la prueba de una lucha intrapsíquica entre el impulso y la voluntad. Y Henriette negó la premeditación basándose precisamente en tal confrontación interna. Testificó que el día del crimen no buscaba planear su acción sino evitarla. Había hecho recados y preparativos para la fiesta del día siguiente. Se había vestido para la merienda y planeado estar en

113 Ibíd.

casa para la cena. En resumen, había intentado hacer lo habitual. Pero a pesar de sus esfuerzos, perdió el control. La inconsciencia venció a la consciencia, el impulso a la voluntad. «La idea de premeditación es absurda», declaró *Les Hommes du jour.* «Psicológicamente lo que tenemos es a una pobre persona demente incapaz de controlarse»[114].

Henriette afirmaba que, incluso con la pistola apuntando a Calmette, había hecho un esfuerzo final para evitar hacerle daño, un último intento desesperado para evitar que sus impulsos inconscientes consiguieran un resultado potencialmente más grave. «En el momento en que disparé la primera vez experimenté un destello de consciencia casi imperceptible, y por eso disparé bajo, hacia el suelo»[115]. Al forzarse a apuntar hacia abajo, se imaginó que no haría más que «montar una escena»; Calmette quedaría ileso. Por desgracia, el editor se lanzó al suelo instintivamente, colocándose directamente en la línea de fuego. El acto reflejo de Calmette, por lo tanto, frustró los esfuerzos continuos de Henriette Caillaux de evitar llevar a cabo las demandas inexorables de sus retorcidas emociones.

A lo largo de su extenso testimonio, la historia del crimen involuntario de la señora Caillaux parecía diseñada para apelar a una psicología vulgarizada con posibilidades de influir en el veredicto del jurado. Tal vez no la considerasen responsable y quizá se identificasen con ella. Podían considerar que la pasión había transformado la existencia doméstica, mundana, de Henriette en una vida de romance y heroísmo. Para los

114 *Les Hommes du jour*, 25 de julio de 1914.
115 Transcripción-*Le Figaro*, 21 de julio de 1914.

pequeños burgueses de escasos recursos económicos como eran los miembros del jurado, esto podía proporcionarles argumento para sus sueños prohibidos.

II. Joseph Caillaux, la política de la personalidad

Con el fin del testimonio de Henriette Caillaux durante el primer día, el juicio tomaría un nuevo aspecto. Ya no sería únicamente su caso, ya no estaría ella a cargo de su propia defensa. La atención ahora se desplazaba hacia su marido, Joseph, el ex primer ministro y líder del Partido Radical, uno de los hombres más influyentes y una de las figuras políticas más controvertidas de Francia. Joseph Caillaux capitalizó la atención del caso tras prestar testimonio durante la tarde del segundo día del juicio, llevándolo más allá del asesinato del que su mujer estaba acusada. Aunque el acto de Henriette Caillaux seguía siendo el objeto del juicio, Joseph Caillaux se convirtió en el sujeto. Convirtió el proceso judicial en un examen de su vida y de la política que representaba, defendiendo a su mujer mientras se defendía a sí mismo.

Para defender su caso hizo uso de todos los recursos y todas las técnicas que le habían hecho todo un maestro en el debate parlamentario. El radical *La Lanterne* comentó que con el testimonio de Joseph Caillaux «la sala se transformó bruscamente en una sala de reuniones políticas en la que dos partidos se juntaron para luchar, cada uno con el feroz deseo de asestar el último golpe»[116]. Parecía deleitarse ante el reto de enfrentarse tanto a las acusaciones lanzadas por Calmette como a la percepción extendida de que él suponía una triple amenaza para la sociedad francesa: como el arquitecto de lo que muchos consideraban un impuesto revolucionario sobre los ingresos, como defensor de una reconciliación «antinacional» con Alemania y como un ejemplo de una moralidad libertina que amenazaba a la vida familiar y la unidad nacional.

Por tanto, durante los siete días siguientes que aún quedaban del juicio, Joseph Caillaux prestó al menos siete testimonios, interviniendo a su antojo y marcando el paso, el ritmo y la intensidad emocional del caso. Cuando necesitó descanso tras su primer monólogo en el segundo día del juicio, él mismo suspendió la sesión, invitando al juez a que confirmase su acción. Incluso después de que terminase su declaración -que duró tres horas- del primer día, se aseguró de ejercer, en todos los días posteriores, el derecho a responder siempre que su nombre resultaba mencionado. En ocasiones, Joseph parecía rebajar a Fernand Labori, el distinguido abogado de Henriette, a una condición de socio menor porque él mismo se dirigía al juez, al jurado y a los testigos con la autoridad de un primer ministro en ejercicio. Incluso los editores de *L'Illustration*, completamente hostiles a Caillaux, tuvieron que admitir que Joseph era «un luchador prodigioso» a cuyo testimonio

116 *La Lanterne*, 22 de julio de 1914.

no le faltaba «una innegable majestuosidad»[117]. *Le Figaro*, la voz más hostil de todas, magnificó su poder y autoridad al declarar que «parecía totalmente un conquistador arrogante. Robespierre o Tallien debieron presentar ese mismo aspecto cuando entraban en el club jacobino»[118]. (Figura 5).

Fig. 5. Flanqueado por sus leales seguidores, Joseph Caillaux entra en la corte del Palacio de Justicia el 20 de julio de 1914, día de inicio del juicio (*L'Illustration*, 25 de julio de 1914).

En realidad, nadie podía haberse parecido menos a Maximilien Robespierre -el Incorruptible- que Joseph Caillaux. Allí donde Robespierre era puritano, correcto y fríamente mesurado, Caillaux era ostentoso, excéntrico e irreprimiblemente emocional. Pero los esfuerzos de *Le Figaro* por identificar a Caillaux, un burgués orgulloso que despreciaba la Revolución, con la tristemente célebre personificación del terror jacobino refleja hasta qué extremo le temían y odiaban sus enemigos y la controversia que perpetuamente parecía rodearle. Y, al mismo tiempo, revela la fascinación que Caillaux, como

117 *L'Illustration*, 25 de julio de 1914.
118 *Le Figaro*, 22 de julio de 1914.

Robespierre, conseguía suscitar a pesar de todo. Desde el momento en que Joseph Caillaux había obtenido protagonismo político con su nombramiento como ministro de economía en 1899 a la edad de treinta y seis años, los periodistas y otros observadores se habían interesado de forma continuada y poco habitual por describir, criticar o simplemente intentar entender a este político singular de la Tercera República. Daba la impresión de que ningún otro vestía con tanto estilo, alardeaba tan abiertamente ante las mujeres o desplegaba una combinación de poder intelectual y visión financiera como las suyas. En resumen, nadie más parecía despreciar olímpicamente al cultural código de convenciones sobre educación y comportamiento modesto con tanta ostentación como lo hacía él.

El ascenso al Consejo de Ministros de Joseph Caillaux llegó solo un año después de que le hubiesen elegido para la Cámara de los Diputados por primera vez. No era nada corriente en la política francesa un ascenso tan rápido y Caillaux debía su repentino éxito a las circunstancias especiales de 1899. Tras una lucha larga y amarga entre los oponentes y partidarios del Capitán Alfred Dreyfus, el oficial judío del ejército acusado injustamente de traición, el bando pro-Dreyfus había salido victorioso a principios de 1899. Los republicanos conservadores en el poder, que se habían negado a reabrir el caso Dreyfus, perdieron su mayoría política, y a René Waldeck-Rousseau, un centrista humanitario, se le encargó que formase un «gobierno progresista de concentración» republicano[119]. La tarea de Waldeck

119 El mejor trabajo reciente sobre el *Affaire Dreyfus* es *L'affaire de Jean-Denis Bredin* (París: Julliard, 1983), traducido por Jeffrey Mehlman como *The Affair: The Case of Alfred Dreyfus* (Nueva York: G. Braziller, 1986).

era apuntalar a un régimen republicano que muchos izquierdistas creían que había sido gravemente debilitado por los nacionalistas y los antisemitas, los representantes del ejército y de la Iglesia, que habían perseguido tanto el condenar a Dreyfus como minar a la vez la incipiente democracia.

Para estabilizar la República, el primer ministro eligió un gobierno diseñado para incluir todo el espectro de republicanos comprometidos, desde la derecha a la izquierda. Y, puesto que tomó la decisión sin precedentes y extremadamente controvertida de incluir al socialista Alexandre Millerand en el gobierno republicano, Waldeck necesitaba a alguien de la derecha para darle un equilibrio conservador. Joseph Caillaux parecía la elección perfecta. Le habían elegido diputado por ser republicano, pero todo a su alrededor llevaba la marca del conservadurismo y de la élite social. Procedía de una familia de millonarios, aunque con orígenes en la clase media y, como personas notables de la localidad en el Departamento, mayormente rural, de la Sarthe, sus padres llevaban la vida propia de la aristocracia terrateniente[120]. Su padre, Eugène, director de una compañía ferroviaria importante en el final de su carrera, había sido ministro de economía en 1877 con el gobierno conservador de «orden moral»[*].

Sobre René Waldeck-Rousseau, véase la ejemplar biografía de Pierre Sorlin, *Waldeck-Rousseau* (París: A. Colin, 1966).

120 Sobre la familia de Caillaux y su infancia, véase Jean- Claude Allain, *Joseph Caillaux, vol. 1; Le défi Victorieux, 1863-1914* (París: Imprimerie nationale, 1978), cap. 1-4.

* En un famoso incidente de 1877 conocido como el *seize mai*, el «gobierno de orden moral» intentó socavar la joven Tercera República disolviendo la legislatura que estaba formada en su mayoría por republicanos comprometidos. El esfuerzo no tuvo éxito, y la nueva república se salvó -al menos hasta que el *Affaire Dreyfus* alcanzó su apogeo a finales de 1890-.

De niño, Joseph había sido criado siguiendo la tradición aristocrática con niñeras e institutrices inglesas y su educación primaria la había recibido en casa con tutores. Más tarde, estudió derecho y economía y a la edad de veintisiete años se convirtió en miembro de la élite francesa del cuerpo de inspectores de finanzas, altos funcionarios normalmente de impecable prestigio social y fortuna consolidada, cuyo trabajo consistía en auditar los asuntos financieros del Estado[121]. Desde este puesto, Caillaux escribiría un trabajo definitivo sobre el complejo sistema de impuestos de Francia y ganó su puesto como docente en la conservadora Escuela Libre de Ciencias Políticas, una cara institución privada que atraía a estudiantes pudientes que consideraban a la Sorbona demasiado clase media y demasiado republicana[122]. Así, Caillaux añadía a su historial de conservadurismo social -tranquilizando a los republicanos más tímidos de Francia- una experiencia considerable en el campo de las finanzas y los impuestos. Esto también era tranquilizador porque sus opiniones sobre economía se ajustaban a la ortodoxia reinante del *laissez-faire*. Durante su primer año en el Parlamento tuvo buen cuidado de limitar sus intervenciones a los temas técnicos, manteniendo así un aura de moderación mientras no hacía nada para molestar a su izquierda política[123]. Puede que Caillaux fuese joven e inexperto en política, pero proporcionó un equilibrio

121 Sobre los *inspecteurs de finance,* véase Jean-Noël Jeanneney, *L'argent caché*, (París: Fayard, 1984), p. 111.

122 Joseph Caillaux, *Les impôts en France*, 2 vol. (París: Chevalier-Maresco, 1896 y 1904); John F. Keiger, *France and the Origins of the First World War*, (Londres: Macmillan, 1983), p. 31.

123 Allain, *Caillaux*, vol. 1, cap. 9.

político crucial al gobierno que Waldeck-Rousseau esperaba que fuese ampliamente representativo.

Desde los principios de su carrera política, Caillaux había buscado insuflar un republicanismo moderado dentro de su distrito local de Mamers. Se presentaba a sí mismo como la versión actualizada de su padre, como un fiscal conservador que entendía la austeridad campesina pero que había abrazado la República como forma moderna de gobierno de Francia. Aun cuando su primera intentona electoral, una disputa por un escaño de concejal en 1896, había terminado en derrota, la experiencia le proporcionó a Caillaux el gusto imperecedero por la vida política. Dos años más tarde puso sus miras en la Cámara de Diputados, la cámara baja del Parlamento[124]. El escaño que Caillaux codiciaba había pertenecido desde 1871 al duque de Doudeauville, un rico terrateniente septuagenario que tenía títulos de nobleza que se remontaban al siglo once. El venerable duque era uno de los más destacados monárquicos de Francia, posición que a finales de 1890 le supuso una actividad política limitada; de todos modos, su prestigio local y su poder económico le habían permitido mantener a raya a sus contrincantes republicanos durante más de dos décadas.

Antes de tomar la decisión de enfrentarse a Doudeauville, Caillaux tomó la interesante decisión de ofrecerse al duque como su sucesor en el parlamento. El padre de Joseph había sido diputado por el departamento de la Sarthe, aliado del duque; el joven Caillaux quizá consideraba lógico el poder heredar un escaño

124 Para esta exposición sobre la carrera política temprana de Caillaux estoy en deuda con *Caillaux*, de Allain, 1: 148-67.

parlamentario. El pasado social y político de Joseph era tan aristocrático en estilo y método que su impulso era buscar la investidura inmediata, sin hacer campaña democráticamente para conseguir el cargo. El duque, sin embargo, no tenía interés alguno en ceder su puesto a alguien de menos nobleza como Joseph Caillaux y al aspirante se le comunicó de forma educada y firme que el duque se sucedería a sí mismo[125]. Solo en ese momento, con la posibilidad de la investidura bloqueada para él, se volvió Joseph hacia la izquierda para su estreno como político; decidió presentarse como republicano.

Uno de los primeros biógrafos de Caillaux, Alfred Fabre-Luce, escribió que sólo este incidente sería el que determinase la orientación izquierdista de la carrera política de Caillaux[126]. Pero éste es un punto de vista demasiado restringido. Cuando era estudiante y luego como funcionario de alto nivel, Caillaux ya se había comprometido con el régimen republicano, que llevaba sólidamente afianzado más de veinte años a finales de 1890[127]. La decisión de consultar al duque no indicaba ni oportunismo ni falta de compromiso con la política republicana, sino la convicción de que su dinero y posición le daban derecho a un escaño parlamentario cualquiera que fuese su filiación.

El rechazo del duque puede haber convencido a Caillaux a unirse al Partido Republicano; al hacerlo no se sintió obligado a renunciar a las pretensiones aristocráticas de su familia. Durante su campaña, Caillaux

125 Allain, *Caillaux*, 1: 160; Jean-Denis Bredin, *Joseph Caillaux* (París: Hachette, 1980), p. 31.
126 Alfred Fabre-Luce, *Caillaux* (París: Gallimard, 1933), p. 17.
127 Allain, *Caillaux*, 1: 166-67.

mezclaría su posición social y su política republicana para ofrecer una imagen de modernismo aristocrático que prometía un cambio gradual dentro de una república dirigida por líderes naturales como él mismo. «Orden y progreso en la República» se convirtió en su eslogan, la bicicleta en su símbolo. Recorrió la campiña montado en su moderno vehículo, emblema del progreso tecnológico y del movimiento hacia adelante. Pero para recordarles a los votantes sus tranquilizadores lazos con la tierra y con el pasado, vestía y hablaba como un caballero[128].

De esta forma, con su desafío al señor feudal se convirtió en un señor feudal republicano. Según Fabre-Luce «Caillaux se presentaba a sí mismo como un aristócrata y el público lo aceptó de esta guisa». Completaba esta imagen pública noble con ropas de dandi y unos modales altaneros planeados para impresionar a un populacho provinciano que ya le veía como a un «Monsieur»[129]. Para muchos campesinos de Mamers, era casi igual que el noble cuyo puesto parlamentario esperaba ganar. «No veo la diferencia entre el chico de Eugène Caillaux y el señor duque de la Rochefoucauld (también conocido como Doudeauville)», explicaría un votante campesino que finalmente desertó del duque y ayudó al joven republicano Caillaux a ganar la elección[130]. El 8 de mayo de 1898 Joseph Caillaux fue proclamado diputado de la Sarthe con el 52% de los votos[131].

128 Jean Morceau, «Les raisons d'une audience», *Cénomane: Nouvelle revue sarthoise*, núm. 2 (Winter 1980): 4.
129 Fabre-Luce, *Caillaux*, pp 37-39.
130 Citado en ibíd., p.17.
131 Allain, *Caillaux*, 1: 168.

No pasaría mucho tiempo antes de que Joseph Caillaux, imitando a la nobleza del pasado, empezara a referirse a sus electores como «mis campesinos» y a su distrito como «mi feudo»[132]. Con el paso de los años haría todo lo que estaba en su poder para reforzar esa imagen. Durante una visita a la comunidad de Saint-Aubin-de-Locquenay en la Sarthe, en septiembre de 1901, una salva de cañones le recibió al entrar en el pueblo. Las campanas de la iglesia sonaron en su honor y una banda de música le dio la serenata durante la cena con el alcalde. Después de la cena, una procesión de más de quinientas personas con antorchas le acompañó hasta la siguiente ciudad de su recorrido[133]. Parece probable que el mismo Caillaux tuviera algo que ver en la organización de esta recepción ya que esta teatralidad personal y política se convertiría en la marca distintiva de su carrera, el comportamiento aristocrático era la esencia de su personalidad.

Mientras la carrera política de Joseph Caillaux subía como la espuma desde el puesto de diputado ordinario en 1898 hasta el de ministro de economía (1899-1902, 1906-1909, de diciembre de 1913 a marzo de 1914), y luego primer ministro en 1911, él destacó como nadie lo hizo jamás dentro del mundo grisáceo de la política de la *Belle Époque*. Los líderes de la República francesa constituían, en general, un grupo muy serio en sus formas. Parecían querer elevar la mediocridad de la cla-

132 Joseph Caillaux, *Mes Mémories, vol. 3, Clairvoyance et forcé s'ame dans les épreuves, 1912-1930* (París: Plon, 1947); Alexis de Tocqueville, vástago de una de las más nobles familias francesas del siglo XIX, se refirió a sus miembros exactamente en los mismos términos. Véase *Recollections*, traducido por Georges Lawrence, (Londres: Macdonald, 1970).
133 Allain, *Caillaux*, 1:202.

se media a la categoría de principio e incluso los que promovían ideas radicales se esforzaban por no atraer la atención hacia sus personas. Su forma de vestir era convencional, sus modales contenidos, su vida privada siempre respetable en apariencia[134]. En una crítica a Léon Gambetta en los primeros años del régimen, Henri Brisson estableció las normas para los ministros del gabinete. «Debemos escoger hombres cuya honorabilidad sea incontestable y cuya vida privada no pueda ser objeto de ridículo o menosprecio por parte de nuestros oponentes»[135]. Incluso Jean Jaurès, el líder socialista que aspiraba a la transformación de la sociedad burguesa, llevaba una vida privada que se podía considerar estrictamente como de clase media. Su esposa, como las de la mayoría de los otros líderes políticos, se quedaba en casa, a resguardo de cualquier vista. Pocas esposas trabajaban fuera de casa o brillaban en las cenas, tampoco se esperaba eso de ellas. Por el contrario, la primera esposa de Joseph Caillaux, Berthe Gueydan, provocó la condena social al organizar una serie de veladas muy señaladas en la residencia del ministro. La gente consideraba que ya era suficientemente malo que recibiera como una *mondaine*, pero además el hecho de que fuera una divorciada que se había vuelto a casar violaba la norma más básica de las reuniones sociales, básicamente que las irregularidades de la vida de cada cual debían ser minuciosamente ocultadas[136].

134 Para un excelente retrato de la élite política de la Tercera República, véase Jean Estèbe, *Les ministres de la Republique, 1871-1914* (París: Presses de la Fondation nationale des sciences politiques, 1982), p. 79-95.
135 Citado en Estébe, *Ministres de la République*, p. 83.
136 Para la vida familiar de Jaurès, véase Harvey Goldberg, *The Life of Jean Jaurès* (Madison: University of Wisconsin Press, 1962), p. 42, 44, 107; sobre Berthe Gueydan como esposa política, véase Estébe, *Ministres de la République*, p. 83.

En palabras de Jean Estèbe, autor de un estudio minucioso de la élite política de la República, «El caso de Caillaux parecía... chocante. Casarse con una antigua amante después de su divorcio era poco aceptable para la opinión pública de 1906»[137]. El hecho de exhibir su matrimonio en público era ya algo completamente desmesurado. Ambas transgresiones ofendieron tanto al padre de Isabelle, la sobrina adolescente de Berthe Gueydan, que se negó a que ella asistiese a la boda y a las celebraciones del ministro a pesar de la estrecha relación que mantenía con su tía. El tío de Berthe, escribiría Isabelle más tarde, estaba avergonzado por el matrimonio hasta tal punto que su salud se deterioró y murió poco después[138].

En cuanto a la manera en la que el matrimonio de Caillaux afectó a su carrera política, Roger de Fleurieu, contrincante eterno de Caillaux en la Sarthe, escribió que Joseph salió de la elección legislativa de 1906 «mermado» no sólo porque su mayoría se había reducido sino porque se había «casado con una *mère de famille* divorciada»[139]. Quizá Caillaux creyó que él no necesitaba jugar según las reglas culturales y morales de su tiempo. Como supuesto aristócrata, como alguien orgulloso de su alta cuna y talento intelectual, se consideraba a sí mismo eximido de estas normas. Tal y como lo expresó el periodista Louise Weiss, Caillaux pensaba «que ninguna norma estaba hecha para él»[140]. Pero de

137 Estèbe, *Ministres de la République*, p. 83.

138 Las memorias no publicadas de Isabelle Couturier de Chefdubois en la Fondation nationale des sciences politiques en el archivo de Emile Roche-Joseph Caillaux, caja 10 (en adelante ERJC-10), expediente 2, p. 83.

139 Joseph Caillaux de Roger de Fleurie, *Au cours d'un demi-siècle d'historie* (París: R. Clavreuil, 1951, p. 64.

140 Louise Weiss, *Mémories d'une européenne (1893-1919)* (París: Payot, 1968), 1: 175

lo que Caillaux puede que no fuera consciente era de que las normas estaban hechas precisamente para la gente como él, aquellos cuyas personalidades les obligaban a violar lo que la cultura política de la *Belle Époque* valoraba más: la conservación de una apariencia tranquila de orden cultural y moral. Cuanto mayores eran las presiones para cambiar, cuanto mayor el clamor por los derechos de los trabajadores, los derechos de las mujeres, más se empeñaban las élites políticas y sociales de la *Belle Époque* en mantener al menos la apariencia de lo que era conocido, estable y apropiado. Era como si las élites creyeran que podían ser poco convencionales solo cuando las masas eran disciplinadas. Con una sociedad en ebullición, como la previa a 1914, los que estaban en lo alto escondían sus propias transgresiones culturales y morales para dar ejemplo de orden y moderación[141]. De ahí las dificultades a las que se enfrentaba Joseph Caillaux que, como miembro de esta élite, se negaba a obedecer a su código de conducta cada vez más rígido.

Como demostraría el juicio de Henriette Caillaux, la incapacidad de Joseph para aceptar las claves culturales de su sociedad y mucho menos para encarnarlas, finalmente dieron a sus enemigos los medios para derrocarlo, medios que, de otra forma, no hubieran triunfado, debido al dominio de la política parlamentaria y del partido que tenía Caillaux. Solamente haciendo pública la vida privada de Caillaux, haciendo de su inconformismo cultural un tema político, pudieron sus oponen-

141 Sobre el conservadurismo cultural de la élite de la *Belle Époque*, véase Jacques Chastenet, *Historie de la Troisème République, Jours inquiets et jours sanglants* (París: Hachette, 1955), 4: 125-69; Madeleine Rebérioux, *La République radicale? 1898-1914* (París: Seuil, 1975), p.143-48.

tes echarle de un mundo político en el que él resultaba todo un maestro. La posición ideológica de Caillaux en la política extranjera y doméstica amenazaba a amplios sectores de la élite francesa, pero como gran parte del país defendía esas posiciones sus oponentes pudieron desbancarle sólo al convertir ciertos temas culturales -los que tenían que ver con la familia, la moralidad y la fidelidad- en explícitamente políticos.

Tristemente para Caillaux, su propia personalidad problemática les facilitó esta tarea. Otros menos ostentosos que Joseph Caillaux, como Raymond Poincaré, que llegó a ser primer ministro en 1912 y presidente de la República entre 1913 y 1920, salieron bien librados de este tipo de transgresiones que finalmente hundieron a Caillaux[142]. La diferencia entre los dos personajes fue que Poincaré respetó las convenciones de la hipocresía enquistadas en la cultura de la *Belle Époque* y Caillaux no lo hizo. De acuerdo con el código no escrito de la época, un líder político podía tener una amante, incluso se esperaba que la tuviese, siempre y cuando no apareciese con ella en público[143]. En *Mes mémories*, Caillaux cuenta la historia de unas vacaciones en Italia a las que fueron él y Poincaré con sus amantes: «yo exhibí la mía, él ocultó la suya». Más tarde Caillaux escribió que esta diferencia de comportamiento entre él y su futuro rival revelaba una «diferencia fundamental de forma de ser», la que ayuda a explicar por qué Poincaré pudo personificar lo que era considerado como los valores franceses en la víspera de la Gran Guerra

142 Sobre Raymond Poincaré, véase Gordon Wright, *Raymond Poincaré and the French Presidency* (Stanford: Stanford university Press, 1942); Pierre Miquel, Poincaré (París: Fayard, 1984).
143 Estèbe, *Ministres de la République*, p. 85.

y Caillaux no pudo[144]. En cuanto a sus matrimonios, ambos se casaron con mujeres divorciadas, pero ahí se terminaban las similitudes. Al contrario que Caillaux, el futuro presidente de la República eligió a una mujer deseosa de quedarse en la sombra, lo que permitió al público olvidarse de su pasado.

Caillaux no solo exhibía a sus amantes, si no que llegaba a alardear de su éxito con las mujeres en los debates parlamentarios. En un debate en 1905 sobre la oportunidad de subir las tarifas para proteger ciertos tejidos de seda, Caillaux demostró un extraordinario conocimiento de las galas femeninas, tanto de ropa exterior como interior. Oponiéndose a las nuevas tarifas, Caillaux argumentaba que sería ineficaz proteger estos tipos específicos de seda que en el momento soportaban la competencia extranjera porque los gustos de las mujeres eran demasiado impredecibles. «Hace diez, veinte y especialmente treinta años», proclamó desde la tribuna, «las telas suntuosas de seda gruesa, telas que caían rectas y pesadas sobre los cuerpos eran esenciales para los trajes femeninos. Por el contrario, hoy en día, las sedas suaves y flexibles, las muselinas, han tomado el testigo, se han convertido en los tejidos preferidos para los vestidos y también para la ropa interior (aplauso, indicaban los registros parlamentarios)»[145]. Caillaux, que ya era famoso por sus «*liaisons élégantes*», dejó claro ante sus envidiosos colegas parlamentarios que la ropa interior femenina apenas tenía secretos para él.

144 Caillaux, *Mes mémories*, 3: 8. De todas formas, en el juicio se esforzó mucho por presentar su matrimonio con Henriette como un deseo de adaptarse a las expectativas culturales; véase cap. IV.

145 *Journal officiel de la République française*, 5 de julio de 1905.

Y por eso, al contrario de Raymond Poincaré, que parecía personificar las convenciones culturales de su época, Joseph Caillaux las desafiaba con frecuencia. «¡Qué hombre!», escribió el primer biógrafo de Caillaux, Paul Vergnet, ya en 1918. «Hombre de negocios, don juan, hombre político. Es excesivo y temerario en todo lo que hace, desde la economía pasando por el amor y la política… Este Don Juan, este gran financiero, insolente como un recaudador de gabelas del viejo régimen… agradece las aclamaciones de los revolucionarios jacobinos mientras cuenta los votos de sus elegantes seguidoras femeninas que le observan desde la galería reservada»[146]. El retrato de Vergnet resume lo que virtualmente todos los comentaristas veían en Joseph Caillaux: ego, exceso, y un enorme éxito; Caillaux, el mayor demagogo de todos los tiempos que apelaba a la multitud revolucionaria mientras cortejaba a las esposas de los aristócratas con su dinero y su poder. Por descontado esta era una imagen de caricatura que incluso sus amigos defendían, salvo por otros elementos cruciales que ellos añadían: gran inteligencia, dedicación, su esfuerzo por la paz en el exterior y el cambio ordenado en casa.

Con todo, dada su forma de vestir, sus aires aristocráticos, la manera de tratar a los que le rodeaban, Caillaux facilitó a los caricaturistas abundante material. La mayoría de los políticos franceses vestía tan convencionalmente con el negro burgués básico que los periodistas y los biógrafos raras veces se molestaban en describir sus ropas. Con Caillaux, casi siempre se

146 Paul Vegnet, *Joseph Caillaux* (París: Renaissance du libre, 1918), p. 2. El primer volumen de la reciente biografía de Jean-Claude Allain sobre Caillaux se subtitula *Le défi victorieux*.

centraban en eso, dando una atención informativa a la apariencia que normalmente se reservaba para las mujeres. El líder socialista Jean Jaurès marcó la pauta para todas las descripciones sobre el aspecto de Caillaux llamándole un «dandy sacado directamente de Balzac»[147]. Georges Suarez completaría los detalles: llevaba «guantes del color de la mantequilla fresca, su pecho henchido bajo un chaleco de seda y entre las solapas de una levita que llevaba la palabra "seigneur" escrita por todas partes»[148]. Otros comentaban sus chalecos de satén blanco, sus abrigos «de corte tan elegante» (figura 6), los zapatos de piel flexible, las polainas, el bastón y el omnipresente monóculo, «atado con un lazo negro y en juego constantemente, bien en su ojo o entre sus dedos»[149]. Al vestirse de esta forma, Caillaux buscaba algo más que la mera distinción aristocrática de un dandy; quería burlarse de los patrones de comportamiento dominantes, demostrar que él podía vivir conforme a sus propias reglas y sin embargo triunfar. En 1899, siendo un joven miembro del gobierno, provocó un escándalo cuando apareció en el Senado un día de julio en ropa de verano a la moda, algo que nunca se había hecho independientemente de la temperatura que hubiera. Y peor aún, alrededor de trece años después, en el momento de anunciar su dimisión como primer ministro, fue a ver al presidente de la República

147 Caillaux, *Mes mémories*, 3: 100. Caillaux cita a Jaurès porque le llama «un personaje de Balzac». Paul Vergnet (Caillaux, p. 1) dice que Jaurès etiquetó a Caillaux como «dandy balzaniano», una etiqueta reproducida más tarde por Jacques Chastenet, *Troisième République*, 4:83.
148 Citado en Alllain, Caillaux, 1:447.
149 Fleurieu, Caillaux, p. 175. Véase también Rudolph Binion, *Defeated Leaders: The Political Fate of Caillaux, Jouvenel, and Tardieu* (Nueva York: Columbia University Press, 1960), p. 18; Bredin, *Caillaux*, 1:447-49.

directamente llegado de una partida de caza y vestido aún para la ocasión, *à l'anglaise*[150].

El físico de Caillaux captaba casi tanta atención como su forma de vestir. «Nadie era tan calvo como él», escribió Fabre-Luce, y su figura esbelta le distinguía rápidamente de los corpulentos patriarcas que le rodeaban en el gobierno. Calvo como un octogenario pero esbelto como un adolescente, Caillaux exudaba una intemporalidad que reafirmaba su singularidad. Su amigo Charles Paix-Séailles aportó quizá la descripción más completa: «Su cara [era] ovalada, sus facciones normales: nariz recta, boca fina-sombreada por un bigote que seguía la moda de los años 1900 a 1914- y una barbilla afilada y perfectamente afeitada que delataba una terquedad poco común. Su frente, muy redondeada, parecía más alta y más grande de lo normal a causa de su casi total calvicie». Caillaux se mantenía increíblemente erguido pero se las arreglaba, no obstante para «no parecer distante ni forzado»[151].

Fig. 6. Joseph Caillaux, en una pose formal e impecablemente vestido (*L'Illustration*, 21 de marzo de 1914).

150 Allain, Caillaux, 1:448.
151 En orden, Fabre-Luce, *Caillaux*, p. 47; Allain, *Caillaux*, 1: 447, 448.

Las memorias de Caillaux sugieren que le halagaban las referencias a Balzac. Pero algunas personas entendían que su excéntrica imagen pública iba más allá del poder creativo del escritor más grande de Francia. Paul Vergnet escribió que «Alphonse Daudet y Émile Zola a duras penas podrían haber creado en su ficción el personaje brillante que Caillaux representa en la vida real... Incluso el genio de Shakespeare no lo habría podido captar». Esta imagen precedería a Caillaux cuando viajó a los Estados Unidos para unas negociaciones financieras a mediados de 1920. T.H. Thomas escribió en 1925 que «solo sabemos que Caillaux es posible porque existe. Nadie lo podría haber inventado. Ningún autor de melodrama histórico concebiría un personaje [así]»[152].

Estos retratos de la ropa de Caillaux, su apariencia, y su comportamiento ya sugieren una opinión ampliamente compartida sobre su personalidad: arrogante, orgulloso, terco e imprudente y, con todo, hábil para seducir, incluso fascinar. Prácticamente nadie admitía que le gustaba. Para los editores del izquierdista *Bonnet Rouge*, un periódico que «le apoya[ba]... incluso le ensalza[ba]», «tenía una mente maravillosa pero [era] una mala persona»[153]. Jean Montigny, el discípulo y sucesor de Joseph como diputado por la Sarthe tampoco era más positivo, le describía como «una personalidad inclasificable, capaz de ser despreocupado, encantador, arrogante, de enfadarse y estar de buen humor en el mismo cuarto de hora»[154]. Los enemigos de Caillaux

152 Vergnet, *Caillaux*, p. 3; T. H. Thomas, «Caillaux», *The Atlantic Monthly 135* (junio de 1925): 830.
153 *Le Bonnet Rouge*, 13 de diciembre de 1913, citado en Allain, *Caillaux*, 1: 446.
154 Citado en Bredin, *Caillaux*, p. 10.

eran menos lisonjeros. Octave Homberg, un adversario de toda la vida que le conocía desde la infancia, escribió que Caillaux «me asombraba, me dejaba pasmado con su actitud insolente y desdeñosa. Con su voz aguda ajusticiaba a todo el mundo». Paul Vergnet le llamaba «un ministro con la actitud de un dictador», y se quejaba de que «era el hombre más poderoso elevado a la cúspide política desde Gambetta»[155]. Maurice Barrès se quedó con la boca abierta y enormemente sorprendido cuando estaba informando sobre una investigación de la falta de ética de Caillaux y éste se reclinó y encendió un cigarrillo en una sala en la que estaba prohibido fumar, y todo esto sólo unos días después del asesinato de Calmette. «¡Qué hombre! Exclamó el intelectual nacionalista. Hay algo en él que recuerda a un niño malcriado»[156].

Ciertamente, Caillaux parecía tener una alta opinión de sí mismo. Los subtítulos de sus tres tomos de memorias, que él definió como «memorias escritas con el espíritu de cautela elegante que define tan bien mi carácter», están plagadas de una grandiosidad propia de Luis XIV: El Orgullo de mis Primeros Años; Mi Audacia; Clarividencia y Fuerza de Carácter ante la Adversidad[157]. Ya en 1901 un titular periodístico se había referido a él como «Su engreída Majestad, el señor Caillaux», y diecisiete años más tarde el juez Bouchardon, un juez instructor, le calificó como «Su Jactancia, el señor Caillaux». No obstante, el juez añadió que, a pe-

155 Vergnet, *Caillaux*, p. 161-62.
156 Maurice Barrès, *Dans le cloaque* (París: Emile-Paul Frères, 1914), p. 68, 35.
157 «Recuerdos por escrito…» citado en «Les mémoires de Joseph Caillaux», de Emile Henriot, in ERJC-10, expediente 2. *Ma jeunesse orgueilleuse; Mes audaces; Clairvoyance et forcé dans les épreuves.*

sar de todo, Caillaux «estaba dotado de un verdadero talento para la seducción»[158].

Puede que sus enemigos estuvieran dispuestos a admitir su poder de seducción- después de todo, alcanzó un éxito político considerable como ministro de economía, primer ministro y líder del Partido Radical-. Pero lo que les costaba más reconocer, quizá porque les alarmaba tanto, era su aguda inteligencia y su habilidad para llevar a cabo las cosas. En cualquier caso, lo mismo los amigos que los enemigos tendían a coincidir con el periodista Anatole de Monzie en que «nadie explicaba un asunto de negocios como él; nadie entendía mejor los pormenores». Octave Homberg le juzgaba «extremadamente inteligente, alguien que entendía un asunto incluso antes de que se le acabara de exponer», y el escritor Emmanuel Berl le consideraba «una especie de genio». Incluso los alemanes estaban de acuerdo, ya que, cuando Caillaux fue nombrado primer ministro en 1911, el embajador de Berlín se refirió a Caillaux, aunque de mala gana, «como un auténtico talento político»[159].

Caillaux merecía claramente tal reconocimiento porque entendía las finanzas del Estado quizá mejor que ningún otro miembro del gobierno. El problema era que Caillaux usaba esta superioridad intelectual para subestimar a los que tenía alrededor. Mostraba desprecio por los individuos que eran torpes de entendimiento y era condescendiente con casi todo el mun-

158 *La Liberté*, 30 de junio de 1901, citado en Allain, *Caillaux*, 1: 449; Pierre Bouchardon, *Souvenirs* (París: Albin Michel, 1953, p. 374-5.

159 Monzie y Berl citados en *Caillaux* de Bredin, p. 11; Octave Homberg, *Les coulisses de l'historie: souvenirs, 1898-1928* (París: Fayard, 1938), p 136-37; el embajador alemán citado en Allain, *Caillaux*, 1:455.

do[160]. En consecuencia, a veces tenía dificultades para transformar su talento intelectual en poder político, especialmente cuando proponía reformas que amenazaban los intereses establecidos. Caillaux podría haber tenido más apoyo para su controvertida propuesta de establecer un impuesto sobre las rentas si no hubiera insultado la inteligencia de algunos de los que planteaban preguntas acerca de sus ventajas. Al actuar así, se lo puso muy fácil a los conservadores para que se opusieran al nuevo impuesto al oponerse a su artífice.

Los biógrafos de Caillaux han explicado su magistral personalidad, su autoritarismo desdeñoso, la grandiosa exaltación de su ego, como el resultado de una niñez principesca durante la que reinó como el centro de atención de su familia. Jean-Claude Allain describe cómo la madre de Caillaux le daba un poderoso sentido de importancia halagando su ego y cubriéndolo de elogios por sus logros. Este apoyo materno, combinado con sus antecedentes aristocráticos, escribe Allain, le dio a Caillaux un lógico sentido de superioridad y reforzó su arrogante terquedad y el desdén aristocrático que le hizo famoso[161]. Pero había otra faceta de Caillaux, la insegura, la irritable, una faceta inquieta que a la mínima anulaba la autoconfianza evidente para sus electores de la Sarthe. Parece que Caillaux fue una persona atormentada por un temperamento conflictivo que vacilaba entre dos extremos de humor y comportamiento, entre altibajos de auto-exaltación y nerviosismo, obsesión y una inseguridad extrema. En ninguno de los dos estados parecía tener un control

160 De la forma en la que la inteligencia de Caillaux menospreciaba a los que le rodeaban, véase Allain, *Caillaux*, 1: 452-53.
161 Ibíd., 76-77.

firme sobre sí mismo, pero durante sus momentos altos demostraba una habilidad extraordinaria para conseguir la fidelidad de su audiencia. Había algo de actor en Joseph Caillaux porque durante sus periodos de energía emocional fuerte era capaz de proyectar una imagen de calma y magistral control que le hacían parecer casi invencible. Pero cuando su estado de ánimo volvía a la oscuridad y la desesperanza no podía hacer frente ni al público ni a sí mismo.

Caillaux declaró durante el juicio que había estado profundamente preocupado por los sentimientos de su mujer durante la campaña periodística de Calmette contra él -«poseído», según sus propias palabras, «por la visión del comportamiento de mi mujer, tan visiblemente deprimida»[162]. Pero, probablemente, tuviese motivos para estar preocupado por sus propias emociones también. De acuerdo con las declaraciones escritas del Presidente Raymond Poincaré, Caillaux parecía «sumamente triste» durante el encuentro privado que habían mantenido ambos en la mañana del asesinato. En un momento de su conversación Caillaux «se levantó y gritó: Si Calmette publica [más] cartas privadas, le mataré». El presidente concluye su declaración anotando que estaba «tan sorprendido por el estado en que se encontraba el señor Caillaux» que creyó necesario informar de su conversación al primer ministro[163]. En su propia declaración Caillaux confirmó que había amenazado con matar a Calmette y no rebatió la representación que Poincaré hizo de su tono. Caillaux también reconoció que le había dicho a su mujer durante la

162 Transcripción-*Le Figaro*, 22 de julio de 1914.
163 Ibíd. Véase también Raymond Poincaré, *Au service de la France: neuf années de souvenirs, L'union sacrée* (París: plon, 1927), 4: 83.

comida del día 16 de marzo que «iría a romperle la cara a Calmette»[164]. Ante el tribunal trató de explicar que esta amenaza tan radical había tenido como propósito calmar a su mujer con la promesa de protegerla, pero a la vista del acto violento perpetrado por su mujer esa misma tarde, parece haber tenido el efecto contrario.

A la vista de estos informes, Joseph parece haber estado tan desazonado como su mujer, lo cual no se contradice con la forma en la que él mismo se describió en los momentos de sinceridad ya al final de su vida. En sus memorias (en proyecto alrededor de 1930), Caillaux confesó que «había experimentado problemas nerviosos... desde [1905]» aunque nunca «tan intensamente como entonces». Continuó explicando que su primer ataque de nervios fue «una crisis real», que se prolongó a causa de su inesperado estrecho margen de victoria en las elecciones legislativas de 1906. Como consecuencia, «mi desasosiego habitual se agravó». Tal vez la primera crisis nerviosa de Caillaux no tuvo lugar hasta 1905, cuando ya tenía 45 años, pero existen suficientes indicios claros de la «*inquiétude*» de su personalidad. Cuando el padre de Joseph estaba moribundo en 1898 le advirtió a su hijo, que entonces tenía 35 años, que «tuviera cuidado en todo momento con la explosividad de tu temperamento»[165]. Y mucho más tarde (1925) Joseph explicó su capacidad para reconciliarse finalmente con su antiguo rival Aristide Briand aduciendo que ahora «tenía los nervios más templados y era menos susceptible»[166].

164 Transcripción- *Le Figaro*, 22 de julio de 1914.
165 Joseph Caillaux, Mes mémories, Ma jeunesse orgueilleuse, 1863-1909 (París. Plon, 1942), 1:229, 83.
166 Joseph Caillaux, *Mes mémories, Mes audaces-Agadir, 1909-1912* (París: Plon, 1943). 2.7.

Caillaux tuvo la precaución de admitir esto ya al final de su carrera, aunque el testimonio de innumerables personas pone al descubierto a un hombre aquejado toda su vida de agitación nerviosa. Al parecer sus emociones eran tan visibles que la temperatura de sus sentimientos se podía ver en el color de su calva. La periodista Louise Weiss señaló que «su cráneo calvo se ponía más y más rojo cada vez que le subía una oleada de su convulsa sangre»[167]. Esto no significa que hubiera que examinar el cuero cabelludo de Caillaux para percibir su extrema emotividad. En el informe parlamentario tras el asesinato de Calmette, Maurice Barrès escribió que Caillaux «continuamente golpeaba la mesa con las palmas de sus manos como si estuviera tocando el piano, acompañando y respaldando sus afirmaciones con esta música. Por momentos estaba totalmente agitado y sus ojos y su voz reflejaban su espíritu atormentado. Estaba absolutamente febril»[168]. Resumiendo todos estos informes, una serie de historiadores y biógrafos se han referido a Caillaux con una colección de adjetivos que reflejan su emotividad y su nerviosismo: «petulante», «impetuoso», «tembloroso», «inquieto», «brioso». Nunca se le vio desplazarse de un sitio a otro, en vez de eso hacía una pirueta, giraba, revoloteaba, incluso caía como una cascada. Era una máquina en movimiento constante, un organismo regido por una «inestabilidad impetuosa»[169].

167 Weiss, *Mémories*, 1: 174.
168 Barrés, *Dans le cloaque*, p. 34-35. Barrès hizo esta descripción en uno de una serie de artículos escritos durante el proceso judicial de la comisión parlamentaria que investigó el *Affaire Rochette,* un escándalo financiero cuya conexión con el Caso Caillaux explico más bajo. Como miembro de la Asamblea, Barrés fue citado por la comisión, y escribió su artículo mientras participaba en el proceso. Cada pocos minutos, un mensajero del periódico venía a recoger los datos.
169 Jean-Claude Allain, el mejor y más reciente biógrafo de Caillaux, enumera todos estos términos en el soberbio capítulo final de *Caillaux*, 1:449.

A pesar de todos estos testimonios, otros sugieren que Caillaux se cuidaba de no dejar traslucir que los nervios le dominaban. Parecía ser capaz de encauzar la energía emocional anárquica y dispersa convirtiéndola en una muestra productiva y convincente de su poder, control y confianza serena. En un momento podía parecer tan consumido por el miedo y el odio como para inspirar hostilidad y desconfianza y al siguiente elevarse a tales alturas de control autoritario como para provocar gran confianza e incluso veneración. Poincaré señaló en sus memorias que inmediatamente después de su encuentro con un frenético Caillaux el 16 de marzo, el ministro de economía pasó a dirigir un debate en el Consejo de Ministros con «un dominio e impasividad que contrastaba bruscamente con el nerviosismo del que yo había sido testigo cuando estaba a solas con él en mi despacho. Es capaz de refrenarse con una maestría extraordinaria». Varios días después, tras el asesinato de Calmette, Poincaré volvió a sorprenderse por la evidente habilidad de Caillaux frente a la tragedia «para dominar un temperamento que en otros tiempos se alteraba incluso por los problemas más nimios»[170]. Estos virulentos cambios de humor y comportamiento, de ira y depresión seguida por alegres muestras de poder y control, delatan una personalidad aquejada de fuertes emociones, emociones que oscilaban desde la desesperación a la euforia. Cuando a Caillaux le afectaba la desesperanza parecía incapaz de controlarse, y mucho menos controlar al país; cuando le invadía la euforia tenía la habilidad del actor para moldear las percepciones que los demás re-

170 Poincaré, *Au service*, 4:82, 95.

cibían de él, consiguiendo parecer que tenía el control con firmeza y a lo grande.

Con lo cual, de todas estas observaciones se deduce que Caillaux era demasiado complejo, estaba demasiado sujeto a los bandazos de las emociones como para que una visión unidimensional de su personalidad pueda explicar sus estados de ánimo y comportamiento. Joseph Caillaux emanaba poder y debilidad, serenidad y decaimiento, vacilando entre los extremos de la grandiosidad y la desesperanza. Puede que este temperamento bipolar le viniese ya de nacimiento porque la investigación actual sobre la psicología y la bioquímica del cerebro sugiere que ciertos aspectos del temperamento y del estado de ánimo del individuo son características inherentes[171]. Esto no significa que los genes determinen el comportamiento, simplemente que hay individuos que nacen con ciertas tendencias temperamentales que marcan la forma en la que responden ante los modelos de vida familiar, ante su ambiente social y cultural, y a sus experiencias como niños, adolescentes y adultos. Los cambios de humor relativamente fuertes y frecuentes de Caillaux parecen indicar que sufría lo que los psiquiatras ahora llaman un «trastorno bipolar», algo que él mismo puede que hasta haya reconocido, aunque

171 Esta nueva línea de investigación, principalmente desde la década de 1980 más o menos, está resumida magistralmente en *Unstable ideas: Temperament, Cognition, and Self de Jerome Kagan* (Cambridge, Mass.: Harvard University Press, 1989), esp. Cap. 3. Para una explicación divulgativa excelente de las nuevas investigaciones sobre la bioquímica de los desórdenes del estado de ánimo, véase Mark S. Gold, *The Good News about Depression* (Nueva York: Villard Books, 1987), esp. Cap. 14. Véase también el importante trabajo de Frederick K. Goodwin y Kay Redfield Jamison, *Manic-Depressive Illness* (Nueva York: Oxford University Press, 1990). Para un interesante relato periodístico de la unión entre creatividad y depresión maníaca, véase Gloria Hochman, «The Genius Disease», *The Philadelphia Inquirer*, 16 de abril de 1989.

vagamente. En el juicio de Henriette, Joseph describió los altos y bajos de su vida personal y profesional con palabras que podrían referirse a su propia personalidad: «en mi vida… a veces he alcanzado la cima, pero estas cimas ¡están siempre tan cerca de la base!»[172].

Las personas aquejadas de trastorno bipolar alternan su humor entre picos de energía, creatividad, y sexualidad -a menudo acompañados de grandiosidad, arrogancia y enfado- y mínimos de desesperanza, nerviosismo, manías persecutorias, y baja autoestima[173].

Un ambiente familiar comprensivo y estable puede suavizar los extremos del temperamento bipolar, pero en el caso de Joseph Caillaux sus padres tenían personalidades tan distintas y la manera de tratar a su inestable hijo era tan diferente que le provocaron justo el efecto contrario. Las circunstancias y las relaciones de Caillaux con sus padres sirvieron para agudizar los excesos de su carácter, reforzando en vez de atenuar la tendencia que había heredado.

Se conoce lo suficiente de la vida familiar y de los primeros años de Joseph Caillaux como para sospechar que su familia era tan bipolar como su carácter. Joseph Caillaux nació en 1863, siendo el primogénito de los dos hijos de Eugène y Anna Caillaux. Anna había enviudado de su primer marido con el que tuvo un hijo y una hija. Por todo lo que se sabe, los padres de Caillaux tenían personalidades totalmente distintas. Anna era protestante y devota, Eugène católico y descreído. Anna era dulce, afectuosa, cariñosa, manejable;

172 Transcripción-*Le Figaro*, 24 de julio de 1914.
173 Gold, *Good News*, p 165-89. Los psiquiatras reconocen dos grados de trastorno bipolar, el más grave de los cuales es comúnmente conocido como depresión maníaca. Caillaux probablemente padecía el trastorno más leve.

su marido severo, frío, distante, autoritario[174]. Las memorias de Joseph dejan claro que todo el cariño que recibiera de niño vino de su madre; de su padre sólo recibió órdenes e instrucciones. Aunque las memorias de Joseph tratan la relación con su padre con gran delicadeza, es evidente que chocaban continuamente. «En casa incluso más que en ningún otro sitio», escribió Caillaux «mi padre no consentía el desacuerdo». Cuando Joseph manifestó poco interés por prepararse para el alma mater de Eugène, la Escuela Militar, su padre le ordenó que lo hiciera. Afortunadamente para el joven Caillaux, no le admitieron y aun así su padre se mostró reacio a dejarle hacer otra cosa. Sin embargo, gracias «al apoyo de mi madre logré la autorización [de mi padre] para estudiar derecho y prepararme para ser inspector de finanzas». Esta concesión no impidió que Eugène ejerciese un estricto control sobre el desarrollo de los estudios de Joseph, porque su padre «detalló las normas de orden y trabajo cuyo austero diseño se me obligaba a seguir». Joseph respondió con «algunas quejas» pero «obedeció de todas formas». Más tarde, cuando Joseph ya había cumplido los treinta, el asunto de su soltería le generaría muchos conflictos con su familia. Pero mientras su madre «le animaba con ternura» a encontrar una esposa, su padre «le regañaba con hostilidad». En consecuencia, padre e hijo chocaron e intercambiaron «palabras agridulces»[175].

En todas las descripciones de Joseph, Anna aparece cariñosa y comprensiva, Eugène distante y crítico. A

174 Para descripciones sobre los padres de Joseph y su vida doméstica, véase Caillaux, *Mes mémories*, 1:11-89; Allain, *Caillaux*, 1:32-78; Bredin, *Caillaux*, p. 15-29; Fabre-Luce, *Caillaux*, p. 9-13.
175 Caillaux, *Mes mémories*, 1:69-72, 76.

menudo su madre defendía a Joseph y le daba a entender que él era su «hijo favorito»[176]. Poco después de la muerte de Eugène, Anna escribió a su mejor amiga, la condesa de Beausacq, que Joseph era su «único rayo de sol; pero lo es de una forma tan profunda que me hace alegrarme con todo mi corazón». La carta motivó una nota de parte de la condesa a Joseph para hacerle saber «cuánto te adora [Anna], qué feliz la haces y cómo tus éxitos le dan la mayor alegría»[177]. Claramente, Joseph sentía lo mismo por su madre y la idealizaba hasta la adoración, llamándola «mi adorada madre». Joseph escribió en sus memorias que el retrato de Anna «llena la habitación donde trabajo». Y mientras trabajaba la mirada de su madre parecía «viva en el lienzo, envolviéndome hasta el día de hoy»[178].

Estas descripciones dejan claro que los padres de Joseph Caillaux eran tan bipolares como él, creando una vida familiar tan contradictoria como para exacerbar los extremos de su carácter. Su madre le veía como un niño tan perfecto como si fuera un príncipe, mientras que su padre le definía como un incompetente y desobediente. Anna reconocía la parte majestuosa de su temperamento, Eugène la depresiva. Con esta división interior, Joseph se habría beneficiado de unos padres capaces de ofrecerle una visión única de su persona, una imagen que no potenciara ninguno de sus extremos y le capacitase para actuar con mayor seguridad e imparcialidad en la vida. En lugar de esto, las contradicciones emocionales de la familia Caillaux intensificaron la discordia del carácter de Joseph, com-

176 Ibíd., 89
177 Citado en Allain, *Caillaux*, 1.76.
178 Caillaux, *Mes mémories*, 1:89.

plicando profundamente las respuestas posteriores a las demandas y exigencias de su vida personal y profesional.

Las contradicciones de la complejidad temperamental y familiar de los Caillaux hicieron aflorar una maraña de identidades fluctuantes que iban del niño consentido al depredador sexual y al consumado actor político. Cada uno de los aspectos de su personalidad le mortificaría en sus relaciones adultas, pero él sólo reconocía una: su comportamiento de «niño malcriado», confirmado sobradamente por los coetáneos (Barrès, Vergnet, Fleurieu) e historiadores (Allain, Bredin, Fabre-Luce).

El refuerzo de la parte exaltada del carácter de Joseph que su madre le confiriera, inculcó en él una fantasía de omnipotencia e invulnerabilidad en la que siempre estaría protegido por los padres. Esta fantasía de «niño de mamá» era tan fuerte que a menudo hacía que no se diera cuenta de los peligros a los que se enfrentaba en el mundo adulto, parece que al final de su vida se apercibió de esto indirectamente. En un fragmento sacado del borrador final de sus memorias, Caillaux hablaba de su temprana madurez de forma que sin duda se puede aplicar a su infancia también: «La vida protegida y resguardada que llevé [viviendo en casa] desde los veinticinco a los treinta y cinco años me envolvió en el disfraz de niño consentido, un disfraz del que me ha costado mucho librarme. ¿Me he librado de él completamente?»[179]. Aquí también, en un fragmento que Caillaux no quería publicar, sugería que su madre protectora en demasía podría no haberle preparado

179 Citado en Allain, *Caillaux*, 1:76.

para las realidades de la vida adulta, para la necesidad de tomar en cuenta el poder del padre. Caillaux se preguntaba si la niñez principesca le había creado un falso sentido de seguridad. ¿Le habría generado las ilusiones de omnipotencia que le duraron hasta la edad adulta, moviéndole a desafiar las convenciones de su sociedad y las normas de sus fundadores sin darse suficiente cuenta de las consecuencias de hacerlo así?

Tales eran las percepciones más simples que Caillaux tenía de sí mismo, apreciaciones de las que se hicieron eco sus coetáneos y sus biógrafos. Pero lo que no percibió Caillaux –lo que sus críticos y biógrafos tampoco percibieron- era que él no sólo ignoró el poder paterno, sino que buscó activamente el desafiarlo. Puesto que su padre hablaba tan directamente a la parte negativa de su carácter, Joseph necesitaba no sólo ignorar a los padres sino desafiarlos. Tenía que demostrar continuamente que la imagen que su madre tenía de él era la correcta, que era un príncipe inteligente y valioso, no el fracasado que su padre le consideraba. Para demostrar que su padre se equivocaba, para demostrarse a sí mismo que no era ni débil ni incompetente, se veía obligado a ganarse a su madre constantemente a costa de su padre y a retar a su padre para conseguir el afecto de su madre. Esto puede haber sido una forma ideal y simbólica para evaluar su fortaleza de carácter, pero al hacerlo intensificaba su complejo edípico ya agudizado por lo mucho que sus padres fomentaban su temperamento dual. Los conflictos infantiles de tal gravedad no tenían una solución normal y Caillaux quedaría condenado a recapitular los dilemas edípicos de su vida familiar a lo largo de toda su vida adulta. Nunca le bastaría a Caillaux, por lo tanto, poseer sucesivas mujeres para ganarse de nuevo el amor de su madre; tenía que quitárselas a sus maridos o padres. Sus dos mujeres estuvieron casadas con otros hombres cuando él las empezó a tratar; ambas se divorciaron por él. Más allá de esta forma directa de competición edípica, Caillaux deseaba derrotar sexualmente a los demás hombres de incontables maneras: presumiendo de sus *liaisons élégantes*, alardeando de sus amantes en público o demostrando un profundo conocimiento de la vestimenta femenina más íntima.

Con todo, a pesar de todas estas elaboradas formas de establecer la imagen de su madre como la de una mujer ideal, la de su padre permanecería de forma fija y confirmada en las profundidades del temperamento de Caillaux. No pudo deshacerse de esa imagen. Pero tal vez la podía apartar de las percepciones de los demás y entonces, al no considerarla nadie, de su propia consciencia. Quizás esta era la gran fantasía de Joseph, ya que no hizo su carrera en el mundo anónimo de la administración pública para la que se había preparado, sino en el ámbito extremadamente público de la política donde podía usar su posición y su poder para manipular las percepciones de los demás. En su política creó un alter ego como actor, un alter ego artificial de esplendor y poder diseñado para convencer a su audiencia- y en último término a sí mismo- de que la imagen de su madre era la única existente. Si la interpretación es una forma de ejercer poder sobre las apreciaciones de otros, Caillaux quería usar ese poder para crear el personaje que deseaba ser. Para hacerlo, usó partes de sí mismo para fabricar una persona que era más que él, buceando en los elementos de su pasado y ambiente aristocrático para asumir el papel de miembro de la nobleza francesa contemporánea. Como escribió Fabre-Luce, Caillaux «creó su personaje [aristocrático] con los adornos que sus seguidores le demandaban... Se hizo coqueto, pedante, caballeroso; conquistador con *histories de femmes*»[180].

Este personaje aristocrático, poderoso y distinguido puede haber ayudado a Joseph Caillaux a imponer un cierto control sobre su volátil personalidad y a superar las contradicciones emocionales de su educación. Parece haberle ayudado también a ganar las elecciones en el Sarthe donde su imagen señorial le proporcionaba legitimidad y respeto. Pero a la larga, todo esto le dejaría muy mal preparado para la vida adulta, especialmente para la vida hobbesiana propia de la política parisina que eligió. Su fantasía mezcla de omnipotencia e invulnerabilidad, combinada con su firme necesidad de humillar a las figuras de autoridad, le llevó a subestimar a sus oponentes políticos, incluso a provocarlos, aunque inconscientemente, exponiéndose innecesariamente al ataque político.

Resulta bastante difícil explicar por qué no solo creó sino que se molestó mucho en conservar unos documentos que serían tan potencialmente peligrosos para su carrera como las cartas que les escribió a Berthe y Henriette, mientras eran aun sus amantes. Estas cartas documentaban sus aventuras adúlteras y dejaban rastros de su oportunismo político. En la carta del «*Ton Jo*» a Berthe, escrita en 1901, presumía de una duplicidad políticamente perjudicial en lo concerniente al impuesto sobre los ingresos, mientras que las *lettres intimes* escritas a Henriette ocho años más tarde

180 Fabre-Luce, *Caillaux*, p. 38.

le comprometían aún más. Además de que declaraban su amor adúltero, insultaban a los electores de su distrito burlándose de sus acentos rústicos y resumían los cínicos cálculos políticos que regirían su separación matrimonial de Berthe. «Cuando te conocí, mi amor», le escribió Joseph a Henriette, «me sentí atraído hacia ti con la fuerza de todo mi ser, me habría resistido a mis sentimientos, sin embargo… si hubiera sido feliz en casa: pero no era feliz, estaba humillado y destrozado por la ley [se refiere al matrimonio] que había soportado... Por tanto, me lancé hacia ti con un fervor apasionado o más bien con una pasión ardiente». Tuvo cuidado de añadir, no obstante, que, aunque esperaba «recuperar mi libertad [por medio del divorcio], en ningún caso haré movimiento alguno antes de las elecciones»[181].

Poco después de enviar estas cartas en septiembre de 1909 le pidió a Henriette que se las devolviera, por miedo, según dijo en el juicio, a que ella «pudiera extraviarlas o a que alguien se las robase». Pero una vez recuperadas, por medio de un apartado de lista de correos, Caillaux «cometió el error de no quemarlas inmediatamente». En vez de eso las puso en un cajón accesible en donde Berthe las descubriría al día siguiente: la excesiva cautela había dado paso al más tremendo descuido. Era como si quisiera poner a prueba los límites de su soñada invulnerabilidad, algo que hizo durante toda su carrera. Y como se comportaba así necesitaba constante protección, primero por parte de la figura del padre, un tanto idealizada, y más tarde por las madres sustitutas y las relaciones con sus leales

181 Bredin, *Caillaux*, apéndice 3.

que le protegerían como su verdadera madre lo había hecho tanto, quizás con mayor éxito aún.

Tan pronto como Caillaux abandonó el mundo seguro y familiar de la Sarthe para asumir un protagonismo nacional como ministro de economía, encontró la protección en un mentor político que se parecía a su padre lo justo como para reemplazar a Eugène, pero cuyas cualidades personales compensaban de sobra las que le faltaban a su padre. Joseph encontró el padre bueno y preocupado que deseaba haber tenido en René Waldeck-Rousseau, el Primer Ministro del gobierno al que se sumó en 1899. «¡Qué intensidad de sentimiento!», escribió Caillaux sobre el hombre al que se le atribuye la restauración de la Francia republicana tras el desastre del asunto Dreyfus. «¡Cómo prodigaba la atención más delicada sin que se notara! ¡Cómo apoyaba, cómo animaba! Cuando tenía que hacer un comentario [crítico] a un colaborador al que apreciaba y por el que se sentía querido, lo hacía con extremado tacto. Una vez que ya había hecho su comentario constructivo, inmediatamente añadía palabras de consuelo, palabras de elogio que reconfortaban y daban más fuerza»[182]. Waldeck aparece aquí como el polo opuesto de Eugène Caillaux, la pareja ideal para su madre, el tipo de hombre que Joseph, sin duda desearía haber sido.

Resulta muy significativo que Joseph recurriera a Waldeck-Rousseau tan sólo unos meses después de haber quedado sin padres tras la muerte de su madre en 1898 (Eugène había muerto dos años antes). Sin nadie en el mundo, Joseph se apoyó emocionalmente en el viejo hombre del estado republicano que se convertiría

182 Caillaux, *Mes mémories*, 1:212.

en su mentor político y en un padre idealizado, feliz refundación del hombre que quería olvidar[183]. Su padre y el primer ministro eran ambos miembros asentados de la alta burguesía, profesionales que habían virado hacia la política a regañadientes. Pero mientras que Eugène había formado parte de un gobierno hostil a la República, Waldeck-Rousseau se dedicó a preservar su existencia. Y Joseph, un republicano tímido e incluso reacio antes de su conexión con Waldeck-Rousseau, se convirtió en uno de los más fervientes defensores de la República, moviéndose cada vez más a la izquierda año tras año. En 1914 ya era el líder más cercano a la República Radical, una postura que le convertiría en el blanco favorito de todos sus opositores.

Quizá por el hecho de que su giro a la izquierda le transformó en un claro objetivo político, Caillaux se rodearía, tras la muerte de Waldeck-Rousseau en 1904, de las sustitutas de la madre que tanto había hecho por alimentar su ego principesco. De las *liaisons élégantes* de su temprana edad adulta a las aventuras furtivas de sus últimos años, buscó constantemente complacer a las mujeres, ganarse su amor y apoyo emocional para luego abandonarlas cuando ya no le servían -quizá para demostrarse a sí mismo que no estaba tan emocionalmente atado a su madre como él mismo se temía-.

Pero sus lazos con Anna Caillaux fueron realmente fuertes, tan fuertes que algunas partes de la personalidad de Joseph normalmente se describían con las palabras que comúnmente se aplicaban a las mujeres. Si Caillaux era bipolar a ojos de sus contemporáneos, un polo era masculino y el otro femenino. Como a tantas

183 Véase Sodin, *Waldeck-Rousseau*.

mujeres de la *Belle Époque*, a Caillaux se le veía tan emocional y nervioso, tan banal y quisquilloso en su forma de vestir como si fuera un encantador de serpientes que cautivaba a la multitud. Se ha mencionado que Fabre-Luce se refería a Caillaux como «coqueto», vinculando sus numerosas *histories de femmes* con un cierto poder de seducción de carácter femenino.

Estas habilidades le ayudarían a atraer una constante sucesión de mujeres hasta el punto de que Fabre-Luce sugiriera que en cada etapa de la escalada política de Caillaux, éste adquiría una mujer nueva como si se tratara de un trofeo por su éxito[184]. Puede que también hubiera querido disponer de una nueva mujer y cada vez, además, de mayor prominencia social a todos los niveles para que reflejase así el exacerbado ego que, según su creencia, justificaba cada nuevo escalón subido en su carrera. Su aventura con Berthe Gueydan, famosa por su belleza, le acompañó en su ascenso a ministro de economía en 1899. Su matrimonio con Henriette Claretie tuvo lugar poco después de que fuese nombrado primer ministro en 1911[185]. Y, cuando parecía que Caillaux volvería a ser primer ministro tres años después, había rumores de que su segundo matrimonio tenía problemas y de que ya había otra mujer en su vida[186].

Como complemento a la legión de mujeres, Caillaux se rodeó de un grupo de leales de quienes espe-

184 Fabre-Luce, *Caillaux*, p. 49.

185 Con la fortuna de Henriette añadida a la suya propia, el nuevo primer ministro dobló sus propiedades familiares. Sobre la considerable riqueza de Henriette, véase Allain, *Caillaux*, 1:47.

186 Weiss, *Mémories*, 1:175; Georges Suarez, *Briand* (París: Plon, 1938), 2:48; Binion, *Defeated Leaders*, p. 69.

raba que le tratasen como a un príncipe. Su asistente antes de la guerra, François Piétri, le equiparaba con un miembro ilustrado de la *noblesse de robe* del Antiguo Régimen y Louise Weiss, durante mucho tiempo íntimo de Caillaux, se refería a él en sus memorias como un «*seigneur*»[187]. Evidentemente, Caillaux se nutría de tal deferencia y sufría sin ella. Se vanagloriaba ante el periodista Joseph Dubois de que, antes de 1914, cuando llegaba a la estación del tren de Le Mans «el mismo jefe de estación se apresuraba a saludarle. No quería ceder a nadie el honor de llevarme las maletas». Pero después de la guerra, con su destino político en decadencia, la reticencia del jefe de estación para ir a su lado le hacía sentirse un «hombre hundido»[188]. En cuanto a sus mujeres, Caillaux abandonaba a sus antiguas relaciones y seleccionaba siempre otras nuevas con cada una de sus promociones políticas[189]. Y cuando fue objeto de agresivos ataques, como en la crisis de Agadir de 1911 (comentada más adelante), a menudo decidió no defenderse sino confiar más aún en su familia artificial de fieles, añadiendo nuevos miembros a la misma dispuesto a preservar su ilusión de invulnerabilidad. En 1913 llegó a admitir al despreciable Bolo-Pacha, estafador y futuro agente de Alemania, en su santuario de consejeros y confidentes, porque Bolo le adulaba con consumada habilidad[190]. Henry de Jouvenel al comentar sobre este

187 François Piétri, «Le dernier patricien», *Encyclopédie permanente*, junio de 1963, p. 2023; Weiss, *Mémories*, 1:173. Véase también Morceau, *Les raisons d'une audience*, p. 14; Bredin, *Caillaux*, p. 31-32.

188 Joseph Dubois, «Souvenirs sur Caillaux», Tribune des nations, 24 de octubre de 1947.

189 Allain, *Caillaux*, 1:122-24.

190 Jeanneney, *L'argent*, p. 115. Después de que el gobierno de Caillaux tropezara con sus negociaciones con los alemanes en el otoño de 1911,

séquito, escribió que Caillaux juzgaba a los que le rodeaban «no por sus cualidades sino por su actitud hacia él»[191].

Como había hecho su madre, los de su alrededor pudieron darle una sensación de ser poderoso e invulnerable, pero también le dejaron vulnerable ante los ataques. Más que concienciarle ante las dificultades a las que se enfrentaría, sus esposas y demás relaciones le hacían ver exclusivamente la personalidad radiante que él mismo quería transmitir. En su testimonio ante la *Court d'assises*, Caillaux reveló que en el momento más álgido de los ataques de Calmette había llegado incluso a dar instrucciones «a todos los miembros de mi personal de que nadie, excepto mi jefe de asesores, estaba autorizado para hablarme de estas campañas de prensa y que sólo lo podía hacer en las circunstancias más graves... Extendí esta prohibición hasta a mi esposa»[192].

En 1914 Joseph Caillaux ya se había convertido en una de las figuras más controvertidas de Francia -y por ende más vulnerable-, tanto por su vida personal como por la política. Y por el hecho de estar tan protegido de cualquier elemento negativo tanto por su propia personalidad como por la mayor parte de las gentes que le rodeaban, se sentiría especialmente expuesto a los peligros –inéditos hasta entonces- que le acarrearía el juicio. Por supuesto, la persona de Caillaux no habría sufrido todo esto de no haber virado hacia la izquierda política, en contraste con sus orígenes sociales. Si hu-

---

Caillaux obedeció el deseo de Poincaré para que se abstuviera de defender sus acciones en público. Caillaux reconoció más tarde que hacerle caso a Poincaré había sido un error. Véase Caillaux, Mes mémories, 3:14.

191 Citado en Bredin, *Caillaux*, p. 156.

192 Transcripción-*Le Figaro*, 22 de julio de 1914.

biera permanecido cómodamente al lado de Poincaré y Louis Barthou en el *juste milieu* republicano, escribió Fabre-Luce, podría haber sido uno de esos «oportunistas brillantes» que lograban calmar a los demócratas con su retórica y a los conservadores con su ortodoxia económica y financiera[193]. Pero tampoco hubiera sido Joseph Caillaux. Los mismos rasgos personales que le hacían sentirse tan afortunado, incluso invencible, eran precisamente los que le impulsaban a desafiar las convenciones políticas y la complacencia burguesa, a volverse en contra de los privilegios de su clase. En los momentos de auto-exaltación, Caillaux se creía capaz de reformar un país que necesitaba desesperadamente un cambio, capaz de sobreponerse a los obstáculos políticos y económicos que les parecían insalvables a la mayoría de sus colegas políticos. No se encontraría nunca solo en esta valoración de sí mismo, ya que los comentaristas políticos de toda calaña le veían como el único hombre de la izquierda cuyo liderazgo podía llevar a Francia hacia la reforma. Únicamente Caillaux, escribió Fabre-Luce, poseía la energía, la experiencia y la personalidad para situarse «en el centro de la época y atraer todas sus pasiones»[194].

Esto lo hizo sin duda Caillaux, especialmente después de 1906 cuando como ministro de economía con Georges Clemenceau se decidió a acometer uno de los problemas más espinosos del momento: la reforma del anticuado sistema de impuestos francés. A partir de este momento se convirtió en un ejemplo de activista republicano partidario de la reforma social; sería un re-

193 Fabre-Luce, *Caillaux*, p. 37.
194 Ibíd., p. 36.

publicanismo que se tomaba en serio al Estado como un agente del cambio social (gradual). Tal republicanismo activista no le sentaba bien a la mayoría de los que detentaban los puestos del poder económico -banqueros, propietarios de ferrocarriles, reyes de los negocios- ni contaba con el apoyo consistente de la mitad de la Cámara de Representantes -el Congreso de los Diputados- o un tercio de los senadores franceses. Incluso los adeptos del Partido Radical de Caillaux, organización oficialmente identificada con la república igualitaria (al menos en lo que respecta a los derechos humanos), se mostraban remisos a alterar el orden de las cosas. Los radicales eran fervorosos sólo en su devoción al anticlericalismo, al rechazo político del catolicismo organizado. Cuando se les retaba con propuestas para ayudar a los pobres, para mejorar las condiciones de los trabajadores, aliviar el dolor de los mayores, enfermos y desempleados, tenían dificultades para aprobar leyes constructivas. Todos los años en su congreso anual los radicales expresaban un compromiso idealizado para abordar todos estos problemas, pero cuando llegaba el momento de la acción eran incapaces de ponerse de acuerdo en los detalles.

Esta desorganización se notaba especialmente en las propuestas para revisar el arcaico y sumamente injusto sistema de impuestos francés, basado en gran parte en los gastos y los recursos de principios del siglo XIX. Los bienes raíces se valoraban de acuerdo con un catastro de 1830, y las viviendas eran tasadas por el número de puertas y ventanas que tenían. Los fabricantes y las profesiones liberales pagaban impuestos no con base en los ingresos o los beneficios sino según el negocio que tenían o la profesión que ejercían. Se hacían ajustes a las empresas que estaban en la pobreza o bonanza más extrema, pero la documentación solicitada para demostrar una u otra circunstancia era, cuando menos, rudimentaria. Además, los impuestos no eran uniformes en todo el país, permitiendo a algunas provincias y comunidades disfrutar de tipos impositivos más bajos. Y, quizá lo peor de todo, alrededor de la mitad de los ingresos públicos procedían de impuestos indirectos regresivos, sobre los artículos de consumo común[195]. No solo era injusto el sistema, es que además no reunía los requisitos mínimos para una sociedad industrial moderna. Francia necesitaba desesperadamente un nuevo sistema de impuestos. Muchos de los políticos de izquierdas creían que debería ser un impuesto sobre la renta; entre 1871 y 1898 se presentaron en el parlamento francés más de cien propuestas a favor de un impuesto sobre los ingresos personales. Ninguna tuvo oportunidad de ser aprobada antes de 1906 que fue cuando Joseph Caillaux decidió poner todo su esfuerzo en este tema[196].

Aunque un impuesto así ya existía en Inglaterra y Alemania, la legislación fue muy polémica en Francia,

195 Allain, *Caillaux*, 1:228-31. Sobre la importancia de los impuestos indirectos, véase Roger Magraw, *France 1815-1914* (Nueva York: Oxford University Press, 1983) p. 365.

196 La mejor evaluación general reciente de la política republicana de la época es *La République radicale?* De Rebérieux. Véase también Theodore Zeldin, *France, 1848-1945*, vol. 1 (Oxford: Clarendon Press, 1973). Cap. 19-22: Claude Nicolet, *L'idée républicaine en France* (París: Gallimard, 1982). Sobre los radicales, véase Serge Berstein, *Historie du parti radical* (París: Presses de la fondation nationale des sciences politiques, 1980). Sobre los esfuerzos por conseguir la reforma social, véase Judith F. Stone, *The Search for Social Peace: Reform Legislation in France, 1890-1914* (Albany: State University of New York Press, 1985); Sanford Elwitt, *The Third Republic Defended: Bourgeois Reform in France, 1880-1914* (Baton Rouge: Lousiana State University Press, 1986). Sobre los primeros esfuerzos para promulgar un impuesto sobre la renta, véase Bredin, *Caillaux*, p.45.

donde la oposición a un sistema uniforme de impuestos directos tenía tras de sí una larga y respetada historia[197]. Tal oposición había debilitado al Estado absolutista en el siglo XVIII y había ayudado a la causa de la misma Revolución francesa. Los líderes políticos del siglo XIX tomaron en cuenta estos acontecimientos e hicieron todo lo que pudieron para evitar proponer el tipo de renovación de impuestos que había causado tantos problemas en el pasado; la reforma de los impuestos se convirtió políticamente en un tabú. El impuesto sobre la renta quedaba especialmente prohibido, era una reforma que exigiría a los particulares no sólo declarar sus ganancias sino abrir sus libros contables al Estado. Los opositores decían que el impuesto sobre la renta representaba un nivel inaceptable de intervención estatal en los asuntos privados, equivalente ni más ni menos a una «inquisición fiscal». El senador Jules Roche, un político moderado, lo llamó «un peligro nacional», y Raimond Poincaré, hasta entonces amigo y aliado político de Caillaux, censuró al impuesto sobre la renta como «la sierva del socialismo»[198]. La peor de todas las reformas era la fiscalidad progresiva, apoyada por la extrema izquierda y considerada por el senador Roche como «la semilla de una revolución social completa».

Opiniones como éstas garantizaban que la oposición al impuesto sobre la renta de Caillaux sería ciertamente feroz, tan virulenta que sus enemigos consiguieron

197 Sobre los impuestos franceses y su historia, véase Jean Bouvier, *Traits genéraux du systéme fiscal français au debut du XXe siécle* (París: Publications de la Sorbonne, 1973); M. Frajerman y D. Winock, *Le vote de l'impôt sur le revenu* (París: Publications de l'A.U.D.I.R., 1973); Allain, *Caillaux*, 1:227-69; Jeanneney, *L'argent,* parte 2, cap. 2.

198 Reacciones citadas en Bredin, *Caillaux*, p. 71-72.

bloquear su entrada en la Cámara de los Diputados durante casi tres años y otros cinco más en el Senado. Pero Caillaux se mantuvo firme; fue incansable en sus esfuerzos parlamentarios. Se las arregló, finalmente, para conseguir el apoyo de casi todos los socialistas y suficientes radicales para forzar el paso de la propuesta de ley por la Cámara en 1909. Cinco años después, en 1914, pasó al Senado, si bien con recortes[199]. Caillaux se había granjeado una poderosa oposición de intereses afianzados; sin su trabajo es improbable que la Francia de preguerra hubiera visto una medida así aprobada.

Estos esfuerzos inflexibles para crear un sistema de impuestos más equitativo le marcaron como hombre de izquierda y le granjearon la enemistad de la élite parisina, a pesar de -o quizás a causa de- su estatus social y riqueza personal[200]. Antes de 1909 los centristas y algunos de la derecha habían tolerado a Caillaux, incluso le respetaban por su prudencia presupuestaria y experiencia financiera. Después de 1909 no quedaría rastro de tal indulgencia; Caillaux se convertiría en su enemigo puro y duro[201]. Cuando su propuesta de ley llegó a la cámara baja, el afamado economista Paul Leroy-Beaulieu llegó a declarar que el impuesto sobre la renta de Caillaux era «tan catastrófico como la revocación del Edicto de Nantes», la ley del siglo XVII de Luis XIV que ilegalizó el Protestantismo en Francia. Caillaux podría haber sobrevivido a la enemistad de la élite si hubiera sido una persona más cauta, pero no

199 Allain, *Caillaux*, 1:227-69. Analiza con maestría los esfuerzos de Caillaux para lograr el impuesto sobre la renta.
200 Sobre la hostilidad adicional hacia Caillaux como un traidor a su clase, véase Jeanneney, *L'argent*, p. 115.
201 Bredin, *Caillaux*, p. 72.

tuvo suficientemente en cuenta a los influyentes enemigos que se había ido haciendo, especialmente entre los que habían sido sus amigos. Ahora Caillaux debía enfrentarse a la oposición creciente de Poincaré y de otros dos gigantes políticos de la época, Aristide Briand y Louis Barthou. También se enfrentaba a la hostilidad de la enormemente poderosa prensa de gran difusión, cuyos dueños adinerados habían combatido el nuevo impuesto utilizando todos sus enormes medios. Pero Caillaux estaba extremadamente orgulloso de su logro político, orgulloso de que ahora se le considerase un líder de gran altura y vio en esta situación «sólo las cimas», como dijo el periodista Claude Pierrey, «no los precipicios»[202].

La predilección de Caillaux por las cimas le hizo particularmente vulnerable a la prensa popular. Los directores no sólo mostraron su desacuerdo con él por el impuesto de la renta, sino que también le consideraron poco nacionalista. Los historiadores durante mucho tiempo han descrito los años que van desde 1905 a 1914 como una era de «resurgimiento del nacionalismo», una época en la que los hombres y mujeres franceses exaltaban un nuevo patriotismo impregnado de sentimientos de agresividad y hostilidad hacia Alemania[203]. Y aunque trabajos más recientes han cuestionado la magnitud de este fenómeno, planteando dudas sobre un nuevo nacionalismo muy amplia y profundamente extendido en la sociedad francesa, queda claro que la prensa parisina, y especialmente la de más amplia circulación, se mos-

202 Claude Pierrey, «Caillaux», *La République*, 26 de marzo de 1933.
203 Claude Digeon, *La crise allemande de la pensé française* (París: Presses universitaries de France, 1959); Eugen Weber, *The Nationalist Revival in France, 1905-1914* (Berkeley: University of California Press, 1968).

tró a menudo enérgicamente nacionalista durante este período[204]. Hacia 1910, los directores y los periodistas destacados de la *grande presse* habían desarrollado muchos recelos hacia Alemania y hacia cualquier político francés que buscara un acercamiento a los conquistadores de Alsacia y Lorena. Cuando Caillaux, que se convirtió en primer ministro en 1911, negoció con éxito un tratado con Alemania durante la crisis de Agadir, los nacionalistas se volvieron en su contra usando su considerable fuerza periodística. Ayudaron a garantizar la caída del gobierno de Caillaux en 1912 y, a partir de entonces, el ex primer ministro seguiría siendo su blanco predilecto, especialmente después de ser elegido presidente del Partido Radical en octubre de 1913.

Mientras tanto, una controversia nacional acerca de la Ley de Defensa intensificó los sentimientos de los nacionalistas, desde los moderados a los extremistas, en contra de Caillaux. En respuesta a una concentración militar alemana, una mayoría parlamentaria votó en julio de 1913 aumentar el plazo del servicio militar obligatorio de dos años a tres. Pero esto se llevó a cabo solo tras meses de intenso debate. Virtualmente, todos los socialistas y muchos radicales de izquierdas se habían opuesto con vehemencia a la ley de los tres años, y la prensa nacionalista junto con las fuerzas de centro-derecha de Barthou, Briand y Poincaré temían que si Caillaux volvía al poder sería lo suficientemente hábil como para conseguir su derogación.

A Poincaré y sus aliados les preocupaba en líneas generales que un gobierno de izquierdas dirigido por

204 Jean-Jacques Becker, 1914: *Comment le Français sont entrés dans la guerre* (París: Presses de la Fondation nationale des sciences politiques, 1977); Kieger, *France and the origins*, especialmente p. 74-77, 163.

Caillaux pudiera debilitar la nueva dura posición militar y diplomática, materializada en el borrador de los tres años de servicio militar, que el presidente había adoptado tras Agadir[205]. Como primer ministro en 1912 y como presidente de la República a partir de 1913, Poincaré buscaba no solo reforzar las defensas del país contra un posible ataque alemán sino preparar a Francia para su propia guerra ofensiva. Esto no significa que Poincaré tuviese la intención de ser el primero en golpear a Alemania. Más bien respaldaba una nueva teoría militar francesa basada en una estrategia ofensiva, en la idea de que la mejor defensa era un buen ataque. A cualquier ataque alemán -según esta teoría- los franceses responderían de la misma forma, lanzando su propio ataque. Estos planes se complicaron, sin embargo, por un rearme militar alemán anunciado a principios de 1913; la estrategia ofensiva de Francia necesitaba ahora un reclutamiento mucho mayor del que el país había tenido en 1912. Francia necesitaba tanto de una fuerza de invasión cuantiosa para atacar el territorio enemigo como de un contingente cuantioso de tropas de «cobertura» para contener a un gran ejército alemán mientras lo hacían. Una estrategia meramente defensiva hubiera necesitado menos fuerzas francesas puesto que su única tarea hubiera sido impedir una invasión alemana. Poincaré necesitaba, por lo tanto, reclutar un ejército mayor y

205 Para un análisis fascinante y exhaustivo de la batalla de la preguerra sobre la ley de los tres años, véase Gerd Krumeich, *Armaments and Politics in France on the Eve of the First World War: The Introduction of Three-Year Conscriptions, 1913-1914*, traducido por Stephen Conn (Dover, N. H.: Berg Publishers, 1984), p 87,143-44, 174. Krumeich muestra que Caillaux tuvo buen cuidado de no oponerse a la ley de los tres años, pero aun así Poincaré quería desesperadamente mantenerle fuera del gobierno.

solo podía hacerlo manteniendo el frágil proyecto de ley de los tres años, sobre el que muchos votantes y sus diputados se mostraban todavía escépticos[206].

Cuando Caillaux derrocó al gobierno de centro-derecha de Louis Barthou en diciembre de 1913, volviendo él y su partido a ser el centro de atención político, los conservadores y los moderados empezaron a preocuparse de que sus peores temores se hicieran realidad. Poincaré confesaba en su diario que la acción de Caillaux al derrotar a un gabinete tan unido a la nueva política exterior nacionalista había «roto el hechizo y hecho pedazos el movimiento nacional»[207]. De acuerdo con el precedente republicano, Poincaré debería haber nombrado a Caillaux primer ministro, pero el Presidente se negó a hacerlo, nombrando en su lugar al inútil Gaston Doumergue. Con todo ello, Poincaré no pudo evitar que Doumergue nombrara a Caillaux ministro de economía ni que el ministro dominara al nuevo gabinete y al Parlamento que éste controlaba.

No existe ninguna evidencia de que Caillaux tuviera la intención de revocar la ley de los tres años. Pero como Poincaré, Barthou y sus aliados creían que los Radicales podrían conseguir el poder y el control para hacerlo bajo el liderazgo de Caillaux, acabó siendo el blanco de una aniquilación política. Como dijo Maurice Barrès, se convirtió en «el hombre más odiado de Francia»[208]. Después de todo, Caillaux se las había arreglado para negociar una solución pacífica en el

206 Véase la exposición convincente de Krumeich sobre el significado de la nueva doctrina francesa de la ofensiva militar en ibíd., especialmente cap. 5.
207 Citado en ibíd., p. 277 nota 91.
208 Maurice Barrès, citado en Allain, *Caillaux,* 1:467.

conflicto de Agadir en un momento en el que los nacionalistas tanto en Alemania como en Francia estaban preparados para la guerra, incluso anhelaban la guerra. Más tarde, al ser elegido presidente del partido Radical, la mayor organización política de Francia, Caillaux logró imponerles un nivel de disciplina inusual mientras que conseguía acuerdos políticos con los socialistas. Por separado, ni los radicales ni los socialistas eran incapaces de llevar a cabo cambios efectivos, ni sociales ni políticos. Los radicales eran muy variopintos y estaban divididos incluso para ponerse de acuerdo en un plan de acción concreto, paralizados por el legado contradictorio de la libertad individual y la ciudadanía republicana que habían heredado de la Revolución francesa[209]. Y los socialistas, divididos ellos mismos con demasiada frecuencia en dos facciones hostiles, con su retórica del conflicto de clases y la transformación social, habían colocado a su partido en un punto demasiado alejado de la corriente principal para que su acción parlamentaria fuera efectiva. Se considera que únicamente Caillaux fue capaz de disciplinar a los radicales individualistas a la vez que atrajo a los socialistas hacia la respetabilidad republicana[210]. Esa gran coalición de la izquierda podía debilitar la dura postura militar y diplomática de Poincaré y frustrar las esperanzas revanchistas de todos

209 Bredin, *Caillaux*, p. 82-83; sobre los radicales en general, véase Berstein, *Historie du partí radical.*

210 El periodista izquierdista Gustave Hervé, en *La Guerre sociale* (25-31 de marzo de 1914), declaró que bajo las presentes circunstancias Caillaux era más importante para la izquierda que Jaurès. Los rumores decían que Caillaux y Jaurès estaban planeando un «gran ministerio» dedicado a la paz y la justicia social en el que el líder radical sería el primer ministro y el líder socialista el ministro de exteriores. Véase Charles Paix-Séailles, *Jaurès et Caillaux* (París: Figuière, 1914).

a los que aún les escocía la victoria alemana en la Guerra Franco-Prusiana de 1871. Según lo entendió Barrès, Caillaux poseía la habilidad de «bajar de las nubes el sueño pacifista de Jaurès, de hacer prácticas y realizables las teorías del internacionalismo de las clases trabajadoras y de la fraternidad de todas las personas»[211].

Sin embargo, Caillaux fue cauto y no rechazó totalmente la ley de los tres años, aunque precisando que el elevado gasto militar que necesitaba debería ser financiado por una política fiscal más equitativa, concretamente con el impuesto sobre la renta. Para esto necesitaba el apoyo considerable de ambos, izquierdistas y centristas[212]. A pesar de la adopción por el Parlamento de la nueva ley militar, el país no se había desviado drásticamente a la derecha. En general los votantes creían que si Francia iba a incrementar sus fuerzas armadas, deberían pagar los que tenían medios. Tampoco demostraba la ley de los tres años que una mayoría de hombres y mujeres franceses –ni sus representantes parlamentarios- hubieran adoptado un militarismo renaciente o que respaldasen el nacionalismo furibundo de la extrema derecha. Poincaré y Barthous habían mantenido en secreto la nueva estrategia ofensiva del ejército, ya que se alejaba en mucho de la doctrina militar republicana al uso. Justificaban la ley de los tres años sólo desde el punto de vista de los principios generalmente indiscutibles de la defensa republicana. Al igual que la naciente Primera República de 1792 había tenido que adoptar medidas militares firmes frente a las fuerzas invasoras del Este, ahora, sugerían, la Ter-

211 Maurice Barrès, *En regardant au fond des crevasses* (París: Emile Paul Frères, 1917), p. 12.
212 Krumeich, *Armaments and Politics*, p 172-74.

cera República necesitaba el servicio militar ampliado para protegerse de los designios autoritarios del Káiser[213]. La dirección socialista veía en esta argumentación una excusa para una nueva política de reacción doméstica diseñada para refrenar la militancia laboral con un ejército ampliado. Pero las bases socialistas se mostraron vulnerables ante tan respetable apelación al sentimiento republicano. E incluso más lo fueron las bases de los radicalistas, permitiéndoles a las personas como Poincaré, Barthou, y Briand usar la resonancia emocional de la defensa republicana con buenos resultados. Con todo, lo hicieron sin que la mayor parte de la población se volcara hacia una postura más agresiva con respecto a los alemanes ni un apoyo particularmente fuerte a la ley de los tres años[214].

En las elecciones legislativas de abril y mayo de 1914, los opositores a la ley, sorprendentemente, consiguieron la mayoría de los escaños aunque no la mayoría del voto popular[*]. De esta manera, justo antes de la Primera Guerra Mundial, la mayoría de los votantes franceses parecía rehuir la confrontación militar sin rechazar el patriotismo[215]. El país no estaba polarizado en dos facciones contrarias de derechas e izquierdas,

213 Este argumento está tomado de Krumeich (ibíd.), que lo defiende de forma muy convincente.
214 Keiger, France and the Origins, p. 142, encuentra que el país está dividido en dos mitades por la ley, pero sólo los extremistas de la izquierda y la derecha lo defienden encarecidamente.
* En 1914 las mujeres no podían votar aún, así que la población votante incluía solo a los hombres
215 Becker, 1914, p. 68-80; Keiger*, France and the Origins*, 141-42; Chastenet, *Troisième République*, 4:174: «Les récentes élections [primavera de 1914] ont montré que la masse française était non seulement pacifique, mais encore encline à minimizer la gravitè du péril extérieur».

como a menudo han defendido los historiadores[216]. El grueso de la opinión pública flotaba en un fluido centro que podía inclinarse en cualquier dirección, hacia el nacionalismo moderado de Poincaré o hacia el patriotismo pacifista de Caillaux. Dependiendo de las circunstancias, la gran mayoría francesa podía respaldar las políticas de uno u otro, no porque el país estuviese dividido a partes iguales sino porque permanecía unido. Todo este apoyo real y potencial a la política pacifista de reformas de Caillaux es el que le hacía parecer tan peligroso a ojos del centro y la derecha. Igualmente, como hemos visto, se temía su habilidad para en ocasiones transformar sus ideas en realidad incluso bajo los más denodados ataques[*]. En tales circunstancias, la indiferencia deliberada de Caillaux frente a las fuerzas desplegadas contra él ayuda a explicar su éxito, ya que sus fantasías sobre su omnipotencia le permitían perseverar cuando otros hubieran reconocido la derrota. Los líderes del movimiento nacional le querían fuera del escenario político, y la cruzada de Calmette en su contra, con una violencia y un desprecio hacia la verdad sin precedentes, iba encaminada precisamente hacia ese fin.

Desde el 10 de diciembre de 1913, cuando Caillaux se convirtió en ministro de economía, hasta el 16 de marzo de 1914, cuando su mujer le disparó a Calmette,

216 Arno J. Mayer, «Causes and Purposes of War in Europe, 1870-1956: A research Assignment», *Journal of Modern History 41* (1969): 291-303; Raoul Girardet, ed., *Le nationalisme français, 1871-1914* (París: Seuil, 1983); Digeon, *La crise allemande*; André Siegfried, *Tableau des partis en France* (París: Grasset, 1930).

* En plena campaña de *Le Figaro* contra él, Caillaux parecía no estar perturbado cuando presentó su legislación sobre impuestos al Senado y consiguió hacerla más progresiva en la Cámara (véase Allain, *Caillaux*, 1:260-69: Krumeich, *Armaments and Politics*, p. 174)

Le Figaro publicó cuando menos 110 artículos, anécdotas y caricaturas hostiles al líder radical. Algunos no hacían más que remover la mugre por la que los periódicos parisinos eran tristemente célebres. Pero la mayoría de los artículos de Calmette iban mucho más lejos. Estaban concebidos no solo para atacar las opiniones de Caillaux o cuestionar su competencia política sino para poner en duda su carácter y su moralidad. *Le Figaro* parecía estar empeñado en presentar a Caillaux como alguien moralmente inapropiado para gobernar, en aquel momento o en el futuro. De cualquier forma, aun siendo tan violenta y persistente la campaña de Calmette, fue incapaz de cambiar la opinión de los franceses en contra de Caillaux en tanto que sus pruebas, aun explotando el sensacionalismo, provenían del ámbito de la vida pública política. Las opiniones de Caillaux tenían demasiados adeptos como para hacerle vulnerable a los ataques que se podían interpretar como meramente políticos[217].

Hasta mediados de marzo de 1914, tras tres meses de campaña periodística contra Caillaux, ningún radical o socialista del hemiciclo pidió su dimisión; tampoco peligraba su puesto de presidente del Partido Radical. Para gran disgusto de los enemigos de Caillaux, se esperaba que la izquierda lograra una victoria importante en las inminentes elecciones legislativas, a doble vuelta, que se iban a celebrar el 26 de abril y el 10 de mayo de 1914[218]. Briand había organizado una coalición electoral de centro-derecha llamada, hiperbólicamente, la *fédération des gauches*; a pesar de la

217 Krumeich, *Armaments and politics*, p. 160-61.
218 Keiger, *France and the Origins*, p. 141.

popularidad personal de Briand, la coalición no era rival para los afianzados radicales de Caillaux o para un floreciente partido Socialista. No fue hasta que Calmette desveló aspectos de la vida personal de Caillaux al publicar la carta del «*Ton Jo*», cuando los oponentes de Caillaux empezaran a verle tambalear en su permanencia en el poder. Para minar la posición de Caillaux, Calmette tuvo finalmente que abandonar el terreno de la política tradicional para atacarle donde resultaba mucho más vulnerable: su vida privada, su personalidad y su posición social. Haciendo que la vida privada de Caillaux fuera pública, Calmette esperaba alcanzar el éxito allí donde había fracasado con el enfoque tradicional.

En cualquier caso, Calmette comenzó su incursión en la vida privada de Caillaux de forma tardía. Incluso a regañadientes, ya que el editor era consciente de las restricciones no escritas de la Tercera República contra la publicación de correspondencia privada[219]. La carta «*Ton Jo*» suponía un último recurso; durante las primeras doce semanas de su campaña periodística, Calmette la mantuvo en reserva, pensando, sin duda, que Caillaux caería bajo el peso del implacable aluvión de acusaciones financieras y políticas. Casi a diario aparecían los alegatos del periódico, clasificables en tres categorías. La primera retrataba al ministro de economía como un «plutócrata demagogo» -epíteto que tomaron prestado de Briand- que obtenía ventajas de sus conexiones con la economía internacional para forrar sus propios bolsillos y los de sus amigos finan-

219 Como se ha dicho, Calmette presentó su publicación de la carta «*Ton Jo*» como un error y se disculpó por ello.

cieros, en su mayoría extranjeros (es decir, judíos)[220]. Una serie de artículos acusaban a Caillaux de utilizar su posición como presidente de dos instituciones financieras extranjeras, el *Crédit foncier égyptien* y el *Crédit foncier argentin*, para cobrar sobornos en los tres continentes. *Le Figaro* omitió mencionar, sin embargo, que Caillaux había dimitido de esos cargos antes de volver a formar parte del gobierno en 1913. Más allá de estas acusaciones, se decía que Caillaux había abusado de su poder como ministro de economía para extorsionar 400.000 francos a los bancos franceses y para eliminar a los funcionarios que no le gustaban a su rico amigo banquero Spitzer, «recientemente nacionalizado y de origen judío», según las palabras de Calmette[221]. Había también otros alegatos, que decían que Caillaux había registrado ilegalmente valores extranjeros en la Bolsa de París y había hecho una fortuna luego con ellos, que había canalizado dinero del gobierno hacia sus propias arcas, y así sucesivamente. Ni hubo pruebas concretas entonces que sustentaran estas afirmaciones ni aparecieron después. Aun así, Caillaux era un hombre rico que vivía bien a costa de sus inversiones, y las acusaciones de Calmette les parecieron plausibles a los lectores del periódico.

Y se harían más creíbles a principios de marzo cuando Caillaux sorprendió al Senado con un documento que sugería que los intereses de los bonos del estado podrían estar exentos de impuestos bajo el nuevo impuesto sobre la renta de las personas físicas. Los senadores se sorprendieron porque solo tres meses antes

220 Sobre los informes de la campaña de la prensa contra Caillaux, véase Allain, *Caillaux*, 1:410-24; Bredin, *Caillaux*, p. 122-27.
221 Citado en Bredin, *Caillaux*, p. 123.

Caillaux había derrocado al gabinete de Barthous por sus planes para, precisamente, permitir la misma exención. Cuando las noticias del documento de Caillaux llegaron a la Bolsa de París, el valor de los bonos del gobierno subió rápidamente. A sus enemigos les parecía que Caillaux había usado su puesto de ministro de economía para manipular el mercado en su propio beneficio. Lo que sí era más probable es que hubiera introducido la suficiente ambigüedad en sus palabras como para ganar unos votos extras. Pero cuando no pudo dar una explicación satisfactoria de su «*coup de bourse*», Barthou sugirió en la Cámara que «no todo el mundo sufrió pérdidas por esto»[222].

La segunda línea de ataque era mucho más seria, ya que ponía sobre el tapete el patriotismo de Caillaux. En cuatro artículos titulados «Caillaux a los ojos de la historia» *Le Figaro* insinuaba que como primer ministro en 1911 había firmado un traidor acuerdo secreto con Alemania para terminar con la crisis de Agadir, la disputa diplomática de Francia con Alemania que casi había desencadenado la guerra en Marruecos. Francia había intentado apoderarse del control exclusivo de la economía de este territorio y Alemania consideraba que sus intereses allí estaban en peligro. El día 1 de julio de 1911 el Káiser tomó represalias enviando el cañonero Panther al puerto marroquí de Agadir. La opinión pública francesa se escandalizó, pero lo cierto es que los movimientos de su país en Marruecos habían violado al menos dos tratados internacionales[223].

222 Ibíd.
223 El trabajo definitivo sobre la crisis de Agadir está en *Agadir 1911: une crise impérialiste en Europe pour la conquête du Maroc* (París: Publications de la Sorbonne, 1976) de Jean-Claude Allain; véase también Allain, *Caillaux*, 1:371-401.

Caillaux carecía de experiencia en relaciones exteriores, pero tan pronto como entendió la situación militar y política tomó la decisión de resolver la crisis pacíficamente. Cuenta la leyenda que Napoleón siempre se había negado a ir a la guerra a menos que tuviera un 70% de posibilidades de ganarla, y cuando el Jefe del Estado Mayor General Joffre no pudo garantizar este porcentaje en 1911, Caillaux abrió las negociaciones[224]. Sin consultar a su propio ministro de asuntos exteriores, que parecía preparado, incluso ansioso por arriesgarse a una guerra en Marruecos, tomó la decisión inusual, pero no inaudita, de involucrarse en unas conversaciones personales secretas con representantes alemanes. Aunque se filtraron las conversaciones, obligando a Caillaux a soportar una desagradable confrontación con los oficiales del Quai d'Orsay, pudo lograr un acuerdo: Francia renunciaría a su parte del Congo a cambio de la promesa alemana de no interferir en Marruecos. Dada la débil posición militar de Francia -por detrás de Alemania tanto en armamento como en personal- Caillaux había efectuado un acuerdo muy astuto[225]. Había evitado una guerra para la que Francia no estaba preparada a la vez que había renunciado al territorio del Congo que prometía escasos beneficios económicos. A cambio, Caillaux había conseguido el control exclusivo sobre una colonia, Marruecos, que poseía un valor real, tanto económico como estratégico. Con todo, los nacionalistas que dominaban el mi-

224 Caillaux, *Mes mémories*, 2:145, informa sobre el intercambio con Joffre, comandante en jefe de las fuerzas armadas francesas. En las propias memorias de Joffre, el general confirmó la esencia de esta conversación: Joseph J.C. Joffre, *Mémories du maréchal Joffre (1910-17)* (París: Plon, 1932), 1:15-16.
225 Keiger, *France and the Origins*, p. 128-9.

nisterio de asuntos exteriores y gran parte de la prensa nunca le perdonaron por ceder un territorio que había pertenecido a Francia y quizás también por evitar una guerra que ellos estaban deseando. Al poco tiempo de que Caillaux firmara el acuerdo de Marruecos el 4 de noviembre de 1911, el servicio de prensa del Quai d'Orsay le dijo a un grupo de periodistas: «Lo que necesitábamos era la guerra»[226].

Los nacionalistas estaban convencidos de que Caillaux había cometido traición al firmar el acuerdo de noviembre de 1911. Calmette resucitaría sus alegatos tres años después al insinuar en su campaña de prensa que Caillaux había estado implicado ilícitamente con los alemanes durante toda la crisis de Agadir. Las insinuaciones de Calmette se basaban en tres telegramas alemanes -interceptados y descodificados por los agentes de la inteligencia francesa- del ministro de asuntos exteriores de Berlín al embajador del Káiser en París. Las transcripciones francesas de los telegramas alemanes interceptados estaban mecanografiadas en papel de color verde claro y se conocían como *les verts*. Había documentos clasificados, pero Calmette había conseguido las copias gracias a funcionarios del gobierno hostiles a Caillaux. Los dos primeros *verts*, enviados en julio de 1911, resumían las conversaciones secretas entre el representante de Caillaux y su homólogo alemán[227]. Al leer las transcripciones, el Ministro francés de Asuntos Exteriores, Justin de Selves, protestó inmediatamente ante Caillaux por haberle excluido de las negociaciones. Selves se enfadó aún más, unos días

226 Citado en ibíd., p. 35
227 Los *verts* se reproducen *en L'Affaire Caillaux... ainsi finit la belle époque* (Les Sables-d'Olonne: Editions le cercle d'or, 1977) de Paulette Houdyer, p. 200-202.

después, cuando se enteró de que Berlín había cambiado su clave diplomática. Él sabía que los diplomáticos crean una nueva clave solo cuando descubren que se ha descubierto la que ya existía. Y puesto que Caillaux estaba involucrado en conversaciones secretas con los alemanes, Selves decidió que había sido el primer ministro en persona quien había revelado que su propio servicio de inteligencia había descifrado la clave. A estas alturas, las acusaciones del Ministro contra Caillaux cambiaron desde la violación institucional a la violación de secretos nacionales. Selves se convenció más todavía de la traición de Caillaux cuando un tercer telegrama, escrito con la antigua clave y descifrado en noviembre de 1911, elogiaba a Caillaux por sus esfuerzos en resolver la crisis de Marruecos y aliviar las tensiones entre los dos países. Este documento solo bastaba para convencer a los nacionalistas del Ministerio francés de Asuntos Exteriores de que Caillaux era culpable de contactos traidores con el enemigo. Los funcionarios más objetivos se preguntaban, por otra parte, por qué Berlín había escrito este tercer telegrama con una clave que sabían que ya había sido descifrada. Jean-Claude Allain, el mejor historiador reciente de la crisis de Agadir, explica este lapso aparente sugiriendo que Berlín, sabiendo que el telegrama sería interceptado, lo escribió para generar problemas en el seno del Gobierno francés[228].

Nunca ha aflorado ninguna evidencia que probase ningún contacto traidor entre Caillaux y los alemanes, tampoco es plausible que el primer ministro hubiera querido ayudar al Káiser. Pero Caillaux hizo una mala

228 Allain, *Caillaux,* 1:395-6.

elección al confiar sus delicadas negociaciones secretas a alguien como Hyacinthe Fondère, un hombre de negocios con poca experiencia diplomática. Según el último homólogo alemán, el diplomático Oskar van der Lancken, Fondère le reveló inconscientemente que el ministro de asuntos exteriores francés se había enterado de sus conversaciones por un mensaje alemán descodificado. Ningún diplomático experimentado habría hecho tal revelación, ya que alertó a los alemanes sobre la necesidad de cambiar su código, algo que hicieron inmediatamente aunque con un giro astuto. La inteligencia alemana concibió un nuevo código para la correspondencia que sus diplomáticos querían mantener en secreto pero volvían al antiguo cuando les convenía, como en el caso del tercer *vert* diseñado para crear un conflicto dentro del gobierno francés. Los mensajes de Lancken de esta época dejan claro que el propio Caillaux no fue el que advirtió a los alemanes de que la inteligencia francesa había descifrado su código[229].

No obstante, el papel de Caillaux fue lo suficientemente ambiguo como para dar a sus enemigos sustanciosa munición, y en enero de 1914 Calmette decidió usarla. El editor estaba a punto de publicar los *verts* cuando Poincaré, por exigencia de Caillaux, intervino para evitarlo. Poincaré se dio cuenta de que publicarlos habría sido como admitir abiertamente que el servicio de inteligencia francés había descifrado la correspondencia diplomática alemana. Ambas partes sabían, por supuesto, que cada uno hacía lo que podía para ente-

229 Allain, *Caillaux*, 1: 395. Allain encontró el mensaje de Lancken exculpando a Caillaux en los archivos del ministerio alemán de Asuntos Exteriores. Estaba fechado el 31 de julio de 1911.

rarse de los secretos del otro. Pero hacer público el éxito francés habría avergonzado a los alemanes, provocando un incidente tan grave que «habría estallado una bomba»[230], según le confesó más tarde el embajador alemán a Gaston Doumergue. En este caso, a Caillaux le salvó la hipocresía de las relaciones internacionales; de todas formas, Calmette se las arregló para aludir a las pruebas de la supuesta traición de Caillaux y estas insinuaciones causaron estragos. Volvieron a surgir una vez más en el juicio de Henriette[231].

Justo antes del testimonio de Caillaux en el segundo día del juicio, el reportero de *Le Figaro* Louis Latzarus denunció desde el estrado que en enero de 1914 Calmette le había enseñado un par de documentos «de extraordinaria importancia». Ambos, afirmó Latzarus, eran tan comprometedores para Caillaux que «todo honrado francés que los leyese se convencería de la infamia y de la traición» del anterior primer ministro. El periodista se refería, por supuesto, a los *verts* que Caillaux había evitado que Calmette publicase el invierno previo. En su propia declaración, parecía que Caillaux tomaba los comentarios de Latzarus como una nueva amenaza de poner al descubierto los *verts*, y el líder radical contraatacó con su propia amenaza. «Que todo el mundo tenga en cuenta que yo, resuelto a defenderme, aportaré todo lo que sea necesario para evitar el ultraje contra mi honor, o indirectamente, el de mi esposa»[232]. Ésta no era una amenaza vana por parte de Caillaux ya que tenía en su poder algunos documentos comprome-

230 Citado en Kieger, *France and the Origins*, p. 139.
231 Caillaux, Mes mémories, 3:108-9; Allain, Caillaux, 1:391; Bredin, Caillaux, p. 123.
232 Transcripción-*Le Figaro*, 22 de julio de 1914.

tedores -y en teoría clasificados-. Caillaux había sacado del Ministerio del Interior mensajes descifrados de los gobiernos italiano y español que presentaban a Poincaré en una relación políticamente comprometida con el Vaticano y a Calmette como mercenario de España. Y por si esto no fuera suficiente, El *New York Times* publicó que Caillaux había enviado emisarios a los Estados Unidos para buscar información comprometedora sobre el americano que había sido el primer marido de la señora Poincaré[233]. Durante meses, Caillaux había amenazado con publicar todos estos documentos, lo que traería consigo una vergüenza personal y diplomática a la que ni Poincaré ni Viviani, que había sucedido a Doumergue como Primer Ministro en junio, querían exponerse. El resultado fue una declaración estrambótica del Gobierno, redactada durante una reunión del gabinete que duró toda la noche entre el segundo y el tercer día del juicio y leída en la sala al tercer día: «Los documentos [*les verts*]… no son más que copias falsas de documentos que no existen y que nunca han existido. De ninguna manera pueden ser utilizados para cuestionar el honor y el patriotismo del señor Caillaux»[234].

La declaración fue muy dramática porque le confirió a Caillaux la absolución patriótica que había estado buscando durante mucho tiempo, y también resultó grotesca porque muchos funcionarios del gobierno y periodistas, sin mencionar a los diplomáticos alemanes, sabían que los *verts* existían. Además de eso, el mismo Caillaux reconoció su existencia hacia el final de su declaración, justo horas antes de que el gobierno

233 Keiger, *France and the origins*, p. 140.
234 Transcripción-*Le Figaro*, 23 de julio de 1914.

los enviase al orwelliano agujero de la memoria. «El señor Pietri... mi anterior jefe de personal, me dijo que sabía que el señor Calmette iba a publicar en *Le Figaro* unos documentos diplomáticos importantes... Unos días después, llegó a la oficina con los mencionados documentos... El señor Barthou me contó más tarde que su llamada telefónica a las 11 de la noche le dio el tiempo justo para impedir la publicación que hubiera resultado fatal no solo para un individuo en particular sino para la patria misma»[235]. Con tal testimonio en las actas, la victoria de Caillaux con respecto a los *verts* fue, como mucho, una victoria pírrica.

Calmette fue incapaz de publicar los *verts*; sin embargo, con estos no se agotaba el suministro de documentos del gobierno que resultaban potencialmente dañinos para Caillaux. En particular, Calmette disponía del documento Fabre, una prueba que demostraba un auténtico delito de Caillaux. En la primavera de 1911, el fiscal general Victor Fabre había redactado el borrador de una declaración que acusaba a Caillaux de motivos políticos ilícitos al forzar a Fabre a posponer el caso de apelación de Henri Rochette, un oscuro financiero que quería anular una condena anterior por fraude[236]. Fabre le confió el documento a Briand, por entonces ministro de justicia, que se lo pasó a su sucesor, Louis Barthou. Varias copias circularon por la prensa, pero antes de Calmette nadie había amenazado con hacerlos públicos.

No parece que Caillaux haya estado directamente asociado con Rochette, aunque compartían varios ami-

235 Ibíd., 22 de julio de 1914.
236 Para un informe excelente del *Affaire Rochette* véase Jeanneney, *L'argent*, parte 2, cap. 1; Allain, *Caillaux,* vol. 1 cap. 16.

gos políticos incluyendo al abogado Maurice Bernard. Éste fue el abogado de Rochette en el caso del fraude y había sido el abogado de Caillaux en su divorcio de Berthe, que terminó poco antes de que Bernard visitase a Caillaux para hablarle de Rochette. Joseph había quedado contento con el trabajo de Bernard, ya que le permitió casarse con Henriette Rainouard. Y Bernard se aprovechó del buen ánimo de Caillaux para pedirle un favor: ¿podría arreglárselas para que el caso de Rochette se pospusiera? El Fiscal General Fabre había rechazado la petición de Bernard y la defensa la quería revocar. Esto supuso la inmediata intervención de Caillaux, provocando que Fabre redactara el memorándum en el que condenaba a Caillaux por su independencia judicial comprometedora y por «humillarle como nunca antes» en su vida. Fabre difícilmente podía haberse sentido mucho mejor cuando, nueve meses más tarde, el juicio de Rochette finalmente se celebrase, ya que Bernard pidió la absolución invocando la prescripción. Sin embargo, la maniobra era demasiado obvia y el tribunal se negó a tomarla en serio; la condena de Rochette pasó de los dos a los tres años.

En este caso, a diferencia de la mayoría de los otros, Calmette podía basar su acusación en unas pruebas sólidas, aunque las adornara para su propio beneficio. El editor tenía razón al decir que Caillaux había presionado al fiscal general y que había abusado de su autoridad ministerial a instancias de su pudiente amigo. Pero Calmette omitió mencionar un detalle clave: el tribunal había condenado a Rochette a ir a la cárcel, rechazando por espurio el intento de Bernard para esconderse tras la prescripción. Según la versión de Calmette, la corrupción financiera encontró su *quid pro quo* en la absolución judicial. Lo que es más probable es que Caillaux interviniese no tanto para rescatar a Rochette como para contemporizar con un miembro de la profesión legal que podría serle útil a Caillaux en el futuro[237].

En cualquier caso, el comportamiento de Caillaux había sido el de un corrupto. Sus enemigos intentaron sacar el máximo provecho del documento que lo probaba. En el juicio de la señora Caillaux, el informe de Fabre cobró incluso más importancia que los *verts*, ya que Chenu concentró gran parte de su caso en el argumento de que la señora Caillaux había asesinado a Calmette para evitar que el documento Fabre fuera publicado. Poco antes de la declaración de Joseph Caillaux el segundo día del juicio, Chanu afirmó: «El miedo a que el documento Fabre fuera publicado [fue] uno de los motivos esenciales del crimen de la señora Caillaux». En sus conclusiones del octavo día del juicio iría incluso más lejos, declarando: «El crimen se cometió porque el señor Gaston Calmette tenía el documento Fabre y porque este documento iba a publicarse»[238]. Louis Latzarus, el amigo y confidente de Calmette en *Le Figaro*, testificó que su editor había llevado el documento Fabre en su billetera en todo momento y había deseado realmente publicarlo, quizá en una fecha tan temprana como era enero de 1914. No lo hizo, dijo Latzarus al tribunal, porque Calmette había, en sus propias palabras, «dado mi palabra de honor de que no lo haría» El testigo no reveló a quién le había hecho esa promesa Calmette, pero sabemos por el diario no publicado del Presidente Poincaré, disponible para los historiadores

237 Allain, *Caillaux*, 1:432-36.
238 Transcripción-*Le Figaro*, 22 y 29 de julio de 1914.

desde hace poco, que Barthou le había dado a Calmette una copia del documento Fabre con la condición de que podía hacer referencia a él pero sin publicarlo.[239] Barthou tenía el documento ilegalmente, ya que legítimamente pertenecía a los archivos del gobierno, y no quería que la gente supiera que había robado documentos oficiales para hacer uso político de ellos[240].

Calmette respetó la letra del acuerdo pero no el espíritu. El día 10 de marzo de 1914 publicó un extenso artículo en *Le Figaro* acusando a Caillaux de corrupción en el asunto Rochette. Dos días después se refirió explícitamente a un documento escrito por Victor Fabre, presentándolo como prueba de que Caillaux había usado su poder político en un esfuerzo por evitarle al estafador Rochette los rigores del sistema judicial francés[241]. Por lo tanto, para el día 12 de marzo, todo el sórdido caso Rochette, debidamente adornado por Calmette, estaba ante el público. En cualquier caso, Caillaux no quería que el documento real viera la luz; el 14 de marzo le pidió a Poincaré que interviniese a su favor[242]. Puesto que el presidente había evitado que Calmette publicase los *verts*, Caillaux podía esperar que hiciera lo mismo por el documento Fabre. Incluso así, Caillaux no podía

239 Hasta donde yo sé, el historiador alemán Gerd Krumeich fue el primero que hizo uso de un diario no publicado en oposición a los nueve volúmenes de memorias de Poincaré, su versión del original muy corregido. Véase Krumeich, *Armaments and Politics*, p. 176-80. Los diarios de Poincaré están en la Bibliothèque nationale, Archives Poincaré n.a.f. 16024-16027: notes journalières, 26 de diciembre de 1912 a agosto de 1914.

240 En vez de colocar el documento en los archivos del Ministerio de Justicia, donde deberían estar, o entregarlos a la comisión parlamentaria que investigaba el *Affaire Rochette* en 1912, Briand primero y luego Barthou lo guardaron para un uso posterior. Véase Krumeich, *Armaments and Politics*, p. 176.

241 *Le Figaro*, 10 y 12 de marzo de 1914.

242 Poincaré, Au service, 4:79-80; Krumeich Armaments and politics, p. 176-77.

estar seguro de que ningún otro lo haría. Tal y como explicaron en el juicio, primero Henriette y luego Joseph, ambos sabían que otros periodistas además de Calmette tenían copias del documento. Edmond du Mesnil de Le Rappel les había dicho el 14 de marzo -dos días antes del asesinato- que el informe Fabre iba a ser publicado pero no en *Le Figaro* sino en «un periódico vespertino, bien *La Liberté* o *L'Intransigeant*, ambos periódicos de derechas. Los Caillaux preguntaron en el estrado ¿cómo podía haber motivado la actuación de Henriette el deseo de evitar la publicación del documento Fabre cuando ella sabía que Calmette no era el único que lo tenía?[243].

Por supuesto que los Caillaux podrían no haber descubierto la existencia de múltiples copias del memorándum hasta el asesinato de Calmette. Una confirmación independiente demuestra que esto no fue así. Gustave Téry, uno de los más feroces enemigos periodísticos de Caillaux, admitió que Caillaux se había enterado el fin de semana anterior al crimen de que él y Léon Bailby de *L'Intransigeant* tenían copias del informe Fabre[244]. Además de esto, en la conversación de Joseph con Poincaré el 14 de marzo el ministro de economía había dejado claro que sabía que Barthou tenía el original. Y otra de las conversaciones que Poincaré recogió en su diario el día 14 de marzo (aunque la eliminó de sus memorias publicadas) sugiere que puede que Caillaux sospechara que Maurice Bunau-Varilla, el principal propietario de *Le Matin*, también había conseguido el documento[245].

243 Transcripción-*Le Figaro*, 22 de julio de 1914.

244 «Jo,» *L'Oeuvre* 16 (16 de abril de 1914): 591-92.

245 De acuerdo con Isabelle Couturier de Chefdubois, la sobrina de Berthe Gueydan, Bunau-Varilla era la periodista a quien Berthe confió el original de la carta «*Ton Jo*». ERJC-10, dosier 2.

En esa conversación, Bunau le dijo al presidente que le había advertido a Caillaux «que [Caillaux] estaba acabado y... este documento [Fabre] será publicado; debe serlo»[246]. A partir de esto, concluyó Joseph en su declaración, sería absurdo imaginar «que mi esposa hubiera ido a buscar al señor Calmette para hacer desaparecer el informe Fabre, teniendo en cuenta que él únicamente tenía una copia del mismo»[247].

Dado que esta prueba era tan elocuente, ¿por qué insistía Chenu en que la señora Caillaux mató a Calmette para evitar la publicación del documento? Una vez más la respuesta tiene que ver con las actitudes culturales imperantes hacia las mujeres. Los jurados parisinos solían simpatizar mucho con las mujeres cuyo honor y *pudeur* se veían amenazados. Una mujer, abrumada por la emoción, que mataba para proteger su reputación podía esperar que se la perdonase; una que mataba por motivos políticos no podía esperar nada. Por esta razón, Chenu debía minar a cualquier precio la opinión de la defensa en cuanto a que la señora Caillaux había matado a Calmette por miedo a que se publicasen las *lettres intimes*. En lugar de eso, tenía que proporcionarle razones políticas, motivos por los que nadie, ni siquiera una «mujer real», pudiera ser absuelta.

Pero a pesar de los impresionantes esfuerzos de Chenu para desviar la atención de las *lettres intimes*, el abogado de los Caillaux sin embargo volvía una y otra vez a la importantísima «*Ton Jo*» (figura 7). Quizá Chenu estaba más preocupado por hundir a Joseph Caillaux que por condenar a la señora Caillaux, ya que se arriesgó a estropear su caso contra ella al leer en voz alta ante el

246 Citado en Krumeich, *Armament and politics*, p. 177.
247 Transcripción-*Le Figaro*, 22 de julio de 1914.

tribunal la carta que Henriette aseguraba que la había empujado al abismo emocional. Chenu leyó ante una sala en silencio las líneas que Calmette había publicado a bombo y platillo cuatro meses antes. «He conseguido un éxito considerable», había escrito Joseph Caillaux a Berthe Gueydan en 1901. «Hoy he destrozado el proyecto de ley del impuesto sobre la renta mientras parecía que lo defendía»[248]. Chenu continuó leyendo la carta de Caillaux:

> Recibí el aplauso de la derecha y del centro sin molestar demasiado a la izquierda. Conseguí bloquear el progreso de la derecha, lo cual era indispensable.
>
> Hoy, tuve aún otra sesión durante la mañana en la Cámara que no terminó hasta la una y cuarto.
>
> Ahora estoy aquí en el Senado… La sesión de esta noche sin duda se celebrará a puerta cerrada. Me atosigarán, maltratarán, me pondrán enfermo pero habré hecho un gran servicio a mi país.

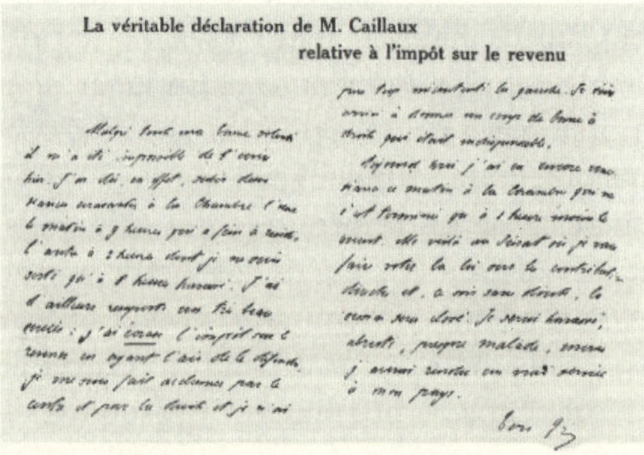

La véritable déclaration de M. Caillaux relative à l'impôt sur le revenu

Fig. 7. La carta «*Ton Jo*», una nota personal con implicaciones políticas. Calmette publicó un facsímil de la misma en *Le Figaro* el 13 de marzo de 1914.

248 *Le Figaro*, 13 de marzo de 1914. El énfasis es mío.

La publicación de la carta en *Le Figaro* el día 13 de marzo de 1914 había coincidido con los esfuerzos de Caillaux en el Senado francés para asegurar la aprobación definitiva del impuesto sobre la renta, y su afirmación anterior de haber «destrozado la ley del impuesto sobre la renta» parecía señalarle como un auténtico hipócrita. Pero a Calmette se le olvidó mencionar que Caillaux había escrito estas líneas en 1901, cinco años antes de que se comprometiese con la tarea de sacar adelante una ley del impuesto sobre la renta en el Parlamento. Cuando Caillaux escribió la carta «*Ton Jo*», aún no creía que la Cámara -o el país entero- estuviese preparado para tal ley de impuestos, así que maniobró hábilmente para aplazarla mientras le indicaba a la derecha que él, en principio, la apoyaba. De ahí la famosa línea de Caillaux, que Chenu leyó en el tribunal. La táctica de Caillaux dejaba al descubierto su eficaz pragmatismo que sería el sello distintivo de su carrera política. Pero la carta del «*Ton Jo*» reveló otra faceta de él, mucho más problemática, su presuntuosa prepotencia que alineaba a amigos y enemigos por igual y le hacía meterse en dificultades que podría haber evitado fácilmente. Casi todas las líneas de la carta mencionaban el pronombre «yo» y, en conjunto, la nota daba a entender que el miembro más principiante del gabinete era a su vez el jefe del gobierno. Además, parecía confirmar la etiqueta condenatoria que le había otorgado Briand: «plutócrata demagógico». Ahí estaba el joven aristócrata, seguro tras su fortuna heredada, aplastando el impuesto sobre la renta mientras parecía defenderlo, protegiendo su riqueza mientras parecía sacrificarla en aras de la democracia.

La lectura de la carta y la forma en la que Calmette la describió debe haber herido a Caillaux, porque dedicó una considerable atención en su declaración a deshacer sus efectos (figura 8). Caillaux preguntó ¿cómo una carta personal de esta clase podía tener implicaciones políticas? «¡No! Lo que se había perpetrado era una intrusión en su intimidad, en su vida privada. Mi esposa, naturalmente, estaba muy preocupada por esto». Continuó, ignorando completamente la cuestión del impuesto sobre la renta, para suscitar la comprensión por el tipo de campaña dañina que Calmette había emprendido. Era una campaña cobarde y sucia, sugirió, una campaña que buscaba no el criticar su política directamente sino «perjudicarme políticamente a través de mi honor, mi honorabilidad, puesto que lo que perseguía era nuestro hogar». Caillaux debió considerar de una importancia crucial a este punto ya que volvió a él en dos ocasiones en los minutos siguientes: «Lo repito, lo que se cuestiona es mi honor, es el honor de mi esposa, es nuestro honor como pareja... Estos violentos ataques no pusieron en entredicho mis proyectos ni mi doctrina, sino mi honor, mi honorabilidad»[249].

A lo largo de su testimonio, Caillaux intentaría contrarrestar el desafío de Calmette a su honor y a las preguntas sobre su fidelidad conyugal presentándose a sí mismo, en términos muy emotivos, como el marido leal y cariñoso de Henriette. «Nunca», declaró, «tuve una felicidad tan completa y absoluta como la que encontré en esta unión [con Henriette]. Ella ha sido y es para mí no solo la esposa más tierna y cariñosa que podría existir, sino también la más diligente, la mejor

249 Transcripción-*Le Figaro*, 22 de julio de 1914.

informada, la compañera más sabia que uno pudiera tener. Hemos vivido y continuaremos viviendo en una estrecha intimidad de corazón y espíritu»[250]. Esta declaración le ganó a Caillaux una enorme simpatía, ya que tal aparente candor emocional no tenía precedentes en ningún líder político de la Tercera República.

Fig. 8. Joseph Caillaux testifica en el segundo día del juicio (*L'Illustration*, 25 de julio de 1914)

La periodista, Geneviève Tabouis, una de las pocas mujeres admitidas en las primeras sesiones del juicio*, recordó años más tarde que cuando Caillaux empezó a hablar de amor «una emoción traspasó toda la sala»[251]. Incluso el periodista de *Le Figaro* Georges Claretie, comprometido con la defensa de Calmette y con todo

250 Ibíd.

* Cuando se abrió el juicio el juez Albanel prohibió la entrada a las mujeres pero no pudo excluir a las abogadas y a las periodistas profesionales. La presencia de mujeres profesionales sentó precedente y, para cuando el juicio iba por la mitad la sala estaba tan llena de mujeres que los periodistas masculinos hicieron comentarios sobre la cantidad de ellas.

251 Geneviève Tabouis, *They Called Me Cassandra* (Nueva York: Scribner's, 1942), p. 36.

lo que él significaba, tuvo que reconocer que Joseph consiguió presentarse a sí mismo «dulce y templado, tímido y humilde»[252]. De acuerdo con *Le Petit parisien*, se las arregló para conmover profundamente a su audiencia, para mostrar un poquito su corazón roto»[253].

Puede que al contar «la historia de mi vida íntima desde mi primer matrimonio hasta los hechos dolorosas que han salido a relucir en mi presencia ante ustedes», Caillaux hubiera decidido hacer depender su defensa y la de su mujer en la manera en que el jurado considerase su vida personal[254]. Si ésta fuese su decisión, las ventajas serían enormes, pero también los riesgos. Si Caillaux podía suscitar la comprensión del jurado con la defensa del honor de su esposa y manteniendo que Calmette había violado el santuario de la vida personal de ambos, Henriette podría salvarse. Y sin embargo al recordarle al tribunal y al público en general su historia de adulterio y divorcio, se volvía vulnerable a las amenazas de un conservadurismo cultural que identificaba la fidelidad a la familia tradicional con la fidelidad a la patria. Y al hacer esto, pareciera que confirmaba la opinión de que era demasiado emotivo para que se le confiase poder político alguno.

La emoción vibrante puede que le haya ayudado a triunfar en la sala, pero era lo último que la mayoría de los ciudadanos franceses pedían a sus líderes, especialmente en tiempos de crisis nacional e internacional. Por muy brillante que fuese su actuación en la sala del tribunal, Caillaux se mostró demasiado sensible como para inspirar confianza en el público que estaba dirigido por

252 *Le Figaro*, 22 de julio de 1914.
253 *Le Petit parisien*, 22 de julio de 1914.
254 Transcripción-*Le Figaro*, 22 de julio de 1914.

Raymond Poincaré, conocido, según lo dijo el mismo Joseph, por su «solidez» y su «puritanismo»[255]. Sin duda Caillaux creyó que una buena defensa de Henriette le devolvería su relevancia política. Pero el ambiente de crisis que rodeaba al caso, los mismos aspectos de su carácter y personalidad que le ayudaron en la sala sólo le sirvieron para ganarse su defunción política. Joseph saldría del juicio con su carrera política totalmente destrozada.

De todas formas, Joseph Caillaux poseía tantas habilidades políticas que habría probado una dosis de la venganza partidista si la guerra no hubiese sido inminente al terminar el juicio. El partido que presidía seguía siendo dominante durante el verano de 1914; en tiempos normales habría vuelto a ganarse el puesto en el gabinete del cual se le había obligado a dimitir tras el 16 de marzo. Pero la situación internacional hizo imposible tal resultado. Caillaux era un hombre de paz y contemporizador, un hombre demasiado complicado y lleno de problemas para un país que se preparaba, a principios de agosto de 1914, para la guerra. Caillaux terminaría el segundo volumen de sus memorias diciendo que la humanidad se habría salvado de la destrucción de la guerra moderna si estuviera gobernada por líderes «que tuvieran un deseo de paz tan firme como su patriotismo» Tales hombres, escribió, refiriéndose a las palabras de Maksim Gorky, tendrían que ser «extranjeros en su propia patria a la vez que sus mejores hijos»[256]. Puede que Caillaux no fuese el mejor de los hijos de Francia, pero poseía la fuerza y la perspectiva

255 Caillaux, *Mes mémories*, 3:7-8.
256 Ibíd., 2:241.

para ver más allá del mezquino nacionalismo que afligía a muchos de sus colegas políticos. En el nefasto verano de 1914, Caillaux seguramente tenía razón al sostener que Francia, como sus vecinos europeos, necesitaba patriotas que pudieran ver a su propio país desde el punto de vista de un extranjero. Pero más que dar poder a hombres como Caillaux, cuyas excentricidades podrían haberle permitido ver lo que otros no podían, Francia se volvió hacia un líder, Raymond Poincaré, cuyos horizontes no iban nunca más allá de las fronteras de Francia.

Tales fueron las necesidades y los deseos de 1914 cuando Francia, con toda confianza, incluso con júbilo, se metió en un conflicto que esperaba ganar rápida y fácilmente bajo el firme, aunque poco inspirado, liderazgo de Raymond Poincaré. Pero tres años después, con el país atrapado en una guerra homicida y en punto muerto, la situación extraordinaria exigía ahora un líder extraordinario. En esta situación extrema Francia necesitaba un hombre que no encajaba en el molde estándar de la Tercera República, y esto parecía entenderlo incluso el propio presidente Poincaré. Él mismo era demasiado mediocre para romper el impasse que sus políticas habían provocado; se dio cuenta de que no tenía más elección que recurrir a uno de los dos gigantes marginados de la República. «Tengo que elegir», como escribiría Poincaré con toda franqueza en su diario en noviembre de 1917, «entre Clemenceau y Caillaux [para el puesto de primer ministro]. Mi elección está hecha»[257]. Uno representaba la guerra sin compromiso, el otro el compromiso de la paz. Ambos

257 Citado en Binion, *Defeated Leaders*, p. 80.

habían violado las convenciones culturales de la Francia de la *Belle Époque*[*] pero sólo uno no pudo ser acusado jamás de mirar a su propio país desde el punto de vista de un extranjero[258]. Clemenceau, ascendido al cargo de Primer Ministro, presidiría durante otros dos años de guerra y de acuerdo de paz destinado al desastre; Caillaux, falsamente acusado de traición, pasaría los tres años siguientes en la cárcel.

* Clemenceau había sido una figura política importante durante más de 35 años antes de que se le ascendiera en el gabinete en 1906. Achacaba este retraso en gran parte a los escándalos financieros de los años 1890 y a su tumultuosa – y totalmente pública-aventura con una americana.

258 Sobre Clemenceau, véase JK. Ellis, *The Early Life of Georges Clemenceau* (Lawrence: University of Kansas press, 1980); Jean-Baptiste Duroselle, *Clemenceau* (París: Fayard, 1988).

III. Henriette Caillaux. Feminidad, feminismo, y la mujer real

«El día 16 de marzo alrededor de las tres de la tarde una señora entró en *Gastinne-Renette*... "Soy Madame Caillaux y quisiera ver un revólver"»[259].

Así lo declaró Georges Fromentin, cuyo testimonio fue lo más destacado del tercer día de sesión. Fromentin trabajaba como dependiente para *Gastinne-Renette,* la tienda de armas de lujo en la orilla derecha del Sena y en la que Joseph Caillaux tenía cuenta abierta. Henriette Caillaux se había acercado a su mostrador la tarde del 16 de marzo explicando que necesitaba un arma pequeña para un inminente viaje en automóvil por la zona rural que su marido representaba en la Cámara de Diputados. Fromentin le dio un revólver *Smith and Wesson* de calibre 32, que a Henriette le resultó difícil de manejar. Después de varios intentos fallidos para que funcionase, bajó al polígono de tiro del sótano de la tienda donde el empleado había dispuesto que otra persona más

259 Véase la transcripción del tercer día en *Le Figaro*, 23 de julio de 1914.

experta le ayudara. Allí Henriette lo intentaría de nuevo, consiguiendo solo magullarse su delicado índice. Otro empleado le trajo una pistola diferente, una *Browning* automática, conocida por su fácil manejo y gatillo fácil. Ésta no le daría problemas a Henriette y se defendió razonablemente bien en el polígono de tiro: tres de sus seis disparos dieron en la silueta humana que *Gastinne-Renette* usaba como blanco. «Una puntería normal», juzgó el colega de Fromentin, Antoine Derviller, que testificaría a continuación.

Una vez terminada sus prácticas, Madame Caillaux volvió a la planta baja y le pidió a Fromentin que se la cargara. Esto iba en contra de las normas de la tienda, así que con un poco de entrenamiento, Henriette la cargó sola. El método consistía en extraer el cargador de la culata de la pistola, cargarlo con los seis cartuchos y luego cerrarlo de golpe para volver a ponerlo. Una vez cargada, el arma quedaría dispuesta para el disparo en el momento en que Madame Caillaux liberase el primer cartucho en el cañón de la *Browning* tirando hacia atrás de la corredera. Esto fue justo lo que hizo nada más entrar en el asiento trasero de su coche con chófer. Se encargaría de poner el seguro en su sitio, pero por lo demás la pistola ya estaba totalmente preparada.

Con este testimonio, el abogado de la familia Calmette, Charles Chenu (figura 9), comenzaba su acusación decididamente, centrando la atención de la sala en la compra del arma por parte de Madame Caillaux y sus prácticas de tiro solo unas horas antes de que la condujeran a *Le Figaro*. Pero lo hizo de una manera muy curiosa. Aunque el episodio sugería premeditación, Chenu puso el énfasis en otros dos elementos: la dificultad técnica para usar la *Browning* automática y, lo más importante, el estado emocional de Henriette. Chenu le pidió a Fromentin que demostrase cómo se preparaba una *Browning* automática para que funcionase. «Se sujeta la pistola en la mano derecha», explicó el empleado, «con el brazo estirado. La mueves ligeramente a la izquierda y con la mano izquierda coges el arma por la parte estriada que está al final de la recámara deslizante y luego tiras con fuerza y rápidamente. Sueltas y el cartucho debería estar en su sitio». Entonces, Chenu le pidió a cada uno de los miembros del jurado que lo intentara, añadiendo, «No creo que lo consigan».

Fig. 9. Apunte del abogado Charles Chenu, defensor de la familia Calmette (*L'Illustration*, 25 de julio de 1914).

La intención del abogado era de lo más taimada, pero Madame Caillaux la entendió inmediatamente. Con esta elaborada demostración, Chenu quería insinuar que la *Browning* era un arma tan complicada, que incluso los miembros del jurado, todos hombres, tendrían dificultades para saber manejarla. ¿Por lo tanto, no debería esto demostrar que una mujer normal no podía hacerlo? Henriette asintió en esto y explicó que lo pudo hacer únicamente porque se dieron unas circunstancias especiales. «Me gustaría decirle al jurado que quizá es de algún modo menos extraño para mí que para la mayoría de mujeres el saber manejar armas de *Gastinne-Renette*». Ella, en realidad, nunca había disparado un revólver antes -«nunca, nunca», exclamó- pero desde su niñez había sabido cómo se usaban los rifles y las carabinas. «Mi padre era un gran cazador y me enseñó a fabricar sus propios cartuchos de caza. Yo misma cazo». Henriette hizo estas aclaraciones para explicar la aparente contradicción de todo esto con su decoro femenino, insinuando que sabía manejar armas solo por la idiosincrasia de su padre, no porque fuera poco femenina. No hace falta decir que no convenció a Chenu ni al resto de sus adversarios.

Con esta manera de proceder en su interrogatorio, Chenu volvía a la idea que había suscitado desde el principio, que Henriette Caillaux no era una «mujer auténtica». Una mujer auténtica no sabe, insinuó, cómo usar un arma; una mujer auténtica no entrena su puntería y una mujer de verdad no lleva un arma cargada en su bolso. La *femme*, la *vraie femme*, era para la mayoría de hombres franceses de la época una criatura dominada por sus emociones. Su intelecto era limitado, sus habilidades prácticas y técnicas eran mínimas. La mujer auténtica no actuaba en el mundo exterior de la política y los negocios, ni incluso en el de la literatura o las artes, sino en el santuario del hogar. No daba espectáculos -las actrices, conocidas por sus concesiones sexuales, no eran mujeres auténticas- ni tampoco buscaba eclipsar a su marido. Esta mujer femenina no tenía ambición más allá de cuidar de su marido, su casa y, lo más importante, a sus hijos. Era frágil y frívola, dada a arrebatos de sentimientos infantiles. Pero su carácter, aunque en ocasiones podía ser frustrante para el marido, era como debía ser. La mujer real no necesitaba moldear el mundo sino proteger a su familia.

La intención del abogado al intentar negarle a Henriette la condición de mujer auténtica era deshacer su defensa basada en el crimen pasional. Esa defensa no se apoyaba solo en la psicología popular de la *Belle Époque* y en su simbología romántica sino también en su varonil visión de las mujeres. Sólo una mujer auténtica, condicionada por las emociones y los nervios, podía cometer un crimen pasional. De esta forma, la tarea de Chenu -y la de sus adeptos en la prensa- era presentar a Henriette como una criatura más hombre que mujer, carente del carácter emotivo y la vulnerabilidad que supuestamente hacían de las mujeres de la *Belle Époque* lo que eran.

La «mujer auténtica» con la que iban a comparar a Henriette existía, por supuesto, sólo en la imaginación de los escritores, abogados y comentaristas (en su mayoría hombres) que la habían creado. Las vidas de las mujeres francesas de carne y hueso eran mucho más complejas. Como demuestra Bonnie Smith, incluso las mujeres más tradicionales, las más entregadas al hogar, la familia, la Iglesia, no pasaban la vida entera encerradas y escondidas. Las señoras de posición acomodada de la clase privilegiada dedicaban una parte considerable de sus esfuerzos a las obras de caridad -vestir y dar de comer a los pobres, organizar escuelas y clubs para las jóvenes de la clase obrera, y proporcionar guarderías y parvularios para los niños-. Todos estos esfuerzos conllevaban dinero y las señoras importantes recaudaban cantidades impresionantes a través de infatigables actividades benéficas en sus comunidades. En el norte de Francia estos esfuerzos caritativos tuvieron tanto éxito a finales del siglo XIX que las autoridades municipales de la Tercera República, contrarias al tono y espíritu de las organizaciones benéficas católicas, hicieron todo lo que pudieron para hacerlas desaparecer en favor de las alternativas laicas y burocráticas[260].

Pero todas estas pruebas sobre la fuerza, la iniciativa y la responsabilidad de las mujeres resultaban irrelevantes para la argumentación de Chenu, porque su caso contra Henriette Caillaux se basaba en el simple estereotipo. Una vez que Chenu concluyó su demostración práctica con la *Browning* automática, insistió en preguntar a ambos dependientes de *Gastinne-Renette* sobre el estado emocional de la señora Caillaux. Había comprado la pistola menos de tres horas antes de disparar al abdomen de Calmette y el abogado quería saber si parecía desazonada o mostraba de alguna manera un comportamiento extraño, si parecía impulsada por la pasión. «Durante el curso de todas estas operaciones [probar la pistola, cargarla, prepararla para usarla], ¿permaneció Madame Caillaux calmada, normal, sin llamar la aten-

260 Bonnie G. Smith, *Ladies of the Leisure Class* (Princeton: Princeton University Press, 1981), cap. 6.

ción?». «Absolutamente», respondió Fromentin. Con su pregunta, Chenu no dejaba nada al azar. No buscaba una descripción particular del estado emocional de Henriette sino la coincidencia de la opinión de Fromentin con la suya propia. Cuando le repitió la pregunta al compañero de Fromentin unos minutos más tarde no necesitó darle tan directamente las pistas. «¿Cuál fue la conducta de Madame Caillaux?». La respuesta: «Muy calmada».

Aunque Chenu había prestado una atención muy especial al estado emocional de Henriette durante el tercer día del juicio, no era la primera vez que abordaba este asunto. El día anterior, se había insistido en pedir a cada uno de los testigos que describiese la actitud de Madame Caillaux inmediatamente después de su arresto. «En lo que respecta a su actitud, ¿estaba impasible?». Le preguntó al señor Giraudeau, un editor que estaba presente cuando los seis disparos de Henriette resonaron en todas las oficinas de *Le Figaro*. «Calma absoluta, indiferencia; daba la impresión de estar totalmente desvinculada de lo que acababa de pasar». Giraudeau, amigo y colega de Calmette, ya había dicho lo mismo en su declaración inicial: «Madame Caillaux permaneció inmóvil en el pasillo, impasible, quieta, sin mostrar ningún tipo de sentimiento». Otros empleados de *Le Figaro* parecieron elegir una de las palabras usadas por Chenu y Giraudeau, y sugirieron que parecía «impasible».

¿Se les habían dado instrucciones previas? No podemos saberlo con certeza, pero parece plausible que Chenu hubiese incidido de antemano con estos colaboradores cercanos de Calmette sobre la importancia de la impasibilidad de Henriette. Otro editor de *Le Figaro* hizo referencia a su absoluto «autocontrol» después del crimen, «una actitud que me horrorizó» Y aún otro, un veterano de los *fait divers*, testificó que en todos sus años de periodista de sucesos no había «visto a nadie tan calmado como Madame Caillaux». La mayoría de los asesinos, dijo, vociferan y desvarían después de su acción, Henriette mostraba una «tranquilidad absoluta».

Tal testimonio parecía decir que Henriette no era la clase de mujer que mereciese la indulgencia de los hombres. ¿Dónde, inquirió Chenu, estaba la emotividad espontánea en una persona que escogía su arma con tan esmerado cuidado? Y ¿dónde estaba la vulnerabilidad femenina en una mujer cuya familiaridad con las armas parecía sobrepasar a la de un hombre normal? Los hombres franceses de la *Belle Époque* sostenían que no debían nada a las féminas que se comportaban más como hombres que como mujeres, que se sentían más unidas al mundo externo masculino que al seno familiar del fogón y el hogar. La estrategia de Chenu no podía ser más hábil, dada la tristemente célebre tolerancia con los crímenes pasionales. Y el abogado Labori (figura 10) se esforzaría enormemente para contrarrestar este argumento, para convencer al jurado de la emotividad totalmente femenina de Henriette. Después de todo, las expectativas eran muy altas. Como «mujer auténtica» Henriette podría salir libre; como mujer-hombre seguramente resultaría condenada.

Fig. 10. Apunte del abogado Fernand Labori, defensor de Henriette Caillaux (L'Illustration,25 de julio de 1914).

Inmediatamente después de que Chenu terminase con sus testigos, Labori presentó un desfile de testigos que juraron que Henriette estaba de todo menos calmada[261]. El jefe de gabinete de Joseph, Emile Labeyrie, declaró haber estado impresionado por la apariencia de Henriette cuando la vio al mediodía, unas seis horas antes del asesinato. Parecía, dijo, «un animal cazado». Henriette estaba tan visiblemente agitada que Labeyrie se preocupó, se puso nervioso también. Cuando la saludó «me miró con la mirada perdida, sin apenas saludar». El testigo luego empezó a contrarrestar la imagen que Chenu había dado de Henriette como persona calmada inmediatamente después del crimen. «Mi impresión fue justo la contraria». Si otros testigos la vieron calmada era sólo porque no la conocían previamente. «Yo conocía a Madame Caillaux, y era capaz de percibir en las palabras

261 Para el testimonio de los testigos de Labori véase la transcripción- *Le Figaro*, 23 de julio de 1914.

que pronunció, en su mirada, en la forma en que se comportaba, en el color de su piel, muchas cosas que otros no podían ver». Cualquiera que la conociese, dijo para concluir, podía ver que «era un ser que ya no estaba en posesión de sus facultades».

A continuación, Labori llamó a Yvon Delbos, redactor jefe del izquierdista *Le Radical.* Al igual que Labeyrie, Delbos difirió de la caracterización de Madame Caillaux como fríamente impasible. Lo que parecía calma, dijo, era en realidad una grave depresión causada por las revelaciones de Calmette. Sólo unas horas antes de su acción fatal, él «la encontró encorvada en su sillón, con aspecto rígido y abatido». Con todo, continuó Delbos, nada de lo que dijo o hizo le hizo sospechar ni por un instante lo que estaba a punto de hacer. «Estaba extremadamente deprimida, pero esto era justamente lo contrario de ese júbilo, esa clase de locura lúcida que se apoderaría de ella [al día siguiente]».

Después de Delbos, otros testigos dieron fe de la intensa emotividad de Henriette durante los días previos al del asesinato de Calmette (figura 11). La señora Chartran, una de las amigas íntimas de Henriette, la encontró «extremadamente nerviosa, herida por el artículo [en *Le Figaro*] que había aparecido el día anterior». El 15 de marzo, es decir, veinticuatro horas antes de que Henriette Caillaux le disparase a Calmette, la señora Chartran creyó que su amiga se había sumido en «un terrible estado de depresión» La señora Chartran explicó que Henriette acababa de estar en una recepción donde alguien la había insultado, citando la información de *Le Figaro*. «Parecía angustiada, el dolor reflejado en su cara. Debe haber estado temblando porque le dije, "Cálmate, mi buena amiga; todo esto se tranquilizará con tiempo"».

La letanía de declaraciones continuó con Isidore de Lara, un compositor que era amigo de ambos, Madame Caillaux y Gaston Calmette. Lara había comido con Henriette el 13 de marzo, el día en que *Le Figaro* publicó la carta «*Ton Jo*». «Noté un gran cambio en Madame Caillaux. Parecía indignada y poseída de un extremado nerviosismo». Dos días más tarde mostró temor por la vida de su marido. «Terminarán matando a mi marido», le dijo a Lara. Aun así, concluyó, a pesar de todos sus temores y preocupaciones, «Tengo la profunda convicción de que el domingo [el día previo al asesinato] la señora Caillaux no tenía la más mínima intención de cometer un acto violento».

Fig. 11. Henriette Caillaux escucha a un testigo (*L'Illustration*, 25 de julio de 1914).

La propia Henriette se esforzó por confirmar la impresión que Labori estaba intentando suscitar. Durante el segundo día del juicio ella hizo varias exclamaciones -sin ser llamada a testificar- rebatiendo los esfuerzos de la oposición para retratarla como serena e insensible. «Los caballeros de *Le Figaro* [que juraron sobre su impasibilidad] no me conocían, por lo que quizá era más difícil para ellos que para otros ver el sentimiento que se había apoderado de mí. No todo el mundo expresa sus sentimientos en voz alta»[262].

Tras estos intentos por demostrar que Madame Caillaux estaba de todo menos calmada antes y después de visitar a Calmette en *Le Figaro*, Labori, a continuación, recabó una completa declaración sobre su feminidad. El abogado pidió a Eugène Moran, otro amigo de Henriette de toda la vida, que describiese su carácter. Moran había estado entre los acompañantes de Madame Caillaux en el almuerzo del 13 de marzo. «Nunca antes había visto en ella tal dulzura, tal ausencia de violencia». Su siguiente afirmación pareció al principio ir en contra del caso de Labori: «Cualquiera que fuese el tema de conversación, la señora Caillaux respondía con calma, con mucha dulzura, sin agitarse o mostrarse nerviosa». Pero a pesar de su caracterización como calmada, era una dulce calma femenina completamente congruente con la imagen masculina de la verdadera condición femenina de la *Belle Époque*, no la masculina ausencia de emociones que Chenu pretendía retratar.

Como Jean Finot de *La Revue* había dejado claro en un artículo en 1911, «La psicología de las mujeres», los hombres de su época veían a las mujeres como sumamente sensibles y a la vez transmisoras de tranquilidad, dulces y pasivas[263]. La contradicción era sólo aparente, porque la emotividad y la dulzura formaban los dos

262 Transcripción-*Le Figaro*, 22 de julio de 1914.
263 *La Revue* 90 (marzo-abril 1911): 587.

lados de la misma moneda femenina. Mientras las mujeres permanecieran aisladas del estímulo mundano permanecerían sumisas, dulces y cariñosas. Pero como sus sistemas nerviosos eran tan frágiles, tan vulnerables al mínimo disgusto, su serenidad cedía fácilmente ante las olas de pasión que se apoderaban de ellas en cuerpo y alma. Una mujer podía aparecer como dulce e imperturbable en un determinado momento y deprimida, nerviosa e incluso violenta al instante siguiente. El hecho de que se dijera que la señora Caillaux mostrara tales cambios de humor -dulce el 13 de marzo, sobreexcitada dos días después-, sólo confirmaba la prueba del pretendido carácter femenino. No hace falta decir que los testigos de Labori no describieron los vaivenes de carácter del señor Caillaux en los mismos términos. Las conclusiones de Moran fueron especialmente útiles. Toda una oda a la feminidad de Madame Caillaux casi en un tono reverencial. «Madame Caillaux me recordaba uno de esos retratos de mujeres del siglo XVIII que muestra una dulzura infinita, en especial uno de esos cuadros al pastel que poseen gran dulzura de expresión». Con esta afirmación, el testigo de Labori adornó a Henriette con el ideal de feminidad del artista, con el de la perfección femenina lo más alejada posible de la imagen que Chenu había dibujado.

Unos pocos meses antes, el *Petit Parisien* había representado precisamente la misma imagen de Madame Caillaux al publicar una extensa entrevista con una de sus más antiguas amigas. Esta última, que había conocido a Henriette durante unos veinte años, la describía como «sencilla, dulce, cariñosa, incapaz de rebeldía, incluso, diría, sin voluntad. [...] Llevaba la existencia tranquila de una *parisienne* burguesa, cabal y respetuosa». Aún con ello, Henriette tenía sus momentos de emotividad intensa. «He sido testigo de escenas en las que ella mostraba un profundo nerviosismo, un mal humor que podía transformarse en ira». Sin embargo, la amiga se apresuraba a añadir que «estas eran explosiones que se terminaban rápidamente, el tipo de estallidos sentimentales en que nosotras las mujeres caemos demasiado a menudo»[264].

Después de Moran vino el mejor testigo de Labori, Pierre Mortier el joven director del *Gil Blas*. Mortier declaró que le había entristecido, tras la aparición de la «*Ton Jo*», ver esfumarse la dulzura de Henriette dando lugar a un «cierto estado de exaltación», «una conmovedora inquietud», «un estado de gran agitación». El director había sido uno de los primeros amigos de los Caillaux que había llegado a la comisaría; allí, en su estado de agotamiento nervioso, Henriette le dijo que ella «sólo había querido darle una lección a Calmette». Pero mientras esperaba en una habitación poco iluminada en *Le Figaro*, escuchando las conversaciones entre periodistas sobre los perros de caza y sobre «la temporada difícil», «había perdido completamente la cabeza antes de que entrase [en la oficina de Calmette]»[265]. Mortier ya había dejado claro en un editorial que las mujeres «con toda su debilidad, su aprehensión, su sufrimiento» deberían ser juzgadas de forma diferente a los hombres[266]. En la sala, se esforzó por demostrar que Henriette personificaba justamente ese tipo de mujer concreto.

264 *Le Petit parisien*, 18 de marzo de 1914.
265 Transcripción-*Le Figaro,* 23 de julio de 1914.
266 *Gil Blas,* 20 de julio de 1914.

Puede ser que todos estos amigos y conocidos de Joseph Caillaux hubiesen seguido las indicaciones del antiguo ministro de economía. Sus testimonios sonaban muy parecidos a como había sonado su altamente personal monólogo del día anterior. En el estrado, Joseph presentó a su esposa como una persona demasiado protegida y demasiado femenina para soportar la lucha diaria que marcaba su propia vida política. El asediado político se refirió repetidamente a ella como «*ma pauvre enfant*» y «*ma pauvre créature*»[267]. A finales de 1913, justo antes de que comenzaran los ataques de *Le Figaro*, Henriette le había rogado que no aceptase otro puesto en el gabinete, alegando la inevitable presión que esto ejercía sobre ella y su matrimonio. Pero él había desestimado sus preocupaciones y había vuelto al Ministerio de Economía. Joseph declaró que no había sabido darse cuenta del frágil estado emocional de su esposa y que, cuando se puso en marcha la campaña de la prensa, no prestó atención a su creciente desesperación. Para empeorar las cosas, Joseph se dio cuenta más tarde de que la ley mordaza que le había impuesto a todo su séquito había destrozado a su mujer que, incapaz de expresar sus temores, «se encerró en sí misma». En palabras de Caillaux, «como haría cualquier mujer que ama a su marido, ella obedeció la orden», la orden, se entiende, de guardar silencio[268].

Mientras tanto, la presión periodística sobre Caillaux continuaba creciendo. Como animal político con experiencia, Joseph se refugiaba en su trabajo y canali-

267 Transcripción-*Le Figaro,* 22 de julio de 1914.
268 Ibíd.

zaba su ira y su nerviosismo en la batalla parlamentaria permanente. Pero a Henriette sólo le quedaba sentarse en casa y preocuparse, especialmente desde que se le había ordenado no sincerarse con su marido. En las pocas ocasiones en las que lo hacía, Joseph solamente aumentaba su angustia al prometerle «*casser la gueule à Calmette* (romperle la cara a Calmette)». Con esta promesa a Henriette, le proporcionaba otra nueva preocupación: la de que su marido mataría a Calmette y echaría a perder sus vidas.

En el juicio, Joseph se refirió al dilema de su esposa desde el punto de vista de la diferencia entre los hombres y las mujeres, entre el papel activo del hombre en el mundo y el distanciamiento impotente de la mujer. «Eres un hombre; vives en medio de la batalla política; repartes golpes y recibes alguno a cambio; estás absorto en tu trabajo… en los problemas de la lucha». Los hombres «se blindan con la pretensión de la invulnerabilidad». Pero lo que no alcanzan los hombres a ver, continuó Joseph, es que las mujeres, en primer lugar más débiles, no tienen tales salidas para sus temores y ansiedades. «No supe ver los estragos causados por esta campaña de la prensa [contra mí] … pero justo a mi lado había una pobre criatura que estaba sufriendo, que escondía su tristeza». Cuando se le preguntaba qué le pasaba, «respondía que no se encontraba bien. Transformaba su sufrimiento emocional en dolor físico. Yo no lo entendí. El fuego ardía escondido bajo las cenizas, y luego cierto día la llama saltó»[269].

Puede que Caillaux hubiera urdido todo este testimonio únicamente para influir sobre el jurado; no

269 Ibíd.

obstante, esto representaba, elocuentemente, no sólo la insensibilidad típica del padre de familia sino también las consecuencias emocionales de enclaustrar a las mujeres. Sin embargo, su propósito inmediato era presentar a Henriette como un estereotipo de la feminidad de la *Belle Époque* tan importante para la opinión que de sí mismo tenía el hombre francés.

Según el vasto número de libros y artículos de la época sobre la psicología y la biología de las mujeres, sobre feminismo y feminidad, ser una mujer -precisamente lo que los intervinientes en el juicio defendían- era sobre todo ser una criatura de emociones[270]. Bien fuera por razones biológicas o psicológicas, a las mujeres normalmente se las describía como hipersensibles, nerviosas, volátiles, irracionales y sin autocontrol.

Entre los autores más interesados en transmitir tales puntos de vista estaba Charles Turgeon, el influyente profesor y crítico del feminismo. Turgeon escribió, «a causa de su sistema nervioso más excitable, más sensible, más enérgico que el de los hombres, las mujeres son más propensas a las preocupaciones, a la ternura, a la pasión». Estas cualidades, añadía, le proporcionaban a la mujer su encanto a la vez que eran un defecto, puesto que la ternura y la pasión las hacían

270 Algunos trabajos recientes de historiadores franceses que tocan estos temas son *La femme et les médicins* de Yvonne Knibiehler y Catherine Fouquet (París: Hachette, 1983); *Murder and Madness: Medicine, Law and Society in the Fin de Siècle* de Ruth Harris (Oxford: Clarendon Press, 1989); *Une historie des femmes est-elle posible?* de Michelle Perrot, ed. (París: Rivages, 1984); *Le dossier de la femme* de Geneviève Gennari (París: Librairie académique Perrin, 1965); *Housewife or Harlot: The Place of Women in French Society* de James McMillan (Brighton: Harvester Press, 1981); *La bourgeoise: femme au temps* de Paul Bourget de Anne Martin-Fugier (París: Grasset, 1983). Para los trabajos sobre el movimiento feminista, véanse las notas 355, 401 y 428 del capítulo IV.

«atractivas pero peligrosas, pacíficas pero explosivas, maternales pero egoístas»[271].

Turgeon sostenía que con frecuencia los hombres se beneficiaban de la apasionada intensidad de las mujeres, porque eso es lo que las hace tan entregadas, tan cariñosas y tan leales. Pero al mismo tiempo su propensión a descontrolarse era lo que las hacía tan débiles, tan incapaces de un autocontrol deliberado, tan indignas de la confianza masculina. Incluso las podía hacer mostrar una «maldad felina» que se erigía como «una señal y una consecuencia de su debilidad y su nerviosismo». La principal víctima de todo esto era la fuerza de voluntad de las mujeres, que definía Turgeon como la habilidad para «subordinar las impresiones naturales y los impulsos instintivos a un mecanismo de control que uno se impone a sí mismo». Los hombres poseían esta capacidad, las mujeres no. Y por eso el «sexo débil» dudaba entre ser el «juguete de varios impulsos que las agitan tumultuosamente o ser la víctima de un único aunque vehemente impulso que las domina imperiosamente»[272].

La Naturaleza había hecho así a la mujer, defendía Turgeon y las feministas tenían que aceptar esa realidad, una realidad que los hombres habían entendido desde hace mucho tiempo. Continuaba con la admisión, sin embargo, de que un pequeño número de mujeres con formación académica superior parecían apartarse de esta descripción. Estas mujeres mostraban cierta racionalidad, cierta capacidad mundana. Pero se enfrentaban a un gran peligro, el peligro de

271 *Le féminisme français* de Charles Turgeon (París: L. Larose, 1902); 1:156-58.
272 Ibíd., 1:159-63.

que la «intelectualidad se desarrollará a costa de la ternura, ... [que] la inteligencia derrotará a la emoción». Turgeon mostraba la preocupación de que si esto ocurría a gran escala, las mujeres dejarían de ser mujeres. «El amor se convertiría en el enemigo», el matrimonio descendería al igual que la tasa de nacimiento. «Una mujer culta..., interesada solo en el refinamiento del conocimiento y el refinamiento de la sensibilidad intelectual se arriesgaría no sólo a romper con los hábitos de su género, sino que se separaría de la misma humanidad». Controlando su emotividad natural, parecía decir Turgeon, la mujer culta se neutraliza, se hace estéril -tanto literal como figuradamente- y deja atrás la humanidad normal. Tal eventualidad destruiría el amor y debilitaría la nación. Lo que Francia necesitaba, concluyó Turgeon, era «mujeres, simples y reales» -no las cultas y asexuales impasibles-, sino verdaderas mujeres con todas sus pasiones, su volubilidad, sus ligerezas, su necesidad de guía y control[273]. Una mujer o estaba dominada por sus emociones o no era una mujer en absoluto.

Estos temas se repetían una y otra vez entre 1900 y 1914. Jean-Paul Nayrac, un discípulo del eminente psicólogo Pierre Janet, escribió que «el híper sentimentalismo de la mujer [era la] causa de todas sus debilidades». Estaba «habitualmente pasiva y emotiva», una condición que «la sometía como una esclava y un ser inferior frente a la civilización moderna». Y porque «su cerebro estaba peor organizado [que el de un hombre], su sistema nervioso reaccionaba sin parar, dejando que fuera arrastrada por la mínima sacudida

273 Ibíd., 1:303-5.

emocional»[274]. Toda esta vulnerabilidad emocional la hacían una posible candidata para los crímenes pasionales: una vez atrapada por la ira, los celos o el odio, una mujer perdía el control con facilidad. Los hombres poseían la capacidad de resistirse a los estímulos emocionales, de dominarlos a través de la pura fuerza de la voluntad racional. En cambio, las mujeres no tenían tal poder ya que su «afectividad destruía todos sus exiguos recursos de voluntad y carácter… llevándolas a menudo a cometer excesos e incluso crímenes»[275].

Que nadie piense que estos escritores editaban sus trabajos con la esperanza de cambiar a las mujeres, de convertirlas en criaturas racionales en vez de emocionales, la mayoría se apresuraban a afirmar el atractivo, incluso el encanto de la emotividad femenina. El periodista Henri Marion declaró rotundamente que lo que les gustaba más a los hombres de las mujeres era precisamente la debilidad que les causaban sus pasiones. «Esta debilidad elemental es lo que las hace mujeres, muy mujeres, a nuestros ojos». A los hombres les gustaba la necesidad de control y dirección, y «a nadie le agrada ver en ellas una independencia de espíritu y acción»[276]. Como expresó el escritor Octave Mirbeau, «las mujeres se caracterizan no por su cerebro sino por su sexo, y eso es lo que las hace tan deseables»[277]. La debilidad, la vulnerabilidad, la irracionalidad, la depen-

274 Jean-Paul Nayrac, *Grandeur et misère de la femme* (París: A. Michelon, 1905), pág. 8,30,133.
275 Ibíd., pág. 46-47. Para otros ejemplos de pensamiento masculino similares, véase Annelise Maugue, *L'identité masculine en crise* (París: Rivages, 1987), pág. 21-27.
276 Citado en *Grandeur et misère* de Nayrac, pág. 230.
277 «Propos galants sur les femmes» de Octave Mirbeau, Le Journal, 1 de abril de 1900, citado en *L'identité masculines* de Maugue, pág. 28.

dencia, estas eran las cualidades que hacían a una mujer realmente mujer.

Estas ideas encontraban su confirmación en las novelas del período, incluso en las que estaban escritas por mujeres. Colette Yver, una de las escritoras más importantes de aquel periodo, se esforzó enormemente para prevenir a sus lectoras contra los peligros de una educación demasiado masculina. *Princesses de science* (1907), contaba la historia de una doctora, Thérèse Guéméné, cuyos éxitos como profesional y científica la distanciaban de su marido, también médico. Cuanto más se deterioraba su matrimonio más se desviaba su atención y su afecto hacia una viuda dulce y simple, «una mujer auténtica», en palabras de Geneviève Gennari, que dedica algunas páginas muy interesantes a la obra de Yver[278]. Pero por suerte para la heroína de Yver, justo cuando Monsieur *le docteur* está a punto de abandonarla se da cuenta del error de su forma de actuar. Finalmente ella entiende que para salvar su matrimonio -y su vida- debe abandonar su profesión. Esta sabia, aunque tardía, decisión permite que el libro tenga un final feliz: la *doctoresse* recupera su condición de mujer y el marido a su esposa[279]. Para los lectores que de alguna manera no hayan entendido, Yver hace que uno de sus personajes secundarios narre la moraleja: «Una mujer-doctor no tiene corazón, ni sensibilidad, una mujer-doctor no es una mujer»[280].

278 *Le dossier de la femme* de Gennari, pág. 143-44. Jennifer Waelti-Walters en *Feminist Novelist of the Belle Époque* (Bloomington: Indiana University Press, 1990) intenta (sin éxito, en mi opinión) retratar a Colette Yver como una feminista; véase su cap. 6.

279 Colette Yver, *Princesses de science* (París: Calmann-Lévy, 1907), pág. 190.

280 Yver, *Princesses,* citada en *Le dossier de la femme* de Gennari, pág.143. En otra de las obras de Yver, *Les Dames du palais* (París: Calmann-Lévy, 1906), la

¿Por qué esa necesidad de retratar a las mujeres como si fuesen tan débiles y faltas de control emocional? ¿Por qué la necesidad de definir qué mujeres eran «auténticas» y cuáles no, de intentar ocultarlas en su rol doméstico al tiempo que se castiga a las que intentaban escapar de él? Este discurso masculino de finales del siglo XIX estaba lejos de ser nuevo, pero parece haberse vuelto especialmente agresivo y extendido durante este periodo. Porque fue, precisamente, en la Francia de la *Belle Époque* donde el sistema jerárquico del siglo XIX en lo relativo a las relaciones entre sexos se empezó a romper de forma imparable. Los hombres luchaban, cada vez con una mayor dificultad, por preservar la ciudadanía, el ámbito económico y la autoridad familiar para ellos exclusivamente; los ideólogos masculinos de todo tipo reaccionaban brusca -y agresivamente- ante el cambio que se les venía encima. No fue una mera coincidencia que el declive del antiguo sistema de relación entre los sexos se acelerase a raíz de la revolucionaria Comuna de París y de la humillante derrota en la Guerra franco-prusiana (1870-71).

La cuestión del género que había hecho tanto por moldear la sociedad francesa en el siglo XIX se estableció durante la Revolución francesa y su secuela napoleónica. Aunque sea un tópico de la historia contemporánea el asociar la Revolución francesa con los derechos del hombre, lo que apenas se menciona es

heroína es una abogada tan brillante que eclipsa a su marido. El matrimonio sufre y, justo cuando está a punto de hundirse, la heroína renuncia a su carrera para convertirse en la secretaria de su marido. No todas las novelas de Yver terminan tan felizmente. En *Les Cervelines* (Las mujeres-cerebro), 1908, la heroína opta por seguir con su trabajo como arqueóloga y al hacerlo pierde para siempre al hombre al que ama.

hasta qué punto esta revolución anuló virtualmente los derechos de la mujer. Como demuestra Joan B. Landes, las mujeres aristocráticas del antiguo régimen poseían un cierto poder y una posición que los líderes de la Revolución francesa les arrebataron y luego se negaron a extender a ninguna otra clase de mujer[281]. Antes de 1789, las mujeres que heredaban tierras de la nobleza no sólo las podían administrar en su propio nombre sino que en algunas regiones tenían derecho a voto en las asambleas locales y regionales que le conferían tales propiedades.

Hasta 1661 las aristócratas podían aún recibir títulos de nobleza por derecho propio y ejercían las prerrogativas de su rango sentándose como miembros de los *parlements* que administraban justicia bajo el Antiguo Régimen. Docenas de mujeres nobles conservaron sus asientos en varios *parlements provinciales* hasta la víspera de la Revolución francesa[282].

Huelga decir que tales privilegios correspondían sólo a una pequeña minoría, pero un grupo considerablemente más grande de mujeres importantes disfrutaba de un gran poder e influencia en lo que Landes llama «el ámbito público absolutista» de finales de los siglos XVII y XVIII[283]. Este ámbito consistía esencialmente en los salones urbanos, organizados y fomentados por las aristócratas. En estos salones, personalidades del mundo intelectual, escritores, nobles,

281 Joan B. Landes, *Women and the Public Sphere in the Age of the French Revolution* (Ithaca: Cornell University Press, 1988).
282 Landes, *Women and the Public Sphere*, pág. 122; Steven C. Hause, *Women's Suffrage and Social Politics in the French Third Republic* (Princeton: Princeton University Press, 1984), pág. 3-4.
283 Landes, *Women and the Public Sphere*, cap. 1.

altos funcionarios públicos y otros miembros de la élite urbana, se reunían para conversar y socializar en un escenario distinto de la vida en la corte, mucho más restrictiva y jerárquica. Todas las conversaciones giraban en torno a *la salonnière* femenina, la anfitriona, quien para dar vida a su salón establecía unas normas de vestimenta y comportamiento que sus invitados masculinos debían seguir a rajatabla. De este modo, al fundar estos espacios íntimos de vida social e intelectual, las mujeres del Antiguo Régimen creaban un lugar de experiencia pública que nunca antes había existido, a la vez que se convertían en los árbitros culturales de una emergente sociedad educada en el buen gusto.

Tal protagonismo femenino, mantiene Landes, empezó a molestar a muchos de los escritores y pensadores de la Ilustración que se reunían en los salones femeninos. Estos hombres de letras llegaron a asociar a *las salonnières* con las amantes y confidentes de la realeza, con las camareras y las conspiradoras quienes, según los hombres «ilustrados», ejercían un injustificado poder en la Corte. De la mano de Jean-Jacques Rousseau, el profeta de la virtud, la pureza y la modestia para las mujeres, esta protesta contra el poder cultural y político de las aristócratas se convertiría en una crítica al corazón del Antiguo Régimen. La sociedad y los políticos franceses eran unos corruptos, aseguraba Rousseau, porque se habían afeminado. El poder absoluto del rey no solo había «domesticado» a todos los demás hombres, feminizándolos al considerarlos inferiores con respecto al patriarca de Francia; sino que los hombres además se habían convertido en vasallos de las mujeres aristocráticas. «Todas las mujeres de

París», escribió Rousseau, «reúnen en sus mansiones a un harén de hombres más femeninos aún que ellas». Rousseau aseguraba que en la Francia monárquica se habían dejado de escuchar los discursos serios y viriles tan característicos de la antigua Grecia y Roma, puesto que los hombres se habían acomodado al parloteo superficial y amanerado de las mujeres. Ese no era el caso, añadía Rousseau, de los clubes para hombres de su propia republicana Ginebra en donde «la conversación es menos refinada, [pero] los razonamientos cobran más peso»[284].

Al condenar a la monarquía absoluta por conceder poder a las mujeres y debilitar a los hombres mientras elogiaba a la república con sus principios masculinos de seriedad, Rousseau contribuiría a dar forma, según deja claro Landes, al discurso y a la actuación posterior de la Revolución francesa[285]. Después de 1789, y especialmente después de 1792 cuando se declaró la primera República, los revolucionarios pretendieron eliminar todos los restos de una cultura aristocrática a la que consideraban decadente y corrupta. Decidieron reemplazar una monarquía afeminada del artificio y el ornamento por una república viril de la virtud y la razón. Para hacerlo, los revolucionarios se comprometieron a apartar a las mujeres de toda la vida pública.

En 1793, los líderes jacobinos de la Revolución disolvieron las organizaciones políticas compuestas principalmente por mujeres y, luego, prohibieron a las mujeres asistir a ninguna clase de reuniones políti-

284 Jean-Jacques Rousseau, Letter to M. d'Alembert on the Theatre, citado por Landes en *Women and the Public Sphere*, pág. 87-88.
285 Landes, *Women and the Public Sphere*, cap. 1.

cas. Ese mismo año, Olympe de Gouges, la autora de la «Declaración de los Derechos de la Mujer» fue enviada a la guillotina por supuestos actos de traición mientras otra incipiente feminista, Théroigne de Méricourt, sería azotada públicamente[286]. A propósito de la ejecución de Gouges, un periódico progubernamental exclamó, «Parece que la ley ha castigado a esta conspiradora por haber olvidado las virtudes que son propias de su sexo»[287]. En 1795 se les prohibió a las mujeres incluso el sentarse en la tribuna de visitantes de la Convención Nacional y, tras una manifestación violenta en la que las mujeres tuvieron una participación destacada, la Convención las designaría como objetivo de un castigo especial, el del confinamiento en su domicilio: «Se decreta que todas las mujeres deben retirarse… a sus respectivas casas; aquellas que… se encuentren en las calles, reunidas en grupos de más de cinco, serán dispersadas por las fuerzas armadas o arrestadas hasta que se restablezca el orden público»[288].

Éste fue el lado más duro, más represivo del trato que la Revolución francesa dio a las mujeres, la consecuencia más negativa de su deseo de mantener a las mujeres lejos del ámbito público. Pero hubo otro aspecto de esta «privatización» de las mujeres, que resultó mucho más positivo. Aunque los líderes revolucionarios confinaran a las mujeres en sus casas, se aliarían con las feministas para declarar que las mujeres tenían algo de gran im-

286 Claire Goldberg Moses, *French Feminism in the nineteenth Century* (Albany: State University of New York Press, 1984), pág. 13; Hause, *Women's Suffrage*, pág. 5.
287 Feuille du salut public, citado por Jane Abray en *Feminism and the French Revolution*, American Historical Review 80 (1975): 50.
288 Citado por Moses en *French Feminism*, pág. 14.

portancia que hacer allí. El papel de las mujeres en el nuevo orden revolucionario era el de crear ciudadanos virtuosos y patrióticos para poblarlo. Las mujeres, en especial las mujeres de las clases medias fueron exaltadas por su condición de «madres republicanas», por el papel crucial que desempeñarían al criar y educar a los ciudadanos recién nacidos de la República[289].

En este aspecto, una vez más, la influencia de Rousseau fue enorme, ya que en sus novelas tan abrumadoramente populares como *La Nouvelle Héloïse* (1761) y *Emile* (1762), Rousseau exaltará la importancia de la virtud femenina y de las singulares responsabilidades de la madre en el cuidado y educación de sus hijos[290]. Mas al elogiar la contribución de las mujeres, Rousseau insistía en que deberían limitarse a sus deberes maternales y domésticos, al mundo estrictamente privado de la vida familiar. Más tarde, los revolucionarios franceses mostrarían su pleno acuerdo con todo esto. «Cada sexo está llamado a cumplir la obligación que más le conviene», proclamó el líder jacobino André Amar y el papel de las mujeres era «empezar a educar a los hombres, para predisponer las mentes y los corazones de los niños para la virtud pública»[291]. Mary Wollstonecraft, la defensora de los derechos de las mujeres, testigo privilegiado de la Revolución francesa, estuvo comple-

289 Sobre el concepto de «maternidad republicana» véase *Women and the Public Sphere*, de Landes, pág. 129-38. Véase también la lúcida exposición de Bonnie G. Smith en *Changing Lives: Women in European History Since 1700* (Lexington, Mass.: D.C. Heath, 1989), pág. 103-116.

290 Para un debate importante sobre la influencia de Rousseau, aunque no se enfaticen los roles del género tanto como debiera, véase Robert Darnton, «Readers Respond to Rousseau: The Fabrication of Romantic Sensitivity», en *The Great Cat Massacre and other Episodes in French Cultural History* (Nueva York: Basic Books, 1984).

291 Citado en *Women and the Public Sphere* de Landes, pág. 144.

tamente de acuerdo en exaltar la creencia de que la maternidad republicana constituía la fuente genuina de la que manaría el progreso de todas las mujeres. «Si a los niños se les educa para entender el verdadero principio del patriotismo», escribió en *A Vindication of the Rights of Women* (1792), «su madre debe ser una patriota... Pero la educación y la situación de la mujer, en la actualidad, la dejan fuera» del conocimiento y la experiencia que hacen posible el patriotismo republicano[292]. Las mujeres, concluía Wollstonecraft, deben tener la misma educación que los hombres y gozar de los derechos y las responsabilidades que vuelven verdaderamente significativa su maternidad.

Aunque la Revolución francesa no cumpliera las expectativas de Wollstonecraft, a lo largo de todo el siglo XIX las feministas creyeron sin fisuras en la idea de que las responsabilidades de la maternidad republicana concedían a las mujeres los mismos derechos dentro de la familia y les permitía una educación de verdad fuera de la misma. La lucha por estos derechos sería larga y difícil, ya que, aparte de las nuevas leyes sobre la herencia que trataban a las hijas y a los hijos por un igual, la Revolución francesa dejó a las mujeres peor de lo que estaban antes. Ningún otro régimen anterior había llegado hasta el punto de considerar un delito el hecho de que las mujeres aparecieran en público. Esa prohibición fue levantada, por supuesto, pero su espíritu permanecería. Menos de una década después, Napoleón iba a crear un sistema de leyes, el Código Napoleónico, diseñado para borrar a las mujeres de la vida pública –aunque no de las calles- completamente.

292 Citado en ibíd., pág. 129.

Al igual que los revolucionarios que hicieron posible su ascensión, Napoleón volvió la mirada hacia las antiguas repúblicas y sobre todo hacia Roma para inspirarse cuando se dispuso a fundar un ordenamiento jurídico postrevolucionario. Lo que impresionó a Napoleón y a sus consejeros sobre la antigua Roma fue la autoridad patriarcal y paternal, el poder casi absoluto que se le daba a los maridos sobre las familias y sus riquezas. Al estructurar la sociedad así, la República romana parecía evitar los excesos del poder femenino que, tanto los filósofos como los revolucionarios, identificaban con la debilidad y la corrupción. La ley napoleónica, como la romana, mantendría a las mujeres en su sitio, mientras elevaba a los hombres muy por encima de ellas[293].

El Código Napoleónico (1804) era un conjunto de leyes escritas en el que las decisiones judiciales debían tomarse de acuerdo con lo reglamentado y no con los precedentes o las costumbres, como establece el sistema legal de los ingleses y de los americanos. El código se ocupaba fundamentalmente de la administración de la propiedad privada, pero sus dos primeras secciones recogían los problemas de la ciudadanía y de la vida familiar con minucioso detalle. Quizá la disposición más característica de estas dos secciones sea el infame artículo 213: «El marido debe proteger a su esposa, la esposa debe obediencia a su marido»[294].

Durante todo el siglo XIX, los tribunales franceses regularmente interpretaron que esta disposición significaba, entre otras cosas, que el marido tenía derecho a

293 Véase *Changing Lives* de Smith, pág. 120.
294 Véase Moses, *French Feminism*, pág. 245, nota 16: «Le mari doit protection à sa femme, la femme obeisance à son mari».

decidir dónde viviría la pareja y a obligar a su esposa a mudarse a donde él eligiese. Además, a los maridos se les garantizaban extensos derechos conyugales incluyendo el derecho a forzar a sus esposas a mantener relaciones sexuales siempre que ellos quisieran. El código no reconocía la violación dentro del matrimonio[295].

Otras disposiciones específicas del código civil de Napoleón se sumaban a los derechos sexuales del marido. El adulterio de la esposa se podía castigar con pena de prisión, el de un marido sólo con una multa -y esto sólo si la esposa podía probar que la pareja adúltera vivía en su domicilio conyugal-. Un marido que mataba a su esposa tras haberla sorprendido en *flagrant délit* no era un asesino ante la ley, pero una mujer que sorprendiese a su marido en circunstancias similares y le matara podía ser condenada a pena capital. El código permitía a los hombres dejar embarazadas a las mujeres solteras con impunidad, ya que no contemplaba ninguna disposición que obligara a los padres de hijos ilegítimos a mantener su prole. La ley napoleónica era tan desequilibrada en cuanto a la sexualidad masculina y la femenina que bien podría haberse basado fácilmente en la célebre conducta sexual de Napoleón. Pero, de forma más general, el doble rasero que contenía estaba pensado para que recayera sobre las mujeres toda la responsabilidad de mantener el ideal revolucionario de virtud y pureza femenina. La ley interpretaba que todas las transgresiones contra ese ideal eran culpa de las mujeres.

Si el código confería a las mujeres la responsabilidad sexual, les otorgaba a los hombres la responsabi-

295 Ibíd.

lidad para prácticamente todo lo demás. De acuerdo con la ley de Napoleón los hombres tenían el control absoluto sobre los asuntos financieros de la familia, incluyendo el derecho a manejar el dinero, los valores o las propiedades que sus esposas trajeran al matrimonio en forma de dote u otras riquezas personales. En los matrimonios que se regían por el sistema de gananciales -la mayoría-, el marido tenía derecho a vender cualquier pertenencia personal de su esposa excepto los bienes raíces, de los que, no obstante, podía beneficiarse de las rentas. Incluso en los matrimonios con separación de bienes, la esposa no podía enajenar sus propios bienes raíces sin el consentimiento de su marido. En ambos regímenes matrimoniales, cualquier salario que ganase la mujer pertenecía por ley a su marido y una mujer no podía hacer negocios ni abrir una cuenta bancaria sin el permiso de su marido. Una vez que la mujer conseguía el permiso de su marido para emprender un negocio, los riesgos de su empresa recaían sobre ella mientras los beneficios iban para su marido: a ella la podían demandar en caso de conflictos comerciales, pero todos los beneficios que ella ganaba pasaban directamente a su marido. A su muerte, los activos de su negocio pasaban a formar parte de los bienes del marido: solo él tenía derecho a decidir quién los heredaría. Por tanto, las mujeres casadas tenían tan poca independencia económica como sus hijos menores, porque incluso aunque ellas se ganasen su sustento, la ley las dejaba completamente bajo el control de sus maridos.

En los terrenos de la ley y de la política, las mujeres resultaron igualmente privadas de sus derechos. No solo no tenían derecho al voto, sino que se les prohibía emprender acciones legales, actuar como testigos en los tribunales y asistir a actos públicos tales como nacimientos, muertes y matrimonios. Además, las mujeres tenían poco control legal sobre sus propios hijos. Sus maridos controlaban todas las propiedades de los hijos menores; sólo los padres tenían derecho a decidir si los hijos se podían casar. Y lo que es más, los padres podían ordenar el arresto y el encarcelamiento de sus hijos menores durante un máximo de seis meses (un mes en el caso de menores de dieciséis años) si decidían que necesitaban ese castigo. Los padres conservaban todos estos derechos incluso aunque ya no residiesen en el mismo domicilio con sus hijos. Finalmente, si el marido moría antes que su esposa, la viuda automáticamente conservaba la custodia de su prole mientras no volviera a casarse. Si se casaba de nuevo, le correspondía a la familia del fallecido decidir si ella podía quedarse con sus hijos o no[296].

Con todos estos derechos para los hombres y con las restricciones para las mujeres, el Código Napoleónico, al igual que la Revolución francesa, consideraban los derechos del hombre en el sentido literal de exclusivos para el hombre. Pero, aunque la Revolución francesa no creara una nueva sociedad, como sostuvieron algunos historiadores en su momento, gobernada por los burgueses, sí que creó un nuevo orden gobernado por hombres. El Código Napoleónico fue el responsable de dividir a la sociedad francesa por géneros, otorgándole dos ámbitos separados pero desiguales: el ámbito público y privilegiado del derecho, la eco-

296 Para los debates sobre las mujeres y el Código Napoleónico, véase ibíd., pág 18-20; Smith, *Changing Lifes*, pág. 120-22; Zeldin, France, 1:343-44; Waelti-Walters, *Feminist Novelists of the Belle Époque*, pág. 2-3.

nomía, y la política reservado exclusivamente para los hombres y el ámbito privado de la virtud sexual, la reproducción y la casa para coto de las mujeres.

Los que formularon el Código Napoleónico intentaban claramente confinar a las mujeres al ámbito privado a la vez que confirmaban la inferioridad de las mujeres, algo que la mayoría de los hombres ya creía. Se excluyó a las mujeres de la vida pública porque Dios no las había dotado con la racionalidad y la fuerza necesarias para llevar a cabo las responsabilidades que las grandes esferas requerían. Está claro que el código no creó su jerarquía de género tan bien ordenada de un día para otro. Como demuestra Bonnie Smith, en el norte de Francia, una zona de gran importancia comercial, las mujeres conservaron un papel muy significativo en la gestión de las empresas, en su mayoría empresas familiares, de la región hasta mediados del siglo XIX. Hasta ese momento, los negocios tendían a emplazarse geográficamente cerca de las casas de sus dueños; en consecuencia, las mujeres podían mantener su presencia en ambos ámbitos. Las mujeres a menudo se encargaban de las actividades diarias de la empresa mientras sus maridos estaban fuera en busca de nuevos clientes y nuevos mercados. Un caso típico, por ejemplo, era el del señor Motte-Brédart que pasaba el tiempo negociando con los clientes mientras la señora dirigía las operaciones de su fábrica de algodón[297]. Hacia 1850, sin embargo, las normas del código y el eclipse de las firmas familiares, junto con el creciente deseo masculino de eliminar a las mujeres del mercado, considerado éste cada vez más inmoral, confluyeron para

297 Smith, *Ladies of the Leisure* Class, pág. 37.

privar a las mujeres de sus anteriormente importantes funciones comerciales.

Según la crítica feminista Mary Poovey, la separación entre los ámbitos masculinos y femeninos en el siglo XIX, del mundo público del trabajo al nido privado de la domesticidad, permitió a los hombres resarcirse por la amoralidad de su mercado y, al mismo tiempo, vencer la alienación que inevitablemente les generaba. Al excluir a las mujeres del ámbito económico, recluyéndolas en un panteón de domesticidad, los hombres deseaban convertir a las mujeres en diosas de la perfección moral, en los opuestos éticos de aquellos cuyos roles económicos les exigían abandonar todos los valores para buscar el beneficio material. Así como el capitalismo convertía a los hombres en objetos, separándolos de su propio yo, los hombres victorianos, sugiere Poovey, buscaban sobre todo recuperar una humanidad precapitalista nunca vista. Se imaginaban que podían hacerlo creando refugios domésticos de integridad y de pureza proyectados en la imagen de la mujer, es decir en la imagen de lo improductivo -y por tanto inalienado- de un ser cuya naturaleza la predestinaba al hogar[298].

Era evidente que la mujer podía permanecer inalienada solo si se mantenía alejada del mercado; las mujeres que se negaban a ser relegadas a la pureza femenina del hogar, dulce hogar, amenazaban toda esta creación masculina e inevitablemente se convertían en objetos de ira y desprecio. Los hombres de la época victoriana se

298 Véase Mary Poovey, *Uneven Developments: The ideological Work of Gender in Mid-Victorian England* (Chicago: University of Chicago Press, 1988); Poovey se da cuenta que el deseo masculino de los victorianos por conseguir un antídoto contra la alienación económica implicaba una crítica del capitalismo en sí mismo. La productividad capitalista, después de todo, era lo que hacía posible ese hogar agradable y bien equipado.

habían convencido de que su bienestar moral dependía de la pureza de la mujer, una pureza cuya inevitable fragilidad dejaba a los hombres con un sentimiento de ansiedad y vulnerabilidad[299]. Y, además, según transcurría el siglo XIX, cada vez más las mujeres hacían que su imagen de pureza se volviese contra los hombres al servicio de los que se suponía que estaba. Al construir un discurso de amor y compasión y extender su papel edificante fuera de la familia en una gran variedad de obras benéficas, las mujeres de la clase media desafiaron la ética capitalista en nombre de la misma moralidad que pretendía legitimarla[300].

De este modo, a pesar del destierro de las mujeres de clase media de la vida pública, los hombres no pudieron relegarlas a la condición totalmente inferior que el Código Napoleónico formalmente sostenía. Los revolucionarios franceses -y sus sucesores napoleónicos- habían concedido cierta superioridad a las mujeres en las cruciales áreas de la maternidad y la gestión del

299 Ibíd., pág. 10, 77-80. Aunque el trabajo de Poovey se refiere a Inglaterra, muchos de sus argumentos servían también para Francia. Para una visión menos feminista de esta opinión, véase Bram Dijkstra, *Idols of Perversity: Fantasies of Feminine Evil in Fin-de-Siècle Culture* (Oxford: Oxford University Press, 1986), especialmente cap. 1; y Christopher Lasch, *Haven in a Heartless World* (Nueva York: Basic Books, 1977), especialmente cap. 1. Lasch defiende que los hombres del siglo XIX veían la familia como un «refugio en un mundo inhumano», un lugar donde podían encontrar amor y consuelo como antídoto contra la guerra del capitalismo de todos contra todos. Véase también Michelle Perrot, ed. *Historie de la vie privée,* vol. 4, *De la Révolution à la Grande Guerre* (París: Seuil, 1987), en especial el excelente capítulo de Catherine Hall, «Sweet Home», además de la parte segunda escrita por Perrot y Anne Martin-Fugier. Para una discusión filosófica de las consecuencias de crear un ámbito público reservado para los hombres y uno privado para las mujeres, véase Jean Bethke Elshtain, *Public Man, Private Woman* (Princeton: Princeton University Press, 1981).
300 En *Ladies of the Leisure Class,* Smith construye un capítulo entero en torno al conflicto de «la caridad frente al capitalismo».

hogar y a finales del siglo XIX las mujeres habían conseguido transformar estas dos fuerzas reconocidas en genuinas fuentes de poder e influencia.

Mientras que cada vez con más frecuencia el trabajo alejaba a los hombres de la casa, las mujeres adquirían cada vez más control efectivo sobre sus hijos y se responsabilizaban de su bienestar, a pesar de la autoridad formal que el código concedía a los padres. Además, como los hombres en gran medida abandonaban el ámbito privado del hogar en manos de sus esposas, las mujeres que a menudo eran calificadas como «ministras de lo interior», asumían la responsabilidad del día a día de la familia. Las esposas burguesas controlaban las finanzas domésticas, supervisaban a los criados, amueblaban y mantenían el interior -frecuentemente con mucho estilo y gusto-, atendían a la familia, a los amigos y socios de negocios y se ocupaban en gran medida de la educación de sus hijos. Las mujeres cumplían con todas estas responsabilidades además de traer al mundo varios hijos y cuidarlos en la familia de la era industrial cada vez más centrada en los niños. A finales del siglo XIX, las mujeres de clase media ya no entregaban a sus bebés a las nodrizas para que los alimentasen y los criasen durante su infancia[301]. Las mujeres burguesas se hacían cargo de la casa totalmente y su papel allí atestigua la racionalidad de las mujeres, su responsabilidad y su capacidad a pesar del discurso masculino.

En las décadas finales del siglo XIX, las mujeres parecían haber adquirido tanto poder en el ámbito do-

301 Ibíd. especialmente el cap. 2; Smith, *Changing Lifes,* especialmente pág. 183-92; McMillan, *Housewife or Harlot,* pág. 32. Sobre el cuidado de los niños, véase Theodore Zeldin, *France, 1848-1945* (Oxford: Clarendon Press, 1973). Vol. 1, cap. 12.

méstico que algunos comentaristas masculinos empezaron a quejarse de que sus vidas se volvían insignificantes en comparación. Todos los días, los hombres tenían que abandonar sus casas para ir a trabajos que cada vez les parecían más aburridos, incluso degradantes a medida que la industrialización y la expansión burocrática despojaba de su iniciativa y responsabilidad incluso a los empleados preparados de clase media. El periodista Théodore Joran escribió «Nuestro mundo material constreñido, formal y desprovisto de toda iniciativa»[302]. En cambio, las mujeres, a cargo de los hijos y de la casa, parecían tener unas vidas más plenas y ejercer más poder que los hombres. Como lo expresó el escritor Marcel Prévost, «Las mujeres, en su casa, son dueñas de su tiempo. Tienen tantas responsabilidades como los hombres pero estas responsabilidades las moldean a su gusto. Las mujeres tienen más independencia y tiempo libre [que los hombres]»[303].

¡Cuán lejos habían llegado las cosas desde los tiempos del Código Napoleónico! Las mujeres a las que habían privado de los derechos políticos y económicos, ahora parecían disfrutar en el hogar de la misma libertad e independencia que el Código había intentado arrebatarles. Si bien las mujeres ya habían dado la vuelta a la tortilla antes, empezaron en el último tercio del siglo XIX a infiltrarse también en el ámbito público. En primer lugar, ampliaron sus responsabilidades maternales y domésticas a las obras benéficas más allá del hogar; pronto avanzarían hacia las profesiones remuneradas, especialmente en el campo de la educación.

302 Théodore Joran (Le mensonge du féminisme), citado en Maugue, *L'identité masculine,* pág. 72.
303 Citado en Maugue, *L'identité masculine,* pág 75.

Tras la secularización de las escuelas en 1879, muchas monjas salieron de las aulas y miles de puestos escolares quedaron disponibles en todo el país. Las mujeres, que ya eran responsables de criar y educar a los niños, eran las personas que lógicamente podían asumir los nuevos puestos. La enseñanza, por tanto, se convirtió en la primera profesión abierta a un número significativo de mujeres. Entre 1876 y 1886 el número de maestras de escuela primaria se duplicó con creces y su número continuó aumentando hasta 1914[304]. Para preparar a estas institutrices, se crearon escuelas normales de maestros en todos los departamentos franceses, y para instruir a los profesores de los futuros maestros se creó también una institución de enseñanza superior de élite. Una ley de 1880 introdujo un sistema de escuelas de secundaria para mujeres que ofreciera una educación que fuese más allá de las tres reglas. Ninguna de estas instituciones, excepto la *École normale supérieure*, estaba diseñada para capacitar a las mujeres para el mundo laboral, y mucho menos para desempeñar una labor intelectual seria, pero muchas de ellas lo llevarían a cabo sin querer. Aunque las escuelas secundarias para niñas fueran menos rigurosas que los liceos para niños, con-

304 Linda L. Clark, *Schooling the Daughters of Marieanne* (Albany: State University of New York Press, 1984), pág. 13-14. Sobre las mujeres y la educación pública en la Francia del siglo XIX, véase también Françoise Mayeur, *L'éducation des filles au XIXe siècle* (París: Hacqjette, 1979); Françoise Mayeur, *L'enseignement secondaire des jeunes silles sous la Troisème république* (París: Presses de la Fondation nationale des sciences politiques, 1977): Jo Burr Margadant, *Madame le Professeur: Women Educators in the Third Republic* (Princeton: Princeton University Press, 1990). Para otros trabajos sobre la educación pública francesa, véase Jacques Ozouf, *Nous le maitres de l'école* (Paris: Gallimard, 1967); Mona Ozouf and Jacques Ozouf, *La clase ininterrompue: cahiers de la famille Sandre, enseignants*, 1780-1860 (París: Hachette, 1979); Antoine Prost, *Historie de l'enseignement en France,* 1800-1967 (París: A. Colin, 1968).

centrándose en «las tareas y labores domésticas», estas instituciones inevitablemente expandieron los horizontes de sus alumnas[305]. Un número creciente de chicas con el diploma de la escuela secundaria entrarían en la enseñanza y algunas empezaron a utilizar lo que habían aprendido para abrirse camino en el mundo del periodismo y las letras. Unas pocas, incluso, continuaron hasta la universidad y llegaron a ser eminentes profesionales de la medicina y el derecho.

No sería hasta 1880 cuando a las mujeres se les permitiera asistir a las clases en la Sorbona y fue en 1884 cuando las primeras mujeres entraron en la facultad de derecho de París. Con todo, en 1913 había ya alrededor de 4.250 mujeres matriculadas en las universidades francesas, casi un diez por ciento del total de estudiantes[306]. Las mujeres lograron el derecho a ejercer la medicina en los hospitales públicos en 1885 y la primera mujer abogado, Jeanne Chauvin, fue admitida en el Colegio de Abogados en 1900. Aunque las mujeres progresaron muy lentamente en la profesión legal, lo hicieron más rápido en el campo de la medicina, profesión que ampliaba el papel tradicional de crianza y curación de las mujeres al conjunto de la sociedad. En 1806, Francia tenía 573 mujeres doctores, el tres por ciento del total[307].

Aunque la cifra de mujeres profesionales resultaba aun relativamente baja en los años previos a la Prime-

305 Clark, *Schooling the Daughters of Marianne,* pág 16-18. Las escuelas secundarias para niñas no preparaban a sus alumnas para el examen *baccaulauréat,* que se necesitaba para cualquier estudio universitario. Las jóvenes que querían una educación superior tenían que estudiar para el título de baccaulauréat por su cuenta.
306 Zeldin, *France,* 1:344. Zeldin reseña que de estas universitarias solo sesenta y nueve consiguieron su licenciatura en 1913.
307 McMillan, *Housewife or Harlot,* pág. 56-57.

ra Guerra Mundial, el mero hecho de la existencia de mujeres profesoras, abogadas y doctoras representaba un cambio llamativo con respecto a la situación anterior. Para muchos hombres, estas mujeres profesionales, aunque eran pocas, eran el símbolo de un nuevo y amenazador mundo de oportunidades para las mujeres, un mundo en el que las mujeres parecían reafirmar su igualdad con los hombres. El hecho de que gran parte del ímpetu para lograr estos cambios viniese de un reciente y activo movimiento feminista solo hizo que la reacción masculina en contra fuera aún más virulenta[308]. Parece probable que el auge durante la *Belle Époque* de una literatura masculina que insistía en la debilidad física y emocional de las mujeres, en su incapacidad racional e intelectual, se produjo como reacción contra los avances de la mujer en esta época.

Deberíamos añadir que algunos de estos avances se reflejaron, aunque tímidamente, en ciertos cambios del Código Napoleónico. La más importante de estas revisiones fue la legalización del divorcio en 1884 (véase el capítulo IV), una reforma que en parte hizo posible un movimiento feminista que pretendía liberar a las mujeres infelizmente casadas de las restricciones de la ley napoleónica. Además de la legalización del divorcio, las mujeres consiguieron tener derecho a abrir cuentas de ahorro a su nombre y a sacar dinero sin el consentimiento de sus maridos (1895). En 1897 se les concedió el derecho a asistir a actos públicos. Una década más tarde, las mujeres casadas lograron la propiedad completa sobre los sueldos que ganaban y una nueva

308 Sobre el resurgimiento del feminismo francés en el último tercio del siglo XIX, véase Moses, *French Feminism,* cap. 9.

legislación obligó a sus maridos a consultarles antes de enajenar las propiedades familiares[309].

Dentro de la propia institución familiar los cambios en el código les dieron a las mujeres una posición considerablemente mejor. En 1857 una resolución del Tribunal Supremo terminó con el monopolio de autoridad del padre sobre sus hijos menores al otorgarles derechos a los abuelos y a otros miembros de la familia en determinadas circunstancias. Una ley de 1907 redujo aún más la autoridad paterna al garantizar a las madres iguales derechos sobre sus hijos menores y autoridad «paterna» total en caso de los hijos ilegítimos. Finalmente, una revisión del código en 1912 concedió a los defensores de los derechos de las mujeres una de las reformas que más habían ansiado: el derecho a incoar demandas de paternidad. Con la aprobación de este anteproyecto de ley, las feministas consiguieron una victoria crucial, ya que la nueva ley finalmente exigía a los hombres que asumieran la responsabilidad financiera de sus hijos ilegítimos[310].

Todas estas mejoras de la situación y condición de las mujeres, conseguidas en gran parte gracias a los esfuerzos de un movimiento feminista creciente, crearon un intenso sentimiento de miedo, hostilidad y vulnerabilidad entre los intelectuales masculinos de la Francia de entonces. Estos sentimientos se veían exacerbados por un persistente sentimiento de impotencia proveniente de la desastrosa derrota a manos de Prusia en septiembre de 1870 y del colapso momentáneo de la burguesía que tuvo lugar unos seis meses

309 Ibíd., pág. 209,226-27; Zeldin, *France*, 1:361.
310 Moses, *French Feminism*, pág. 229-30; Zeldin, *France* 1:361.

después a manos de los comuneros revolucionarios de París; ambos hechos empujaron a los hombres franceses de la clase media a reivindicar más aún su superioridad sobre las mujeres francesas. Los hombres franceses -derrotados en la guerra, vulnerables ante una cada vez más potente clase trabajadora- en el fondo temían que los extranjeros les vieran como carentes del honor y de la virilidad guerrera que todavía a juicio de mucha gente personificaba la masculinidad[311].

Esa inseguridad colectiva masculina quizás pudiera curarse a la larga con una nueva guerra con Alemania o con nuevas confrontaciones con los trabajadores activistas. Mas, a un corto plazo, sólo las mujeres podían mitigarla. Los franceses de la *Belle Époque,* como la mayoría de la gente en distintos tiempos y lugares, tendían a definirse en relación con los que les rodeaban, especialmente con aquellos a los que consideraban diferentes, opuestos a ellos. Por lo tanto, cuanto más pudiesen convencer a las mujeres francesas de que se adaptasen a la idealización masculina de la *vraie femme*, sumisa, obediente, emotiva, no amenazadoras –fuera sexualmente o de otra manera-más podrían sentir los hombres franceses la virilidad a la que aspiraban. Para considerarse hombres de mundo, los franceses debían en primer lugar hacer cumplir los roles de cada sexo en su propia casa[312].

311 Me ocupo de la cuestión sobre cómo los hombres franceses de clase media entendían la masculinidad y lo que era ser un hombre en el capítulo V.

312 Poovey, en *Uneven Developments*, describe buena parte del «asunto ideológico de género» como la construcción de una oposición binaria estable entre hombres y mujeres, cuyo resultado sería mantener los privilegios y las prerrogativas de los hombres.

Las inseguridades de los hombres franceses causadas por su derrota en la guerra, -la internacional y la de clases- afloraban en los comentarios periodísticos de la *Belle Époque*. El influyente diario *Le Gaulois* dedicó su editorial de primera página el día de Año Nuevo de 1900 a la Nueva Mujer y lo que ella presagiaba para la Francia del futuro. Su efecto, escribieron los editores, será algo descomunal. «De todos los cambios que han deshecho y reconstruido la apariencia de cada uno de los elementos de nuestro país, el más importante es el que ha modificado la naturaleza de la mujer y la ha apartado definitivamente de su pasado». En el transcurso de un siglo, defendían, la mujer francesa se había transformado de la mujer arquetípica de los tiempos de Napoleón a la intelectual masculinizada del nuevo siglo XX. Bajo el Imperio de Bonaparte, las representantes del sexo débil eran «mujeres hasta la médula». Lo cual significaba que ellas «se sometían de buena gana a sus hombres, hombres que reivindicaban una masculinidad más grandiosa que en ninguna otra época». Las mujeres napoleónicas, dulces y adormecidas por la compañía constante [de mujeres y niños], y por la inercia de sus vidas. Y quizá lo más importante, las mujeres del Imperio estaban abrumadas «por la vorágine magnífica e intensa de la actividad llevada a cabo por los hombres que volvían a casa entre dos batallas para dejarlas embarazadas e, inmediatamente, volver al frente habiendo dejado tras de sí una irresistible imagen de conquistadores». Ninguna de estas mujeres, añadía el artículo, era particularmente inteligente, pero su belleza lo compensaba. Además, «la historia no necesitaba mujeres geniales; bastaba con el heroísmo de los hombres»[313].

313 *Le Gaulois*, 1 de enero de 1900.

Esta declaración llegó al fondo de los temores masculinos de la *Belle Époque,* ya que los editores dejaron claro que para ellos masculinidad y femineidad estaban unidas inextricablemente, que la naturaleza de una definía la de la otra. Sugerían que las mujeres de la época de Napoleón eran «reales» en sentido arquetípico precisamente porque sus hombres eran tan «magníficamente masculinos». La verdadera mujer era asociada explícitamente con el hombre conquistador, viril (y quizá brutal), un hombre que trataba a sus mujeres con el mismo espíritu de conquista que exhibía en el campo de batalla. Pero si cada sexo se definía en función del contrario, si los hombres eran impresionantemente masculinos solo cuando las mujeres expresaban su feminidad como voluntariosa sumisión, entonces ¿qué les pasaría a los hombres cuando las mujeres empezaron a reafirmarse? En otras palabras, ¿si la emancipación de las mujeres implicaba la sumisión de los hombres, el fortalecimiento de las mujeres conllevaba el debilitamiento de los hombres? Y lo más inquietante era que parecía natural que el declive del poder francés en el extranjero tras la derrota de 1815 iba directamente emparejado con el declive de la posición de los hombres en sus casas. Al haber perdido la capacidad para dominar a las mujeres, los hombres franceses ya no eran lo suficientemente hombres como para dominar el mundo. Los editores de *Le Gaulois* no creían que fuese una coincidencia que los franceses nunca hubieran ejercido tanta autoridad sobre sus mujeres como cuando eran soldados de Napoleón y tenían a toda Europa en sus manos. El sistema de género establecido por el Código Napoleónico parecía ir parejo con el sistema napoleónico creado por los ejércitos victoriosos del emperador. La masculinización de las mujeres desde esa época parecía señalar no sólo la feminización de los hombres sino la castración de Francia.

Todo esto se confirmó después, continuaban los editores, a consecuencia de la humillante derrota de Francia en 1870 a manos de Prusia. Las nuevas mujeres de finales del siglo XIX, escribieron, «crecieron en el ambiente depresivo de derrota que los conquistadores prusianos habían dejado a su paso». Y en este ambiente las mujeres francesas veían a sus hombres con ojos nuevos, ojos que se habían abierto en un sistema democrático de educación, nuevo para la época. «Las mujeres experimentaron el temeroso contacto de las ideas... y habiéndose acostumbrado a ver las realidades del mundo, incluso usándolas valientemente, se masculinizaron. Y lo primero que hicieron con las nuevas capacidades intelectuales que les concedimos fue poner en tela de juicio a sus hombres, empequeñecidos como estaban por todo lo que las mujeres habían conquistado»[314]. No es sorprendente, continuaban los editores, que estas incipientes nuevas mujeres mirasen a los humillados hombres de Francia y se preguntasen, «¿Ése es el amo que se supone que debemos respetar?» ¿Qué había que respetar en un «hombre desmoralizado por la aceptación de la derrota» y por la lánguida permisividad de la República que lo había permitido?

Es importante mencionar que el término «conquistar» aparecía una y otra vez para describir la victoria prusiana de 1870 y también para caracterizar los logros emancipadores de las mujeres. Estos escritores percibían que la conquista de los hombres a manos de las mujeres iba unida con la conquista de Francia a manos

314 Ibíd. El énfasis es mío.

de Prusia. La conexión era recíproca, el debilitamiento de los hombres con relación a sus mujeres que explicaba y se explicaba por el desastre militar de Sedan. Los hombres habían perdido la guerra en el extranjero porque estaban perdiendo la batalla de los sexos en casa y estaban perdiendo la batalla de los sexos en casa porque habían perdido la guerra en el extranjero. Francia ya no era la tierra de «los hombres magníficos» a quienes las mujeres y las naciones se sometían. Ahora eran los hombres franceses quienes se encontraban en lo más profundo del pozo, de hecho, las mujeres dominaban Europa.

Estas opiniones no eran opiniones aisladas. Otras muy similares aparecían con frecuencia en las encuestas de opinión pública que la prensa diaria publicaba. Una de las más exhaustivas fue una *enquête* dedicada a la pregunta: «¿Está en crisis el amor?» patrocinada por *Le Matin* y más tarde reeditada en un volumen titulado *Un homme qui comprend les femmes* editada por el eminente periodista Hugues Le Roux. En su crónica, Le Roux se centró en lo que él llamaba los nuevos hermafroditas, ese gran número de hombres y mujeres que en medio de la confusión de la Francia contemporánea parecían haber perdido todo género de identidad. Las mujeres, sostenía, se habían masculinizado -principalmente mediante la educación- y los hombres se habían feminizado hasta el punto de que ambos parecían encontrarse en un espacio, genuinamente francés, de neutralidad de género[315]. El objetivo de Le Roux al enfatizar esto era alertar a sus compa-

315 Le Roux, *Un homme qui comprend les femmes* (París: A. Méricant, 1913), pág. 282-83. Para el debate sobre los temores masculinos por una nueva androginia en las mujeres, véase Maugue, *L'identité masculine,* pág. 85-91.

triotas de la superioridad sexual de Alemania, que era aún la base de las mujeres verdaderas y de los hombres viriles. Ese país tenía solo una minúscula élite de mujeres intelectuales y, al contrario de sus colegas francesas, estos seres asexuados eran marginados en su propio país, marginados porque los hombres alemanes se habían vuelto totalmente masculinos, brutalmente machos a su regreso triunfante de la guerra franco-prusiana. «El héroe alemán, al volver de la guerra ensangrentado, con botas militares, medio borracho de victoria y de champán francés, había ahuyentado a estas mujeres instruidas con su aspecto militar. Temían que él las anexionase como si fueran simples provincias»[316]. Por consiguiente, estas mujeres nunca se casarían y ahora, defendía Le Roux, deseaban no haberse educado jamás.

Este extraordinario testimonio revela hasta qué punto los temores de los franceses ante los alemanes estaban relacionados con el género y la sexualidad, pues Le Roux explícitamente establecía una conexión entre el destino de Francia y el destino de las mujeres a manos de los hombres súper masculinos. El conquistador prusiano había resuelto ambos problemas del mismo modo, con la anexión. Las preciadas provincias francesas de Alsacia y Lorena habían sido anexionadas -es decir, conquistadas- de la misma manera que se hizo con la virtud de las doncellas alemanas. Los soldados alemanes habían sido capaces de obligar a los feminizados hombres franceses a rendirse ante una fuerza superior, la fuerza de los hombres de verdad capaces de imponer su voluntad y plantar

316 Le Roux, *Homme*, pág. 282-83.

su semilla. Los hombres franceses, sugería Le Roux, eran las mujeres de Europa y por eso Francia era un país tan vulnerable.

La cuestión, entonces, para Le Roux y para otros muchos en Francia era cómo evitar que tal violación de la virilidad de la nación pudiese darse de nuevo. Los franceses necesitaban recuperar su masculinidad colectiva y querían hacerlo cortando de raíz la marea de la emancipación femenina. Si la mujer francesa pudiera ser de nuevo una mujer verdadera -tal y como el mito bonapartista la había caracterizado-, entonces el hombre francés recobraría con toda seguridad la virilidad que se creía caracterizaba a la época napoleónica.

Estas opiniones con respecto a las mujeres y la relación entre masculinidad y femineidad determinaron el ambiente cultural en el que el *Affaire Caillaux* se desarrolló. Casi todos los medios de comunicación relacionados con el juicio, desde el extremista *Action française,* de derechas, hasta el revolucionario *Guerre sociale* (las feministas fueron la notable excepción), estaban de acuerdo en lo que era una mujer verdadera y en lo natural de esta imagen de feminidad. Prácticamente, todos los implicados creían que las mujeres de verdad no deberían ser juzgadas según los mismos valores que los hombres. El problema para Madame Caillaux era que no todos opinaban que ella se ajustase a la correcta imagen femenina. Incluso antes de que empezara el juicio, las opiniones acerca de Henriette Caillaux como una mujer verdadera separaron a las derechas y las izquierdas. Para los periódicos conservadores como el *Action française* y *Le Figaro*, Madame Caillaux era más hombre que mujer y como tal no merecía una consideración especial. Pero para los aliados de Caillaux en la izquierda radical y socialista, Henriette personificaba a la mujer protegida e ingenua para quien las normas masculinas de la justicia no regían.

En un editorial anterior al juicio, *L'Action française* se refirió a Madame Caillaux como «una mujer capaz y resuelta», es decir, como una mujer con cualidades masculinas. Y cuando informó del primer día del caso, el periódico dejaba su opinión aún más clara. Los hombres decentes, escribieron los editores, normalmente sienten simpatía por una mujer (de verdad) acusada de un delito grave. «Sabemos perfectamente lo que [la mujer de verdad] ha hecho y aun así esperamos tener un conflicto entre nuestro conocimiento de los hechos, nuestra razón, nuestro sentido de la justicia por un lado, y nuestros sentimientos humanos por la otra». En el caso de Madame Caillaux, sin embargo, no tenían tal conflicto. Su estilo desenvuelto, arrogante, casi masculino les exoneraba de las exigencias de la caballerosidad. «Ella entra [en la sala del tribunal] con seguridad… [hablando] con total tranquilidad», serena como un «orador» parlamentario. «esta criminal», concluyeron, «no es una '*femme fatale*'»[317].

Los editores de *Le Figaro*, personal e ideológicamente hostiles a Madame Caillaux, parecían estar más resueltos incluso que los de *L'Action française* a negarle a Henriette la condición de mujer, a representarla calmada, racional y fríamente impasible. En una sola página, un *chroniqueur* de *Le Figaro* usó la palabra «calmada» al menos ocho veces. Y volvía una y otra vez a palabras como «impasible», «indiferente», «controlada», «lúcida» y a pasajes típicos tales como éstos: «Su cara

317 *L'Action française*, 19 y 21 de julio de 1914.

no mostraba ninguna emoción... Sin emoción, Madame Caillaux contempla a los doce hombres que la juzgarán». «Durante tres largas horas de declaración, esta mujer demostró más calma, más control y más dominio de sus nervios que ninguna otra persona en la historia de la *Cour d'assises*. Nunca se asomaron las lágrimas a sus ojos... parecía que no le latía el corazón ni se le quebraba la voz -siempre segura de sí misma. Por mucho que intentara llorar no sabía cómo hacerlo»[318].

Lo que quería enfatizar *Le Figaro*, sobre todo con estas afirmaciones, era la condición fundamentalmente poco femenina de Henriette. «Ella intentaba evocar la habitual sensiblería en la *Cour d'Assises*, haciendo hincapié en sus palabras para darles más efecto: 'yo era una madre, una mujer'. Pero, por el contrario, todo lo que trascendía de su declaración era un discurso que carecía de sensibilidad y estaba impregnado de una calma desconcertante». En opinión del editor, Madame Caillaux había cambiado la feminidad por el mundo masculino de ambición, poder y política. «Lo que oímos en [su discurso] era propio del tono en el Parlamento; nunca percibimos la voz de una mujer»[319].

El contraste entre *Le Figaro* y la prensa que simpatizaba con los Caillaux es tan llamativo como para llegar a creer que se trataba de un caso totalmente distinto. Para *Gil Blas*, un periódico de la izquierda moderada, Henriette era la mujer por excelencia: débil, vulnerable, víctima de sus emociones. En el tribunal, relataba *Gil Blas*, parecía demasiado indefensa y demasiado

318 Transcripción–*Le Figaro*, 21 de julio de 1914.
319 Ibíd.

frágil para responder a las acusaciones en su contra. El *chroniqueur* del periódico, un abogado llamado Campinchi, describía a Henriette como una «simple mujer abrumada por el sufrimiento... una mujer angustiada [condenada todas las noches] a la oscuridad sombría de la *Conciergerie*». A lo largo de todo el juicio «ella lloraba en silencio»[320].

El *Petit parisien* había descrito a Madame Caillaux como «la víctima de una sobreexcitación inconcebible», atribuyeron a su testimonio «un tono de sinceridad». Mientras que *Le Figaro* sostenía que ella no había derramado ni una lágrima, el *Petit Parisien* resaltaba que «los sollozos interrumpían su relato»[321]. Finalmente, el izquierdista *Himmes du jour* evocaba -con un delicado lenguaje a propósito- el perdón final para la debilidad y la emotividad femenina. «Durante la mañana del crimen esta mujer sobreexcitada estaba presa de lo que familiarmente llamamos su regla. Ésta es una razón más para ver que estaba desconcertada hasta llegar a la irresponsabilidad»[322].

El hecho de que los retratos de Madame Caillaux fuesen tan completamente opuestos da idea de la gran importancia que tenía el que se la considerase de una u otra forma. Y si las crónicas de la prensa no fueran prueba suficiente, el *Journal des débats* confirmó el alcance de la preocupación, dentro y fuera de la sala del tribunal, por su legitimidad emocional como mujer.

320 Gil Blas, 22 de julio de 1914.

321 *Le Petit parisien,* 17 de marzo, 21 de julio de 1914.

322 *Les Hommes du jour,* 25 de julio de 1914. La idea de que las mujeres eran especialmente irracionales durante sus periodos menstruales era un lugar común. Véase a Séverin Icard, *La femme pendant la période menstruelle, essai de psychologie morbide et de médicine légale* (París: F. Alcan, 1890).

«La gente [que observa el juicio] le reprocha a Madame Caillaux la tranquilidad con la que exponía ciertos detalles. En cuanto a su esfuerzo para dar un cierto efecto, su comportamiento en general, eran debatidos acaloradamente en los pasillos»[323].

Ni la imagen de mujer frágil ni la de la aguerrida «Nueva Mujer», por supuesto, podían plasmar la realidad de una existencia mucho más compleja de lo que ninguno de los dos bandos implicados en el caso quería admitir. La falta de fuentes hace que sea imposible saber los detalles de la vida de Henriette Caillaux, comprender la totalidad de sus pensamientos y emociones, pero de lo poco que conocemos parece claro que no se ajustaba a ninguno de los mitos masculinos que se habían utilizado para retratarla. El interés de su padre por enseñarla a cazar y a disparar sugiere una crianza muy apartada de aquella idealizada mujer verdadera descrita por la defensa y puede que su atracción por una figura tan llamativa como la de Joseph Caillaux también corrobore esta idea. Además, su disposición a involucrarse sexualmente con el líder radical mientras estaba todavía casada con su primer marido -y arriesgarse así al estigma social del divorcio- no es una característica propia de una personalidad tímida y reservada sino que denota una cierta independencia de espíritu y disposición a asumir riesgos. No obstante, ninguna de estas características la convertían en *la hommesse* fría y calculadora, el estereotipo de Mujer Nueva que la imaginación de sus oponentes había creado. Henriette Caillaux se había casado cuando aún era una adolescente y, excepto por un breve período

323 *Journal des débats,* 21 de julio de 1914.

después de su divorcio, permaneció casada hasta la muerte de su segundo marido. Madame Caillaux pasó prácticamente toda su vida adulta como madre y ama de casa; parece que no recibió educación secundaria alguna ni se preparó en ningún sentido para el mundo del trabajo. Tampoco hay ninguna evidencia de que haya tenido ninguna conexión con feministas o con alguna rama colateral del movimiento feminista. Como cualquier mujer rica de la clase media alta, Henriette Caillaux disfrutaba de ciertas libertades y oportunidades que las mujeres de ingresos más modestos no tenían pero no dispuso de su riqueza para convertirse en lo que las feministas contemporáneas habrían considerado una mujer emancipada.

Esta falta de lazos feministas no evitó que los enemigos de Madame Caillaux afirmasen que simpatizaba con el movimiento de las mujeres y culparon de su acto de violencia contra Calmette a la emancipación de las mujeres. Por lo tanto, la batalla sobre la condición de Madame Caillaux como mujer de verdad estaba estrechamente relacionada con su supuesta conexión con el feminismo. Los que la veían más como hombre que como mujer la llamaban feminista, mientras que sus defensores querían alejarla lo más posible de cualquier contaminación del nuevo feminismo. Si era una mujer de verdad no podía ser feminista.

El columnista Lucien Descaves era uno de los que atribuían la acción de Henriette a la nueva emancipación de las mujeres de la *Belle Époque*. Su artículo, «Otras costumbres» en *Le Journal*, evocaba los viejos tiempos en los que los hombres luchaban sus propias batallas y las mujeres permanecían al margen de la contienda. Durante la Comuna de París, escribió Descaves, los activistas dejaban a sus esposas en casa y arreglaban sus cosas por su cuenta. Sus esposas les tenían la suficiente consideración como para creerles «capaces de enfrentarse a sus enemigos y triunfar». En aquellos tiempos los hombres eran hombres y las mujeres se quedaban en casa, donde podían consolar a sus maridos y, si lo necesitaban, ocuparse de sus heridas. Las esposas nunca decían [como dijo Madame Caillaux], «No hay justicia en Francia». Tampoco salían a comprar un revólver ni a practicar el tiro. En los viejos tiempos, la esposa empujaba a su marido a la batalla; ahora él la empujaba a ella. A Descaves se le olvidaba decir que los hombres lo habían hecho también en 1870 y 1871. Pero eso, por supuesto, era precisamente lo que hacía que los escritores como él fuesen tan sensibles con la idea de las mujeres peleando las batallas en lugar de los hombres. Para este escritor conservador, el hecho de abrir la política a las mujeres descomponía el equilibrio sexual a la vez que les robaba a los hombres su masculinidad[324].

Con afirmaciones como éstas, los comentaristas de la derecha se enredaban en cierta contradicción. Por una parte culpaban al feminismo, que para ellos significaba la masculinización de las mujeres, del crimen de Madame Caillaux. Pero por otra parte, atribuían ese crimen a la supuesta inmadurez e irracionalidad de la mujer. Pierre Mille, el famoso periodista, sostenía que en la época de la emancipación de la mujer, darles a las mujeres acceso a las armas era garantizar que las iban a usar. Cuando las mujeres estaban confinadas en la casa había poco peligro. Pero ahora que ellas parti-

324 *Le Journal*, 25 de marzo de 1914.

cipaban en la política y en la vida pública, el ejemplo de Madame Caillaux se convertiría en costumbre. El problema, según Mille, era que «las mujeres son seres impulsivos que no tienen ni idea de lo que están haciendo. Tanto pueden matarte de un tiro como arrojarte un platillo a la cabeza»[325].

Lo que daba a estos argumentos un toque de credibilidad, según los derechistas, era una famosa declaración sobre las mujeres y las armas hecho por la feminista radical Madeleine Pelletier. En *L'émancipation sexuelle de la femme* (1911), Pelletier escribió que «las mujeres deberían adoptar la costumbre de llevar revólveres para las salidas nocturnas y los paseos por el campo». Más allá de ofrecer protección en caso de peligro, «el revólver crea un halo psíquico de poder; el simple hecho de tenerlo encima te hace más fuerte»[326]. Pelletier, obviamente, conocía el poder simbólico que las armas de fuego habían tenido durante mucho tiempo para los hombres, lo que nos ayuda a entender por qué la condenaban considerándola un hombre. La mayoría de feministas convencionales, debe añadirse, también la condenaban, ya que temían que sus opiniones radicales -especialmente su creencia en la liberación sexual- desacreditaría su movimiento[327]. Sus preocu-

325 *Le Miroir*, 29 de marzo de 1914. El famoso antifeminista Theodore Joran estaba de acuerdo con Pierre Mille en que la nueva mujer podía hacerse violenta con facilidad, y expresó sus opiniones en su característico lenguaje hiperbólico. La mujer emancipada, escribió Joran, adquirió «un gusto por la matanza», porque ya no podía contener más «los instintos de brutalidad y salvajismo que, en su apropiado estado de subordinación, estaban reprimidos». Joran (Le suffrage des femmes) citado en Maugue, *L'identité masculine,* pág. 35.
326 Citado en Gennari, *Le dossier de la femme*, pág. 135.
327 Para hacerse una idea de hasta qué punto Pelletier partía de las opiniones de las feministas convencionales, véase «Depopulation, Nationalism, and Feminism in Fin-de-siècle France» de Karen Offen, en *American Historical*

paciones estaban más que justificadas, Pelletier proporcionaba una diana oportuna para los antifeministas que usaban su rompedor comentario para desdeñar al feminismo en su conjunto. Inconscientemente, ella aportó munición a los enemigos de Madame Caillaux.

Dos meses antes del juicio, el nuevo editor de *Le Figaro*, Alfred Capus, declaró que fue el feminismo lo que llevó a Henriette Caillaux a matar a Gaston Calmette[328]. Se había exhortado a las mujeres para que llevasen armas, escribió Capus, y porque Henriette lo hizo así, Calmette estaba ahora muerto. El hecho de que Capus no pudiera aportar pruebas de la influencia feminista en Madame Caillaux enfatizó la contradicción que había entrampado también a otros conservadores. Capus achacaba el acto violento de Henriette tanto a su compromiso varonil con el mundo como a una infantil desviación de sus normas, a la búsqueda femenina del poder mundano y a la tradicional falta de autocontrol que se le suponía a la mujer.

Tal idea distorsionada era demasiado para las líderes feministas francesas, que abandonaron su característica precaución para denunciar sus inconsistencias. Jane Misme, editora del periódico feminista líder en Francia, se unió a los partidarios de Henriette para defender que el

Review 89, número 3 (june 1984): 673. Para un debate más extenso sobre las contribuciones de Pelletier al feminismo francés, véase Marilyn J. Boxer, «When Radical and Socialist Feminism Were Joined: The Extraordinary Failure of Madeleine Pelletier», en Jane Slaughter y Robert Kern, ed., *European Women on the Left: Socialism, Feminism, and the Problems Faced by Political Women, 1880 to the Present* (Westport, Conn.: Greenwood Press, 1981); Charles Sowerwine, «Socialism, Feminism, and Violence: The Analysis of Madeleine Pellitier», en Edgar Leon Newman, ed., *Proceedings of the Western Society for French History,* 8 (Las Cruces, N.M., 1981).

328 Véase el comentario sobre la posición de *Le Figaro* en *La Française,* 23 de mayo de 1914.

feminismo no tenía nada que ver con su crimen. Sin justificar el asesinato, Misme defendió que los delitos como el de Madame Caillaux se daban porque el ideal francés de la «verdadera mujer» las mantenía en un estado de inmadurez política, no por ningún tipo de independencia femenina. Incluso el sentido más elemental de la política habría evitado que Henriette hiciese lo que hizo, según Misme. Pero como se la había excluido de la vida pública, ella «no entendía nada de la batalla» que su marido confrontaba. En consecuencia, reaccionó a la adversidad primero «debilitándose, luego desesperándose y, repentinamente, cometió el asesinato»[329].

También escribió Misme que los antifeministas defendían que comportamientos impulsivos como el de Henriette «representan lo que es esencialmente femenino y que eso es lo que deberíamos esperar a gran escala si las mujeres conseguían entrar en el ámbito político». Pero la realidad era justo lo contrario. «Madame Caillaux» declaró la editora «rotundamente no es una feminista. Ella personaliza a la mujer tradicional, tan completamente "femenina" como para quedar excluida de todo interés en la vida intelectual o social». Su acción ponía de manifiesto una frustración que nacía de la ignorancia y de la impotencia; de ningún modo representaba la emancipación de las mujeres. Los crímenes como el de Madame Caillaux exponían a los hombres no ante la Nueva Mujer sino ante la explosiva furia de la mujer fatal. Únicamente la educación y la igualdad, concluía Misme, «podían convertir a las mujeres en aliadas conscientes de los hombres y no en sus enemigas inconscientes»[330].

329 Ibíd., 21 de marzo de 1914.
330 Ibíd.

Misme podría haber añadido que, dado el pedestal moral sobre el que se había colocado a las mujeres, Henriette Caillaux puede haber disparado a Calmette en parte porque creía poseer el derecho a tomarse la justicia por su mano. Si las mujeres eran más puras y más éticas que los hombres, como mantenían a menudo los comentaristas del siglo XIX ¿por qué no debería Henriette imaginarse que podía castigar a Calmette por sus transgresiones? Efectivamente, justo después de dispararle a Calmette, Henriette Caillaux describió lo que había hecho como un acto de justicia personal, como una protesta contra una sociedad en la que la justicia oficial había dejado de existir: «Porque ya no hay justicia en Francia», ella había ejecutado a Calmette. Sus acciones daban fe de la confusión que podía surgir en las mujeres, alentadas a sentirse moralmente superiores pero incapaces de experimentar todas las posibilidades y los límites del ámbito público.

En la mayoría de sus comentarios, por lo tanto, Misme parecía reforzar el derecho de Henriette a ser una mujer de verdad, pero en otros aspectos se distanciaba de los dos bandos del *affaire Caillaux*. Frente a las voces que se levantaban desde la derecha, ella defendía que el feminismo, lejos de provocar actos violentos, incrementaría la responsabilidad cívica al introducir a la mujer en la vida pública. Y frente a los comentaristas de la izquierda, les sugería que el dilema de Henriette, y por tanto de Joseph también, era la consecuencia lógica de su propio ideal femenino. Finalmente, para ambos bandos sus palabras contenían una advertencia implícita: cuidado con la mujer tradicional. Si no le dan posición y responsabilidad ella puede apuntarles la próxima vez.

Feminidad y feminismo. Ya que no había duda sobre si Henriette Caillaux había matado o no a Gaston Calmette, sería juzgada en gran parte por los significados y las conexiones contenidas en estas dos palabras. El jurado decidiría si era culpable o inocente tras considerar las pruebas relacionadas tanto con su carácter como con sus acciones del 16 de marzo de 1914. ¿Cumplía los requisitos para ser una mujer de verdad? Y, si era así, ¿hasta qué punto su propia feminidad o, para ser más precisos, la forma en la que su cultura juzgaba su feminidad era una circunstancia atenuante que podría aminorar su culpabilidad? La naturaleza peculiar de su caso explica por qué ambos abogados dedicaron tanto tiempo al estado emocional de Henriette y a su relación con el feminismo. Pero estas dos cuestiones no terminaron con la cuestión de si Henriette cumplía con los requisitos para ser una verdadera mujer o no. Otros aspectos de su carácter eran importantes también, en particular su vínculo matrimonial, su domesticidad, y, sobre todo, su sexualidad. La moral de la clase media en Francia seguía siendo bastante severa en los primeros años del siglo XX, y, aunque los hombres y mujeres burgueses la violaban a menudo, una verdadera mujer se cuidaba mucho de ocultar sus pecados. Si Henriette podía ser retratada, por tanto, como una buena burguesa, como una mujer dedicada a su casa, protectora de sus hijos, cuidadosa de su reputación, ella podría ser considerada con mayor razón como *vraiment femme*.

Justo cuando Henriette estaba a punto de terminar su declaración dos días antes, en la primera tarde del juicio, ella había añadido una coda para intentar convencer al jurado de su posición como dama burguesa buena y correcta. Esta afirmación sirvió como resumen, como la parte de su discurso que ella esperaba que el jurado recordara mejor. Lo que enfatizó, sobre todo, fue su intención de ser una mujer burguesa de verdad. Madame Caillaux quería dejar la impresión duradera de que su «honor como mujer», su decoro y su reputación definían todo su carácter.

«Oh, ya sé», le dijo Henriette al jurado, «que la gente me ha criticado a menudo por ser una burguesa, que la gente se burla de mí continuamente. Pero todo lo que dicen es verdad y no me avergüenzo de ello. Soy una burguesa». Era por este motivo por el que le preocupaba la posibilidad de que las cartas de amor de Joseph fueran publicadas, porque representaban sus «secretos más queridos y más íntimos». Hacerlos públicos habría sido «desnudarla» ante todo el mundo[331].

Henriette declaró que estaba tan preocupada por preservar su reputación que cuando Berthe Gueydan se hubo adueñado inicialmente de las cartas íntimas en septiembre de 1909, ella y Joseph habían decidido romper su relación antes de que los documentos fuesen divulgados por la prensa. «Ambos preferíamos renunciar a nuestro gran amor antes de ver nuestra intimidad expuesta». Más adelante, cuando Calmette publicó la carta «*Ton Jo*» y amenazó con revelar otras, Henriette temió perder todo su modo de vida (burgués). «Habíamos enviado invitaciones para cenar a un grupo de funcionarios importantes y a algunos embajadores extranjeros. Tres

331 Transcripción-*Le Figaro*, 21 de julio de 1914.

semanas después me iban a presentar al rey y a la reina de Inglaterra. Qué humillación habrían sido para mí [las cartas] puesto que todas estas personas leían *Le Figaro*»[332].

Y lo que era aún peor, concluyó Henriette, las cartas habrían herido seguramente a su hija donde más le dolía, en su pureza cuidadosamente preservada. Esta joven de diecinueve años, soltera y pura, «se habría visto afectada por la publicación», por la evidencia del pasado díscolo de su madre. «Qué desilusión para alguien tan puro de corazón», declaró Madame Caillaux, enterarse por «los periodistas dominados por el odio y el deseo de venganza» que su madre no había estado a la altura de los principios morales con los que ella había educado a su hija. No habría habido manera de mantener los periódicos lejos de ella y Henriette «imaginó los silenciosos reproches que habrían asomado en su cara». Henriette tendría que haber admitido su pecado, incluso su hipocresía, ante su hija. Esto no lo podía tolerar. «No, hay cosas que no se le deben pedir a una madre»[333].

Por supuesto, al final resultó que Henriette se vio forzada a admitir todo esto y más. Al matar a Calmette garantizó la revelación, precisamente, de los documentos que ella había intentado mantener secretos tan desesperadamente. Los enemigos de Henriette podrían haber utilizado esta contradicción en su contra si no fuera porque ella los había desarmado eficazmente al convertirla en parte de su defensa. El haber asesinado a un periodista importante con objeto de proteger

332 Ibíd.
333 Ibíd.

su vida privada de los periodistas era de lo más irracional. Qué mejor prueba, sugirió ella, de que su crimen había sido motivado solo por la pasión, es decir que ella era una mujer verdadera gobernada por las emociones.

Con su afirmación sobre lo que las cartas podían revelar, lo único que le faltaba a la declaración de Henriette era disculparse por la «gran infelicidad» que había causado y declarar que «hubiese preferido que se publicase casi cualquier cosa antes de ser la causante de lo que había ocurrido». Es significativo que, a excepción de esta penúltima expresión de arrepentimiento, algo de rigor ante cualquier *cour d'assises*, Henriette terminase con una apelación a las exigencias de la moralidad burguesa. Lo que era tan aterrador, afirmó ella, sobre la publicación de su correspondencia culpable era su capacidad para presentarla como carente de una moralidad que ella deseaba fervientemente defender.

Por lo que se puede vislumbrar de las normas imperantes en la clase media de la *Belle Époque*, cabe preguntarse ¿cuán plausible y potencialmente acertada fue esa defensa? La autoridad en esta cuestión es Anne Martin-Fugier, cuyo trabajo clarificador sobre la condición de ser mujer burguesa en la época nos ayudará a situar la particular actitud e ideales de Madame Caillaux en la perspectiva histórica apropiada. Martin-Fugier deja claro que para ser una burguesa como era debido se necesitaba al menos mostrar una fidelidad aparente a una serie de normas estrictas. Sobre todo, el matrimonio y la maternidad eran esenciales, porque ambos se consideraban como los objetivos principales para todas las mujeres jóvenes. Llegar a los veinticinco años sin haber conseguido uno de estos objetivos significaba todo un desprestigio. Una vez casada, la nueva esposa burguesa tenía que proporcionarle a su marido un «nido» cómodo, fabricarle un refugio más allá de su mundo laboral. Por este motivo, la mujer de clase media no trabajaba fuera de casa. Si lo hacía era suficiente razón para descalificarla de su condición de mujer burguesa real[334].

En este periodo abundaban los libros de consejos sobre cómo ser una mujer así. El más popular con creces pertenecía a una serie escrita por la baronesa Staffe, que quería formar a las mujeres con pocos medios sobre las formas de ser verdaderas burguesas. Sus libros fueron *Customs of High society: Rules of Modern Savoir-vivre*, también *The Mistress of the Home, My Secrets to Help You Please Others and Be Loved* y, finalmente, *The Woman in the Family*[335]. Un folleto de propaganda prometía quc el ultimo «enseñaría a la mujer el papel que debe jugar en la casa paterna». Su mensaje, escribía la baronesa, marcaba la culminación de todos sus otros trabajos, ya que enseñaba a las mujeres cómo «traer alegría, confort, y bienestar a la casa, cómo convertirla en un nido tan cálido y tan dulce que sea casi doloroso el abandonarla». El hogar era «el reino de la mujer» en el que ningún sacrificio era demasiado grande para beneficio de sus moradores[336]. Más allá de sacrificarse, la mujer burguesa necesitaba agradar. En un capítulo titulado «How to Please Him», la baronesa

334 Martin-Fugier, *Bourgeoise,* pág. 10, 182.
335 Todos estos trabajos fueron publicados por Flammarion, edición tras edición, desde 1880 en adelante. Las nuevas ediciones aún seguirían saliendo de las imprentas hasta bien entrado el año 1920.
336 Véase el prólogo de Staffe, *The Woman in the Family.*

explicaba las fórmulas de éxito de la verdadera mujer. «Para ser amada por un hombre, una mujer no debe tener ni el más mínimo rasgo masculino, ni físico ni mental… Para ser realmente una mujer, ésta debe tener mucha gracia y muchas virtudes, siendo las más importantes la abnegación y la devoción». ¿Qué quieren los hombres?, preguntaba Staffe, exhibiendo un impresionante conocimiento de las inseguridades del hombre de la época: «Ellos quieren una compañera que sea amistosa, alegre, tranquila y complaciente». Quieren una mujer que tenga más corazón que cabeza. «Para agradarle, esconde la mitad de tu cerebro y muéstrale toda la amplitud de tu corazón». Sobre todo, «nunca busques eclipsar a tu marido; relegarlo al segundo lugar no es ser una verdadera mujer»[337].

Según estos estándares, Henriette parecía hacerlo bastante bien. El bienestar del «nido» de los Caillaux era bien conocido, como lo era el modo eficiente de gestionar su hogar. De su matrimonio, escribió Joseph, «Henriette me trajo una gran dote, y lo que es más importante, introdujo en mi casa un sólido nivel de orden y ahorro»[338]. Ni que decir tiene que Madame Caillaux no trabajaba y, al contrario de la primera mujer de Joseph, no intentaba eclipsar a su marido ni siquiera sobresalir en ningún sentido[339]. Como había explicado la amiga de toda la vida de Madame Caillaux en una entrevista para el *Petit parisien*, «De casada, [Henriette]

337 Ibíd., cap. 4.

338 Los archivos de la familia Caillaux, citados por Paulette Houdyer, L'*Affaire Caillaux … ainsi finit la Belle Époque* (Les Sables d'Olonne: Editions le cercle d'or, 1977), p.68.

339 Véase el capítulo IV para la declaración de Joseph comparando las cualidades femeninas de sus dos esposas.

siempre se dedicó a sus deberes. Era una mujer perfecta de interior, una excelente madre... incluso era muy *popote* (casera)»[340].

La mujer de verdad, como dejaban claro los libros de consejos, se dedicaba al bienestar de su marido. Y Henriette parecía haber aceptado plenamente este consejo, explicando que su acción contra Calmette estuvo motivada por el amor y la abnegación. Joseph le había dicho que iba a matar a su rival si *Le Figaro* publicaba más cartas personales y Henriette declaró que se preocupó tanto por si él hacía realidad su amenaza que decidió actuar en su lugar. «El temor de ver a mi marido matar a un hombre, de verlo detenido... [ausente en el original] de todas las consecuencias que esto acarrearía, todo esto me llevó a realizar un esfuerzo supremo yo misma». El suyo, sugirió Henriette fue un acto de devoción, un sacrificio a favor de su marido, de su carrera política, y por último de la nación: «Francia y la República te necesitan» le había escrito Henriette a Joseph justo antes de salir rumbo a *Le Figaro*, «así que soy yo la que perpetraré la acción». Henriette había decidido «hacer justicia» con la esperanza de evitar que Joseph tuviera que defender su honor. Ella se sacrificaría para mayor beneficio de su marido y de la República que él mismo personificaba[341].

Esta era la explicación que el jurado masculino encontraría convincente: el marido estaba dispuesto a sacrificarlo todo por defender el honor de su mujer y, por protegerle a él, la esposa llevó a cabo este sacrificio por sí misma. Como siempre en el caso de los Cai-

340 *Le Petit parisien,* 17 de marzo de 1914.
341 Transcripción de las citas de Madame Caillaux- *Le Figaro,* 21 de julio de 1914.

llaux, es imposible saber si esta parte de la defensa de Henriette se había planeado de antemano. Si fuera así, la estrategia era magnífica, ya que permitía a Madame Caillaux transformar lo que parecía ser pura y simple premeditación en un acto de devoción digno de la misma baronesa Staffe.

Tomada en conjunto, la declaración de Henriette y la de sus amigos defendía su verdadera condición de mujer, sus virtudes burguesas aparentemente irreprochables. Pero quedaba una parte crucial de la historia de su vida que suscitaba dudas importantes: su sexualidad. Después de todo, Madame Caillaux era una adúltera. Le había puesto los cuernos a su primer marido, divorciándose finalmente para liarse con un hombre casado que, a su vez, se divorció para casarse con ella. Ésas no eran las formas de una verdadera burguesa. De acuerdo con Martin-Fugier, una mujer de verdad, una que defendiese los ideales culturales de la época, mantendría la fachada de indiferencia sexual, incluso tras el matrimonio. Se suponía que las esposas burguesas respetables no disfrutaban del sexo -desde luego nunca se divorciarían a causa de eso- y la sexualidad no podía ser jamás tema de conversación, ni siquiera entre madres e hijas. Los placeres de la carne debían quedar en el ámbito de las queridas y las prostitutas, ya que la *Belle Époque* había elevado la vieja distinción entre fulanas y madres a una cuestión de principios. Como decía Monsieur Vernet en *L'Ecornifleur* (La esponja) de Julles Renard, «*Une femme n'est pas une femme*»[342].

342 Citado en *Bourgeoise* de Martin-Fugier, pág. 85-86. Véase también *Women for Hire: Prostitution and Sexuality in France after 1850* de Alain Corbin, trad. de Alan Sheridan (Cambridge, Mass.: Harvard University Press, 1990), especialmente pág. 194-97; Zeldin, France 1:291-314.

La mujer propia no podía ser objeto de deseo sexual, puesto que desearla sería degradarla. Y aún peor, los moralistas masculinos de todas las tendencias advertían de que los que estimulaban sexualmente a sus esposas se arriesgaban a perderlas y empujarlas al adulterio. «Con el hábito del placer en el matrimonio», escribió J.P. Dartigues, «[las mujeres] se deslizan imperceptiblemente hacia el adulterio». Si la esposa propia era tratada como una querida, se les decía a los hombres, estaban empujándola a hacerse la querida de otro. Tales temores masculinos delataban algo más que el mero deseo del orden dentro de la familia; revelaban un desasosiego sexual de proporciones gigantescas[343].

Una y otra vez los autores aconsejaban a los maridos para que mantuviesen con sus esposas el sexo más aburrido posible. Y la moda femenina de la ropa para dormir parecía contribuir a ello, permitiendo a las parejas casadas procrear con la ropa puesta. Eran populares entre las esposas burguesas los camisones

343 Citado en *Bourgeoise* de Martin-Fugier, pág. 89. Para otro trabajo sobre la sexualidad y los miedos masculinos en la Francia del siglo XIX, véase *Women for Hire* de Corbin, la contribución de Corbin, «Coulisses», a la *Histoire de la vie privée*, vol. 4; y su capítulo, «Le 'sexe en deuil' et l'histoire des femmes au XIXe siècle», en Michele Perrot, ed., *Une histoire des femmes est-elle posible?* (París: Rivages, 1984); "Honor, Impotence and Male Sexuality in Nineteen-Century French Medicine," de Robert A. Nye, *French Historical Studies* 16, núm 1 (Spring 1989); *Sexuality and Social Order* de Angus McLaren (Nueva York: Holmes and Meier, 1983); *La bourgeoisie, le sexe, et l'honneur* de Jean-Paul Aron y Roger Kempf (Bruselas: Editions complexe, 1984). Véase tambiénMichel Foucault, *The History of Sexuality*, vol. 1, trad. de Robert Hurley (Nueva York: Pantheon, 1978); Antony Copley, Sexual Moralities in France 1780-1980 (Nueva York: Routledge, 1989). Sobre la cuestión de la sexualidad y la respetabilidad en la Europa del siglo XIX, véase George L. Mosse, *Nationalism and Sexuality: Respectability and Abnormal Sexuality in Modern Europe* (Nueva York: Howard Fertig, 1985). Sobre la sexualidad y la sociedad en Inglaterra, véase Jeffrey Weeks, *Sex, Politics and Society* (Nueva York: Longman, 1981).

largos que sólo dejaban al descubierto las manos y los pies. Había una ranura estratégicamente situada en el medio de modo que no hubiera exposición carnal que crease excitación excesiva. En 1901, un periódico anunciaba estos camisones con la sobriedad que se merecían: «[Nuestros camisones] tienen al final de la cadera una ranura de seis o siete centímetros en la zona antero medial, coquetamente rematado con un delicado encaje»[344]. Hay poca coquetería en tal atuendo -con o sin encaje- y su predominio quizás ayude a explicar por qué la tasa de nacimientos en Francia descendió durante este periodo[345].

También es importante el hecho de que la mayoría de las feministas francesas aceptasen la cultura reinante de represión sexual. En este tema solo se distinguían de los comentaristas masculinos por la creencia de que los hombres deberían respetar esta cultura sexual tanto como lo hacían las mujeres. Como otras mujeres burguesas de finales del siglo XIX, las feministas habían sido formadas para reprimir sus sentimientos sexuales, pero también eran muy conscientes de los riesgos que el coito implicaba: el embarazo, el dolor y peligro físico del parto y las enfermedades venéreas que los hombres con frecuencia les transmitían a sus esposas. Muchas feministas, además, se sentían ofendidas por las prácticas sexuales masculinas que

344 Citado en Hubert Juin, *Le libre de Paris,* 1900 (París: Pierre Belfond, 1977), pág. 27.

345 Peter Gay en *The Bourgeois Experience,* vol. 1,2 (Nueva York: Oxford University Press, 1984-1986), niega la idea de que los matrimonios victorianos fueran sexualmente reprimidos, basando su posición en una serie de diarios íntimos que ha encontrado. Pero los críticos argumentan que Gay no ha sido capaz de mostrar que sus diarios fueran escritos por hombres y mujeres corrientes de la época.

prestaban demasiada poca atención a lo que a las mujeres les agradaba[346].

La distinción de la época entre madres y fulanas, entre esposas castas y sucias amantes, era muy importante, por tanto, para las mujeres burguesas de la categoría de Henriette Caillaux. Solo una mujer respetable podía ser recibida en sociedad, y los estándares de respetabilidad eran sin duda muy altos: «una vez puta, puta para siempre». Martin-Fugier recuerda la Odette de Crécy de Proust que había sido cortesana antes de casarse con el respetable Swann. Después de su matrimonio, los grandes salones siguieron abiertos para él pero únicamente si se presentaba solo. Porque para la alta sociedad parisina nada, ni el más eminente de los matrimonios, podía hacer de Odette de Crécy una «*honnête femme*»[347].

Huelga decir que no todas las mujeres burguesas cumplían estos estándares; el adulterio era una de las distracciones favoritas de la *Belle Époque.* En realidad, sólo un pequeño porcentaje de las mujeres francesas se lo permitían, pero los rumores estaban en todas partes. El teatro estaba obsesionado con el adulterio y los novelistas parecían incapaces de construir argumentos sin él[348]. Incluso los lectores que rehuían a los autores más

346 *French Feminism,* de Moses, pág. 231, 278 nota 5. Véase también Smith, *Changing Lives,* pág. 194-5; Linda Gordon, «Voluntary Motherhood: The Beginnings of Feminist Birth Control ideas in the United States», *Feminist Studies* 1 (Invierno-Primavera 1973): 5-22.

347 Martin-Fugier, *Bourgeoise,* pág. 15, 80-82.

348 Sobre el adulterio véase Armand Lanoux, 1900: *la bourgeoisie absolue* (París: Hachette, 1973), pág. 122; Martin-Fugier, *Bourgeoise,* pág. 106-24; Alain Decaux, *Les Françaises de la Belle Époque* (París: Cercle Historia, 1975), pág. 30: «Aunque el adulterio no se practicaba en todas partes, era lo suficientemente común, especialmente entre los miembros de la burguesía». Para una visión contemporánea, véase Georges Pellissier, «La femme mariée et l'adultère», *La Revue des revues* 28, núm. 1 (1899): 353-68.

escabrosos tales como Octave Mirbeau o Paul y Victor Margueritte, encontraban escenas picantes de adulterio en Paul Bourget, quizá el más devoto católico de los novelistas franceses famosos. Como hacen los censores del gobierno que recopilan elaborados compendios de pornografía para «estudiar» el problema, Bourget justificaba sus vibrantes páginas reivindicando la necesidad de exponer la inmoralidad de la época. Y para defender la moralidad, Bourget siempre hacía que sus personajes adúlteros terminasen mal. Éste era un arreglo aceptable para los lectores, que eran mayoritariamente mujeres, de Bourget, que podían así disfrutar de cierta emoción sin tener que recurrir a los autores de mala reputación[349].

Tal fascinación por las uniones ilícitas sugiere que la represión sexual y el adulterio iban de la mano durante la *Belle Époque*. Uno mantenía al otro y, como consecuencia, la sociedad de la época podía presentar sus estándares de austeridad moral externa sólo recurriendo a la hipocresía. Públicamente, casi todo el mundo respaldaba la moralidad oficial; en privado, algunos seguían sus propios principios. Las costumbres sexuales estrictas continuaban vigentes entre la burguesía únicamente porque los hombres y mujeres franceses tácitamente decidían mantener sus transgresiones ocultas. Éstas podían exteriorizarse en el teatro, la literatura, y en los tribunales. En la vida real, la clave -especialmente para las mujeres- consistía en que no te pillasen.

349 Sobre Bourget, véase Martin-Fugier, *Bourgeoise*, pág. 125-37. Martin-Fugier demuestra hasta qué punto Bourget creía que los pecados del exceso sensual eran culpa de la mujer. Véase también Jerrold Seigel, *Bohemian Paris: Culture, Politics, and the Boundaries of Bourgeois Life*, 1830-1930 (Nueva York: Viking, 1986), pág. 70-73.

Puesto que esta austeridad externa era únicamente posible siempre que la realidad más libertina permaneciese escondida, las preocupaciones de Madame Caillaux sobre su pasado escabroso distaban de ser exageradas. Lo que amenazaba su buena posición burguesa no era la existencia de un adulterio anterior, ni el hecho de que sus íntimos lo conociesen, sino que iba a hacerse público en toda su extensión. Según las normas de la cultura burguesa de la *Belle Époque*, poner al descubierto en público actos oficialmente considerados inmorales era transformar esos actos de meras aberraciones del comportamiento en algo que amenazaba con redefinir el propio carácter de uno. Como los pecados veniales en el confesionario, las transgresiones privadas podían olvidarse fácilmente, sin cambiar el carácter moral del individuo. Pero una vez hecho público, el pecado se volvía mucho más grave porque entonces era más difícil desecharlo como simple aberración. El comportamiento sexual privado, por tanto, tenía una consideración y un significado completamente distintos del comportamiento sexual público y lo que más temía Henriette era la publicidad. Por esta razón, Henriette Caillaux tenía buenos motivos para temer tanto por su posición en la sociedad como también por la relación con su hija.

Las jóvenes de la buena burguesía no debían saber nada de sexo, mental o físicamente y la hija de diecinueve años de Henriette Caillaux no era una excepción. Louise Weiss, que tenía también diecinueve años en el momento del *Affaire Caillaux*, escribió en sus memorias que sus padres la consideraron demasiado joven para que supiera nada sobre el asunto. Después del asesinato de Calmette, Weiss escuchó a sus parientes «susurrando sobre el caso». Pero en cuanto se dieron cuenta de que estaba escuchando a escondidas, se hizo el silencio[350].

Alain Decaux ha escrito que durante la *Belle Époque* los padres de clase media «cuidaban la virginidad [de sus hijas] de la misma manera que el conde de Monte Cristo guardaba su tesoro»[351]. La virginidad era un capital sin el que ninguna hija podía negociar en el mercado del matrimonio burgués. Y para mantener esta importantísima castidad, los padres no se arriesgaban. Enviaban a las niñas a colegios de monjas donde éstas llevaban la protección de la inocencia hasta extremos que sólo ellas pudieron concebir. Fuera del convento, las jóvenes iban siempre acompañadas por un adulto; nunca se las dejaba solas con un hombre, ni con su prometido. La baronesa Staffe advertía explícitamente a los padres de los prometidos que siempre «los tuviesen a la vista»[352].

Las consecuencias de esas normas tan estrictas y la constante vigilancia paterna eran peligrosas para ambos sexos. Las jóvenes se enfrentaban al matrimonio ignorando completamente el sexo, mientras sus compañeros habían experimentado poco más que los placeres furtivos del burdel. Esta situación tenía como resultado noches de boda de disgusto y terror para las novias virginales de la época. La descripción que Colette hace de la suya es justamente famosa: «El marido, tenso y desgarbado, emprendía el asalto al lecho nupcial, su rostro iluminado por un deseo excesivo. Apestaba a humo de cigarro y a licor chartreuse, y cuando

350 Louise Weiss, *Mémoires d'une européenne* (1893-1919), (París: Payot, 1968), 1:173.

351 Decaux, *Françaises de la Belle Époque,* pág. 28.

352 Citado en Lanoux, *Bourgeoisie absolue,* pág. 114.

reclamaba su derecho demostraba la misma galantería que un marino con permiso para bajar a tierra. Otro relato, lo suficientemente sensacionalista como para ser considerado un *fait divers*, contaba la historia de la noche de bodas de una inocente joven novia con un marido que apenas conocía. Él entró en el compartimento del ferrocarril completamente desnudo; como no había visto nunca un desnudo ni siquiera en un cuadro, ella intentó huir. El marido, «reclamando su derecho», la tiró en la cama y la violó. Al día siguiente ella intentó suicidarse[353]. Tales historias abundaban, ya que demasiadas esposas inocentes se veían a la mañana siguiente llenas de una «repugnancia insuperable» hacia sus parejas[354].

Esa era la perspectiva desde la que Henriette Caillaux contemplaba la divulgación de sus cartas, cartas que habrían hecho público su adulterio con Joseph Caillaux. Al explicar todos sus temores, Madame Caillaux esperaba sin duda suscitar la comprensión de los miembros del jurado. Estos hombres de la baja clase media habrían entendido su deseo de mantener enterrado un pasado que no rechazaban totalmente, pero cuyas consecuencias, una vez hechas públicas, podían imaginarse en su totalidad. Si los miembros del jurado podían llegar a verla como a una mujer de verdad dominada por la emoción y comprometida con las apariencias burguesas, podrían encontrar en su corazón una justificación para su crimen.

353 Citado en ibíd., pág. 116, 18.
354 Véase Gennari, *Le dossier de la femme,* pág. 32.

IV. Berthe Gueydan. La consideración política del divorcio

La cuarta sesión era la que todo el mundo había estado esperando. Madame Berthe Gueydan, por fin, ocuparía su lugar en esta historia ante un público cada vez más ávido por conocer los detalles de la vida privada de los Caillaux. ¿Se revelarían ahora las famosas *lettres intimes*?, ¿las dos esposas revivirían su rivalidad en el juicio? Y ¿quién resultaría la más emotiva, la más genuinamente femenina de las dos? Periodistas de todas las tendencias trataron de dar respuestas a todas estas preguntas, pero los de la derecha lo harían en mayor grado. Utilizaron el relato de Gueydan sobre el abandono y el divorcio para castigar a Joseph y a Henriette Caillaux por sus crímenes contra la familia y contra la nación concebida, según sus creencias, a imagen y semejanza de ésta.

A Joseph Caillaux se le conocía por sus *liaisons élégantes*, su aireado divorcio y por las dos damas casadas que habían abandonado a sus esposos para quedarse con él. Henriette Claretie, igualmente, habría mancillado tanto su propio matrimonio como el de la otra mujer con motivo de su relación con Joseph Caillaux. Siendo dos de las más públicas figuras de Francia en los años anteriores a 1914, ambas resultaron potencialmente vulnerables a las acusaciones de acelerar la decadencia de la vida moral de Francia y de la trasgresión contra los deberes del matrimonio y la familia. Su vulnerabilidad en los terrenos personal y ético derivaba del renacer conservador que marcó a la Francia de 1914, un renacer que encontró expresión no sólo en un nuevo nacionalismo sino en una reacción contra el relativismo moral republicano y contra su aparente ataque a la familia tradicional.

En 1914, la Iglesia y otros grupos conservadores habían ganado considerable fuerza en el debate, impregnado de carga política y religiosa, sobre el matrimonio, el divorcio y la familia que comenzó en 1884, cuando se aprobó la ley del divorcio y que cobraría nueva fuerza a finales de siglo[355]. Los conservadores habían resulta-

355 Las etiquetas políticas como «conservador» son, por su propia naturaleza, imprecisas. Puesto que estamos condenados a usarlas, al menos debemos enriquecer nuestras definiciones más allá del territorio político que las engloba; suponen mucho más que elecciones, partidos, dogmas y doctrinas –temas tradicionales de los historiadores políticos-. Los ámbitos de la cultura y de la moralidad son cruciales para cualquier verdadero entendimiento de la política. Y, por esta razón, extenderemos nuestra consideración personal a los puntos de vista de la familia, el género, la sexualidad, la educación y similares. Pero mi peculiar uso sobre el término «conservadores» hace referencia a aquéllos que tienden a estar de acuerdo con la Iglesia en asuntos de moral y costumbres, que defienden la familia tradicional y procuran conservar el papel tradicional de la mujer en ella. Íntimamente relacionada con estas creencias, se encuentra la hostilidad conservadora hacia la democracia y hacia las simpatías igualitarias de la Tercera República, además de su odio hacia el legado revolucionario de 1793. No se oponían necesariamente a la República como forma de gobierno pero rechazaban los «excesos» a los que tan favorables había sido 1789. Los conservadores eran nacionalistas y estaban más o menos imbuidos de germanofobia. Creían seriamente que había que prepararse para una guerra inmediata. Y detestaban el socialismo y todo lo que oliera

do derrotados en el caso Dreyfus, pero ensayaron una nueva remontada después de 1900 cuando se reavivó el tema de la degeneración francesa y el auge alemán que les permitió focalizar una nueva atención sobre la familia. La decadencia moral de Francia, clamaban sus ideólogos, se había extendido a la misma familia como institución, progresivamente debilitada por el feminismo, el individualismo y el divorcio. La despoblación era su inevitable consecuencia hasta el punto, como decían, de que pronto serían sobrepasados por un imperio alemán que favorecía la fecundidad[356]. En este contexto, los esfuerzos, primero para establecer el divorcio legal, y después permitirlo en la modalidad de a demanda, provocaron una nostalgia tradicionalista que idealizaba a la familia de antaño y ofrecía a los conservadores un argumento cultural lo suficientemente potente como

a «colectivismo». Si bien estaban dispuestos a participar en proyectos para mejora las condiciones de vida y trabajo de los pobres. Era posible, desde luego, ser conservador en algunos temas y menos en otros –especialmente cuando se tenían en cuenta aspectos morales o culturales-. Estas personas que se situaban a la derecha del Radicalismo encajaban en la mayoría de las propuestas que presentamos anteriormente.

Partes de este capítulo aparecieron primero en un artículo titulado «The Politics of Divorce in France of the Belle Époque: The Case of Joseph and Henriette Caillaux», *American Historical Review* 93, no.1 (febrero, 1988): 31-55.

356 Los franceses estaban obsesionados con el tema de la despoblación durante estos años; se publicaron como mínimo unos ochenta y dos libros y montones de artículos sobre la materia entre 1890 y 1914. Estos datos estadísticos provienen de Steven C. Hause, *Women's Suffrage and Social Politics in the French Third Republic* (Princeton: Princeton University Press, 1984), p.22. Vid. también John C. Hunter, «The Problem of French Birth Rate on the Eve of World War I», *French Historical Studies 2*, nº.3 (junio 1984); Robert Talmy, *Histoire du mouvement familial en France (1896-1939)* (Aubenas: Union nationale des caisses d'allocations familiales, 1962), 1:41-65. Los libros aparecidos en aquel momento son demasiado numerosos como para recogerlos aquí, pero la autoridad más importante sobre esta materia era la de Jacques Bertillon, autor de *La dépopulation de la France* (Paris: Félix Alcan, 1911).

para alimentar un robusto resurgimiento político. Al poner en pie la cuestión de la familia, los republicanos anticlericales permitieron a los conservadores trasladar su lucha contra el republicanismo radical desde el campo político al cultural; era un terreno en el que los derechistas disfrutaban de pocos apoyos desde 1900 y con el que pudieron conseguir un amplio apoyo público. En este sentido, la habilidad de Calmette para que la vida privada de Caillaux saliera a la luz pública supuso una amenaza para ellos muy por encima de lo que el mismo editor hubiera calculado.

Pero, en el cuarto día del juicio, antes de que estos aspectos más íntimos hubieran podido airearse, tuvo lugar primeramente la batalla entre las esposas, una parte del drama representado en la sala de justicia que hasta los diarios más serios no tuvieron más remedio que tratar de manera sensacionalista. Sin duda, fue *Le Figaro* el que más defendió la causa de Berthe Gueydan a quien los editores retrataron como una mujer pura y humilde oprimida por el político maquiavélico que una vez había sido su marido. Madame Gueydan, escribió *Le Figaro*, entró en la sala fortificada por su «alma valiente y noble». Pero ella se encontraba «sola contra todo… habiendo sufrido el abandono del marido al que había amado y la tortura en la que una triunfante calumnia se imponía sobre lo verdad». Ella habría caído en todas las trampas tendidas cuidadosamente por Joseph Caillaux porque su modestia y su simpleza la dejaban sin defensa alguna ante el mundo. «Simple y bella», relataba su historia de inocencia traicionada y de «ilusiones perdidas de su amor». El sufrimiento había endurecido sus rasgos pero ella permanecía «muy pálida, abrasada por la emoción y muy sencilla». Los editores marcaron una imagen de sencillez, una cualidad que enfatizaba la vulnerabilidad de una mujer que no tenía «a nadie para protegerla y a nadie para mantenerla. Es una mujer y está completamente sola». Todo lo que sobre ella sugería la narración de *Le Figaro* la presentaba en un estado de extrema fragilidad, casi incapacitada. En el banco de los testigos su voz temblaba tanto como su cuerpo. A medida que rememoraba la tragedia de su vida, «parecía que se desnudaba». Su relato era tan sincero, su sufrimiento resultaba tan palpable, escribió *Le Figaro*, que algunos testigos presentes en la sala de audiencias e inicialmente hostiles hacia ella «escucharon la historia de su destrozada vida sentados al borde de la silla». Al final, Berthe Gueydan ganó sus simpatías[357].

Tal como la retrataba *Le Figaro*, Madame Gueydan era lo contrario de Madame Caillaux. Los editores habían descrito a Henriette como fría, reservada y con un gran autodominio, segura de sí misma y con pleno control de sus emociones. Berthe aparecía en sus relatos como el envés de Henriette, frágil, débil y fatalmente femenina. Henriette vio como se la condenaba por ser una *hommesse* mientras que a Berthe se la perdonaba por su quintaesencia femenina.

No resultaba sorprendente que los simpatizantes y los cercanos a *Le Figaro* se esforzaran en actuar del mismo modo. El conocido autor teatral Henry Bernstein, muy amigo de Calmette, se hizo eco de la descripción de Madame Gueydan de *Le Figaro* en su propio testimonio que ofreció al quinto día. Berthe había recurrido a él pidiéndole ayuda poco después de su divorcio, según dijo Bernstein al tribunal; sostuvo que había quedado

357 *Le Figaro*, 24 de julio de 1914.

intensamente conmovido por su situación. «En un verdadero estado de conmoción, me dio a conocer su historia entera. Dejó al descubierto su debilidad frente a la omnipotencia de su marido; me habló del abandono en la que se encontraba, sus sentimientos de soledad y el terror que le calaban tan hondo». Parece que Bernstein encontró en la triste narración de Berthe no sólo la tragedia de un individuo sino todo un argumento apto para un drama. «Desde un punto de vista puramente artístico», testificó el comediógrafo, «encontré este trágico asunto muy bello. Eran muy hermosas sus quejas, su humildad, la debilidad de todo su ser que permanecía en pie ante mí, enfrentada a un gran muro de hostilidad y silencio»[358].

Tal fue el retrato dibujado por *Le Figaro* y por sus más ardientes seguidores. Lo que resulta particularmente notable es que, en realidad, nadie había visto a Madame Gueydan de esta guisa. Nadie la vio débil, necesitada e incontestablemente femenina. Los comentaristas ajenos a la órbita de *Le Figaro* –incluso aquellos también hostiles a Henriette Caillaux- presentaron a Berthe Gueyidan como fuerte, agresiva y capaz, sobradamente, de cuidar de sí misma. Coincidían en percibir a Berthe como la más masculina de las dos mujeres. El *Journal des débats*, tan opuesto a los Caillaux como *Le Figaro*, no insistió en estereotipar a Henriette y a Berthe como los polos opuestos de una cierta escala de verdadera feminidad. «Madame Gueydan, con su coloración pálida, sus facciones regulares, la cara alargada de nariz recta que resaltaba sus miradas, su gusto por las ropas sobrias pero elegantes [contrastaba con]

358 *Le Temps*, 25 de julio de 1914.

Madame Raynouard [sic], rubia y sonrosada, indolente, ostensiblemente pasiva, sin nada que revelase algo de personalidad en ella»[359]. Con esta descripción de las dos rivales, el *Journal des débats* parecía conceder a Berthe Gueydan un aura de seriedad y credibilidad del que supuestamente carecía Henriette Caillaux.

L'Ilustration, el paradigma del fotoperiodismo conservador, no pudo pintar a Madame Gueydan con los colores de la feminidad sufriente en la misma medida que le hubiera gustado ver condenada a Henriette. En vez de eso, *L'Illustration* describía a Gueydan como una «mujer excepcional», de quien su «silueta alta y bella, con rostro de rasgos regulares desprende drama y determinación, una poderosa y segura confianza en sí misma que impresiona». Ciertamente, la revista la presentaba a su vez como «una de estas heroínas apasionadas cuya trágica simplicidad no llega a ser captada por el teatro moderno». Pero ellos la pintaban dc esta manera no por la fragilidad propia de la mujer sino debido a que su poderío emocional sólo podía encontrarse, en realidad, en las obras teatrales de los antiguos clásicos[360].

Los partidarios de Henriette irían incluso más allá. Para *Les annales politiques et littéraires*, Berthe era una política hábil y brillantemente manipuladora, totalmente capaz de inventarse un cuento de martirio y de humillación para influir en el jurado, en la prensa y en la opinión pública. El periódico hablaba de «las maniobras secretas de las que se sabía ella era capaz» y despachaba su historieta de afligida como poco más que una mera táctica teatral. Todo sobre ella apuntaba a presentarla

359 *Journal des débats*, 25 de julio de 1914.
360 *L'Illustration*, 1 de agosto de 1914.

como repulsiva y hasta peligrosa; «su estatura, su belleza sobria y fatal, el fuego de una respetabilidad llena de rencor, la dureza de su perfil hierático y amargo, la rodeaban de un aire de misterio y terror»[361]. ¡Qué lejos se estaba de la imagen de desvalida mujer esbozada por los editores de *Le Figaro*! Aquí en vez de eso se encontraba la idea de una *femme fatale* feminista, una amazona civilizada cuya turbia belleza y su ira feroz la vinculaban muy estrechamente con lo que describía sobre las mujeres la paranoia antifeminista de la que hablamos antes[362].

Annales no era el único medio que presentaba a Berthe Gueydan de esta guisa. En palabras de *La Lanterne*, aún más partidaria de los Caillaux, «había algo en la belleza [de Gueydan], difícilmente explicable, que resultaba problemático y diabólico». Tal era la magia, el «arte superior», de esta temible Nueva Mujer que la «elocuencia y la sutileza de los dos eminentes abogados se redujeron a la nada más absoluta»[363].

Al igual que *Le Figaro* había intentado condenar a Henriette describiéndola como antifemenina, los periódicos pro-Caillaux intentaron influir en la opinión contra Berthe asociándola a las furias del feminismo. Esto era, desde luego, una distorsión grotesca pero que se basaba en un cierto atisbo de verdad. Aunque no hubiera evidencias directas que ligaran a Berthe Gueydan con el feminismo, estaba claro, sin duda, que ella era enérgica, inteligente e independiente de una forma totalmente ajena a la segunda Madame Caillaux.

361 *Les Annales politiques et littéraires*, 2 de agosto de 1914.
362 Ver discusión en el capítulo III y las notas 323 y 341 de ese mismo capítulo.
363 *La Lanterne*, 24 de julio de 1914.

El mismo Joseph lo admitiría en su propio testimonio al igual que lo hicieron una gran mayoría de los comentaristas independientes.

El pasado de Berthe Gueydan era tan modesto como pudiente lo era el de Henriette Caillaux. Siendo la menor de seis chicas en una familia de ocho hijos, Berthe creció en un mundo que no conocía los lujos[364]. Su padre se había trasladado con la familia a Nueva Orleans a mediados del siglo XIX, pero no tuvo éxito alguno en conseguir la fortuna que buscaba en el Nuevo Mundo. Poco después de la guerra franco-prusiana, los Gueydans regresaron a Francia donde el padre de Berthe ocuparía un puesto modesto en el Banco de Grenoble.

Nada más sabemos de los padres de Berthe ni de sus primeros años excepto que ella, como todas sus hermanas, fue enviada al convento del Sacré-Coeur, donde recibió, como indicaba Couturier de Chefdubois, «una educación demasiado elemental». Aprendió rudimentos de gramática e historia, pero su plan de estudios «dedicaba la mayor de su atención a las tareas domésticas y al bordado y poco más»[365]. Esta era quizás una visión excesivamente negativa de la educación conventual según Bonnie Smith que ha descubierto que, al menos en el norte de Francia, las hermanas del Sacré-Coeur iban bastante más lejos en sus exigencias.

364 Como Berthe Gueydan, al igual que Henriette Caillaux, no constituía una figura pública, no parecía que se hubiese escrito nada sobre su vida excepto lo que guardara relación con el juicio de Madame Caillaux. No he podido encontrar ni una sola biografía publicada o algún reportaje periodístico sobre su vida. La mayoría de lo que he conseguido descubrir sobre su pasado familiar proviene de las memorias inéditas escritas por su sobrina, Isabelle Couturier de Chefdubois, «Offertoire et réparation. Souvenirs et témoignages» (1966), depositadas en el Archivo Emile Roche-Joseph Caillaux de la Fundación Nacional de Ciencias Políticas (a partir de ahora ERJC-10), dossier 2.
365 Couturier de Chefdubois, «Offertoire», p.46.

Su curriculum incluía además de *el arts d'agrément* y las lecciones de comportamiento social, cursos formales de literatura, historia, lenguas extranjeras, aritmética y religión. El objetivo de buena parte del currículum, no obstante, no era abrir a las estudiantes al mundo científico o intelectual sino proporcionarles los conocimientos suficientes como para convertirlas en unas esposas burguesas, agradables y competentes[366].

La rutina diaria del convento era austera, con misa al amanecer, comidas en silencio y una larga sucesión de clases de veinticinco minutos cada una iniciadas y acabadas con plegarias[367]. Una joven tan vivaz como Berthe Gueydan, encontraría poca felicidad en los límites de un régimen tan estricto. Al igual que la mayoría de sus compañeras, dejó el convento a los trece años para casarse al cabo de otros tres. A instancias de sus padres, Berthe aceptó la propuesta de Jules Dupré, el hijo de un conocido artista que desempeñaba un destino menor en el ministerio de Bellas Artes. «Todos [también] consideraron este [matrimonio] un disparate», escribió Couturier de Chefdubois. «Ni el carácter [de Berthe] ni la educación la maduraron lo suficiente para el matrimonio», ni tampoco para el niño que vendría apenas un año después. Berthe era «incapaz [a los diecisiete años] de cuidar adecuadamente de su hijo»[368]. Couturier de Chefdubois afirmaba que Berthe accedió a casarse con Dupré únicamente porque estaba enamorada de su padre, pero la explicación puede que sea más benigna que ésta. Sin una dote que reforzase

366 Bonnie G. Smith, *Ladies of the Leisure Class* (Princeton: Princeton University Press,1981), pp.168-176.
367 Ibíd., p.174.
368 Couturier de Chefdubois, «Offertoire», p.48.

su bella apariencia, la joven Berthe de dieciséis años no estaba en condiciones de rechazar los deseos de sus padres o de su pretendiente. Como tantos matrimonios de la época, Berthe se adaptó al sentido práctico de sus padres y no al impulso romántico. Esto último lo encontraría trece años después de su matrimonio, en la relación que mantuvo con Joseph Caillaux[369].

Berthe Dupré y Joseph Caillaux se conocieron en 1900 cuando Joseph afrontaba ya su segundo año como ministro de finanzas en el gobierno de «defensa republicana» de Waldeck-Rousseau. No está del todo claro cómo llegaron a coincidir, pero Joseph habría conocido al marido de Berthe, que en 1900 servía como subjefe de gabinete de otro ministro del equipo de gobierno, Alexandre Millerand. El matrimonio de Berthe, por entonces, tan sólo era una mera formalidad y Joseph, aparentemente, se agarró con toda fuerza a la oportunidad brindada de relacionarse con una mujer que su colega Paul-Boncour describió como una «magnífica criatura»[370]. No sólo Gueydan, de veintinueve años por entonces, era reconocida en París por su gran belleza, sino que su inmersión en el mundo artístico e intelectual de Jules Depré padre, le había ayudado, tal como Couturier de Chefdubois escribiría reiteradamente, a «compensar las carencias de su pasado y de su educación»[371]. Berthe se había convertido así en una mujer mundana, en una completa *parisienne*, en el mismo momento en que se unió a Joseph Caillaux, quien se sintió atraído hacia ella todavía más porque aún

369 Paulette Houdyer, *L'Affaire Caillaux... ainsi finit la Belle Époque* (Les Sables-d'Olonne: Editions le cercle d'or, 1977), pp.45-46.
370 Jean-Denis Bredin, *Joseph Caillaux* (Paris: Hachette, 1980), p.52.
371 Couturier de Chefdubois, «Offertoire», p.49.

estaba casada[372]. Esto resultaba ideal para un hombre ocupado como él, harto ya de los encuentros con mujeres en «determinados establecimientos» pero que aún no se consideraba lo suficientemente preparado para el compromiso matrimonial[373].

Sería en el trascurso de esta relación cuando Joseph Caillaux escribió la carta a la que se concedería tanta importancia y que fue firmada como «*Ton Jo*», lo que remataría la acusación de *Le Figaro* contra él trece años después. Joseph debería haber encontrado otros modos de deslumbrar a su amante, pero en 1901, cuando se escribió la carta, Berthe no tenía motivo alguno para mostrarla a nadie. Si por casualidad, la política acabara finalmente por sacarla a la luz, esto contribuiría a sus aspiraciones de comprometerse más con él. En 1904, en contra de los deseos de Joseph, decidió divorciarse de Jules Dupré; gradualmente su amante le llevaría hacia lo que él denominó más tarde como «un matrimonio de resignación». Caillaux comenzaba a preguntarse «si un hombre podría vivir su vida completamente solo» y si podría rehusar casarse con una mujer que se había divorciado por él. La boda, finalmente, tuvo lugar en agosto de 1906, después de que su resistencia se hubiera evaporado junto con la confluencia de sus «problemas de nervios» y su cercana derrota en las elecciones parlamentarias de aquel año. Más tarde, Caillaux escribiría que era consciente

372 Joseph Caillaux, *Mes mémoires, Ma jeunesse orgueilleuse, 1863-1909* (Paris: Plon, 1942), 1:229.

373 Paul-Boncour escribió que el coche oficial de Caillaux se veía a menudo «enfrente de estas casas conocidas por sus encantadoras mujeres, las encantadoras mujeres de una época feliz». Citado en Bredin, *Joseph Caillaux*, 51.

«en momentos de claridad de que [el matrimonio] no duraría mucho»[374].

Cualquiera que fuera la verdad de las reclamaciones de Caillaux hechas *post facto*, no hubo amigo de la pareja que tardase mucho en notar que algo no iba bien. Magdelaine Decori, la amante más duradera que tuvo Raymond Poincaré, apuntó en su diario que Joseph siempre llegaba muy tarde a las recepciones «brillantes y con el todo París» que daba su esposa. Gueydan llevaba a cabo estas veladas en la residencia del ministro de finanzas que había redecorado suntuosamente; allí sostenía su peculiar corte, según nos dejó escrito su sobrina, «vestida con un gusto perfecto y bañada en homenajes y adulación»[375]. Una tarde, Decori regañó a Caillaux por el retraso y su respuesta reveló una gran hostilidad hacia Gueydan envuelta en un discurso de virtud republicana y alabanzas a la sencillez. «Mi esposa me hace quedar mal con estas recepciones, dados mis puntos de vista [políticos]». Esa tarde, escribió Decori, ella le dijo a su marido que «el matrimonio Caillaux estaba en caida libre» y que Joseph «estaba celoso del éxito de Berthe como anfitriona de salón en el gran París. En vez de sacar partido de esto, él se divorciaría de ella»[376].

Decori pudo haberse inventado la historia después de sucedida; pero no lo hizo y su predicción estuvo mucho más acertada de lo que supuso. No mucho después de esta particular recepción, Joseph Caillaux había comenzado una aventura amorosa con Henriette

374 Caillaux, *Mes mémoires*, 1:229.
375 *Journal de Magdelaine Decori* (Bibliothèque nationale, n.a.f. 14668), 296, Couturier de Chefdubois, «Offertoire», p.106.
376 *Journal de Magdelaine Decori*, p. 296

Claretie, una atractiva rubia que no poseía ninguna de las ostentosas mundanidades que le habían supuesto el éxito parisino a Gueydan. Haciéndose eco de la crítica de los revolucionarios franceses hacia los aristocráticos *salonnières*, Joseph aireó el resentimiento hacia la habilidad que demostraba su esposa para mantenerle al margen de su brillante conversación, de sus vínculos con el mundo del arte y de la alta cultura[377]. Y aunque hizo lo posible por boicotear las fiestas de Berthe, ella se mostraba poco inclinada a permitírselo. Como explicaría más adelante, se encontró a sí mismo en los brazos de Henriette a modo de antídoto contra Berthe Gueydan. Henriette prometía ser una clase completamente diferente de esposa, tranquila, deferente, mucho más provinciana que la parisina Madame Gueydan. Joseph Caillaux se había convertido en un político republicano según la tradición revolucionaria francesa y quería una esposa a la que Rousseau hubiera, sin duda, dado su aprobación.

El encuentro en la sala, cuatro años después del colapso de su matrimonio, entre Joseph y su primera esposa, les produjo escalofríos a ambos. Tan hostil fue el acto que un espectador desinformado podría haber creído que era su difunto matrimonio el que se juzgaba y no el asesinato de uno de los periodistas más destacados de París. Esto era especialmente notorio en el testimonio controvertido de Caillaux que ya dos días antes había visto cómo los procedimientos judiciales parecían más enfocados hacia él y hacia su historia personal que hacia Henriette y su crimen. Cuando Mada-

377 Vid. Houdyer, *L'Affaire Caillaux*, pp. 51-53, para un excelente, aunque en ocasiones inventado, retrato de Berthe Gueydan.

me Gueydan comenzó su testimonio (figura 12), fue como si la auténtica acusada hubiera dejado de existir.

Como testigo, Berthe no impresionaba lo más mínimo. Aparecía fría, soberbia, frágil; su rechazo a cooperar con el juez disgustaba por igual a los periodistas y a los espectadores. Madame Gueydan, informaba *Le Petit parisien*, «asumió una actitud agresiva desde el principio y la mantuvo, matizada aquí y allí, durante todo el tiempo»[378]. Abrió su declaración enfrentándose sin parar con el juez Albanel por su deseo de utilizar notas escritas en su defensa. La ley le prohibía hacerlo, pero ella insistió de todas formas. En un determinado momento, Labori intervino para declarar que «Madame ya ha testificado varias veces [durante la instrucción] con considerable fuerza y autoridad» y no necesitó entonces usar notas como ayuda[379]. Al hacer esta declaración, la intención de Labori era doble: agilizar el proceso y además reforzar la idea de que Berthe Gueydan era una persona fuerte capaz de cuidarse de sí misma.

Las tácticas dilatorias de Gueydan provocaron escasas simpatías por parte de la audiencia de la sala así que, cuando finalmente consintió en testificar «espontáneamente y sin notas» tal y como requería la ley, los observadores no sintieron la más mínima compasión hacia la forma en que Joseph Caillaux la había tratado. Berthe testificó que al principio de su matrimonio ella creía que sería «el más feliz y el más unido que se hubiera visto jamás». Sólo más adelante, se daría cuenta de que Joseph había estado jugando un doble juego casi desde el primer momento.

378 *Le Petin parisien*, 24 de julio de 1914.
379 *Le Figaro*, 24 de julio de 1914.

Fig. 12. Berthe Gueydan se enfrenta con el juez Albanel (*L'Illustration*, 25 de julio de 1914).

Él debió guardar las apariencias maritales pero, antes de su primer aniversario, ya se había liado con Henriette Claretie (casada con un crítico literario de modesta reputación, Léo Claretie). Le llevó un año descubrir el asunto a Berthe e, incluso entonces, ella concedió a su marido el beneficio de la duda. Esta otra mujer no suponía nada, le dijo él, había sucumbido en un momento de debilidad. No la vería nunca más, Berthe y él llevarían a cabo un «*grand voyage*» para dejar atrás del todo tan erróneo devaneo.

Pero el viaje nunca tendría lugar. En vez de eso, Gueydan pasó el verano de 1909 sola en Suiza. Al regresar a París en septiembre, recibió una carta anónima que le decía que una rubia divorciada estaba intentando ocupar su sitio. Enfrentado a esta nueva evidencia,

Joseph afirmó que la rubia era apenas una amiga. «Me quedé atónita», testificó Madame Gueydan, «para nosotros, el enlace estaba todavía demasiado cerca como para que él tuviera ya una amante sin decírmelo y así se lo hice saber». Llegados a este punto, Joseph se puso «muy irritado y, aunque entonces no me di cuenta, estaba ya planeando axfisiarme como, si se me permite decirlo, en la obra 'Desdémona'»[380]. Ella continuó diciendo que Joseph le amenazó con matarla unos pocos días despúes y, fuera o no fuera verdad, su referencia a Desdémona ahí quedó dicha. Berthe se adjudicó a sí misma el papel de la trágica heroína, como la leal y sufriente esposa de un hombre poderoso cuyas faltas de carácter la habían condenado al olvido. Prácticamente, todos los comentaristas se refirieron al juicio como si éste fuera una gran obra de teatro y tanto Berthe como Henriette representaran sus personajes sin reservas.

A pesar de sus acusaciones, continuaba Guyedan, Joseph permaneció reacio a reconocer su aventura con Henriette. Para convencer a Berthe de que Henriette era poco más que una amiga, Caillaux falsificó algunas cartas para aparentar que su relación pareciera algo inocente. Joseph guardó las cartas ficticias en el cajón superior de su escritorio, que dejó entreabierto. «Vi un cajón a medio abrir», dijo Berthe a la sala. «Estaba sorprendida por ello porque Monsieur Caillaux era muy ordenado. Y entonces pensé que si este cajón estaba entreabierto era porque escondía alguna trampa». Ella no cayó en la añagaza pero, inexplicablemente, sí que lo hizo el propio Joseph. Días más tarde, Berthe miró en el estudio de su marido y encontró el mismo cajón

380 Transcripción–*Le Temps*, 24 de julio de 1914.

cerrado. Lo abrió con la llave de otro mueble y esta vez encontró las cartas auténticas, tan explícitas que no había duda alguna ni de la aventura de Joseph con Henriette ni sobre su intención de divorciarse de ella en cuanto la situación política fuera la adecuada. «Sólo tengo un consuelo, un único apoyo [en mi vida]» había escrito Joseph a Henriette en una de las cartas, «pensar en mi pequeña, verla en mis brazos como en Ouchy (¡Dios, qué deliciosos momentos!)». Las palabras finales que dirigía a su amante debieron ser las que más estremecieron a Berthe Gueydan: «miles de millones de besos sobre tu adorado cuerpecito»[381].

Tras recuperarse del impacto inicial de unas revelaciones como éstas, Berthe se dio cuenta de que disponía de algunas armas para su defensa: las mismas cartas que ella confiscó y la amenaza de un inminente divorcio que podrían sabotear las expectativas electorales de Joseph. «Le dije, divorciémonos enseguida. Inmediatamente se puso a mis pies y de rodillas me pidió que no me divorciara». Él sostenía que la aventura fue toda una equivocación, que ella era la única a la que realmente amaba y, al ser esto así, ella debía devolverle las cartas que le cogió. Pero Berthe ya había tomado la precaución de enviar por correo las cartas a su hermana quien procedió a fotografiarlas[*].

Joseph tenía, a cualquier precio, que convencer a Berthe para que no se divorciara. Un divorcio escandaloso podía, fácilmente, poner en su contra a los electores campesinos y, para eludir el riesgo de una derrota

381 Estas cartas personales llegaron a formar parte de la transcripción del caso. Vid. *Le Temps*, 25 de julio de 1914.

* Estas cartas fueron introducidas más tarde como prueba en el caso contra Henriette Caillaux y formaron parte de la transcripción de su juicio.

electoral, no le quedaba más remedio que agarrarse a una reconciliación repleta de promesas de fidelidad, una segunda luna de miel, una nueva vida juntos y demás cosas por el estilo. A cambio, Caillaux pidió a Gueydan que quemase las cartas culpabilizadoras que le había confiscado. Es lo que haría ella acto seguido –en un «*auto-de-fe*» con la asistencia de testigos por ambas partes- pero sin incluir las copias fotográficas, que, como declararía más tarde, habían sido guardadas sin su conocimiento. Mientras, Joseph tomó la precaución de poner un detective privado siguiendo a su esposa con la esperanza de conseguir algún tipo de pruebas a su favor. La desconfianza creciente raramente cura a un matrimonio en crisis y, una vez que volvió a obtener su escaño de forma segura en la primavera de 1910, Caillaux decidió disolver el matrimonio[382].

Joseph abandonó definitivamente a Berthe el 29 de junio de 1910. No sería hasta el día siguiente, según testificó Berthe, cuando su hermana le entregara las copias de las cartas quemadas el año anterior. Hasta ese momento, dijo Gueydan, no había sabido que tales copias existían. Berthe testificó que si hubiera sabido esto, se las hubiera entregado a Joseph Caillaux con toda seguridad. ¿Por qué?, porque era una esposa leal que amaba a su marido a pesar de todo. «Mi hermana… no me dijo nada porque conocía mi forma de ser. Sabía que le hubiera hablado a mi marido [de las copias fotográficas] durante los ocho meses que viví con él entre el día que se destruyeron los originales y el día en que me dejó». A través de su testimonio, Berthe se retrataba a sí misma como una mujer amorosa, leal y

382 Transcripción–*Le Temps*, 24 de julio de 1914.

tan sincera que se creía todo lo que le decía su marido. Cuando se le hizo entrega en su casa de una carta de Henriette, enseguida se mostró dispuesta a desecharla como un fraude. Cuando recibió una carta anómina diciéndola que su rival quería ocupar su puesto, ella creyó la explicación de Joseph de que este asunto no tenía importancia alguna para él. Incluso después de encontrar las cartas que hablaban de una conspiración para hacerla divorciarse, quiso devolvérselas a Caillaux. «Todos me decían que no devolviera nunca aquellas cartas. Pero yo quería devolverlas porque amaba a mi marido».

Una y otra vez, Gueydan se presentaba a sí misma como la fiel esposa víctima de un marido político, poderoso y sin escrúpulos que intentaba divorciarse de ella contra sus deseos. A pesar de todas estas maquinaciones, ella testificó «cuando me miraba, todo lo más que veía era a una mujer dulce y tierna que le amaba». Había estado deseando hacer cualquier cosa para evitar los daños de un divorcio, para mantener la santidad de su hogar incluso cuando su marido hubiera cometido adulterio. «Yo, a disgusto, ya me había divorciado de mi primer marido sólo porque M. Caillaux me había suplicado que me divorciara por su propio bien. Consideré entonces el hecho de que fuera madre, de lo duro que era ser una mujer sola y decidí no divorciarme, no romper nuestro hogar». Pero ninguna de sus concesiones, ninguno de sus esfuerzos lograron salvar su matrimonio; nada le importaba a Caillaux, que la abandonó un minuto después de que su escaño quedara asegurado. «Yo fui arrojada de mi casa y otra mujer tomó mi lugar». Al final no le quedó otra opción que la de conformarse con el divorcio. «Era una mujer sola, indefensa, cazada en una red, como un pájaro... me quedé sin fuerzas para continuar».

Berthe había sido, de hecho, la víctima de un hombre poderoso y mendaz. Y en el juicio hizo todo lo que pudo para resaltar esta victimización, para conseguir el mayor efecto dramático. En un determinado momento, cuando se le pidió que hablara más alto, ella respondió, como para confirmar el comentario de sus simpatizantes que la retrataban como mujer débil y abrumada: «Debe entender que toda esta historia completa me resulta tan penosa que me hace perder cada onza de mis escasas fuerzas». Aún así, existen considerables evidencias de que no resultaba tan sencilla y tan femenina como aparentaba. Si hubiera sido tan cándida como sostenía en la sala, ¿por qué se decidió a forzar el cajón cerrado del escritorio de Caillaux en el quc encontró un par de incriminadoras *lettres intimes*? Y ¿por qué, cuando las encontró, inmediatamente las envió a su hermana para que las guardase en vez de devolvérselas a su marido? Finalmente, ¿resulta creíble que ella no supiera nada de la existencia de las copias fotográficas hasta después de roto su matrimonio y, además, que una vez que tuvo posesión de las copias no se las enseñase a nadie? La respuesta a la última pregunta nunca la sabremos; Madame Robert, la hermana de Berthe se marchó convenientemente a los Estados Unidos durante el juicio. Algunos testigos, afirmaron, no obstante, haber visto partes de estas cartas y estar familiarizados con su contenido, confirmando la consiguiente denuncia de la sobrina de Madame Gueydan, Isabelle, de que Berthe había mostrado la carta del «*Ton Jo*» a «muchas personalides políticas», así como a Bunau-Varilla de *le Matin*[383]. Es más, un periodista llamado Vervoort testificó que, a instancias de Madame Robert, se fue a ver a Berthe Gueydan después de su divorcio y que ella le mostró copias de todas las cartas en cuestión[384]. Finalmente, tenemos el enigma de cómo Calmette pudo hacerse con una copia facsímil de la misiva del «*Ton Jo*» si Berthe no se la hubiera dado. Cuando el juez Albanel le formuló esta pregunta, su respuesta evasiva no tuvo nada de inocente «Si usted me puede decir cómo [Calmette] se hizo con el *document Fabre* y con los despachos procedentes de la diplomacia alemana, entonces le responderé».

Con la cuestión de las *lettres intimes* ante la corte, Albanel y Chenu se esforzaron por convencer a Berthe para que las presentara como evidencias en el caso. Ella había sido renuente a hacerlo así durante la instrucción previa, una posición que parecía, en principio, que mantendría también ante Albanel. Pero la potencial importancia de estas cartas hizo que Albanel y Chenu se mostraran poco dispuestos a dejar pasar el asunto. Albanel quería ver si había algo de verdad en la historia de Caillaux de que las cartas fueran tan comprometedoras que empujaran a una aterrorizada Henriette a cometer un acto violento; Chenu esperaba utilizarlas para hacer reconsiderar al jurado las graves transgresiones morales de su oponente contra el matrimonio y la familia. Preguntado de nuevo si alguien, además de ella y de su hermana, había visto alguna vez las cartas, Berthe respondió que desde el divorcio

383 Couturier de Chefdubois, «Offertoire», p. 123.
384 Para el testimonio del cuarto día, vid. la transcripción–*Le Figaro*, 24 de julio de 1914.

quedaron depositadas en una caja de seguridad en una sucursal del banco Société Générale de los Campos Elíseos.

«¿Hasta cuándo estuvieron allí?», preguntó el juez.

«Hasta ahora», respondió Berthe.

«¿Seguirán allí guardadas para siempre?»

«No dije eso. Dije hasta este mismo instante».

Con esta respuesta, Berthe añadía más suspense aún en torno a estas cartas, sugiriendo, inteligentemente, que ella pudiera estar dispuesta a revelarlas ahora. Se entablaba un debate considerable sobre si estaría, o no, de acuerdo en aportar las cartas como prueba, cuando Chenu aumentó aún más el suspense:

«¿Dónde están las cartas en este momento?», preguntó.

«Están justamente aquí», respondió ella apuntando a su bolso.

«¿Ha cambiado usted su actitud sobre facilitarle las fotografías al señor Presidente de la sala [Albanel], las mismas que usted rehusó anteriormente facilitar al *juge d'instruction*?».

«Preferiría no hacerlo», respondió Berthe, aduciendo su poca disposición a comprometer a Madame Caillaux.

En este momento, Chenu intentó convencerla para que revelase las cartas y Labori, aparemente seguro de que ella persistiría en su negativa, intervino para agradecerle su delicadeza con respecto a su cliente. Pero Gueydan, contraria a facilitarle tanto las cosas, se volvió hacia el jurado y preguntó si querían que leyese las cartas en voz alta. Silencio. En tal caso, dijo el juez, Madame Gueydan puede retirarse del estrado. Esta decisión no terminaba de agradar a Chenu, que pidió a

Berthe, de nuevo, que reconsiderara su postura. Ella se volvió hacia Albanel, «ahora, señor presidente, me gustaría proponer otra solución. Quizás podría poner en manos del señor Labori las cartas para que haga con ellas lo que guste»[385].

Fue un regalo envenado en toda regla, por parte de Gueydan para dar jaque mate a Labori con una maniobra de considerable brillantez. Si él obviaba las cartas levantaría muchas sospechas, pero si las leía estaría en posición de mortificar a su propio cliente. Quizás Chenu había elaborado la idea de cargar al propio Labori con la inquietante responsabilidad de revelar las cartas, pero las actuaciones de Berthe en la sala de justicia sugieren que ella misma podría haberlo planeado. Si esto fuera así, tal y como ocurrió, resulta una labor impropia para lo que se entiende que sea una frágil mujer. A Labori, desde luego, no le quedaba otra opción que la de presentar estas cartas a la sala y, finalmente, leerlas en voz alta ante toda la asamblea.

La reputación de Joseph Caillaux apenas había mejorado durante las horas en que Berthe Gueydan estuvo en el estrado de los testigos. Después de que ella abandonara el estrado, pidió ser escuchado. Poco era lo que Caillaux podía decir en su defensa, así que, como experimentado político que era, decidió adoptar una postura ofensiva (figura 13). Este antiguo primer ministro mostraría una audacia temeraria al atreverse no sólo a lanzar un ataque público contra la mujer a la que había ofendido sino también al solicitar una justificación para su pasado comportamiento con las mujeres

385 Ibíd.

Fig. 13. Joseph Caillaux encara desafiante a una sala plagada de murmullos de protesta (*L'Illustration*, 25 de julio de 1914).

desde la óptica masculina imperante en la *Belle Époque*. En una sala atiborrada de periodistas y políticos, una sala en las que las mujeres habían sido excluidas en un principio como público asistente, Caillaux le dijo a Gueydan –para que quedase así registrado- por qué razones había resultado ser una esposa totalmente inadecuada. «Entre un hombre al que todos le suponían autoridad, vigor y poder», dijo Caillaux volviéndose a confrontar de manera directa a Madame Gueydan, «y usted que posee estas mismas cualidades en total plenitud, resultaba imposible cualquier relación duradera». Joseph, de esta manera, le decía a Berthe y al mundo que ella era demasiado fuerte, tenía demasiado carácter y resultaba demasiado inteligente para sus necesidades. ¿Cómo –se preguntaba-, podría haber seguido con ella dados los «conflictos por sus caracteres tan opuestos y a la vez tan similares?»[386].

386 Transcripción–*Le Temps*, 24 de julio de 1914.

Con Henriette, continuó Joseph, todo fue distinto, equilibrado, natural; a diferencia de Berthe ella era una «burguesa… de mi esfera social… con un carácter y una naturaleza cercanos a mí»[387]. En el clima cultural de 1914, Caillaux no tenía empacho alguno en admitir que lo que él precisaba era una clase de mujer como la que la mayoría de sus compatriotas masculinos hubiesen coincidido en considerar como una verdadera mujer: dulce, tranquila, reservada y que no compartiera ninguna de las arquetípicas cualidades masculinas tan «hipercultivadas» por él mismo[388].

Joseph Caillaux, un hombre que raramente admitía equivocaciones en el ámbito político, confesaba abiertamente el error de haberse casado con una mujer demasiado intelectual como para ser su igual. Y porque se había casado de forma tan inapropiada, dijo Caillaux al tribunal, estaba dispuesto magnánimamente a pagar por su error. Como parte del acuerdo de divorcio, Caillaux aportaba a Gueydan la elevada suma de 18.000 francos al año más un fondo de inversión por 210.000 francos. Las dos cifras, aseguraba el antiguo primer ministro, suponían la mitad de su fortuna. Cuando Berthe replicó que ninguna cantidad de dinero lograría reparar el daño emocional que le había causado, su respuesta fue tan arrogante que provocó airadas protestas en la sala: «permítame que le recuerde», advirtió, dirigiéndose una vez más a su anterior esposa «que usted no tenía ni un céntimo cuando vino a mi casa»[389]. Es importante

387 Ibíd.

388 El estribillo de una canción de moda por entonces decía: «Ce qu'il faut/ C'est une femme douce». Vid. Bernard Amoudru, *De Bourget à Gide: amour et famille* (Paris: Editions familiales de France, 19146), p.42.

389 Transcripción–*Le Temps*, 24 de julio de 1914.

señalar que únicamente este orgullo por su superioridad económica sería lo que provocase la indignación del público, algo que no logró su sincero afán por establecer su predominio intelectual y emocional sobre la mujer con la que se había casado; esta última consideración le parecía algo tan natural a la audiencia masculina que no provocaba el más mínimo rechazo.

Pero, a pesar de lo inteligentes que parecían estas propuestas, ninguna pudo explicar suficientemente su historia personal de promesas incumplidas y engaño matrimonial. Especialmente significativo resultó el creciente número de ideólogos conservadores que identificaron las carencias morales de Joseph Caillaux con su presumible corrupción política. Para ellos, el divorció disolvía a la familia del mismo modo que el republicanismo radical disolvía a la Nación. Paul Bourguet, el popular novelista, escribió en su habitual columna periodística que una de las lecciones más trágicas y profundas que se sacaba del *Affaire Caillaux* era la concerniente al problema del divorcio. Para él, el testimonio del caso «probaba contundentemente que el divorcio no resuelve nada, ni contenta a nadie, no alivia el sufrimiento ni amortigua la pena». Las cosas eran distintas, escribió «cuando el matrimonio era indisoluble... las parejas sabían que la cadena que les vinculaba era irrompible y aún los matrimonios más problemáticos hacían todo lo posible para acomodarse a la realidad de la vida». Estos desafortunados debían seguir juntos no por ellos sino por el bien común, puesto que todas las sociedades necesitan tener la seguridad de que las relaciones fundamentales pervivan y que algunos principios lo sean de forma permanente. La estabilidad de las familias era crucial, sostenía Bourget, también por razones políticas. Anteriormente, había escrito que «para que algo sea sólido y duradero debe ser natural, y lo natural en política es la familia. La familia debe ser la base de todas nuestras instituciones». He ahí por qué las amenazas a la familia interesaban tanto a Bourget, y que su informe contra Caillaux se redujera a la cuestión del divorcio. Al final, concluía, «más que ninguna otra de las así llamadas reformas modernas» lo que había desenraizado a la sociedad francesa de sus tradiciones fue la inculcación a la gente de una liberación moral basada en la creencia de que «ciertas cosas resultan inevitables y deben ser aceptadas»[390].

Al igual que Bourget pero en términos aún más estridentes, el periodista de derechas, Guy de Cassagnac relacionaba los divorcios de Caillaux con una moral más ancha y una ruptura política. Escribiendo en *L'Autorité*, Cassagnac declaraba que «nuestros tiempos son los de una época lamentable en que el divorcio ha subvertido las leyes de la sociedad y destruido toda respetabilidad. Había excluído la vida hogareña pacífica y creado un horrible caos entre mujeres, niños y maridos… dando pábulo a escándalos y suscitando odios». Más que cualquier otro hecho coetáneo, el asunto Caillaux le recordaba a Cassagnac las maldades diabólicas del divorcio. «Cuando escuché a Madame referirse a 'la primera esposa de mi marido' o 'al hijo de la primera esposa de mi marido' me cogí la cabeza con

390 *L'Echo* de Paris, 27 de julio de 1914. Todas las citas de este párrafo provienen del artículo del *Echo*, excepto «para que algo sea sólido…» que procede de Georges Fonsegrive, *Mariage et union libre* (Paris: Plon, 1904), p. 29. La influencia de Bourget como escritor fue enorme; Martin-Fugier le denomina «el autor francés que más leían las mujeres». Vid. Anne Martin-Fugier, *La bourgeoise: femme au temps de Paul Bourget* (Paris: Graset, 1983), p.125.

las manos, cierto que... este caso no representa ni más ni menos que el juicio a nuestra sociedad laica, la existencia podrida e inmoral que la República ha infligido a Francia»[391].

Aunque fueron los derechistas quienes más abusaron de la retórica de vivos colores para hablar del divorcio, los periodistas de la prensa centrista popular se pronunciaban en términos muy similares. La imagen dada por el semanario *La France illustrée* culpabilizaba a Calmette de «la inmoralidad de nuestras decadentes costumbres, la locura de emociones que rompen todos los vínculos y acumulan divorcio sobre divorcio»[392]. Y el independiente *Annales politiques et littéraires* explicaba que episodios como el asunto Caillaux podían suceder en Francia debido a «los fermentos diabólicos introducidos en nuestras costumbres por el divorcio»[393].

A pesar de que en el juicio de Madame Caillaux se trató el tema del divorcio únicamente durante el testimonio de Berhe Gueydan, los comentarios de la prensa mantuvieron presente la atención sobre este asunto durante toda la duración del sumario. Y en el último día del juicio, la consideración política del divorcio volvió a la misma sala cuando Charles Chenu la incluyó como parte de su argumento de cierre en la acusación contra Joseph y Henriette Caillaux. El tribunal, proponía, no debía mostrarse indulgente en lo más mínimo con Henriette porque ella era poco más que una «amante [que había] triunfado sobre la legítima esposa». Menos aún, mantenía, debía darse crédito al testimonio de Joseph Caillaux que «al divorciarse [de Berthe Gueydan]

391 *L'Autorité*, 22 de julio de 1914.
392 *La France Illustreé*, 21 de marzo de 1914.
393 *Les Annales politiques et littéraires*, 29 de marzo de 1914.

en marzo de 1911 trasgredió el solemne juramento de fidelidad que le había dado»[394].

Gracias a los esfuerzos de Chenu y al renovado vigor del conservadurismo francés, con su énfasis sobre la moralidad católica y la familia tradicional, la historia aparentemente privada del adulterio y del divorcio se había convertido en el elemento central político de la vida pública francesa. La explicación de su importancia estriba en el intento que, después de 1870, hubo por crear una república totalmente laica en el seno de Francia.

La disolución del matrimonio no se haría realidad en Francia hasta 1884 cuando los nuevos dirigentes de la Tercera República añadieron el divorcio a la piedra angular de las leyes laicas y libertades civiles diseñadas para apuntalar a la naciente sociedad republicana. Al mismo nivel que la nueva educación pública y la separación de Iglesia y Estado, la ley de divorcio produjo un conflicto de lo más amargo y duradero, conflicto que revelaba las fisuras estructurales existentes en la sociedad francesa. Así que el divorcio resultó tan problemático que cuando el principal proponente del proyecto de ley, Alfred Naquet, habló por vez primera en su defensa, la Asamblea estalló en carcajadas nerviosas, rehusando incluso a la mera consideración del mismo[395]. Su oportunidad no le llegaría hasta después del abortado golpe de estado clerical de 1877, el *seize mai.* Los republicanos no querían participar en un proyecto de ley que pudiera acarrearles el rechazo de los electores campesinos; aún así, Naquet insistiría al igual que las dirigentes del naciente movi-

394 Transcripción–*Le Figaro*, 29 de julio de 1914.
395 Alfred Naquet, *Le divorce* (Paris: E. Dentu, 1881), cap. 1.

miento feminista de Francia, que había sido crucial en esta campaña desde sus primeros momentos[396].

Dentro del Parlamento, Naquet y sus socios se alineaban con la tesis anticlerical que sostenía que la liberación laica de la familia requería del divorcio. En palabras de Naquet, el «espíritu del clericalismo» había acabado con el corto trayecto de la ley del divorcio de la Revolución francesa y ahora «lo que supone el restablecimiento del divorcio es la dulce venganza del espíritu democrático sobre el espíritu clerical»[397]. La libertad de un matrimonio no deseado era tan esencial al individuo como todas las otras libertades prometidas por el estado laico. Y cada ciudadano francés, declaraba Naquet, debía tener el derecho de amar, de sentir pasión y de vivir su vida al margen de las anticuadas restricciones de la Iglesia[398].

Atacados en todos los frentes, los dirigentes católicos respondieron a este reto de la misma manera en que se opusieron a las esfuerzos de la República por secularizar las escuelas. Los sacerdotes eran conscientes de que el asalto a la educación católica y la resurrección del divorcio resultaban dos caras de la misma moneda; ambas atacaban la estabilidad de la propia Sociedad. Se-

396 Léon Richter, uno de los pioneros del feminismo moderno francés, es conocido por haber redactado la propuesta original del divorcio de Naquet. Vid. Claire Goldberg Moses, *French Feminism in the Nineteenth Century* (Albany: State University of New York Press, 1984), p. 209. Sobre las polémicas en torno a la legislación del divorcio de 1884, las cuales aparecieron después de que fuera escrito este capítulo, vid. Roderick Phillips, *Putting Asunder: A History of Divorce in Western Society* (New York: Cambridge University Press, 1988), especialmente caps. 11-12; Antony Copley, *Sexual Moralities in France, 1780-1980* (New York: Routledge, 1989), cap.5.

397 Naquet, *Le divorce*, p.14.

398 Jacques Desforges, «La loi Naquet», in Robert Prigent, ed., *Renouveau des idées sur la famille* (Paris: Presses Universitaires de France, 1954), p.107

gún Monseñor Charles-Émile Freppel, un obispo con escaño en el Parlamento, la familia cristiana suponía un elemento esencial para la existencia de Francia: «con todas sus vicisitudes y todas sus agitaciones, nuestro país ha tenido la sensatez de consagrarse por sí mismo un incomparable elemento de solidez, de permanencia y cohesión: a saber, la familia indisoluble». Sin ella, Francia dejaría de ser una «civilización cristiana» cayendo víctima de lo que Freppel llamaba una «maniobra semítica» (Naquet era judío) contra sus tradiciones sagradas. Monseñor Frappel no pudo resistirse a hacer un juego de palabras cuando concluyó que el proyecto de ley de Naquet «consumaría el divorcio entre la Tercera República y la Iglesia católica»[399].

Freppel, finalmente, no fracasó del todo y sus esfuerzos contribuyeron a diluir la ley que finalmente saldría del Senado en 1884. En concreto, el divorcio por mutuo acuerdo, aspecto central en la legislación revolucionaria de 1792, fue reemplazado por una ley mucho más restringida. Lo que se conocería como la Ley Naquet -aunque su homónimo se mostrara disgustado con bastantes de sus puntos-, sólo permitía el divorcio en uno o a lo más cuatro casos específicos: adulterio, crueldad manifiesta, difamación y condena criminal grave[400]. Para desanimar aún más al divorcio, el Senado prohibió el divorcio entre los culpables de adulterio y, como concesión a la Iglesia Católica, denegó la propuesta de Naquet para permitir que la mera separación -única solución del catolicismo a la discordia marital- pudiera convertirse automáticamente en divorcio a petición del marido o de

399 Citado en Desforges, «La loi Naquet», pp. 107-108.
400 Wesley D. Camp, *Marriage and the Family in France Since the Revolution* (New York: Bookman Associates, 1961), p. 71.

la esposa. El diputado pro-divorcio Letellier expresó su desacuerdo con la forma final del proyecto de ley pero lo justificó como «otro paso crucial hacia la laicización del Estado»[401]. Para los republicanos comprometidos, la legalización del divorcio, a pesar de que éste quedara muy recortado, suponía un símbolo de secularización similar a la reforma escolar de Jules Ferry.

Aunque la ley de 1884 no satisficiera a nadie, su carácter restrictivo acalló los temores de algunos de su oponentes y permitió que la cuestión del divorcio desapareciera del punto de mira. Pero sólo lo hizo de una forma temporal; cuando el feminismo organizado llegó a alcanzar más voz en la década de 1890, los temas del matrimonio y del divorcio resurgieron como parte de una controversia más amplia sobre el nuevo papel de las mujeres dentro de la sociedad moderna[402]. La mayoría

401 Desforges, «La loi Naquet», p.107.

402 Sobre los inicios del divorcio en la Tercera República vid. Henri Le Goasquen, *Le Divorce devant l'opinion, les chambres et les tribunaux* (Rennes: Brettone, 1913). Sobre los inicios del feminismo en la Tercera República, vid. Laurence Klejman y Florence Rochefort, *L'égalité en marche: Le féminisme sous la Troisième République* (Paris: Presses de la Fondation nationale des sciences politiques, 1989); Offen, «Depopulation»; Karen Offen, «'First Wave' Feminism in France: New Work and Resources», *Women's Studies Quaterly 5* (1982); y muchas de las contribuciones de Offen al *Historical Dictionary of the Third French Republic* (Westport, Conn.: Greenwood Press, 1982); Kay Bidelman, *Pariahs Stand Up! The Founding of the Liberal Feminist Movement in France*, 1858-1889 (Westport, Conn.: Greenwood Press, 1982); Charles Sowerwine, *Sisters or Citizens?* (Cambridge: Cambridge University Press, , 1982); Maité Albistur y Daniel Armogathe, *Histoire du féminisme français* (Paris: Editions des femmes, 1977); Jean Rabaut, *Féministes à la belle époque* (Paris: Editions France-Empire, 1985); Moses, *French Feminism*; Hause, *Women's Suffrage*; y Steven C. Hause, Hubertine Auclert: *The French Suffragette* (New Haven: Yale University Press, 1987). El artículo de Karen Offen, «The Woman Question as a Social Issue in Nineteenth-Century France: A Bibliographical Essay», *Third Republic/ Troisième République 3-4* (1977), aunque ligeramente anticuadas, nada ha sido tan útil para esta investigación como las citadas obras.

de las feministas francesas no cuestionaba la idea cultural dominante que separaba las esferas de los hombres y de las mujeres. Sin embargo, sus esfuerzos por abrir nuevas posibilidades a las mujeres –tanto dentro como fuera del hogar- provocarían airadas respuestas por parte de los ideólogos de prácticamente todo el espectro político. Incluso en su versión más suave, el feminismo levantaba toda suerte de contradictorios temores masculinos, a cual más exagerado y más bárbaro, porque los hombres seguían considerando a tales mujeres contrarias a su ideal de feminidad basado más en el esfuerzo por defender el poder masculino y los estereotipos machistas propios que en cualquier aspecto de la realidad femenina. Por eso, como los ideólogos varones consideraban a la «mujer real» inapropiada para acceder al mundo de las profesiones masculinas, los hombres se mostraban especialmente hostiles hacia los intentos, incluidos los más modestos, de incorporar a las mujeres (dentro de las clases medias) a la esfera del trabajo. Puesto que los hombres exaltaban en las mujeres valores naturales como la pureza, la generosidad y el altruismo, los intentos femeninos en defensa de sus propios intereses de grupo fueron condenados como muestra de egoísmo *contra natura*. Y lo más importante con respecto al tema del divorcio era que los hombres continuaban considerando a las mujeres como entes nacidos fundamentalmente para el matrimonio y la familia, por lo que, en particular los analistas conservadores, denunciaban los intentos de facilitar el divorcio como un ataque a la base de la misma sociedad[403].

403 Puede encontrarse de forma reiterada estos puntos de vista en Charles Turgeon, *Le féminisme français*, 2 vols. (Paris: L. Larose, 1902). Turgeon era un profesor muy reconocido de derecho y economía política. Vid. la crítica de

Esta discusión resonó durante toda la *Belle Époque*, pero asumiría un tono más duro, levantando nuevas voces tras la victoria de los partidarios de Dreyfus en 1899. Su éxito animó a ciertos republicanos y feministas a demandar reformas en la ley de la familia coincidentes con lo que parecía ser un ascendente individualismo[404]. En particular estos grupos comenzaron a defender una nueva concepción del matrimonio. Ya no iba a ser la institución que representaba el sagrado compromiso por el que marido y mujer renunciaban a sus identidades separadas para crear una nueva unidad familiar. El matrimonio iba a ser ahora, como argumentaban sus potenciales reformadores, una unión legal que ligaba a dos compañeros en el mismo plano de igualdad sin que supusiera disminución ninguna en las diferentes individualidades que habían aportado cada uno a la unión[405]. Para ciertos republicanos del partido Radical, este nuevo punto de vista individualista sobre el matrimonio parecía ahora preferible al antiguo acuerdo decimonónico en el que el monopolio masculino sobre el ámbito

Emile Faguet sobre él en *Le féminisme* (Paris: Boivin, 1910), cap. 1. Sobre las consecuencias políticas y sociales de las imágenes retóricas sobre las mujeres hechas por hombres, vid. Mary Poovey, *Uneven Developements: The Ideological Work of Gender in Mid-Victorian England* (Chicago: University Press, 1988).

404 Los otros cambios en los derechos de la mujer en el seno de la familia han sido presentados en el capítulo III.

405 Sobre el debate contemporáneo de lo que se veía como la «crisis del matrimonio», vid. Georges Art, «La crise du mariage», *La Revue bleue*, 25 de septiembre de 1897; Jean Joseph-Renaud, *La faillite du mariage and L'union future* (Paris: Flammarion, 1899); algunos de los trabajos de Paul Margueritte y Victor Margueritte: *Mariage et divorce* (Paris: Plon, 1900); «Enquête sur le mariage», *La Plume*, 15 de abril-15 de junio de 15 de junio de 1901; «Liberté du mariage», *La Revue socialiste*, septiembre de 1906. Vid. también Léon Blum, *Du mariage* (Paris: Ollendorff, 1908); Paul Lapié, *La femme dans la famille* (Paris: Octave Doin, 1908). Además, muchas de las *enquêtes* sobre divorcio, analizadas más adelante, revelan igualmente las posturas coetáneas en torno al matrimonio.

público había encontrado su justificación en las nociones en torno a la inferioridad virtuosa de la mujer y su complemento en la seguridad familiar que quedaba así garantizada para las mujeres. Estos radicales parecían ahora deseosos de renunciar a su creencia sobre la dependencia femenina a fin de dejar plena libertad a los hombres y a las mujeres para acceder o abandonar los matrimonios a su conveniencia individual.

Las mujeres feministas, por su parte, tendían a apoyar el nuevo matrimonio individualista como una forma de hacer que su posición en la vida, reducida por su género al ámbito doméstico y al maternal, llegara a ser más libre, más justa y más gratificante. Como precisa Karen Offen, las mujeres activistas no iban en contra del matrimonio ni de la familia sino que argumentaban su postura en la asunción de que la evolución de ambos dotaría a la esfera femenina de su propia voz individual[406]. Tal «feminismo familiar» –según el acertado término de Offen- no era, aún así, algo que la Iglesia y sus aliados del centro y la derecha hubieran podido aceptar. Para ellos, o la familia mantenía sus tradiciones o no constituía, en absoluto, una familia[407].

El debate en Francia sobre el matrimonio y la familia comenzó a generar titulares en el verano de 1900, cuando los participantes al Segundo Congreso Internacional sobre Trabajo Femenino e Instituciones apelaron por la

406 Offen, «Depopulation», 654.

407 Karen Offen depura y elabora su teoría sobre el feminismo familiar en "Defining Feminism: A Comparative Historical Approach", *Signs: Journal of Women in Culture and Society 14*, nº1 (1988). Los importantes esfuerzos por contrastar lo que ella denomina femenismo «relacional» con el femenismo «individualista» produjo dos inspiradas objeciones por parte de Ellen Dubois y Nancy Cott. Vid. sus comentarios y las convincentes respuestas a las mismas en los artículos de 1989 en *Signs*.

liberalización del divorcio. Su esperanza era arrancar el divorcio de las manos de los magistrados y permitir que las personas involucradas tomasen sus propias decisiones[408]. No tardó mucho en que éste y otros proyectos similares captaran la atención del periodismo. Con el divorcio de nuevo en los titulares periodísticos, el asunto acabaría siendo copado por los políticos, especialmente después de que algunos avanzados diputados republicanos introdujeran un proyecto de ley para permitir la disolución del matrimonio mediante el consentimiento mutuo exclusivo.

Al poner de nuevo el foco sobre el divorcio, estos hechos revelaron que prácticamente nadie se encontraba a gusto con la legislación de 1884. Los republicanos, que, particularmente, eran los más identificados con el anticlericalismo, la encontraban demasiado atada a la concepción del matrimonio del catolicismo que despojaba a los individuos de la libertad necesaria para acabar con las uniones infelices u opresivas[409]. Los conservadores, tanto los que estaban con la Iglesia como los que no, sostenían el punto de vista contrario. Para ellos, el proyecto de ley del divorcio, mal concebido desde el principio, había fracasado tan miserablemente que la legislatura lo revocaría del todo. Los defensores de la ley habían prometido una disminución de los crímenes pasionales, menos adulterios, mejores matrimonios, índices más altos de nacimientos y menos niños ilegítimos.

408 Marie Pégard, ed., *Deuxième congrès international des oeuvres et institutions féminines…*, 4 vols. (Paris: C. Blot, 1902). Vid., también la cobertura que hizo de este congreso *La Fronde* en junio de 1900.

409 Los hermanos Paul y Victor Margueritte fueron incansables defensores de esta propuesta y ayudaron a iniciar el debate de legislatura con su *lettre ouverte* del 1 de diciembre de 1900 sobre la «imperfección de nuestra ley de divorcio». Vid. *Le Figaro*, 2 de diciembre de 1900.

Pero, al quedarse muy lejos de alcanzar estos beneficios, los conservadores argumentaban que el divorcio simplemente había empeorado los antiguos problemas. Según Charles Turgeon, «nunca antes el revólver, el puñal y el ácido se habían empleado de forma tan frecuente y tan furiosa en las disputas conyugales»[410].

A fines de 1900, esta controversia había explotado en un debate a escala nacional, en una guerra de palabras dirimida en la prensa a través de una nueva y prometedora técnica periodística: la *enquête*, o sondeo de opinión pública. La primera de tales investigaciones fue promovida por los novelistas Paul y Victor Margueritte -ambos ardientes partidarios del divorcio- quienes, en 1900, sondearon la opinión de la élite social sobre el matrimonio y el divorcio en sucesivos artículos de *La Revue.* Su tentativa se quedó bastante al margen del método científico siendo, propiamente, más usada para influir en la opinión pública que para medirla; la mayoría de los entrevistados respondió por escrito no sólo a favor del divorcio por mutuo acuerdo sino a favor del divorcio solicitado por tan sólo uno de los cónyuges[411]. Poco después, *La Revue* ofrecía el mismo espacio a los contrarios al divorcio. Y, casi de la noche a la mañana, entre 1901 y 1914, las encuestas sobre matrimonio y divorcio se convirtieron en un gran negocio, con una docena de las mayores –aunque

410 Turgeon, *Le féminisme*, 2: 241. Sobre otras posiciones similares de los conservadores vid. Le Goasquen, Le divorce, p.189; Charles Morizot-Thibault, «La femme et le divorce», *La Réforme sociale*, 16 de julio de 1901. Emile Faguet, que sostenía ideales totalmente opuestos, estaba de acuerdo con los postulados conservadores sobre el fracaso del proyecto de divorcio. Vid. su trabajo, *Le féminisme*, pp. 196-197.

411 Paul Margueritte and Victor Margueritte, «Mariage et divorce», *La Revue*, diciembre de 1900: 449-469 y marzo de 1901: 485-506.

no muy consideradas intelectualmente- cabeceras periodísticas dedicándole lugares preferentes[412].

Paul y Victor Margueritte escogieron cuidadosamente a sus entrevistados. La mayoría eran radicales, gentes cuya identificación con la libertad personal les había llevado primero a defender a Dreyfus y luego a la reforma del matrimonio. En una típica declaración, el diputado radical Charles Beauquier escribió que el Estado no debería interesarse en la duración del matrimonio; imaginaba un futuro en el que las uniones estarían basadas en contratos de duración limitada, «tres, seis o nueve años, renovables, como un alquiler». El matrimonio, para este parlamentario, venía a ser un contrato como cualquier otro, uno en el que la ley debería intervenir «sólo para regularizar y asegurar la situación de los hijos». El Senador Auguste Delpeche, también radical, iba incluso más allá. No sólo era el matrimonio un mero contrato entre individuos libres sino que el Estado no debía implicarse con respecto a los hijos que generasen las parejas: «Para justificar las restricciones creadas en torno a nuestra actual ley [de divorcio], sus defensores invocan el interés de la sociedad y de los hijos; esto no es en realidad sino un puro sofisma». Otro diputado, Paschal Grousset, se mostraba más implicado en el destino de los niños. Argumentaba que «los aspectos legales del matrimonio sólo tienen sentido con respecto a los hijos. Todo lo demás que restrinja la libertad individual es una mentira y una abominable tiranía». Este espíritu liberalizador provenía de Lucien Leduc, un abogado adscrito a la

412 Unas cuantas de estas publicaciones se citaron en la nota 404. Vid. también *La Revue hebdomaire*, *La Française*, *Le Matin*, *La Réforme sociale* y *La Revue*.

corte de apelación: «el matrimonio moderno... no es más que un contrato ordinario a través del cual cada parte espera desarrollarse en asociación con su complemento». Hasta el joven Raymond Poincaré se dejó llevar por el movimiento, defendiendo el divorcio de mutuo acuerdo pero no «sobre la petición de uno sólo de los miembros, aunque debo admitir que hay casos que demostrarían que estoy equivocado». Para Gustavo Rivet, futuro editor de *Le Radical*, el divorcio era un «derecho natural» estipulado por el mismo Jean-Jacques Rousseau, quien declaró que «el hombre debe ser siempre dueño de su persona»[413]. Otro de los encuestados avisaba que si la ley de divorcio no cambiaba, la gente no se casaría porque «el matrimonio tal y como es concebido hoy en día resulta humillante». Finalmente, Émile Zola estaba a favor de «la pareja cuyo amor constituya una unión indisoluble, pero si el divorcio fuera necesario no debiera haber ningún obstáculo»[414].

En el prefacio a su *enquête*, los hermanos Margueritte se unieron a su amigo Rivet al asociar explícitamente el derecho al divorcio con las libertades individuales y la filosofía propia de la Revolución francesa. Al secularizarse el matrimonio, «La Revolución, cuyo maravilloso soplo de aire fresco nos proyectó hacia un sol de justicia y humanidad... entendido... que la sociedad y la ley fueron hechas para el individuo y no el individuo para la sociedad y la ley. El papel de ambos

413 Desde luego, Rousseau no estaba de acuerdo con la idea que las mujeres debían servir a los hombres. Vid., por ejemplo, su novela *Emile*, traducción de Barbara Foxley (New York: Dutton, 1933), pp.324-325-, 371-372.
414 Todas las citas de este párrafo son de los hermanos Margueritte, «Mariage et divorce», pp. 485-498.

no es otro que el de salvaguardar la libertad individual, no destruirla a través de compromisos indisolubles». Defendían así al divorcio con los razonamientos que se han hecho tan familiares en nuestros tiempos: libera a los niños de una vida familiar llena de enfrentamientos, permite a las parejas que se llevan mal que puedan rehacer sus vidas con otras compañías e impide que uno de los esposos encadene al otro en una unión que él o ella encuentre limitante o dañina. A menudo, los autores apelaban a la incansable justificación para todo, común a los republicanos radicales: el anticlericalismo. La oposición a la reforma del divorcio era una parte fundamental de la «reacción religiosa», eternamente hostil a «los principios del 92»[415].

A primera vista, pudiera parecer sorprendente que estos republicanos radicales proclamaran sus principios utilizando un lenguaje del más puro individualismo. Los radicales, después de todo, tendieron a cuestionar al liberalismo asociado con posiciones tan individualistas al proponer una alianza, en la década de 1890, con una nueva doctrina social llamada solidarismo. Los defensores del solidarismo pretendían corregir los defectos del liberalismo clásico mientras rechazaban la amenaza del colectivismo. En particular, los solidaristas proponían que la Nación no fuera concebida por más tiempo como una agrupación de individuos atomizados, relacionados unos con los otros sólo a través de la competencia en el mercado de trabajo; sino que debería ser considerada como un cuerpo social compuesto de órganos interdependientes, cada uno de los cuales llevaba a cabo una función

415 Las citas de este párrafo son de ibíd., pp. 453-468.

necesaria para la totalidad. Dada esta interdependencia, nadie podía ser una isla de autosuficiencia y todos los diferentes miembros de la Nación se prestarían ayuda y apoyo unos a otros.

Aunque dicha noción quedaba fuera del individualismo liberal, no repudiaba al individualismo como tal. Como señala Judith F. Stone inteligentemente, el último propósito del solidarismo no era tanto restringir la iniciativa privada sino reconstituir la soberanía individual usurpada por *el laissez-faire* capitalista[416]. Los solidaristas sostenían que la mera libertad económica había creado tal desigualdad en el mercado que los trabajadores se encontraban ahora a merced de quienes les empleaban. La propiedad privada quedaba cada vez más fuera de su alcance del mismo modo que la libertad que se creía salvaguardar. Al enfatizar la cooperación, los solidaristas daban motivos para una intervención del poder gubernamental que estuviera encaminada a reequilibrar la balanza entre la oportunidad económica y la libertad individual. Pero el objetivo último seguía siendo la protección y la mejora de los individuos. Tal y como el portavoz solidarista, Léon Bourgeois, dijo, el objetivo de la reforma radical era crear una verdadera meritocracia «en la que cada hombre conseguiría, con los límites de la justicia, la plena propiedad individual»[417]. Esto se conseguiría a través de los impuestos progresivos, la educación democrática y las reformas en la asistencia social; los radicales creían que estas cosas liberarían a los individuos de la tiranía de

416 Judith F. Stone, *The Search for Social Peace: Reform Legislation in France, 1890-1914* (Albany: State University of New York Press, 1985), pp.28-31.
417 Léon Bourgeois, citado en Theodore Zeldin, *France, 1848-1945* (Oxford: Clarendon Press, 1973), 1:657.

un mercado de trabajo sin restricciones. Estas reformas crearían una nueva clase de individualismo, acorde con las realidades de la moderna industrialización[418].

Para los radicales, entonces, el fin del rejuvenecido individualismo justificaba y daba sentido a la reforma solidarista. Pero cuando se llegó al tema de la familia, no resultó necesario un razonamiento tan elaborado. Allí, el problema no era la presencia de un exceso de individualismo liberal pasado de moda, como en el resto de la sociedad, sino la falta de individualismo de cualquier tipo. La familia, creían los radicales –y los socialistas estaban de acuerdo- era una persistencia del Antiguo Régimen, con su estructura jerárquica, su autoridad paternal, su cultura católica del sacramento y del ritual. Como dejara dicho el escritor Jean Joseph-Renaud, el matrimonio y la familia -a diferencia de otras instituciones de la Francia republicana- sufrían «un residuo inconsciente del espíritu cristiano, [desde] el arraigado respeto por su sacramento»[419]. Como participante en una *enquête* en la revista literaria *La Plume,* sostuvo que «en lo tocante al matrimonio, la Revolución cambió muy pocas cosas. Casarse hoy en día, como en el pasado, es sacrificar la libertad de uno»[420]. En cuanto a los miembros individuales de la familia, «piden con energía, casi con violencia», escribían los

418 Además de la excelente disquisición sobre el socialismo de Stone, vid. también Elwitt, *The Third Republic Defended: Bourgeois Reform in France*, 1880-1914 (Baton Rouge: Louisiana State University Press, 1986), especialmente cap. 5; Zeldin, *France*, vol.1, cap. 21; J. E. S. Hayward, «The Official Philosophy of the French Third Republic: Léon Bourgeois and Solidarism», *International Review of Social History 6* (1961). Para los obras sobre solidaridad de entonces, vid. Léon Bourgeois, *La solidarité* (Paris: A.Colin, 1896); Celestin Bouglé, *Le solidarisme* (Paris: Giard et Brière, 1907).
419 Jean Joseph-Renaud, *La faillite du mariage*, p.41.
420 *La Plume*, 1 de mayo de 1901. M. Saint-Pol-Roux.

editores de la *Revue socialiste*, «libertad, individualidad e independencia, renuncia a las cadenas, rechazo a las servidumbres antinaturales... las tiranías reforzadas por las todopoderosas tradiciones»[421]. Para todos estos escritores radicales y socialistas, la familia necesitaba no una dosis de solidaridad sino una renovación al estilo de la de 1789. Sus miembros tenían que ser liberados de una tiranía que ya no sobrevivía en ningún otro lugar de la sociedad.

En este coro de comentarios individualistas sobre la familia francesa resulta notable la ausencia de voces femeninas. Puede ser que, en lo tocante al matrimonio, los hombres republicanos, mucho más que las mujeres, valoraban la independencia personal por encima de la solidaridad familiar. Después de todo, las peticiones para la relajación de las obligaciones maritales, para un divorcio sin restricciones y la consideración del matrimonio como un mero contrato, parecían contentar mucho más a los hombres que a sus parejas. El mercado matrimonial favorecía aún más a los hombres desde que el divorcio estigmatizaba sobre todo a las mujeres. Y en términos económicos, el matrimonio era menos trascendental para el hombre –particularmente los de las clases medias- que estaban mucho más preparados que sus mujeres para ganar el salario de la familia[422]. Detrás de esto, pudiera ser que para al-

421 «La liberté du mariage», *La Revue socialiste*, septiembre de 1906.

422 Martin-Fugier explica que el divorcio estigmatizaba a las mujeres porque los hombres tendían a considerarlas «marcadas» o considerarlas propiedad aún de sus primeros maridos. Vid. *Bourgeoise*, pp. 95-99. Para las evidencias estadísticas sobre la ventaja masculina con respecto a volverse a casar, vid. *Camp, Marriage and the Family*, pp.47-53. Sobre las mujeres y el trabajo, vid. Louise A. Tilly y Joan W. Scott, *Women, Work and the Family* (New York: Holt, Rinehart and Winston, 1978).

gunos reformadores la rebelión contra el matrimonio tradicional disimulara una revuelta masculina mucho más profunda contra las propias responsabilidades inherentes al matrimonio o, incluso, una frustración contra la aparente incapacidad del varón para vivir en soledad[423]. Fueran cuales fueran las razones, los hermanos Margueritte confirmaron explícitamente el sesgo machista de este discurso individualista sobre el matrimonio y el divorcio. En respuesta a las objeciones de que sus reformas propuestas serían dañiñas para las mujeres, ellos declararon imperturbablemente, «¡llegaremos, con el tiempo, a ser más feministas que las propias mujeres!»[424].

Había poco peligro en su presunta conversión. Tanto feministas como no feministas recalcaban que el matrimonio conllevaba responsabilidades –y solidaridades- que hacían que el divorcio apareciera como una solución poco ideal. En su réplica a la *enquête* de los Margueritte, la escritora y pionera del feminismo Juliette Adam reconocía que la creciente inestabilidad matrimonial le había hecho recapacitar sobre cualquier forma de divorcio. Y la novelista Marcelle Tinayre, que se consideraba a sí misma como una ferviente feminista, les dijo que ella favorecería las reformas sólo si el «bienestar material y moral de los niños y

423 La tasa de matrimonio entre los hombres subió durante la *Belle Époque*; a excepción de los años de la guerra, permaneció bastante por encima de la media marcada en el siglo XIX. Vid. Camp, *Marriage and the Family*, p. 37. Vid. también Barbara Ehrenreich, que señala una mayor oposición masculina al matrimonio en nuestros tiempos: *The Hearts of Men: American Dreams and the Flight from Commitment* (Garden City, N.Y.: Anchor Press, 1983).
424 Citada en Henri Coulon y René de Chavagnes, *Le mariage et le divorce de demain* (Paris: Flammarion, 1909), p.135.

de las mujeres se tenía en cuenta»[425]. Ambas mujeres fueron plenamente conscientes de que, en una sociedad como la suya, un divorcio sin restricciones podría devastar económicamente a las mujeres, especialmente a las de clase media educadas exclusivamente para el matrimonio, un empleo no retribuido[426].

Como Adam y Tinayre, otras mujeres de la élite tendían a asustarse de las propuestas extremas de los Margueritttes, al igual que hicieron las principales dirigentes del femininismo cuando se iba más allá del divorcio por mutuo acuerdo. Tal cautela hacia el divorcio se percibía en el hecho de que las mujeres eran más proclives a solicitarlo que los hombres. Las mujeres suponían el 60 por ciento de todas las demandas de divorcio, aunque ellas lo hacían así obligadas por el código legal que, a pesar de algunos tímidos cambios, todavía concedía a las casadas muy pocos derechos en cuanto a su autonomía personal[427]. Ninguna feminista notable encontró panacea alguna en el llamado «divorcio fácil». Para ellas, solucionar el tema del matrimonio en lo tocante al papel de las mujeres parecía más importante que facilitar su disolución. Como Jane Misme, editora de *La Française*, recalcaba: «nosotras solucionaremos los problemas del matrimonio no poniéndoselo más fácil para romper

425 Margueritte y Margueritte, «Mariage et divorce», pp. 485, 497.

426 Martin-Fugier, *Bourgeoise*, pp. 10-14, 267-291.

427 Sobre las mujeres y el código civil, vid. Jean Derruppe, «L'evolution du droit français de la famille du début du siècle à la guerre de 1939», en Robert Prigent, ed., *Renouveau des idées sur la famille* (Paris: Presse universitaires de France, 1954), pp. 149-160; James F. McMillan, *Housewife or Harlot: The Place of Women in French Society, 1870-1940* (Brighton: Harvester Press, 1981), pp. 25-28; Moses, *French Feminism*, pp. 229-230. Para estadísticas sobre la proporción hombres-mujeres en las solicitudes de divorcio vid. Jacques Desforges, *Le divorce en France: étude démographique* (Paris: Editions familiales de France, 1947), pp. 39-40.

nuestras uniones sino aumentado las posibilidades de estabilidad... Todas las demandas del feminismo –principalmente, la misma educación física, moral e intelectual para ambos sexos; la independencia económica para las mujeres; igualdad de derechos matrimoniales para hombres y mujeres- nos ayudan a conseguir este objetivo»[428]. Las feministas se sintieron particularmente ofendidas con la idea de disolver el matrimonio a propuesta de uno solo de los esposos. Para Marguerite Duran, directora del diario feminista *La Fronde*, esta versión radical del divorcio contribuía ni más ni menos que al derecho de los hombres a repudiar a sus mujeres[429]. Si los maridos podían disolver el matrimonio a su antojo, las mujeres quedarían completamente atadas al capricho masculino, al deseo primordial de los hombres por la juventud y la variedad de parejas. En palabras de Misme, el divorcio a petición de una de las partes sería «un instrumento para las fantasías del instinto»[430].

428 *La Française*, 30 de noviembre de 1912. Como se apuntó en el capítulo III, las feministas y sus aliados triunfaron al mejorar los derechos matrimoniales de las mujeres durante la primera década del siglo XX.

429 Discurso de Marguerite Durand, 28 de febrero de 1903, citado en Fonsegrive, *Mariage et union libre*, pp.183-184. Desde luego, no todas las feministas estaban de acuerdo con la tendencia dominante de líderes como Durand y Misme. Bradamante, una periodista que escribía en *La Fronde*, apoyaba todas y cada una de las propuestas para liberalizar el divorcio, incluso aquellas que perjudicaban a las mujeres a corto plazo. Los hermanos Margueritte citaron sus comentarios en «Mariage et divorce», p. 501. Las feministas católicas como Marie Maugerete se oponían todas al divorcio, mientras que algunas miembros protestantes del movimiento expresaban serias reservas. Sobre Maugerete y el feminismo católico, vid. Hause, *Women's Suffrage*, pp. 64-67, 81-87; Jean Rabaut, *Histoire des féminismes français* (Paris: Editions Stock, 1978), pp. 238-239. Sobre protestantismo y feminismo, vid. Hause, *Women's Suffrage*, pp. 37-39, 255-259.

430 *La Française*, 30 de noviembre de 1912. Hay que decir que no sólo las mujeres expresaban tales reservas. El historiador socialista Georges Renard temía que una excesiva liberalización «degeneraría en una especie de libertinaje

Prudentes como eran, estas reservas feministas hacia el divorcio fracasaron al no recibir la atención que ellas pretendían; el clamor masculino de la época hacia una solución más liberalizadora las dejaría a un lado. Pero la avalancha de respuestas sirvió para mostrar que tales nociones radicales de reforma provocaban una reacción de temor e ira que pronto obligó a los partidarios del individualismo en la familia a tratar de ponerse a cubierto. Al considerar la cuestión familiar de forma tan extremista, los Margueritte y sus aliados abrieron la caja de Pandora de los asuntos emocionales que los conservadores explotarían políticamente de forma muy ventajosa. Ahora, la derecha podría utilizar la «crisis del matrimonio» del nuevo siglo, sus temores sobre la despoblación, la emancipación de la mujer y la preeminencia de los hombres para desplazar los términos del debate político en su propio beneficio. Habiendo sido derrotados en el ámbito político, los conservadores ahora disponían de un argumento cultural destinado a renovar su filosofía y a preparar el camino «a la resurrección nacionalista»[431] que estaba por llegar.

La mayoría de los participantes –tanto de derechas como de izquierdas- en el debate periodístico iniciado

---

que permitiría a hombres y mujeres cambiar de pareja cuando sus caprichos les movieran a ello». Y René Viviani, todavía socialista por entonces, advertía que el divorcio a petición de una de las partes daría indudables ventajas a los hombres, cuya superior posición financiera y sus empleos les permitirían volverse a casar más fácilmente que a las mujeres. Estos puntos de vista socialistas pueden encontrarse en Margueritte y Margueritte, «Mariage et divorce», pp. 495 y 500.

431 La obra de referencia sobre el nuevo nacionalismo en los años de preguerra sigue siendo la de Eugen Weber, *The Nationalist Revival in France, 1905-1914* (Berkeley: University of California Press, 1968). Vid. también Raoul Girardet, ed., *Le nationalisme français, 1871-1914* (Paris: Seuil, 1983), cap. 5; Jean-Jacques Becker, *1914: comment les Français sont entrés dans la guerre* (Paris: Presses de la Fondation nationale des sciences politiques, 1977), cap.1.

por los Margueritte centraron su atención directamente en la familia, en sus problemas y su esencia. Pero la forma en que lo realizaron estuvo cargada de tintes políticos. Hemos visto cómo los progresistas asociaban la libertad y el individualismo en la familia con el anticlericalismo y los ideales de 1789. Los conservadores, por el contrario, relacionaban la salud y la viabilidad de la familia con las de la Nación entera; si la familia conseguía de nuevo revivir, lo mismo podría hacer Francia. En otras palabras, proyectaban reducir toda la política a la eterna metáfora de la familia. Y cuanto más triunfasen haciéndolo así, mejor posicionados estarían para atacar al republicanismo radical por sus políticas de minar la familia y por resquebrajar, además, la estructura social en la imagen idealizada de la familia. En este contexto, el asunto del divorcio llegó a ser vital puesto que los conservadores podían acusarles de disolver la institución sobre la cual se fundamentaba todo.

Una y otra vez, durante aquellos años iniciales del nuevo siglo, los ideólogos de la derecha identificaban el espíritu de la Nación con el espíritu de la familia. Para el escritor Maurice Maindron, «una Nación no es otra cosa que una familia fuertemente unida cuyos miembros deben realizar sacrificios constantes por la grandeza y el honor de su nombre». El padre E. Carry definía la *Patrie* como un concepto «extraído de la casa solariega para designar a una familia extensa». Y F. A. Vuillermet, autor de libros sobre la juventud y la virilidad, exaltaba a la familia como la «institución esencial para la vida de una nación y la condición necesaria para su expansión»[432].

432 Maurice Maindron en *La Plume*, 15 de abril de 19801; E. Carry, *Famille et divorce* (Paris: Librairie Bloud, 1908); F. A. Vuillermet, *Le suicide d'une race* (Paris: P. Lethielleux, 1911).

En general, los conservadores sostenían que cualquier cosa que amenazase a la familia amenazaba también a la patria y al Estado. Arvède Barine (seudónimo de Madame Cecile Vicens), declaró en un artículo de *Le Figaro* que «el divorcio está en este mismo instante contribuyendo a la caida de la Tercera República». Una contribución anónima en *Fémina*, la popular revista para mujeres, maldecía al divorcio por «destruir a la familia y con ello a la propia patria». Y el autor antifeminista Charles Turgeon resumió todos los peores temores sobre la relación entre *famille* y *patrie*. «Revolucionarios y feministas», escribió Turgeon, «entienden ahora que el camino para subvertir nuestro orden social no es echar abajo al gobierno. Tan pronto como cayera uno, otro se levantaría en su lugar». Nuestros revolucionarios, continuó, se dan cuenta de que el verdadero objetivo, «el gran enemigo que a toda costa debe ser minado y luego destruido» es la familia «ese antiguo poder doméstico que continúa como último refugio de la autoridad social»[433].

Para los conservadores, la autoridad paterna constituía uno de los asuntos troncales. Debido a que el divorcio liberaba a la mujer del tutelaje del marido y otorgaba la custodia de los hijos a las madres, esto suponía el declive del poder paterno, argumentaba el experto legal Jacques Peltier[434]. Esta tesis inquietaba a Charles Turgeon, quien ya estaba preocupado por los otros ataques que en la época se hacían contra el exclusivo control de los maridos sobre esposas e hijos. «Estamos perdiendo el sentido de la autoridad», se lamentaba.

433 Arvède Barine (*Le Figaro*, 2 de diciembre de 1902) citado en Fonsegrive, *Mariage et union libre*, p.169; *Fémina*, 15 de octubre de 1904; Turgeon, *Le féminisme*, 2:466.

434 Jacques Peltier, *Le divorce et la puissance paternelle* (Paris: A. Pédone, 1908).

«Tan enamorados hemos llegado a estar de la igualdad y de la independencia que difícilmente podríamos tolerar –queda sólo el honor- *le patronat* [el patriarcado], el liderazgo o incluso la preeminencia del padre». Nada era más lamentable para Turgeon que «la debilidad del principio de autoridad en la familia»[435]. Al socavar los principios de su autoridad, el divorcio y los males que lo acompañaban despojaban a los padres de todo tipo de justificaciones para mandar.

Tras estas admoniciones morales e ideológicas, los conservadores respondían a las demandas para conseguir «divorcios fáciles» con algunas estadísticas alarmantes. El número anual de divorcios, modesto en los primeros años de la nueva ley, estaba comenzando a crecer considerablemente. Los juzgados habían disuelto unos cinco mil matrimonios en 1887 y diez mil en 1903, subiendo hasta casi diecisiete mil en 1912. Más problemático que los divorcios en curso era el número anual de demandas de divorcio: 4.600 en 1885, 19.000 en 1912 -un cuádruple aumento en menos de tres décadas-. El número de matrimonios por año siguió siendo el mismo durante este periodo, dándose, en 1913, una proporción de un divorcio cada dieciocho matrimonios. Esta cifra –baja, según nuestros estándares actuales-, parecía preocupante para muchos en un país recién abierto al divorcio, especialmente para los parisinos, cuyas cifras doblaban al país en su conjunto: un divorcio cada nueve matrimonios[436].

435 Turgeon, *Le féminisme*, 2:366. Trato de los otros cambios al código napoleónico que redujeron la autoridad paternal en el capítulo III.

436 Turgeon presenta muchas de estas cifras en ibíd., especialmente 2:240-242. Cuentas más completas se pueden encontrar en Desforges, *Le divorce*, caps. 1-4, especialmente p. 54. Vid. también Camp, *Marriage and the Family*, p. 80.

Por sí mismas, las crecientes estadísticas de divorcio inquietaban lo suficiente a los conservadores y puestas al lado del desplome de la tasa de nacimientos, les producía un verdadero furor. Entre 1880 y 1901, el número de nacimientos por cada 10.000 habitantes declinaba hasta casi el 14 por ciento, desde 250 a 216 y perdía otro 13 por ciento en 1911. Estas cifras provocaron el temor de que la población de Francia pronto sería la más pequeña entre las principales potencias europeas y la mitad de la de Alemania[437]. La mayoría de los estudios contemporáneos sobre la despoblación a partir de 1900, echaban la culpa, en parte, al divorcio[438]. Los estudiosos sostenían que un matrimonio corto producía, lógicamente, menos hijos que uno que durase toda la vida[439]. Y la posibilidad de que un matrimonio no persistiera animaba a las jóvenes parejas a limitar el número de hijos alumbrados. El divorcio, añadían los conservadores, era también otra manifestación del pernicioso individualismo que ejercían tanto los hombres como las mujeres francesas incapaces de renunciar al placer personal y al confort material a cambio de repoblar la nación.

Cuando la gente de la derecha comenzó a insertar sus propias *enquêtes* en la prensa francesa, utilizaron la ocasión no sólo para oponerse a la reforma del divorcio sino para cambiar el mismo derecho al divorcio. El

437 Desforge, *Le divorce*, pp.172-173; Hause, *Women's Suffrage*, p. 22; Hunter, «The Problem of the French Birth Rate», p.491.

438 Ver, por ejemplo, Louis Delzons, *La famille française* (Paris: A. Colin, 1913); Vuillermet, *Le suicide d'une race*; Henry Clément, *La dépopulation en France* (Paris: Librairie Bloud, 1910).

439 Los conservadores elaboraron algunas estadísticas dramáticas para apoyar esta queja. En 1900, el 44 por ciento de todos los divorciados no tenía hijos. Vid. Fonsegrive, *Mariage et union libre*, p. 219.

director de una importante encuesta hecha en 1903, un tal Frédéric de France, se opuso a la liberalización del divorcio desde los terrenos del presunto instinto masculino y su gusto por la variedad de pareja. Los hombres, escribió, tienen «un vago instinto por la conquista, un deseo latente por el capricho». Y por esa razón la idea de que los hombres pudieran romper el matrimonio cuando quisieran «me asusta tanto como estar a lomos de un caballo sin riendas»[440]. Otros encuestados adoptaron similares puntos de vista despectivos sobre el divorcio liberalizado. Para el economista Anatole Leroy-Beauliey, la reforma propuesta por los Margueritte llevaría a una «poligamia en serie» que «sacrificaría los intereses esenciales de la sociedad y la familia no, como decían algunos, a los intereses de los individuos sino a sus pasiones y sus caprichos». El escritor Jules Bois estaba convencido de que las mujeres sufrirían mucho más que los hombres con el divorcio sin control; Madame Alphonse Daudet, haciéndose eco de muchas de las respuestas al cuestionario de Frédéric de France, creía que el divorcio en cualquiera de sus fórmulas «martiriza y desmoraliza a nuestros niños». Finalmente, algunos escritores sostenían que la campaña por el divorcio era, en realidad, una campaña por la *union libre*, la unión libre cuyo emparejamiento transitorio suponía poco más que el amor libre. Como dejaría escrito el sociólogo Gabriel Tarde, «tan pronto comencemos a discurrir por el camino del divorcio, la lógica nos mandará imperiosamente que hagamos todo el recorrido, todo, hasta llegar al repudio mutuo sin razón alguna. Si

440 Frédéric de France, «La question du divorce», *La Revue*, 1 de marzo de 1903, p. 528.

intentamos juzgar y reformar el matrimonio desde los presupuestos individualistas de la mayor felicidad para los esposos, entonces nuestro ideal, nos demos o no cuenta, resulta ser la unión libre»[441].

Émile Durkheim, escribiendo en *la Revue bleue*, recogió sus prevenciones como sociólogo en torno a la campaña por la liberalización del divorcio. Durkheim pidió disculpas por sonar como un reaccionario pero estuvo en contra del divorcio por mutuo consentimiento e, incluso, cuestionó el deseo de divorcio en cualquier otra modalidad. En su primer estudio sobre el suicidio, Durkheim defendió haber descubierto una fuerte relación entre el divorcio y la propensión al suicidio. Otros estudiosos habían concluido desde presupuestos similares que el divorcio causaba suicidio y las personas divorciadas eran más proclives a matarse que las casadas. Pero Durkheim veía las cosas aún más complicadas y más inquietantes. Analizando los datos de regiones con alto índice de divorcio, encontró que el aumento de suicidios no provenía de las personas divorciadas sino de las casadas. París, en otras palabras, exhibía un índice de suicidio más alto porque más personas casadas de la capital se suicidaban que las que lo hacían fuera de ella. Los solteros de la ciudad, por contraste, eran sólo ligeramente más tendentes a suicidarse que los solteros del campo. Explicaba esta observación sugiriendo que el divorcio era peligroso no sólo por sus efectos sobre los individuos sino también por sus efectos en el matrimonio como institución. El propósito del matrimonio, mantenía Durkheim, era promocionar el orden y la seguridad, dar estabilidad y restringir los malos ins-

441 Ibíd. Pp. 529-539.

tintos. Cuando se hacía así, el matrimonio creaba «para ambos esposos una constitución moral *sui generis*» que les protegía del suicidio. Lo que hacía al divorcio tan pernicioso, escribió, era su habilidad para debilitar todos los matrimonios, tantos los rotos como los no. La posibilidad del divorcio animaba a los cónyuges a llevar a cabo un nuevo y mejor matrimonio que reemplazase al existente, juzgado siempre en relación a un ideal matrimonial imaginario. Tal pensamiento engendraba un deseo de novedad y variación que hacía totalmente imposible la felicidad en el matrimonio. En casos extremos, el sufrimiento resultante podía llevar al suicidio[442].

A esta argumentación, Durkheim añadía una reveladora discusión sobre las diferencias entre sexos. Cuando clasificaba sus estadísticas por género, descubrió que la relación entre altos índices de divorcio y suicidio resultaban ciertos únicamente para el caso de los hombres casados pero no para el de las mujeres casadas. Al comparar hombres casados con solteros, Durkheim se dio cuenta de que los suicidios entre los primeros eran dos o tres veces más frecuentes en regiones con más altos índices de divorcio que en las de bajo, mientras que entre los solteros los suicidios no se daban más en las regiones que tenían altos índices que en las de bajos. La prevalencia del divorcio, así, afectaba en particular a los hombres casados, multiplicando sus casos de suicidio hasta por tres. Para las mujeres, el efecto de una alta tasa de divorcio era totalmente diferente. Vivir en París (alta tasa de divorcio) en vez de en provincias (baja tasa) no hacía a las mujeres casadas más proclives

442 Emile Durkheim, «Le divorce par consentement mutuel», *La Revue bleue*, 5 de mayo de 1906, pp. 550-552.

al suicidio que a las solteras. Así, la posibilidad del divorcio afectaba a los hombres casados pero no aumentaba el número de suicidios en las mujeres. Desde este dato, el sociólogo concluía que el matrimonio blindado protegía a los hombres del suicidio pero no a las mujeres. Rehusaba en su artículo en la *Revue bleue* ir más allá de repetir su aserto inicial recogido en el libro *Suicide* (1897) de que «el efecto del divorcio incrementaba levemente la inmunidad [al suicidio] de las mujeres»[443]. Sin embargo, su último trabajo dejaba la impresión de que la estabilidad matrimonial protegía a los hombres del suicidio mientras que el divorcio protegía a las mujeres. Esta conclusión, desde luego, no es la que intentaba dar, dado que su propósito era mostrar que el divorcio era malo en general. Pero algunos lectores, especialmente las feministas, podían haber deducido del artículo de Durkheim que el divorcio podía ser bueno para las mujeres.

¿Por qué, desde el punto de vista de Durkheim, el divorcio resulta tan significativo en los índices de suicidio masculino mientras afecta tan poco a las mujeres? Su respuesta se basaba en la creencia comúnmente sostenida de que los hombres solos tienen unos inquietantes instintos que tienen que ser dominados. A diferencia de las mujeres, cuya constitución moral permanece inalterable en el matrimonio, los hombres necesitan de la institución para producir un conjunto de normas «a las que las pasiones deben quedar sometidas». Dirigir el deseo masculino hacia un solo objeto, «cierto, definido y, en principio, invariable, [el matrimonio] pre-

443 Ibíd., p. 551. Vid. también Emile Durkheim, *Le suicide: étude de sociologie* (Paris: F. Alcan, 1897), pp. 298-300.

viene al corazón de agitaciones, del tormento propio que causa una fútil busqueda de nuevos objetivos siempre cambiantes». Sólo el matrimonio hace posible «la paz emocional, el equilibrio interno que comprende las condiciones esenciales de felicidad y de moral saludable». Pero el matrimonio funciona de esta manera, añadía enseguida Durkheim, sólo cuando sus reglas alcanzan respeto universal. «Al extenderse la creencia de que los vínculos del matrimonio pueden volverse frágiles o romperse a capricho, el matrimonio deja de funcionar y así pierde hasta las mismas virtudes». El divorcio resta fuerza al matrimonio y subvierte las normas que los hombres necesitan para contener sus instintos, instintos que prometen placer y sólo producen dolor. Esto es por lo que Durkheim escribió «la liberalización propuesta del divorcio llevará inevitablemente a mayores tasas de suicidio». La medida pretende «aliviar el sufrimiento moral de maridos y esposas pero su resultado les desmoraliza y les distancia de todo, hasta de la propia vida»[444].

Esta conclusión pasaba por alto las distinciones que había efectuado entre hombres y mujeres, distinciones que implicaban –contrariamente a la opinión vertida- que el matrimonio beneficiaba más a los hombres que a las mujeres. Que Durkeim se cuidase de decirlo de una forma tan directa sugiere una inquietud manifiesta sobre tal juicio. Los hombres, por lo general, creían que el matrimonio comprometía su libertad y que al transigir con ello efectuaban un sacrificio por el que las mujeres les debían eterna gratitud. La noción, por lo tanto, de que los hombres necesitaban, más que las mujeres, el

444 Durkheim, «Le divorce», pp. 552-553.

matrimonio amenazaba uno de los principales fundamentos sobre los que «el sexo fuerte» basaba su poder, o al menos su sentido de la superioridad.

Una cosa era el modo en que las publicaciones de altas pretensiones como *La Revue* y la *Revue bleue* llevaban este tipo de asuntos y otra muy diferente era lo que sucedía en las revistas de gran tirada para mujeres como *Fémina*[445]. Al comenzar septiembre de 1904 y durante tres meses seguidos, *Fémina* mantuvo una *enquête* que invitaba a sus lectoras a responderla. Unas tres mil cartas se recibieron, entre las que se impuso, por reducida mayoría, la creencia de Paul Bourget sobre el matrimonio indisoluble por encima de la propuesta de los hermanos Margueritte a favor del divorcio a petición de una de las partes[446].

La encuesta de *Fémina* se abría con un debate entre Bourget y los hermanos Margueritte, al haber cada uno publicado recientemente una novela de tesis [*roman à thèse*] para ilustrar sus puntos de vista sobre el divorcio. La novela de los Margueritte, *Les Deux vies* (1902), contaba la triste historia de una virtuosa joven casada con un impresentable que rehúsa concederle el divorcio. El juez se pone de parte del varón, no dejándole a ella otra opción que marcharse de casa sin un céntimo y sin sus hijos. La moraleja apenas necesitaba ser explicada: eran necesarias una leyes de divorcio justas y equitativas para liberar a las mujeres de los maridos crueles y

445 En su tesis de derecho, «Le divorce devant l'opinion», Le Goasquen comentaba: «que una revista femenina dedicada fundamentalmente a la moda haya tratado la cuestión del divorcio, confirma, a nuestro parecer, la profundidad y la persistencia del interés de la nación en este problema» (p. 209).

446 La propuesta defendida por Bourget ganó por cincuenta y dos votos. Vid. Paul Abra, *L'évolution du mariage* (Paris: Bibliothèque internationale d'édition, 1908), p. 140.

todopoderosos. La obra de Bourget, *Un Divorce* (1904), presentaba la opción contraria. La heroína es una mujer divorciada cuyo nuevo matrimonio sólo le causa penas. Aunque el primer marido había sido odioso y el segundo es encantador, sus actos la alejan de sus hijos, de la Iglesia que ella tanto estima e incluso de su segundo marido al que ella admiró tanto una vez. La moraleja: el divorcio siempre causa más problemas de los que resuelve, con desastrosas consecuencias tanto para los individuos como para las familias[447].

Ambas novelas crearon una gran agitación en los primeros años del nuevo siglo, y su consecuencia no sólo fue que miles de lectoras escribieran, sino que la posición comprometida de Bourget contra el divorcio recibiera el apoyo de la mayoría. En parte, los resultados demuestran que las mujeres de clase media dependían del matrimonio por razones económicas. Pero también reflejan las cautelas sobre los asuntos de familia y moralidad de las clases medias. Quienes se oponían al divorcio en el estudio de *Fémina* lo hacían por lo general desde los terrenos del patriotismo, considerando a la familia como un elemento básico para la existencia de la *patrie*.

En palabras de una de las participantes, la «patria no es ni más ni menos que *le plus grand foyer*»[448]. Por consecuencia, entonces, si la *famille* estaba en problemas lo mismo le sucedería a la *patrie*. O, como diría el conser-

447 Los protagonistas de las obras de escritores como Bourget y los hermanos Margueritte eran a menudo mujeres, sin duda pensadas para la mayoría de sus lectoras. Estas novelas de tesis escritas para mujeres merecen una mayor atención de la que han recibido hasta ahora; pero para un brillante ejemplo de lo que pueden dar de sí vid. Martin-Fugier, Bourgeoise, especialmente capítulos 2 y 4. Bourget convirtió *Un Divorce* en una pieza teatral cuatro años más tarde y la produjo con considerable éxito.
448 *Fémina*, 15 de octubre de 1904.

vador reformista Émile Cheysson en otro lugar, «*Tant vaut la famille, tan vaut la nation*»[449].

En el otoño de 1904, cuando apareció la encuesta de *Fémina*, el debate en Francia sobre el divorcio había entrado en su quinto año. La nación parecía casi obsesionada con un problema que había conseguido más atención del ciudadano medio que la lucha paralela entre los dirigentes políticos y los líderes religiosos sobre el tema de la separación de la Iglesia y del Estado. Pudiera ser que los conservadores fuera de la Iglesia encontraran más fructífero atacar lo que ellos consideraban costumbres republicanas que defender directamente a la Iglesia y los preceptos religiosos. O simplemente que la salud y la viabilidad de las familias y de las naciones como familia suprema eran asuntos que concernían directamente a la gran mayoría de hombres y mujeres franceses. Pero fueran cuales fueran las razones, el debate sobre el divorcio estuvo de rabiosa actualidad. Las novelas dedicadas al asunto copaban las editoriales al igual que las disertaciones doctorales, los estudios sicológicos, las obras de teatro, los debates periodísticos y, sobre todo, las *enquêtes*[450]. Era como si toda la prensa

449 «La importancia de la familia es la importancia de la Nación». Citado en *La Réforme sociale*, 1 de abril de 1901, p.404. Sobre Cheysson, figura clave en el debate sobre familia y sociedad en la *Belle Époque*, vid. Elwitt, *The Third Republic Defended*, cap. 2.

450 Además de las *enquêtes* ya citadas, vid. estas dos tesis: Alfred Valensi, *L'application de la loi du divorce en France* (Montpellier: Messiet et Jeanjean, 1905); y Henri Rousseau, *La vulgarisation du divorce* (Poitiers: Blais et Roy, 1903); vid. también la diatriba religiosa de Paul Bellée, *Du divorce au mariage* (Paris: A. Roblot, 1913). Esos años fueron también testigos de las obras de Paul Hervieu, *Les Tenailles* y *La Loi de l'homme*; la sociología pro-familia de *La Réforme sociale*; e incontables trabajos periodísticos tales como los de Hugues Le Roux *Le bilan du divorce* (Paris: Calmann Levy, 1909) y los de Coulon y Chavagne *Le mariage et le divorce de demain*.

francesa alentase incesantemente las formas de crispar a la opinión pública; se buscaba a los lectores que contestasen, como si fuera ésta la única manera de medir el éxito periodístico. Después de en *Fémina*, aparecieron cuestionarios en *Gil Blas*, la *Revue socialiste*, la *Revue hebdomaire*, *La Française* y *Le Matin* por mencionar sólo a unos pocos. Este último alcanzaría una particular importancia porque el periódico disponía de una circulación muy grande (unos 650.000 ejemplares diarios) y porque respondieron numerosos lectores[451]. *Le Matin* mantuvo su encuesta, «La Crisis del Divorcio», desde principios de enero a finales de febrero de 1908, obteniendo más de seis mil respuestas[452]. Fue éste un asunto que no conocía límites.

El 8 de febrero de 1908, por ejemplo, las respuestas llenaban tres columnas centrales de la portada de *Le Matin* desplazando a las noticias del golpe de Estado de Portugal y los choques armados en Marruecos. Los temas internacionales quedaban desplazados por los domésticos y los editores de *Le Matin* explotaban el insaciable interés sobre el divorcio con titulares-proclama como éstos: «*Divorce: confession générale d'une époque*» (9 de febrero de 1908), «*Les douleurs du divorce*» (12 de febrero), «*La crise du mariage et du divorce est portée devant le Sénat*» (22 de febrero). El periódico realizó un esfuerzo simbólico por dar la misma cabida a todos los puntos de vista sobre el tema, con una columna reservada a los defensores del divorcio, una para los oponentes y una para los partidarios de la *union libre*. Pero desde que

451 Estadísticas sobre la circulación de los periódicos parisinos en 1910 y 1912 pueden encontrarse en Claude Bellanger, ed., *Histoire générale de la presse française* (Paris: Presses universitaires de France, 1972), 3:296.
452 *Le Matin* publicó esta cifra en su artículo del 18 de febrero de 1908.

al final se decantase por la fórmula del divorcio a demanda, el director de la investigación, Hugues Le Roux, garantizó que el punto de vista individualista disfrutara de la mayor de las atenciones.

Poco del contenido de las respuestas resultaría novedoso. Los lectores condenaban el divorcio por destruir la *famille* y la *patrie* y lo apoyaban para aliviar el sufrimiento de los conflictos familiares. Los conservadores denigraban la *union libre* mientras los individualistas entonaban sus loas. Pero, a pesar del contenido rancio, los periodistas encontraban siempre alguna novedad en su formalización. Muchas cartas contenían narraciones de traumas personales y redenciones individuales, los relatos ofrecían la misma mezcla de moralismo y excitación que contenían los *fait divers* [sucesos] o las crónicas de crímenes, tan populares para los lectores de periódicos. Al imprimir tales confesiones personales, los editores *de Le Matin* podían asimilar un tema clave de debate público a los *fait divers* sin sacrificar su aura de respetabilidad periodística. En otras palabras, podían promocionar dramas domésticos hasta la primera página disfrazándolos como argumento filosófico. Era una técnica que permitía *a Le Matin* fundir lo público y lo privado en reportajes cuya guía principal la constituían los *fait divers*[453].

Las mismas cartas podían haber funcionado casi como líneas argumentales para las innumerables nove-

453 Sobre los *fait divers* vid. Michelle Perrot, «Fait divers et histoire au XIXe siècle», *Annales: Economies, sociétés, civilisations* 38, nº4 (1983): 911-919; Roland Barthes, «La structure du fait divers» en *Essais critiques* (Paris: Seuil, 1964), pp. 188-198; Romi, *Histoire des faits divers* (Milan: Editions du Pont-Royal, 1962); un catálogo de exposición del Musée national des arts et traditions populaires, «Le fait divers» (Paris, 1982).

las sociales de la época. Uno de los remitentes contó cómo había sacrificado una maravillosa unión libre de sus días de estudiante por un matrimonio burgués que pronto acabaría en divorcio. La prosa era simple y directa. «Conocí la felicidad de una *union libre* en mi vida de estudiante. Me casé. Y ahora estoy en proceso de divorcio». Confesó que un estúpido ataque de «respetabilidad burguesa» había arruinado su vida y destruido su amor. «A los veintiséis años, dejé a mi amante con la que vivía tan feliz. Estas anticuadas ideas [burguesas] me quitarían lo mejor de mí y me casé con una mujer con una mentalidad totalmente distinta a la mía. Y ahora, para liberarme, estoy condenado a exponer toda mi miseria conyugal ante un juez… Así que soy un ferviente defensor de la union libre»[454].

Otra carta provenía de una antigua esposa de un ministro del Gobierno que había utilizado su poder y sus relaciones para quedarse con la custodia de su hija. El ministro, escribió ella, había puesto a la niña en su contra durante años, había hecho casi imposible que pudiera visitarla. Era una pura narración personal que no argumentaba ni a favor ni en contra del divorcio sino que ofrecía una simple descripción de sus desgracias[455]. De forma parecida, un tercer fragmento presentaba la *lettre d'un enfant* escrita por un niño que tenía nueve años cuando se separaron sus padres. Después de un largo tira y afloja por quedarse con el niño, el padre simplemente se quedó con la custodia, gracias –según escribía el niño- a la policía. Al poco tiempo su padre le obligó a componer cartas llenas de odio hacia su madre acusán-

454 *Le Matin*, 9 de febrero de 1908.
455 Ibíd., 10 de febrero de 1908.

dola de toda clase de atroces crímenes contra la paternidad. Las cartas conllevaron un juicio contra su madre y la permanente custodia a manos de su padre. El fracaso de la madre durante el juicio de divorcio persuadió al hijo de que ella había muerto y de que sus cartas fueron las causantes. A ello seguía toda una lista de horrores causados por el padre con el consiguiente y persistente complejo de culpabilidad del hijo: «sólo pienso en una cosa, lo que me obligaron a hacer a mi madre. Mi querida madre. Me alejaron de ella y nunca he parado de llamarla a gritos». La carta terminaba con una amenaza, una que prometía transformar el pequeño *fait divers* en uno de grandes proporciones. «Cuando crezca, si averiguo que mi madre murió a causa de las cartas que me hicieron escribir, me convertiré en un gran criminal porque llevaré a cabo mi venganza. Me vengaré por mi madre, mataré a mi padre»[456]. En esta carta, en el fondo, no hay planteamientos para transformaciones políticas, sólo la narración de un infortunio doméstico mezclado con fantasías edípicas agitadas por una conciencia culpable.

Después de dos meses de incansable publicidad, *Le Matin* cerraría su encuesta con todo un ejercicio de sensacionalismo periodístico. Las cartas, escribió Le Roux, revelaban «todos los estragos de una era de estragos, una era en la que autoridad paternal se debilitaba de día en día, los lazos conyugales se disolvían en la nada. Hemos visto el nacimiento de los derechos de la mujer al precio de miles de dramas y hemos visto a la familia desvanecerse, con nuestros hijos divididos entre padres y madres»[457]. El periodista pudo haber pensado esto

456 Ibíd., 18 de febrero de 1908.

457 Ibíd., 22 de febrero de 1908. Le Roux parece haber abandonado la perspectiva individualista que había conformado a la misma encuesta. Debe

como unas últimas palabras, como el resumen moral de sus tiempos, pero para casi todo el mundo sólo supuso una repetición más de un espectáculo sin fin, el de la obsesión colectiva por el divorcio.

Era un espectáculo que se sostuvo de forma convincente en los años anteriores a 1914 cuando los conservadores y los reformistas pusieron en escena el debate sobre el divorcio una y otra vez. Únicamente, en el momento en que Francia estaba a punto de entrar en guerra, parecía que los conservadores iban derechos al triunfo. Quienes respondieron a la *enquête* de 1910 en el diario feminista *La Française* expresaban serias reservas sobre el divorcio, siendo las mujeres más contrarias aún que los hombres. En 1912, un Congreso Católico celebrado en Bordeaux levantó considerable simpatía en el periódico a pesar de su postura tradicionalista. Y dos años más tarde en una encuesta de mujeres de alto nivel educativo y de entre dieciocho y veinticinco años quedaba palpable el acuerdo general de que el divorcio «mutilaba dolorosamente la vida de la mujer» y que la gente recurría a él sólo en casos extremos, especialmente cuando involucraba a los hijos[458].

Con todo este fermento sobre el matrimonio, el divorcio y la familia en los años finales de la *Belle Époque*, no es nada extraño que los asuntos morales aparecieran de una forma muy preminente en el juicio de Madame Caillaux. Los conservadores habían ligado la salud de la *famille* a la fuerza de la *patrie* y al hacerlo así habían animado a las francesas y a los franceses a verse a sí

señalarse, además, que *Le Matin*, tan sorprendentemente progresista en algunos artículos, en seguida se puso en contra de las peticiones del sufragio femenino.

458 Amélie Gayraud, *Les jeunes filles d'aujourd'hui* (Paris: G. Oudin, 1914), pp. 48-50.

mismos como miembros de una familia nacional más que como ciudadanos iguales de una república igualitaria. La nueva concepción había resonado ampliamente en los años anteriores a 1914, permitiendo a los conservadores atacar a los Caillaux por crímenes contra la familia y contra la nación forjados en esa misma imagen. En la *Cour d'assises*, los miembros del jurado, sin duda, tuvieron en cuenta todas estas consideraciones morales en el juicio cuando deliberaban sobre el destino de Henriette Caillaux; constituían el plato de la balanza que contrapesaba la tendencia a considerarla una heroína pasional cuyas trasgresiones podrían resultar perdonadas.

En cuanto a Joseph Caillaux, los ataques habían fracasado en su pretensión de derribarle de su puesto en el gobierno en un país en el que las fidelidades partidistas apenas se movían un ápice. Pero los cambios registrados en el ámbito cultural y en el moral le habían vuelto más vulnerable. Al juzgarle con estos estándares más estrictos, los ideólogos conservadores lograron, finalmente, lo que las tácticas parlamentarias y electorales habían sido incapaces de conseguir: dejar su futuro político en suspenso.

V. Juez Albanel. La masculinidad, el honor y los duelos

En el quinto día del juicio, 24 de julio de 1914, el caso de Madame Caillaux había conseguido monopolizar las noticias durante casi una semana. Fue la misma semana durante la cual Europa se precipitaba ominosamente hacia la Guerra, aunque el público francés hubiera prestado poca atención a dicho asunto. Cuando Chenu y Labori hacían sus preparativos de última hora para las declaraciones de la quinta sesión, Austria y Serbia estaban ya preparándose para luchar.

La fijación de la prensa y el público en torno al drama de la sala de justicia, que centraba la atención de los lectores y los mantenía alejados de la imparable confrontación europea, no quería decir que los hombres y mujeres de Francia se hubieran protegido emocionalmente de la amenaza de la guerra con esto. El simbolismo, la retórica del juicio y cuantos comentarios lo rodeaban, todo ello contenía la incertidumbre moral, la persistencia nacional, los sentimientos heridos del orgullo nacional y del personal que habían contribuido, en este ámbito, a generar el clima favorable hacia la guerra. La casi obsesiva preocupación con respecto al honor y a la masculinidad que desprendían los procedimientos judiciales y que se habían enfatizado, especialmente, durante el quinto y el sexto día, sugieren una clara conexión entre la ansiosa preocupación por el orgullo masculino, expresada en un resurgimiento del duelo y la devoción nacionalista por el honor patriótico tan prevalente durante los años previos a la Primera Guerra Mundial .

La Francia de la *Belle Époque* –y especialmente el mundo de la élite masculina parisina- se identificaba con la cultura del honor, con la obsesión sobre la reputación personal basada, por encima de todo, en la apariencia de fortaleza en los hombres y por la virtud sexual en las mujeres[459]. Esta cultura había sido conformada por las ansiedades e inseguridades provenientes de la persistencia de valores aristocráticos en una sociedad cada vez más democratizada y de las consecuencias sufridas tras la humillante derrota de Francia en la guerra franco-prusiana. A diferencia de la nobleza del Antiguo Régimen, la élite parisina de la *Belle Époque* ocupaba la cima de una sociedad crecientemente democrática en la que cualquiera con suficiente riqueza, poder político o bagaje intelectual o artístico podía

459 Sobre el honor y la sociedad vid. Bertram Wyatt-Brown, *Southern Honor: Ethics and Behavior in the Old South* (New York: Oxford University Press, 1982), p. 14; Julian Pitt-Rivers, «Honor» in David L. Sills, ed., *International Encyclopedia of the Social Sciences* (New York: Macmillan, 1968), 6:503-11; Julian Pitt-Rivers, *The Fate of Shechem: or, the Politics of Sex* (Cambridge: Cambridge University Press, 1977); V.G.Kiernan, *The Duel in European History: Honour and the Reign of Aristocracy* (New York: Oxford University Press, 1988); Kenneth S. Greenberg, «The Nose, the Lie, and the Duel in the Antebellum South», *American Historical Review 95*, no.1 (febrero 1990); François Billaçois, *The Duel. Its Rise and Fall in Early Modern France*, trad. Trista Selous (New Haven: Yale University Press, 1990).

aspirar al estatus aristocrático. El mundo parisino, así, era a la vez aristocrático y democrático, jerarquizado pero permeable, una situación que hacía que todos, salvo los miembros natos de la élite, sintieran una cierta inseguridad sobre su posición social[460].

Para aumentar aún más sus inseguridades, ahí estaban los crecientes temores sobre las tendencias castradoras de la existencia moderna que los hombres experimentaron y volverían a experimentar en las décadas posteriores a 1870. La derrota de Francia había sido tan dura que, según algunos ideólogos influyentes, los franceses habían vuelto de la Guerra en 1870 sintiéndose deshonrados y faltos de virtudes como la fuerza, la acción y la voluntad tan consustanciales a las nociones de masculinidad a largo plazo: habían regresado, se decía, para estar con sus mujeres que ahora les consideraban como menos hombres[461].

Similares comentarios, escribe Bertram Wyatt-Brown, se habían hecho apenas cinco años antes en otra cultura también marcada por el sentido del honor, la del Sur de los Estados Unidos. Al final de la Guerra de Secesión, los derrotados soldados de la Confederación admitieron abiertamente que eran reacios a vol-

460 En su famoso análisis de la democracia americana, Tocqueville explicó que la ansiedad sobre el estatus social era una consecuencia inevitable de la sociedad democrática, por la posibilidad permanente de ascenso o bajada social que confiere a todos la inseguridad sobre su posición social. Partiendo de este análisis se deduce que un orden híbrido aristocrático-democrático en el que la jerarquía permanece absolutamente centralizada podría engendrar una ansiedad aún mayor sobre el estatus que en una cultura más igualitaria, como la de los Estados Unidos. Vid. Alexis de Tocqueville, *Democracy in America*, trad. Henry Reeve (New York: Modern Library, 1981). movilidad ascendente o descendente

461 Vid. la discusión del capítulo III en el editorial de *Le Gaulois* y en las encuestas de *Le Matin*.

ver a casa ante el temor de que sus madres y esposas los consideraran como poco hombres[462]. Aunque los veteranos norteamericanos pudieran haber sido más francos sobre su dañado orgullo masculino que sus conmilitones franceses, sin embargo, estos últimos, durante los años siguientes a la Guerra franco-prusiana, dedicaron un considerable esfuerzo para recuperar en casa la virilidad que habían perdido en la Guerra. Lo hicieron así gracias a la adhesión a una cultura del honor que les obligaba a luchar en sucedáneos de guerras bajo la forma del duelo. El duelo llegó así a ser el emblema, durante este periodo, de un renacimiento masculino destinado a restaurar la voluntad nacional a través de un nuevo espíritu de combate. El duelo, para muchos estudiosos de la *Belle Époque*, suponía la forma más elevada de deporte, un deporte tan potente que fortalecía a los hombres para la guerra. Otros creyeron que no era tanto la *práctica* sino la *ética* del duelo la que preparaba a los hombres para la guerra. Tal era, particularmente, el punto de vista de Charles Péguy, el poeta iconoclasta del honor nacional. Péguy escribió que la adhesión de Francia a la filosofía y a la moralidad expresada en el duelo, a la ética caballeresca del honor del duelo, proporcionó a los soldados franceses argumentos suficientes para sobrevivir al enemigo alemán que se mostraba totalmente implacable en el combate e indiferente a los ideales franceses de libertad y justicia.

Todos estos asuntos, más o menos, habían aflorado durante el juicio de Madame Caillaux, pero en los días quinto y sexto se convirtieron en el centro del caso cuando un extraño incidente en la sala casi acabaría en

462 Wyatt-Brown, *Southern Honor*, p.172.

un duelo en el que resultaría involucrado el Presidente de la *Cour d'assises*, el mismo juez Albanel (figura 14)

Fig. 14. El juez Louis Albanel presidiendo la *Cour d'assises* de París (*L'Illustration*, 25 de julio de 1914).

Con respecto a los procedimientos del quinto día, Albanel abrió la correspondiente sesión con una resonante defensa de su honor: «por encima de cualquiera de esta sala, yo mismo me encargo de defender mi propio honor y el honor de la magistratura –a pesar de que nadie lo hubiera puesto en entredicho-»[463]. Este fue, por decirlo suavemente, el curioso prefacio a la sesión de la *Cour d'assises*, referido, como se hizo, a un incidente en la sala del cual nadie tenía conocimiento previo. El incidente en cuestión había ocurrido el 24 de julio; apenas había sido recogido en la prensa parisina hasta dos días después pero, una vez que llegó a disposición del público, provocó toda una serie de sucesos sin precedentes en la justicia de la Francia republicana. Cuando se convocó a

463 Transcripción-*Le Figaro*, 26 de julio de 1914.

la sala para la quinta sesión el 25 de julio, la resolución final sobre las ya famosas *lettres intimes* estaba todavía sin tomar. Después de haber sacado las cartas teatralmente de su bolso, Berthe Gueydan había acabado su declaración del día anterior sin revelar sus contenidos. En vez de eso, ella había puesto el paquete de ocho documentos en manos del abogado defensor, Fernand Labori, que al principio de la quinta sesión quiso excluir a cinco de ellos que consideraba irrelevantes para el caso. Sus esfuerzos para que fuera así provocaron una disputa en la sala entre él y Berthe Gueydan, interrumpida por las intervenciones del señor Chenu, que se prolongó durante más de dos horas. Aunque Berthe Gueydan había dado permiso a Labori «para que hiciera lo que quisiera con las cartas», el abogado defensor se declaró incapaz de excluir cinco de las ocho cartas sin su consentimiento. Aunque no lo dijera así, no había duda alguna de que precisaba del consentimiento de Gueydan sobre la disposición de las cartas para borrar la impresión de que él pudiera estar ocultando algo. Recusó Gueydan cualquier sospecha de trampa, declarando que, en lo que a ella le concernía, no hacía distinciones entre las cartas y que todas serían presentadas como pruebas en el caso. Labori, agarrándose a este resquicio abierto, le dijo que dado que ella no accedía a sus deseos que volviera a recoger sus cartas y recuperase la exclusiva responsabilidad sobre su uso.

«Aquí están sus cartas», le espetó Labori a Berthe Gueydan, entregándoselas. «Haga lo que quiera con ellas. En cuanto a mí, recobro mi completa independencia».

«Pero si usted ya las aceptó», respondió Gueydan, rehusando recoger las hojas manuscritas que se le presentaban.

«Entonces puedo hacer lo que quiera con ellas», replicó Labori, esperando de nuevo obtener su consentimiento para excluir cinco de los documentos.

«Sí», replicó ella. «Lea todas o ninguna».

«Bien Madame, entonces no leeré ninguna».

El no leer ninguna de las cartas no era la solución que Labori realmente deseaba, porque necesitaba que el jurado viera de forma precisa por qué Henriette Caillaux había temido tanto su divulgación. Labori quería que se leyeran pero también quería aumentar las expectativas del jurado sobre estas cartas como un material sensible y vergonzoso al aparentar, él mismo, ser totalmente reacio a revelarlas. Chenu también quería leerlas en la sala; esperaba que ayudarían a acusar la inmoralidad de los Caillaux y, de esta forma, impulsar su defensa.

«¿Estaría Madame Gueydan dispuesta» preguntó ahora Chenu, «a confiar las cartas a la *partie civile* [esto es, a él mismo] y al fiscal general?».

«Ciertamente».

«Pero Madame Gueydan no tiene derecho a hacer esto», declaró Labori, «porque ella ha rehusado recogerlas cuando se las he ofrecido de nuevo».

La postura de Labori provocó en seguida otra intervención de Chenu, generando un galimatías de gritos proferidos todos a la vez. Y en ese momento, el juez Albanel suspendió abruptamente la sesión, convocando a un descanso antes de que se adoptara cualquier resolución definitiva sobre las cartas. La transcripción del juicio anota «ruidos al fondo de la sala» en respuesta a una disposición de Albanel; ninguna otra cosa se anotaría en el acta judicial de la sala que permitiera adivinar el estrafalario, pero altamente significativo, drama de honor que iba a desarrollarse a continuación. Durante el dilatado descanso, un espectador de la sala relató a un periodista de *Le Figaro* un incidente que había escapado a la atención de la mayoría de los presentes. El confidente de *Le Figaro* informó que había oído a Louis Dagoury, uno de los jueces asistentes de *la Cour d'assises*, murmurar las siguientes palabras al juez Albanel justamente después de que hubiera sido anunciado el descanso: «Señor, usted nos deshonra»[464]. Aparentemente, ninguno de los jueces se dio cuenta de que alguien más hubiera oído la puntualización y Albanel y sus asistentes se retiraron a deliberar al despacho de la magistratura para discutir la afrenta de Dagoury a la jerarquía de la sala. De acuerdo con un informe confidencial que fue remitido como consecuencia al inmediato superior de Albanel, una vez en el despacho el juez presidente exigió una disculpa y Dagoury pidió excusas. Los dos hombres, aparentemente, se dieron las manos y el incidente pareció quedar zanjado[465].

Pero no por mucho tiempo. Al día siguiente, *Le Figaro* revelaría el episodio entero con una completa declaración de Dagoury proclamando que no tenia nada por lo que pedir disculpas. El Juez Albanel, afirmó de manera pública, había mostrado una indisimulada preferencia por los Caillaux al suspender la sesión de la

464 *Le Figaro*, 25 de julio de 1914. Los informes confidenciales oficiales de este incidente están guardados en los Archivos Nacionales (a partir de ahora AN), BB6, 11 616. El director de personal de la Corte de Apelaciones de París al Primer Presidente de la Corte de Apelaciones, 30 de julio de 1914. El juez Albanel afirmaba que la exclamación había sido: «Monsieur, usted nos deshonra; usted es un miserable», mientras que Dagoury sostenía que él había dicho: «Monsieur, usted nos deshonra, esto es una vergüenza».
465 AN BB6 11 616. Director de personal al Primer Presidente, 30 de julio de 1914.

Sala cuando lo hizo y el juez asistente no veía razón alguna para retractarse de esta opinión. Dagoury más tarde diría a *Le Figaro* que creía que Albanel no se equivocó al haber incautado las cartas del letrado Labori sino al hacer que formasen parte de las actas judiciales. Al permitir al abogado defensor de Henriette Caillaux conservar el control exclusivo de las cartas, dijo Dagoury, demostró así su marcado partidismo a favor de ella y a la vez deshonró a toda la Magistratura.

Poco después de leer la entrevista de Dagoury en *Le Figaro*, Albanel escribió una carta al Primer Presidente de la Corte de Apelaciones parisina en la que describía la disputa con su magistrado asistente como una «cuestión de honor». Debido a que Dagoury había convertido el asunto en materia pública, Albanel le dijo a su superior que no podía aceptar por más tiempo las «tibias excusas que [Dagoury] había murmurado» el día antes. Estas excusas, escribió Albanel, «no pueden satisfacerme en absoluto, especialmente ahora que el *Figaro* de hoy ha presentado el incidente de un forma incompleta y torticera, acompañado por un comentario escandalosamente sesgado». El juez añadía que «es completamente imposible para mí sentarme al lado de un colega que me ha insultado de forma tan ultrajante con las palabras que acabo de exponerle ['Usted nos deshonra; usted es un canalla'] hasta que haya recibido la reparación que se me debe, una reparación conforme a la gravedad de la ofensa»[466].

De pronto, un incidente que Albanel había considerado cerrado aparentemente con las disculpas y el apretón caballeroso de manos del día anterior se convertía

466 AN BB6 11 616. Albanel al Primer Presidente, 25 de julio de 1914.

para él en un asunto de honor, una cuestión que requería una reparación acorde con la «gravedad de la ofensa». ¿Por qué esta transformación, por qué esta apelación al honor completada con toda la retórica tradicional del duelo: «insulto», «ofensa», «satisfacción», «reparación»? El factor crucial parecía haber sido la aparición en la prensa, la circunstancia de que un importante periódico hubiera hecho un hueco a este asunto para presentarlo al público. Si hubiera quedado todo reducido al ámbito privado, las diferencias podían fácilmente haberse resuelto. Albanel, después de todo, aparentemente apaciguado por las disculpas ofrecidas por Dagoury, había vuelto a su banco tras el receso –con Dagoury a su lado– y procedió como si nada de esto hubiera sucedido. Sólo después de que *Le Figaro* hubiera publicado el suceso, Albanel se sintió en la necesidad de actuar.

Ahora con el incidente expuesto ante el público, podía ser humillado, con su reputación manchada, a menos que obtuviera una satisfacción. Albanel tenía que actuar para preservar su puesto en una sociedad como la parisina todavía regida por la aristocrática preocupación por el rango social aunque desprovista del tradicional -tan presente durante años- criterio de estatus gracias al progreso de la democracia y del capitalismo. En este contexto, las «percepciones» del lugar de cada uno en la escala social llegaban a tener una importancia absoluta. Durante la *Belle Époque*, estas percepciones cristalizaron en un renovado concepto del honor.

Tan fuerte era el compromiso de la élite parisina con la cultura apasionada por la defensa del honor que un gran número de escritores e intelectuales se dedicaron, durante los años de 1890 a 1914, a intentar explicar los orígenes y el significado de este destacado fenómeno[467]. Quizás la más ilustrativa de estas contribuciones venga de Gabriel Tarde, el distinguido sociólogo y profesor del prestigioso Collége de France. Tarde consideraba la cultura del honor de la *Belle Époque* y los duelos a que dio lugar como una perniciosa creación de la, por entonces, novedosa prensa popular, un medio de comunicación al que definía como «una máquina de vapor para la fabricación y destrucción de reputaciones a gran escala»[468].

En la interpretación de Tarde, los miembros de la moderna élite parisina estaban obsesionados por su posición y reputación personal porque, en buena medida, disfrutaban del denominado estatus fijo de honor por nacimiento desde hacía muy poco tiempo. En vez de esta distinción, lo que poseían en verdad era un inestable capital de honor cuya valoración fluctuaba tanto como la de los bonos del Estado y la de los stocks comerciales. En el caso del honor, no obstante, no era un mercado económico el que establecía su valor sino el mercado de la opinión controlado por la prensa. Era la publicidad la que concedía al individuo su mayor y favorable stock de honor o, al contrario, le despojaba de él. Así, al igual que el capitalismo había detraído la riqueza que antes estuviera sólidamente asentada en la tierra y en otros valores fijos, así también la prensa había despojado al honor de su relación tradicional con el nacimiento y con el rango social. «El sólido, estrecho y masivo honor del

467 El catálogo de materias de la Biblioteca Nacional de 1892 a 1924 contiene más de cien entradas para los términos «Duelo» y «Honor». Es significativo que para el periodo siguiente de 1925 a 1937, haya sólo un puñado de entradas en las dos categorías.
468 Gabriel Tarde, *Études pénales et sociales, pt. 1. Le duel* (Paris: Masson, 1892), p. 77

pasado, restringido a los límites de una pequeña ciudad o un suburbio, está muy lejos del amplio, superficial e inestable honor del presente al igual que los patrimonios de nuestros antepasados terratenientes están muy lejos de las fortunas industriales o en bonos del gobierno que poseemos hoy en día»[469]. Como la riqueza, propone Tarde, el honor podría ser creado o destruido de repente, dejando a la sociedad huérfana de cualquier jerarquía estable. Gracias a la prensa, de esta forma, el honor ahora padecía la misma enfermedad de modernidad superficial que personificaba el propio capitalismo: «Todo lo que es sólido se disuelve en el aire».

Aunque Tarde subestimaba la importancia de los nuevos usos democráticos de la República al desarraigar las jerarquías establecidas que modelaban la cultura del honor, dio la importancia que tenía al hecho de que los miembros de la élite de la *Belle Époque* tendieran a juzgarse a sí mismos de acuerdo con la opinión de los demás. La imagen particular del individuo venía siendo conformada desde hace tiempo por la imagen que la sociedad parisina se hubiera formado de él, una impresión definida por la prensa popular de masas de la *Belle Époque*. Las reputaciones que en el pasado se encontraban a salvo del escrutinio popular estaban ahora expuestas rutinariamente a la vista del público y cualquier actuación personal se transformaba literalmente y al momento en un acto público, amenazando a la posición social y a las autoimágenes de los individuos involucrados. En este ambiente, los hombres franceses –y las mujeres también- sentían la necesidad de preservar sus reputaciones a toda costa.

469 Tarde, *Études pénales*, p. 75

Por desgracia, ni hombres ni mujeres podían solicitar compensación alguna por medio de la ley, ya que el Código Napoleónico no tenía prevista sanción alguna contra los ataques a la reputación personal. Y con la llegada de la Tercera República el problema se tornaría aún más grave, porque el régimen creó dos nuevos foros de expresión sin censuras –el parlamento democrático y la prensa libre- que no estaban limitados por las correspondientes leyes de libelo y difamación. Las tradiciones revolucionarias francesas heredadas por la Tercera República habían hecho esencialmente imposible cualquier imposición de restricciones en el discurso político, ningún asunto se consideraba difamatorio, lo que suponía para los políticos y periodistas franceses una licencia ilimitada para insultarse unos a otros en público. Como resultado, a los hombres que se consideraran difamados o deshonrados no les quedaba otra opción que actuar fuera de la ley para obtener una reparación. De forma paulatina, tras 1870, volvieron a producirse los duelos. El Código de Napoleón cedió ante el código del duelo, la ley republicana ante la costumbre aristocrática cuando a los franceses les dio por retarse más que en ningún otro tiempo desde que tuviera lugar el apogeo del duelo en el siglo XVII[470].

Por el contrario, las mujeres, excluidas por la ley en las demandas de paternidad y por la costumbre de los duelos, no podían contar ni con la cultura de la ley ni con la cultura del honor. A menudo, las únicas armas accesibles a las mujeres para defender sus reputaciones -que se limitaban a la castidad antes del matrimonio

470 Micheline Cuénin, *Le duel sous l'ancien régime* (Paris: Presses de la Renaissance, 1982), esp. pp. 307-8.

y a la fidelidad después- consistían en realizar actos justicieros contra aquellos hombres que las hubieran deshonrado. Su imposibilidad de encontrar otro tipo de satisfacción en la ley o en el duelo explica por qué los crímenes pasionales femeninos resultaron ser tan importantes en esta sociedad marcada por el honor.

Aquellos a quienes se acusaba de crímenes en conexión con asuntos de honor, o con los duelos o con los crímenes pasionales, gozaron de una opinión pública siempre volcada a su favor. La misma ley, no obstante, no hacía excepciones algunas para los crímenes cometidos en nombre del honor. Los estatutos del código criminal francés trataban a un duelista que asesinaba a su oponente o a una mujer que mataba a su marido infiel como asesinos, sin diferencias con los demás. La opinión pública y la justicia oficial estaban en esto radicalmente en desacuerdo en esta Francia de la *Belle Époque*, cuyos jurados regularmente –y a veces en forma desafiante- absolvían a los victoriosos en los duelos y a las derrotadas en el amor[471].

Es en los términos de estas interpretaciones culturales y en los requirimientos propios del honor en donde deben ser contextualizadas las palabras y las acciones de Albanel aparecidas en el reportaje de *Le Figaro*. Una vez que el incidente con Dagoury se hizo público, al juez Albanel no le quedó más remedio que demandar una satisfacción a su honor no sólo para mantener su estatus social sino también para preservar finalmente su propia autoestima. En efecto, comenzaba a circular el rumor de que Albanel había enviado a sus padrinos

471 Eugen Weber, *France: Fin de Siècle* (Cambridge, Mass.: Harvard University Press, 1986), p. 219, expone algunos casos en que los jurados absolvieron a duelistas que habían matado a sus oponentes.

a Dagoury para demandarle una satisfacción mediante un duelo. Y aunque el rumor era falso, el juez ejecutó otro montón de pasos previos que nos demuestran hasta qué punto estaba dispuesto a llegar un miembro de la alta magistratura, un hombre obligado por principio a defender las leyes nacionales contra los actos violentos, cuando él mismo se encontraba imbuido por la cultura del honor. Primeramente, escribió a su superior, el primer Presidente de la Corte de Apelaciones de París, expresando su queja no en el lenguaje legal y según los fundamentos burocráticos sino con las palabras y las imágenes propias del honor y de los duelos: no demandaba justicia sino satisfacción, no pedía castigo para Dagoury sino una reparación en su honor.

Habiendo dado este paso, Albanel continuó haciendo algo que se nos antoja –al menos desde nuestra perspectiva de finales del siglo XX- más extraordinario todavía. Se reunió en sus dependencias oficiales con Émile Bruneau de Laborie, la primera autoridad francesa en lances de duelo y autor de un manual muy leído titulado *Les lois du duel* (1906). Bruneau era un aventurero y un deportista, que había asistido a partidas de caza mayor en África, fundado la Sociedad Nacional de Esgrima y escrito una gran cantidad de trabajos sobre deporte, duelos y reglas de honor para *Le Figaro* y otros importantes periódicos[472]. No deja de ser sorprendente que cuando hubo de afrontar asuntos de honor uno de los principales miembros de la curia judicial de la

472 *Les lois au duel* (París: Manzi, Joyant, 1906). El encuentro con Bruneau de Laborie fue recogido en *Le Figaro*, el 26 de julio de 1914 y un día más tarde en la mayoría de los demás periódicos importante. Sobre Emile Bruneau de Laborie, vid. Pierre d'Hugues, *Bruneau de Laborie: homme d'épée, chasseur de grands fauves* (París: Société d'éditions géographiques, maritimes et coloniales, 1939).

Tercera República* no escogiera como consultor personal a ninguno de sus referentes profesionales sino a un experto en duelos. La actuación de Albanel nos indica una vez más que, cuando acontecía una cuestión tocante a la reputación personal, la cultura del honor estaba muy por encima de la cultura de las leyes –o al menos que él quería dar la apariencia de que sucedía de esta forma-. Incluso, aunque estuviera únicamente empeñado en guardar las apariencias, esto en sí mismo resulta toda una evidencia de la fuerza que ejercía la cultura del honor en la *Belle Époque* y su preminencia en todo un juez de alto nivel[473].

En esta reunión que mantuvo con Albanel, Bruneau le aconsejó precaución, diciéndole al juez que «desde el momento en que el incidente había sido elevado a la cadena judicial de mando para una posible resolución, sólo por este único hecho –de acuerdo con la práctica común en estos asuntos- había quedado excluida la posibilidad de acudir al campo del honor para dirimir

* Albanel había escalado rápidamente los puestos de la magistratura en Francia, llegando a ser *juge d'instruction* en París a la temprana edad de cuarenta y dos años y miembro de la más prominente corte de la Nación, la corte de apelaciones de París, sólo unos pocos años más tarde. Escribió muchos trabajos sobre justicia criminal y la sociología del crimen y con frecuencia representó al Gobierno en Conferencias internacionales sobre leyes y criminalidad. El *Dictionnaire national des contemporains* (Paris: Office général d'edition, 1906), 4: 345:, le denomina como «un magistrado de gran educación y perfecto tacto que actúa doblemente como sicólogo y filántropo de considerable inteligencia».

473 El antropólogo Julian Pitt-Rivers sostiene que, en las sociedades imbuidas de la cultura del honor, las soluciones judiciales a las demandas del honor son raramente consideradas. «Acudir a la ley para obtener una reparación al honor», escribe Pitt-Rivers, «es confesar públicamente que se ha sido ofendido y la demostración de tal vulnerabilidad deja el honor de uno en evidencia, una evidencia en la que la 'satisfacción' mediante una compensación legal a manos de la autoridad civil difícilmente deja satisfecho». Vid. Pitt-Rivers, *The Fate of Shechem*, p.9.

sus disputas [en un duelo]»[474]. Ni siquiera este aviso enfrió el ardor de Albanel en conseguir una satisfacción personal. En una entrevista con *Le Matin*, el 26 de julio, el presidente de la *Cour d'assises* rechazó descartar la posibilidad futura de un duelo. «Pretendo totalmente», declaraba Albanel, «demandar de Monsieur Dagoury una disculpa oral y una retractación escrita. En cuanto a un duelo (*réparation par les armes*), no puedo, según Monsieur Bruneau de Laborie, insistir en ello por el momento... pero en el caso de que Monsieur Dagoury rehúse ofrecerme las disculpas a las que tengo derecho, me reservo libertad completa de actuación. En tal caso, el asunto acabaría siendo una disputa más entre dos caballeros y yo enviaría mis padrinos a M. Dagoury»[475].

El incidente no acabó aquí, pocos días después el mismo Dagoury escribiría al primer presidente de la Cámara de Apelaciones rechazando la demanda de disculpas de Albanel. Dagoury explicaba que había consultado con dos amigos, ambos abogados, sobre el asunto; los dos le habían aconsejado que enviara a sus padrinos a Albanel inmediatamente. Ambos estaban de acuerdo con él en que la demanda de Albanel representaba un desafío inaceptable y que «para mí, permanecer en silencio durante más tiempo podía ser interpretado como una clase de tácita aquiescencia a las inaceptables reclamaciones solicitadas por Monsieur Albanel». Dagoury se vio obligado a responder a la propuesta de Albanel porque suponía «toda una verdadera provocación al ser hecha en público», algo que no le dejaba

474 *Le Figaro*, 26 de julio de 1914.
475 *La Matin*, 26 de julio de 1914.

opción alguna, explicaba a su superior, «salvo desafiar a Albanel en el campo del honor»[476]. Poco después, Dagoury enviaría a su rival un telegrama anunciando que designase a sus padrinos en la próximas cuarenta y ocho horas.

Aunque el estallido de la guerra parece que impidió a Albanel y a Dagoury que fueran más allá con su duelo, los duelos habituales entre otros individuos de alto rango nos señalan que los dos jueces actuaron como los miembros típicos que eran de la élite social, política e intelectual de la *Belle Époque* tan ligada a la ética del honor. No pasaba un solo día sin que los bulevares vibraran con las historias del último encuentro en el campo del honor; en unos momentos en que el duelo llevaba ya mucho tiempo extinguido en Inglaterra, alcanzaba en Francia su culmen durante la época contemporánea[477]. El novelista Octave Mirbau, que hasta el año 1900 se había batido once veces, muy a menudo contra el escritor Jean Joseph-Renard que también era un excelente duelista, resulta ser toda un confirmación de este hecho. Y Mirbeau no sería el único entre los hombres de letras que recurriera a la espada. Paul Adam, Paul Bourget, Maurice Barrés, Robert de Montesquiou, Jules Lemaître, todos ellos entablaron duelos durante esta época, como también lo hiciera el mismo Marcel Proust, que envió sus padrinos como respuesta a la burlona etiqueta que le colgó Jean Lorrain a

476 AN BB6 11 616. Dagoury al Primer Presidente, 29 de julio de 1914. El entrecomillado es mío.

477 Kiernan, Duel, pp.199, 261: «Francia fue el país de Europa occidental donde el duelo se mostró más activo». Vid. también Robert Baldick, *The Duel: A History of Dueling* (London: C.N. Potter, 1965), p.93: En Francia, «en el trascurso del siglo XIX… los duelos políticos llegaron a ser cada vez más frecuentes entre la población civil».

Proust de «el ángel de Saint-Germain»[478]. Cuando los escritores de la *Belle Époque* no se batían en duelos era porque estaban demasiados ocupados en incluirlos en sus ficciones. En particular Guy de Maupassant, que parecía casi obsesionado con el duelo, creó toda una serie de historias sobre los sentimientos de los hombres al afrontar el duelo y sobre aquellos otros que lucharon en los duelos y los ganaron, contra toda probabilidad[479].

En estas narraciones, y en las crónicas de los periódicos sobre estas confrontaciones, el duelo de la *Belle Époque* aparece como un hecho altamente estilizado y ritualizado conforme a las reglas y elaboradas convenciones de los manuales, como el de Bruneau de Laborie[480]. Los duelos podían ser dirimidos o con espadas o con pistolas, la elección quedaba a cargo de los padrinos –o representantes- de los dos combatientes. La responsabilidad de los padrinos era recibir o llevar un desafío y entonces, en el caso de una afrenta menor, procurar resolver las diferencias entre los dos duelistas sin recurrir al enfrentamiento. Una vez que esto fracasaba, entonces los padrinos escogían las armas que se iban a usar, establecían la hora y el lugar del duelo y aseguraban la presencia de un médico para cada parte. Después del duelo, era responsabilidad de los padrinos levantar un acta del acontecimiento para que fuese enviada a los periódicos apropiados y que se publicara.

478 Hubert Juin, *Le libre de Paris, 1900* (París: Pierre Belfond, 1977), pp. 52-53; Arthur Conte, *Le 1er Janvier1900* (París: Plon, 1975), pp.333-34.
479 Los cuentos de Maupassant que tienen al duelo como argumento son «Un lâche», «Un duel», y «L'héritage». Vid. Kiernan, *Duel*, p. 268.
480 Además de Bruneau de Laborie, *Les lois du duel*, Vid. Georges Bibesco y Féry d'Esclands, *Conseils pour les duels* (París: Lemerre, 1900).

Los duelos con espada requerían una continuidad hasta que uno de los combatientes hiciera brotar la sangre de su oponente. Hasta la más insignificante cantidad de sangre resultaba suficiente y, por esta razón, la mayoría de las heridas eran muy leves. No obstante, algunos duelos acababan con serias heridas para uno o para ambos combatientes, especialmente cuando ninguno de ellos era un experto en el arte de la esgrima. Por razones obvias, los duelos a pistola potencialmente eran más peligrosos pero, debido a que los combatientes debían situarse a más de treinta metros de distancia uno del otro, fallaban muy a menudo, a veces intencionadamente. En teoría, cuando las balas no acertaban a los duelistas se esperaba que se enfrentaran de nuevo una vez más a espada, pero, en la realidad, la mayoría de los duelos finalizaba después de que se hubieran hecho los dos disparos reglamentarios.

No existen estadísticas oficiales sobre los resultados de los duelos, aunque el escritor Edouard Dujardin llevó a cabo un registro particular para la década de 1880, que publicó, bajo el seudónimo de «Ferréus», como *L'annuaire du duel*[481]. Las cifras de Ferréus no están completas, porque no incluyó muchos duelos de los entablados por militares ni tampoco aquellos que por ser demasiado turbios los padrinos no llegaron a emitir actas que resultaran publicadas en los principales periódicos, su única y exclusiva fuente de información. Pero las cifras corroboran las tendencias existentes en torno a las consecuencias de estos enfrentamientos personales. De los 598 duelos que registró en el periodo entre

481 Ferréus (seudónimo de Edouard Dujardin), *L'annuaire du duel* (París: Perrin, 1891).

1880 a 1889, 16 (el 3 por ciento) provocaron muertes y otros 40 (el 7 por ciento) graves heridas[482]. Así, sobre la base de la información, admitidamente parcial, de Ferréus, podemos deducir que la mayoría de los duelistas salieron indemnes de sus luchas. No obstante, afrontaban un pequeño riesgo, aunque fuera muy insignificante, suficiente como para precisar de los servicios de un médico –o incluso de un sacerdote-. El duelo debía ser lo suficientemente peligroso como para hacer que aquellos que luchaban se sintieran virilmente orgullosos pero no debía resultar tan peligroso como para que sólo los verdaderamente valientes o los extremadamente locos desearan tomar parte en el mismo.

Un aspecto final del duelo del que conviene hacer mención es su excesivo coste económico. En un tiempo en que el presupuesto entero para un mes de una familia trabajadora de París apenas superaba los 200 francos, cada combatiente se gastaba un mínimo de esa misma suma -sin incluir el coste de las clases de esgrima o de tiro- en un único duelo[483]. Tenían que contratarse carruajes o automóviles, comprar trajes adecuados, llamar a médicos, alquilar salas de reuniones, procurarse pistolas o espadas. Tales costes excluían a casi todos los miembros de las clases trabajadoras y de las clases medias modestas. Pero, incluso para aquellos un poco más acaudalados, el duelo a menudo parecía un derroche necesario, especialmente para los periodistas

482 Tarde, *Études pénales*, pp. 31-34. Aquí Tarde tabula y analiza la información suministrada por Férreus en *L'annuaire du duel.*

483 El coste de un duelo fue calculado por Victor Méric, «A propos d'un duel», Les hommes du jour, 25 de diciembre de 1909. Los ingresos y gastos de la clase trabajadora pueden encontrarse en Jacques Chastenet, *Histoire de la Troisième République* (Paris: Hachette, 1955), 3: 337-38.

y políticos cuya reputación había llegado a ser materia de gran interés público.

Según la mayoría de los testimonios, los periodistas parecen haberse enfrentado en duelo más que el resto de los otros escritores; como dijo un analista inglés, «el periodista debe considerar el duelo como uno más de los requisitos de su profesión»[484]. El editor Edouard Drumont, notoriamente antisemita, se batió costantemente, como también lo haría el periodista bonapartista Paul de Cassagnac. Lo mismo hicieron periodistas de izquierdas como Victor Méric, que justificó pormenorizadamente su actuación en un artículo en su semanario radical *Les hommes du jour*[485]. Desde luego, el periodismo se solapaba frecuentemente con la política y quizás los más fervientes duelistas de todos resultaron ser los políticos de la Tercera República. Georges Clemenceau encabezaba el primer puesto con veintidós duelos, pero muy cerca de él aparecen otras controvertidas figuras políticas como Paul Déroulède y León Gambetta. Incluso el mismo Jean Jaurès puso sus pies en el campo del honor y aunque Joseph Caillaux rehusó el reto de Gaston Calmette, declarando que el editor era indigno de él, se batió poco después con su oponente electoral, Louis d'Aillières. A propósito de este duelo, un periódico de derechas se quejó de que d'Aillières debería haber hecho algo mejor que dar a Caillaux un «certificado de honorabilidad»[486].

484 Citado en Kiernan, *Duel*, p. 266.

485 Sobre el duelo de Cassagnac, vid. Ferréus, *L'annuaire du duel*; sobre el de Drumont vid. Claude Bellanger, ed., *Histoire générale de la presse française* (París: Presses universitaires de France, 1972), 3: 344; para Méric, vid. su artículo, «A propos d'un duel».

486 *Le cri de Paris*, 10 de mayo de 1914; Kiernan, *Duel*, pp. 266-69; Joseph Caillaux, *Mes mémoires* (Paris: Plon, 1947), 3:147.

Quizás nos resulta ahora comprensible que miembros acrisolados de la aristocracia parisina y otros elementos de las élites se adhirieran a la cultura del honor y a sus correspondientes requisitos del duelo. Pero es más difícil de entender el que muchos periodistas de las clases medias, escritores, abogados, jueces y políticos se adhirieran también. ¿Por qué, en otras palabras, los valores aristocráticos y las concepciones aristocráticas del estatus seguían ejerciendo tanta influencia entre los miembros de la clase media y de las clases medias-altas parisinas? Algunos analistas de la época intentaron responder a esta pregunta y al hacerlo así tendieron con frecuencia a mostrar más la lealtad de la clase media con los valores aristocráticos que a explicarla. Escritores burgueses tales como el periodista filósofo Lucien Prévost-Paradol y el crítico Émile Faguet alabaron la cultura del honor y las costumbres aristocráticas como un baluarte del orden social en medio de los muchos cambios asociados con la propia existencia de la clase media como la decadencia religiosa, la política igualitaria y el desarrollo capitalista.

En un estudio, publicado primeramente en 1868, pero reeditado regularmente después y muy citado, Prévost-Paradol sostiene que en Francia había sido posible soportar el caos social propio del mundo moderno que quedó privado del poder hereditario y de la autoridad religiosa únicamente porque se había vuelto al honor como sistema sustitutivo de creencias. La ética del honor, argumentaba el antiguo *normalien* conocido por su «carácter aristocrático» a pesar de proceder, por nacimiento, de la clase media, había sustituido al catolicismo como la base moral de la vida francesa[487]. «El Honor, o mejor dicho, el punto de honor es el último y el más poderoso baluarte de nuestras antiguas sociedades y especialmente de la sociedad francesa», escribió Prévost-Paradol. «Hoy, nuestro país presenta el espéctaculo, único en el mundo, de una sociedad en la que el punto de honor ha llegado a ser la principal garantía del orden social, lo que nos permite cubrir buena parte de las obligaciones y de los sacrificios que conllevaban la religión y el patriotismo que han perdido ahora su poder garantizador». Si las leyes de Francia continuaban aún siendo generalmente respetadas en esta sociedad despojada de religión y deberes, si los jóvenes soldados permanecían fieles a su bandera, si los ciudadanos continuaban cumpliendo con sus deberes con el estado y con el resto de los habitantes, Prévost-Paradol concluía, era sólo a causa del «miedo a ser públicamente humillados por un acto considerado vergonzoso». Sólo, entre todos los posibles agentes del orden social, el temor a ser deshonrados, de ser denigrados a los ojos de la comunidad, «mantiene entre nosotros el deseo de actuar de manera correcta»[488].

También Faguet veía al honor como el elemento crucial en el orden social dentro de una sociedad cada vez más democrática. Pero, para él, el orden quedaba garantizado por una jerarquía de origen aristocrático e intelecto cultural, por una élite cuya cultura del honor pudiera resistir a la mediocridad igualitaria y al materialismo capitalista con los que estigmatizaba todo el

487 Para una breve biografía de Prévost-Paradol, vid. René Mazedier, *Histoire de la presse parisienne* (París: Editions du pavois, 1945), pp. 125-30.
488 Lucien Anatole Prévost-Paradol, *La France nouvelle* (Paris: Miches Lévy, 1868), pp. 357, 358.

régimen republicano francés. El objetivo final del Honor, escribía Émile Faguet -él mismo había sido alumno de la Escuela Normal Superior y era miembro de la Académie française- suponía sostener la jerarquía al obligar a «luchar... a distinguirnos por nosotros mismos» de todo aquello considerado como inferior, para convencerse a uno mismo de que se estaba en posesión de un «carácter fuera de lo común». Para Faguet, «el honor es la esencia del sentimiento aristocrático». Resultaba fundamental la «idea de élite», la fuerza que «nos hace esclavos de nuestra dignidad, de nuestra nobleza, *esa que nos distingue de los seres a los que consideramos inferiores a nosotros*». El honor, en suma, venía a ser «la aspiración a sentirse satisfecho conmigo mismo como resultado de mi superioridad sobre los otros»[489].

Lo que elevaba a un individuo sobre los otros y, de esta forma, mantenía la jerarquía esencial para el orden social, proponía Faguet, era su rechazo hacia la cultura capitalista, su negativa a «efectuar cálculos mercantilistas concernientes a las cosas que pueden ser ahorradas, economizadas, guardadas hoy para que en un futuro me sirvan de bien y de sólido provecho». La moralidad del honor «me obliga», concluía Faguet, «a despreciar la ética utilitarista de la cigarra y la hormiga... oponerme a un egoísmo que es cicatero, mezquino y temeroso»[490]. Toda una involuntaria ironía la que se proyecta sobre la retórica de Faguet, ya que el autor de más de doscientos volúmenes de artículos entre periódicos y revistas dirigía su propia vida claramente sujeta

489 Emile Faguet, *La démission de la morale* (París: Société française d'imprimerie et de l'Académie française, 1910), pp. 307, 316, 303-3904, 321. Entrecomillado en el original.
490 Faguet, *Démission*, p. 321.

a la disciplina de «la cigarra y la hormiga» que tanto deploraba[491]. Pero, a pesar de su contribución personal al capitalismo, Faguet consideraba al honor y a los valores aristocráticos en general como alternativa a la moralidad de sección de contabilidad que asociaba con el igualitarismo, la República y la clase media industrial.

Faguet no dejaba claro si creía que esta adhesión de la clase media a la cultura del honor podía ser atribuida a la extendida desconfianza francesa sobre los valores del mercado. Más bien se inclinaba por la prevalencia de las actitudes aristocráticas en buena parte justificadas por la torpeza de la burguesía, a lo largo de casi todo el siglo XIX, para establecerse por sí misma como fuerza política y cultural dominante en Francia. Aunque Francia había sido considerada a menudo como la cuna de la revolución burguesa –primero en 1789, después en 1830 y de nuevo en 1848-, sin embargo hubo dificultades durante el siglo XIX para aceptar la hegemonía política y cultural de la clase media industrial. Entre 1800 y 1850 Francia no estuvo bajo la influencia de una burguesía moderna sino de un grupo dominante de *notables*, la mayoría de ellos grandes propietarios terratenientes que se parecían mucho más a la nobleza del Antiguo Régimen que a las clases medias industriales o comerciales[492]. Incluso cuando Francia comenzó a

491 Vid. la entrada correspondiente a Faguet en el *Dictionnaire biographique de la France*.

492 André-Jean Tudesq, *Les grands notables en France (1840-1849)*, 2 vols. (París: Presses universitaires de France, 1964). Es una tradición de la historiografía francesa defender que la Revolución de 1830 abrió la puerta a una «monarquía burguesa» que gobernó Francia para los intereses de una creciente clase media comercial e industrial. Vid. por ejemplo, Jean Lhomme, *La grande bourgeoisie au pouvoir, 1830-1880* (París: Presses universitaires de France, 1960); Charles Morazé, *Les bourgeois conquérants* (París: A. Collin, 1957); Christopher H. Johnson, «The Revolution of 1830 in French Economic History», in John M.

industrializarse, después de mediados de siglo, los votantes franceses, entre ellos el grueso de la burguesía, no eligieron a los agentes de esa industrialización como dirigentes políticos sino a un dictador llamado Luis-Napoleón Bonaparte, el sobrino de Napoleón Bonaparte que se refería a sí mismo como príncipe[493].

De todas formas, muchos miembros de las clases medias propietarias pronto quedarían desilusionadas con el autoritarismo del Segundo Imperio de Napoleón III (1852-1870) hasta el punto de que apoyarían el republicanismo en la década de 1860[494]. El régimen republicano pudo hacerse posible tras la derrota militar de Luis-Napoleón a manos de Prusia sólo porque grandes

---

Merriman, ed., *1830 in France* (New York: Franklin Watts, 1975). No obstante, resulta significativo que muchos de los historiadores dentro de esta corriente admiten que la burguesía no gobernó en su propio nombre sino de manera indirecta a través de una monarquía «liberal» supuestamente favorable a los intereses económicos de la clase media. La precisión es significativa en sí misma como para pasar por alto que de manera abrumadora el Parlamento y los altos cargos civiles de la Monarquía de Julio (1830-1848), estaban integrados por miembros de la nobleza terrateniente y no por la clásica burguesía. Sobre este último punto vid. David H. Pinkey, *The French Revolution of 1830* (Princeton: Princeton University Press, 1972); Patrick-Bernard Higonnet, «La composition de la chambre des députés de 1827 a 1831», *Revue historique 239* (1968); Patrick-Bernard Higonnet and Trevor B. Higonnet, «Class, Corruption, and Politics in the French Chamber of Deputies, 1846-48», *French Historical Studies 5*, nº2, (Otoño 1967).

493 En la obra clásica de Marx, *The Eighteenth Brumaire of Louis Bonaparte* (New York: International Publishers, 1972), la burguesía es consciente de que para mantener el poder social su esperanza era abdicar de su propio poder como clase en favor de Luis Napoleón Bonaparte. Para una particular e incisiva interpretación de los escritos marxistas sobre conciencia de clase y política, vid. Jerrold Seigel, *Marx's Fate: The Shape of a Life* (Princeton: Princeton University Press, 1978), capítulo 7.

494 Vid. David Gordon, *Merchants and Capitalists: Industrialization and Provincial Politics in Mid-Nineteenth-Century France* (Tuscaloosa: University of Alabama Press, 1895); Sanford Elwitt, *The Making of the Third Republic* (Baton Rouge: Louisiana State University Press, 1974).

sectores del campesinado y de las clases medias bajas decidieron apoyarlo. Una vez que quedó firmemente asentada, la Tercera República sería el régimen tanto de estos grupos –gente que el gran luchador republicano Léon Gambetta llamaba los «nouvelles couches sociales»- como de la burguesía capitalista[495].

Aunque los antiguos notables se veían a sí mismos, después de 1870, debilitados y demasiado divididos como para intentar restaurar la monarquía, estuvieron en disposición, no obstante, de asegurarse que tres de las instituciones claves del país –el ejército, la Iglesia y el ministerio de Asuntos Exteriores- siguieran siendo exclusivos bastiones aristocráticos[496]. Es más, en la década de 1890, las viejas élites conservadoras alcanzarían una considerable influencia dentro del régimen republicano al formar una alianza con las clases medias republicanas cada vez más temerosas de una izquierda

495 Sobre el carácter político y social de los inicios de la Tercera República, vid. Jean-Marie Mayeur, *Les débuts de la Troisième République (1871-1898)* (París: Seuil, 1973). En *Making of the Third Republic*, Elwitt considera la llegada de la Tercera República como una revolución burguesa que barrió a los granjeros y pequeños empresarios. Pero ignora de manera palmaria hasta qué punto campesinos y artesanos, que se habían hecho partidarios de la República entre 1848 y 1851, asumieron la Tercera República en sus mismos términos. Hay un enorme debate sobre la politización de los campesinos durante la Segunda República y sus implicaciones posteriores en la Tercera. Para los interesados en el tema vid. Philippe Vigier, «Un quart de siècle de recherches historiques sur la province», *Annales historiques de la Révolution française 47* (1975); Ted W. Margadant, «Tradition and Modernity in Rural France During the Nineteenth Century», *Journal of Modern History 41*, nº4 (diciembre 1984); Eugen Weber, «Comment la Politique Vint aux Paysans: a Second Look at Peasant Politicization», *American Historical Review 87* (1982); Edward Berenson, «Politics and the French Peasantry: the Debate Continues», *Social History 12*, nº2 (mayo 1987).

496 Sobre la derecha aristocrática de los inicios de la Tercera República, vid. Robert R. Locke, *French Legitimists and the Politics of Moral Order in the Early Third Republic* (Princeton: Princeton University Press, 1974).

socialista en auge. Muchos miembros de la aristocracia se movilizaron a favor de la República pero sólo porque los líderes del régimen se habían dirigido a ellos y a sus aliados de la Iglesia en busca de apoyo ideológico[497].

Dentro de este nuevo orden republicano, ningún grupo social se acercó más a los comportamientos de la propia aristocracia que aquellos políticos políticos profesionales que la jaleaban desde las *nouvelles couches sociales* a las que aludía Gambetta. La mayoría de éstos eran funcionarios mantenidos por el estado o se dedicaban la práctica de la ley, profesiones que les alejaban del mundo de los negocios y del comercio y les abrían los incentivos de una aristocracia que consideraba al honor por encima de los valores del mercado. Al identificarse con los aristócratas franceses, estos nuevos hombres de gobierno imaginaban que podrían ascender en la escala social demostrando su afición por los duelos y toda la demás parafernalia de la forma de vida de las clases superiores. Hasta el punto de que un diputado de izquierdas escribió «la forma más fácil de aparentar sangre noble… es poner en peligro la propia sangre y derramar la de los demás»[498]. Los políticos franceses pudieron también haber adoptado tales afectadas costumbres en un esfuerzo por adquirir legitimidad a los ojos de una población poco acostumbrada a ser gobernada por los individuos de las clases medias y medias-bajas, así como para impresionar

497 Sobre el *ralliement* –fidelidad- aristocrático a la Tercera República, vid. Debora L. Silverman, *Art Nouveau in Fin-de-Siécle France* (Berkeley: University of California Press, 1989), cap. 2; Pierre Sorlin, *Waldeck-Rousseau* (París: A. Colin, 1966), p.362; David Saphiro, «The Ralliement in the Politics of the 1890s», en *The Right in France, 1890-1919*, St. Anthony's Papers nº13 (Oxford: Oxford University Press, 1962).
498 M. Lemire, *Proposition de loi relative au duel* (París: Molteroz et Martinet, 1906), p. 2.

a otros líderes y parlamentarios europeos que seguían perteneciendo mayoritariamente a las clases altas[499].

A pesar de sus contribuciones al culto de la aristocracia, no obstante, los políticos de la República francesa raramente accedieron a esa alta sociedad a la que pretendían emular. Pero en vez de cargar contra las ideas de jerarquía y privilegio, esta exclusión supuso la creación de una nueva aristocracia en Francia procedente de las *classes moyennes* que conformaron su propia jerarquía. Los líderes de la Tercera República se componían, sobre todo, de graduados en las *grandes écoles*, pequeñas instituciones elitistas de enseñanza superior creadas durante la Revolución francesa para dotar de personal a las más altas instituciones del gobierno, la educación y los negocios[500]. Estos centros, el más importante de los cuales era la *Ecole normale supérieure* para futuros educadores e intelectuales y la *Ecole polytechnique* para ingenieros, sólo admitían a unas pocas docenas de solicitantes por año entre los miles que lo pedían. La idea era reclutar a los estudiantes más prometedores del país a través de una serie de rigurosas pruebas y entonces darles la mejor instrucción que la Nación se pudiera permitir. Las *grandes écoles* francesas a menudo tenían éxito en esta tarea pero al actuar así contribuyeron a crear una aristocracia de la mente y del talento divorciada de las realidades de cada día y de los negocios y del comercio. Sus miembros desdeñaban los valores del mercado en igual medida que lo hacía la

499 Sobre la pervivencia del dominio de las clases superiores en Europa, vid. Arno J. Mayer, *The Persistence of the Old Regime* (New York: Pantheon, 1981); Martin J. Wiener, *English Culture and the Decline of the Industrial Spirit, 1850-1980* (New York: Cambridge University Press, 1981).

500 Sobre las *grandes écoles* vid. Theodore Zeldin, *France, 1848-1945* (Oxford: Clarendon Press, 1977), 2:333-41.

vieja aristocracia, especialmente los *normaliens* que cayeron bajo la influencia del socialismo en los años 90 del siglo XIX[501]. Émile Faguet, que se graduó en la École normale supérieure en los primeros años de la Tercera República, tipifica el espíritu elitista y anticapitalista de muchos de los dirigentes dedicados a las letras y de las luminarias intelectuales de la *Belle Époque*.

Incluso aquellos franceses que se ganaban, mayoritariamente, su sustento con la industria y las finanzas, a menudo, establecieron distancias entre ellos y la cultura de mercado que les había permitido ser lo que fueron. Compraron châteaux, aspiraban a casarse con la nobleza y generalmente adoptaron el estilo y las maneras de sus paisanos aristocráticos[502]. Pocos miembros de la elite quisieron ser vistos estrictamente como clase media; aquellos que dieron el tono cultural y político a Francia a lo largo del siglo XIX no venían de una burguesía dominante sino de una nueva aristocracia de la tierra, el dinero y la distinción social.

Este persistente prestigio de una élite aristocrática y de la cultura y los valores asociados a ella no se dio en ningún lugar de forma tan pronunciada como durante la *Belle Époque* en París. La mayoría de las más ricas y más venerables familias nobiliarias de Francia poseían *hôtels particuliers* en el *faubourg* Saint-Germain de París. Y era en este barrio parisino, tan exclusivo, donde los

501 El bibliotecario de la Normal, Lucien Herr, llegaría a ser famoso al convertir a Jean Jaurès y a otros muchos *normaliens* a su ideología socialista humanitaria. Vid. Harvey Goldberg, *The Life of Jean Jaurès* (Madison: University of Wisconsin Press, 1962), pp. 62-63; Daniel Lindenberg, *Lucien Herr, le socialisme et son destin* (París: Calmann-Lévy, 1977).

502 Sobre la atracción que ejercían en la burguesía los ideales y la forma de vida de la aristocracia, vid. Mayer, *Persistence*, pp. 13-14, 104-6. Vid. también Zeldin, *France*, 1:11-22.

aristócratas urbanos presidían una esnobista sociedad del gusto, de la moda y del refinamiento que parecía fascinar a la ciudad entera[503]. Se trataba de una sociedad en la que uno precisaba, por encima de todo, ser visto –en los salones de moda, en las exposiciones más prestigiosas, los exclusivos paseos en carroza de Longchamp y Auteuil, las fastuosas bodas de la alta sociedad y las más exclusivas cenas de gala[504]. Sobre todo, uno debía estar invitado a estos salones, como en el Antiguo Régimen, por mujeres cuya riqueza, ingenio y elegancia les permitían captar para sus salones a los condes, marqueses y barones que formaban la crema, o *gratin*, de la sociedad parisina. Uno no precisaba poseer un título de nobleza para asistir a ellos, pero era esencial ser de buena cuna excepto en el caso de aquéllos que contaran con excelentes pedigríes artísticos e intelectuales.

Lo que distinguía el *grand monde* de la *Belle Époque* de sus equivalentes en los periodos anteriores era la consideración de que sus miembros fueran conocidos no sólo entre los demás miembros de este grupo sino en todo París. Gracias, en gran parte, a la nueva prensa de masas en Francia, y especialmente a sus recién aparecidas revistas ilustradas y fotográficas, las actividades de la *gratin* parisina llegaron a convertirse en unos acon-

503 *En busca del tiempo perdido* de Proust ofrece un retrato indispensable del *haut monde* de la *Belle Époque* parisina. Para otros relatos, vid. Jacques Chastenet, *La Belle Époque* (París: Fayard, 1951), pp. 11-12; Cornelia Otis Skinner, *Elegant Wits and Grand Horizontals* (Boston: Houghton Mifflin, 1962), esp. capítulo 3; Armand Lanoux, *1900: la bourgeoisie absolue* (París: Hachette, 1973), pt.1.

504 Chastenet, *Belle époque*, pp. 12-25. Algunos investigadores han comparado el esnobismo social del Nueva York de los años 80 con la vida de la alta sociedad del faubourg Saint-Germain de la *Belle Époque*. Vid. Debora L. Silverman, *Selling Culture: Bloomingdale's, Diana Vreeland, and the New Aristocracy of Taste in Reagan's America* (New York: Pantheon, 1986); Tom Wolfe, *The Bonfire of the Vanities* (New York: Farrar Straus Giroux, 1987).

tecimientos totalmente públicos. *Le Figaro*, *Le Gaulois*, *L'Illustration*, *Fémina* y bastantes periódicos más, algunos de carácter satírico, recogían minuciosamente los movimientos de los ricos e ilustres, señalando quién había sido visto y en qué evento y especulando sobre las razones para cualquier cambio aparente en sus estatus[505]. Durante la *Belle Époque,* así pues, todos los miembros de la aristocracia –a los que se añadieron los altos funcionarios, los intelectuales y creadores culturales, los actores y bailarines más populares- llegaron a ser como el trigo del gran molino que suponía la publicidad periodística. Su propósito, en gran parte, era proveer de placeres indirectos a las personas corrientes, con trabajos cada vez más rutinarios y a quienes, sin duda, se les animaba a interesarse por unos individuos que se presentaban como si fueran seres extraordinarios. A medida que crecía el número de parisinos que llevaba una existencia anónima, de masa urbana, crecía el interés por las vidas de ciertas élites o de otras prominentes individualidades. Como resultado de ello, la misma élite perdería mucha de la privacidad que, en el pasado, su riqueza le había permitido disfrutar. A finales del siglo XIX, el *Tout-Paris* vivía de cara a la opinión pública, ante los periodistas que observaban todos y cada uno de sus movimientos.

Tal exposición pública hizo mucho por mantener –y elevar también- la estatura y la influencia cultural de la aristocracia parisina. Pero, al mismo tiempo la nueva prensa de masas, tal y como el incidente Albanel-Dagoury dejaría patente, estaba sacando un provecho extraordinario de su existencia. Por entonces, la exclusión

505 Bellanger, *Histoire générale*, 3: 322-23; Chastenet, *Belle Époque*, p. 26.

de un evento social importante, un mal lugar en una mesa de banquetes y, especialmente, un insulto recibido en público, amenazaban la posición social de un individuo no sólo a los ojos de la misma *gratin* sino ante el público parisino en general.

Gabriel Tarde, como se ha dicho, fue particularmente crítico con la prensa acusándola de provocar muchos de los duelos, pero pensaba que ejercía una gran influencia tanto por su gran capacidad de manipulación como también porque tenía en consideración la frivolidad y la sensiblería de sus más ávidos lectores, las mujeres. «Las mujeres», escribió el sociólogo, «son esponjas llenas de antiguos prejuicios». A diferencia de los hombres, «viven por los demás, y por la opinión de los demás, lo que explica la intensidad de sus resentimientos»[506]. Así, cuando un hombre reta el honor de otro hombre y la prensa magnifica la afrenta, las mujeres involucradas defienden su honor como el que más, lo cual explica por qué los hombres, particularmente los hombres prominentes, sentían la necesidad de luchar en tantos duelos.

En apariencia, la andanada verbal contra el sexo femenino expresaba el desprecio de un hombre que se veía a sí mismo -y a la mayoría de sus compañeros- muy superior a las mujeres en todos los aspectos. Pero al volcar en las mujeres mucha de la culpa del poder de la prensa a la hora de presionar en las cuestiones de honor, el sociólogo, sin querer, reflejaba el temor masculino al crecimiento de la fuerza y de la influencia de las mujeres, temor tan propio de su tiempo. Si las mujeres eran realmente débiles e impresionables, ¿cómo

506 Tarde, *Études pénales*, p. 61.

podían ellas moldear el comportamiento masculino si no es que los hombres eran incluso más débiles y más impresionables?

Los comentarios misóginos de tan estimado sociólogo sugieren que ésta era quizás la razón más crucial dentro del discurso del honor *fin-de-siècle* que afectaba por igual a los hombres de la élite y a los de las clases medias: el esfuerzo por recuperar una masculinidad considerada por todos en estado de decadencia. A fines del siglo XIX, el ascenso del movimiento feminista, aunque de cariz moderado como era, retaba abiertamente las seculares prerrogativas masculinas ya cuestionadas desde la Guerra franco-prusiana por lo que muchos consideraban los efectos castradores de la vida moderna. Los hombres franceses del *fin de siècle*, especialmente aquellos de las clases superiores y clases medias, tenían presente de manera constante el mito del auténtico hombre de los antiguos tiempos: el orgulloso guerrero, el comerciante aventurero, el patriarca de las familias de campesinos feudales o de hábiles artesanos, a los que consideraban responsables de su clan, dependientes tan solo de sí mismos, ganándose la vida con sus propias manos[507].

Tal visión de masculinidad perduraría hasta finales del siglo XIX aunque no se dieran ya las condiciones históricas, de suyo mitificadas, que alguna vez las habían acompañado. En la novela *Les Déracinés* (1897), Maurice Barrès homenajeaba al mítico hombre que «camina con

507 Para un interesante –y muy raro- relato histórico sobre la masculinidad en el Occidente contemporáneo, vid. Peter Stearns, *Be a Man! Males in Modern Society* (New York: Holmes and Meier, 1979). Vid. también el importantísimo trabajo de Annelise Maugue, *L'identité masculine en crise* (París: Rivages, 1987), esp. pp.69-77.

pasos largos por entre la alta hierba con un fusil en sus manos, codo a codo con sus camaradas, rodeados de peligros por todas partes». Pero lo hacía así habiendo aceptado la omnipresencia de los burocráticos «semihombres» de su tiempo. Lo mismo hizo Émile Zola con el héroe de *Fécondité* (1899), «el jefe, el patriarca» de una familia campesina; un personaje que destacaba con fuerza esta existencia masculina en medio de una Francia «en la que la virilidad se estaba desvaneciendo». Faguet, mientras, encontraba «indignante ver a un coloso [el hombre] desempeñando las funciones pasivas de un insignificante funcionario»[508].

Enfrentados a imágenes como éstas, ¿cuántos hombres de finales del siglo XIX, burocrático, industrializado y urbano como era, podían sentirse genuinamente viriles, confiados en sus habilidades masculinas para conformar el mundo? A muchos de estos hombres, con una consciencia confusa cuando no oscura sobre su masculinidad, la cultura del honor les debía parecer la solución ideal. Sólo ella parecía encarnar la época dorada de la caballería, cuando los roles sexuales eran aceptados sin discusión y cuando uno podía ser considerado hombre simplemente al adherirse a las sencillas reglas de esta cultura.

Tanto estaba asociado el honor con la masculinidad, que los periodistas y los moralistas de la *Belle Époque* atribuían generalmente la fuente del honor a lo que, desde su punto de vista, era la esencia de la misma masculinidad: el esfuerzo por conseguir mujeres deseables para sus proezas sexuales y el valor en el combate. Se

508 Barrés, Zola y Faguet (*Le féminisme*) citados en Maugue, *L'identité masculine*, p. 73.

decía que estos dos impulsos consiguieron los avances en la escala evolutiva a la par que el sentimiento de honor que generaban. «Es la rivalidad entre los hombres con respecto a las mujeres», escribía el filósofo moral L. Jeudon «lo que da lugar en los animales al honor junto con todos sus sentimientos consiguientes». Darwin influyó enormemente en esto como en tantos otros ámbitos del pensamiento de finales del siglo XIX. Tal y como Jeudon lo interpretaba, Darwin encontró en el reino animal precisamente los mismos conflictos sobre el honor, todos basados en la sexualidad masculina, que existían en la Europa contemporánea. Jeudon citaba a Darwin sugiriendo que el duelo había evolucionado directamente desde las competiciones fálicas que se daban entre los insectos y entre los pájaros machos: «se dice que las mantis religiosas manejan sus miembros delanteros como los húsares esgrimen sus espadas». El objeto de tales combates, añadía Jeudon, era conseguir la admiración femenina. Ciertos pájaros machos, escribió, interpretan una especia de danza guerrera ante sus hembras «que observan incansablemente este espectáculo y cuando el macho vuelve [victorioso] su compañera da un grito, una forma de aplauso»[509]. Estos orígenes del honor basados en las proezas sexuales masculinas y en el éxito en las batallas, argumentaba Jeudon, fueron los que hicieron que el honor estuviera asociado con la aristocracia. En un particularmente imaginativo salto desde la sociedad humana a la animal y viceversa, Jeudon sostenía que las sociedades animales venían a considerar que los miembros que regularmente alcan-

509 L. Jeuddon, *La moral de l'honneur* (París: Félix Alcan, 1911), pp. 73, 79. Comillas en el original.

zaban la victoria en la batalla eran superiores a los que no lo hacían, creando un vínculo entre el honor y la supremacía que los humanos se aplicaron luego a sí mismos. Así durante la era medieval, sostenía, el honor –tambien definido como valor y como victoria para obtener el favor de las mujeres- sería considerado el atributo esencial de la aristocracia. ¿Qué son las justas, se preguntaba Jeudon, sino la lucha de los aristócratas por sus mujeres? El aplauso de la mujer, como el de las hembras de los pájaros, «resultaba la mejor recompensa para el vencedor»[510].

Si el hombre de la Edad Media podía impresionar a sus mujeres mediante el valor y la victoria en las justas caballerescas, el hombre moderno también, mantenía Jeudon, mediante el duelo. Arriesgando su vida en un duelo, un hombre de la *Belle Époque* podía incluso «reavivar el amor y la estimación de una mujer»[511]. Tarde, por su parte, profundizaría en el mismo asunto al asegurar que «el más pequeño rasguño recibido en un duelo rápidamente convierte a un hombre en alguien interesante para cualquier mujer, [incluso] provoca la generación espontánea, *ex abrupto*, de un violento amor»[512]. Detrás del desprecio hacia las mujeres que revela esta afirmación, es extraordinaria la ingenuidad que supone la idea de que un hombre, no importa cuán repulsivo sea, sólo necesitaba pisar el campo del honor para convertirse en sexualmente deseable.

La interpretación de Tarde no estaba lejos de la que recogían las novelas de los escritores masculinos de la *Belle Époque,* muchos de los cuales consideraban el due-

510 Ibíd., pp. 95-99, 120.
511 Ibíd., p. 124.
512 Tarde, *Études pénales*, p. 61.

lo como condición intrínseca de la propia masculinidad. El ideólogo alemán Alfred von Bogulawski iría aún más allá al defender que la costumbre del duelo por sí misma se basaba en el reto de un hombre a la virilidad de otro. En la Escandinavia medieval, escribió Bogulawski, dos hombres se vieron obligados a entablar un duelo cuando uno declaró «no tienes corazón de hombre» y el otro respondió «Soy más hombre que tú»[513]. En Francia la idea de que el duelo maduraba al hombre llegó a ser tema permanente y central de la cultura nacional, según decía el criminólogo Emmanuel Lasserre, puesto que la mayoría de los hombres y de las mujeres de la *Belle Époque* todavía creía que «el individuo que sufre una afrenta sin exigir una satisfacción, no es un hombre»[514]. Hasta el periodista de izquierdas Victor Méric, que consideraba al duelo «idiota y sin sentido» llevó a cabo uno, a pesar de todo, después de que su oponente declarase en una carta pública «había esperado encontrar un hombre en ti… en vez de esto, encontré un miserable cobarde». Méric escribió que prefería violar sus propios principios que ser acusado de «falto de coraje físico»[515].

Todas estas asociaciones culturales del honor con la aristocracia, la masculinidad con el combate victorioso y la virilidad con el duelo reforzarían aún más la humillación que los hombres franceses sintieron como resultado de la guerra contra Prusia. En el duelo nacional contra los prusianos, los soldados franceses habían perdido buena parte de su masculinidad y una generación

513 Alfred von Bogulawski (*Die Ehre und das Duell*, 1896) citado en Robert de Herte, «Le duel et l'éthique de l'honneur», *Études et recherches 2* (1983): 6.
514 Emmanuel Lasserre, *Les délinquants passionels et le criminaliste Impollomeni* (París: Félix Alcan, 1908), p. 98.
515 Méric, «A propos d'un duel».

entera de hombres resultó «desmoralizada», tal y como señaló Le Gaulois «por la aceptación de la derrota»[516]. Aún así, muchos investigadores sociales interpretaron la guerra más como un síntoma que como una causa de esta decadencia. Los orígenes profundos del problema se achacaban a la cultura sobreintelectualizada que dominaba en Francia, a la enervación y la sobreestimulación nerviosa propias de la vida urbana moderna y a las excesivas comodidades de la existencia aristocrática. El antídoto ante esta enfermedad degenerativa masculina, como se sugería con frecuencia, se debía de encontrar en la cultura del honor y en el culto al deporte.

En una obra titulada *Soyez des hommes: à la conquête de la virilité* (1909) del moralista F.A. Vuillermet, se comenzaba por dejar sentado, sin rodeos y con contundencia que «ya no existen hombres».

Continuaba afirmando que los hombres franceses ya no actuaban con decisión, tampoco demostraban energía o voluntad masculina alguna porque habían quedado debilitados por una cultura que prestaba demasiada atención a sus mentes y muy poca a sus cuerpos. «La presente generación, nacida de padres débiles está marchitándose ante nuestros propios ojos. No existe equilibrio alguno entre los músculos [de los hombres] y sus nervios. Los nervios están sobreexcitados, los músculos permanecen lánguidos. La neurastenia y la neurosis y todas las demás enfermedades de nuestros tiempos afectan a una gran masa de nuestros jóvenes, cuyas facultades intelectuales han sido completamente sobreexcitadas». Vuillermet exhortaba a sus lectores masculinos a recobrar su masculinidad y con ella

516 *Le Gaulois*, 1 de enero de 1900.

la voluntad para luchar, para volver al ejercicio físico y especialmente a los deportes. «Los deportes dan lugar al espíritu de combate y a la lucha que vuelven a los hombres valientes»[517].

Los franceses de las clases medias y altas parecían tomarse muy a pecho esta advertencia, tras el cambio de siglo, mostrando un interés por los deportes como nunca lo habían hecho. Tan fuerte fue su compromiso –y la cuestión por la virilidad que conllevaba- que los franceses convirtieron el mismo duelo en un deporte, incluso en un deporte espectáculo, como escribió el periodista G. Letauinturier-Fradin, al describir toda la publicidad que acompañaba a los duelos[518]. Quizás la creciente popularidad del duelo durante este periodo derivaba de su capacidad para potenciar la virilidad de los combatientes por encima de los deportes tradicionales. No sólo fue el duelo una forma de ejercicio físico, prometía también el sabor del peligro asociado al combate real mientras activaba en ambos participantes (y sus padrinos) el reforzamiento de sus respectivas cuotas de honor masculino. Esas consideraciones sobre el duelo tenían necesariamente que impresionar a las mujeres en particular o a la gran masa de lectores de periódicos lo que suponía un añadido extra a los beneficios que decía proporcionar.

Así, el resurgir del duelo, notable desde los años 1870 en adelante, pudo haber desempeñado un papel

517 F.A. Vuillermet, *Soyez des hommes: à la conquête de la virilité* (París: P. Lethielleux, 1909), pp. 12, 248, 251.

518 G. Letainturier-Fradin, *L'honneur et le duel* (Paris: Flammarion, 1897), pp. 55, 62. Sobre el interés creciente en los deportes durante la *Belle Époque,* vid. Weber, *France: Fin de Siècle*, pp. 217-33; Robert A. Nye, *Crime, Madness, and Politics in Modern France* (Princeton: Princeton University Press, 1984), cap. 9.

más prominente en el intento de resucitar la voluntad masculina y el «espíritu de combate» que el que desempeñaron los juegos competitivos y otras formas de actividad física. Gabriel Tarde escribió que «el duelo, eco de una época en la que el coraje lo era todo, le dice y está bien que le diga al enervado y reblandecido hombre de nuestro siglo: tú debes ser valiente»[519]. El duelo restauraba en los hombres la masculinidad más elemental, la asociada con el combate, la violencia y el coraje físico. Por esta razón, escribiría un panfletista, el duelo debía ser muy potenciado en el ejército francés y especialmente entre los oficiales para quienes el asunto del honor «restauraría la virilidad combativa, algo indispensable en estos [atribulados] tiempos»[520]. El nacionalista francés Paul Déorulède no podía estar más de acuerdo en intentar, como él se empeñaba, mantener al Ejército de Francia como una especie de reserva espiritual de los «sentimientos masculinos» y los «hábitos de virilidad»[521].

Una variación interesante en la asociación del duelo con el honor y la identidad de género se producía con respecto a la religión. Prévost-Paradol sostenía que el honor había reemplazado al Cristianismo como fundamento del sistema moral de Francia, pero muchos de los que le seguían añadían que esto sólo era verdad

519 Tarde, *Études pénales*, p. 69.

520 Anónimo, *Deux vieilles questions: 1. La question du duel, 2. La question juive* (París: Berger-Levrault, 1905). No era que el duelo hubiera desaparecido de las costumbres militares en este periodo, sólo lo había hecho la «virilidad combativa». Los duelos entre militares eran una parte normal del servicio de las armas; tanto los soldados como los oficiales podían ser amonestados por rehusar un duelo. Escribiendo en el *L'Eveil démocratique* (17 de febrero de 1907), Marc Sangnier habló de un cabo cuyos capitán y coronel le habían dejado muy claro que su carrera militar acabaría si rehusaba lucha en un duelo.

521 Déroulède citado en Jean-Denis Bredin, *L'Affaire* (París: Julliard, 1983), p.26.

para el caso de los hombres. El Cristianismo, sugerían, era la fe de las mujeres; el honor, la nueva religión de los hombres. Quizás el primero en articular esta distinción de género sobre la religión y el honor fue Alfred de Vigny, un escritor preocupado desde muy pronto -década de 1830- con el problema de cómo una época sin creencias religiosas podía sostener la moralidad. La respuesta de Vigny se parecía a la de Prévost-Paradol: «La Religión del honor ha sido a menudo lo suficientemente poderosa como para reemplazar en el corazón de los hombres a la fe». Pero a diferencia de Prévost-Paradol, Vigny hacía hincapié en la masculinidad y en los aspectos viriles de esta moralidad del honor. Su obra de ficción *Servitude et grandeur militaire (1833-1835)*, concluye con una lírica *profession de foi* que define el honor como un «pudor varonil» (*pudeur virile*), una moralidad exclusiva de los hombres. El lugar por excelencia de este *pudeur virile*, su «tabernáculo», como dice Vigny, era el Ejército; el porqué de esto se debía a que el Ejército había hecho más por conservar vivo el honor que ninguna otra institución desde principios del siglo XIX. Gracias a los militares, escribía Vigny, la moralidad del honor había llegado a ser un »imán mágico» que «atraía por sí mismo a los corazones de acero, a los corazones de los fuertes»[522].

El honor, para Vigny, constituía la religión del hombre viril y noble. Mientras que el Cristianismo era la

522 Citado en Paul Bénichou, *Les mages romantiques* (París: Gallimard, 1988), p. 182. Me he beneficiado enormemente del penetrante análisis de Bénichou sobre la moralidad del honor de Vigny. Es interesante que este historiador, escribiendo en 1988, no cita el término «pudor viril», mientras que aquellos que debatían con Vigny durante la *Belle Époque* sí lo hacían. Vid. Jeudon, *Morale*, p. 133; G. LeBidois, *L'honneur au miroir de nos lettres* (París: Garnier, 1919), p. 344. El trabajo de LeBidois parece que fue escrito en buena parte hacia 1914.

religión de la mujer, débil y pasiva; una teoría que sólo se atrevió a sugerir porque nunca la declaró de forma explícita. Serían los ideólogos de la *Belle Époque* quienes diesen este paso siguiente. En su obra sobre la moralidad del honor, Jeudon contrapone el «espíritu caballeresco» masculino a una ética esencialmente femenina del Cristianismo. El primero representaba «la revuelta del espíritu germánico y especialmente del céltico contra la moralidad cristiana, la venganza de Occidente contra Oriente», los valores masculinos de «orgullo y amor» contra los atributos femeninos de «humildad y castidad». Él citaba a Ernest Renan quien formulaba la misma oposición aún de forma más explícita: «no conozco nada más curioso», escribió Renan en sus *Essais de critique et de morale*, «que el espectáculo de esta revuelta de los sentimientos masculinos del heroísmo contra los sentimientos femeninos que formaron la mayor parte de la esencia de la nueva religión [el Cristianismo]»[523]. Para Jeudon, los sentimientos masculinos incluían no sólo al heroísmo sino también «la voluntad, la acción y el dominio». A los sentimientos femeninos los definió como «el predominio de la idea, de la inteligencia, en definitiva de los principios pasivos»[524]. El honor, así, era una religión masculina porque alentaba a la acción, la fuerza, la voluntad y el triunfo. El Cristianismo era femenino porque inspiraba caridad, humildad, contemplación y auto-sacrificio. Esta noción de división religiosa en razón del género, discurrió en paralelo con todo el esfuerzo masculino del siglo XIX por separar los ámbitos correspondien-

523 Jeudon, *Morale*, pp. 117-19.
524 Ibíd, p. 173.

tes al hombre y a la mujer, para distinguir un mercado amoral masculino de la acción y la voluntad de un «hogar dulce hogar» femenino de la abnegación y la virtud[525].

Es interesante analizar hasta qué punto las creencias en la superioridad del honor sobre la Cristiandad, la voluntad masculina sobre la humildad femenina y la acción sobre la inteligencia que marcaron la Francia del siglo XIX se corresponden –o no- con una rígida división ideológica. En general, ser conservador suponía respaldar el Cristianismo; ser progresista suponía rechazarlo. Pero cuando se trataba de las definiciones de masculinidad y de femenidad, de los esfuerzos del sexo masculino por rearmarse con el tranquilizador ideal de la masculinidad, la identidad de género pudo imponerse en algunos casos sobre la lealtad religiosa. El conservador romántico Alfred de Vigny se anticipó al anticlerical Dreyfusard Jeudon al preferir la religión masculina del honor a la religión femenina de Cristo[526]. Ambos buscaban conseguir un orden social a través de la ética machista del honor; Vigny esperaba hacerlo mediante una literatura de la virilidad, Jeudon mediante una república laica gobernada por hombres de acción y de voluntad.

Tal era, en teoría, el vínculo existente entre el honor y la masculinidad: la religión del honor proporcionaba un sistema de creencia y acción que devolvería al hombre enervado y débil del siglo XIX, al hombre feminizado, a la verdadera masculinidad. Pero, ¿resultaba ser así en la realidad? Los hombres franceses, especial-

525 Vid. el debate en el capítulo III sobre la moralidad y la separación de ámbitos.

526 Para constatar la postura pro-Dreyfus de Jeudon, vid. *Morale*, pp. 124-25.

mente los de las clases medias y superiores, se habían visto forzados a final del siglo a enfrentarse a fuertes ataques contra este ideal masculino del honor por lo que restaurarlo se convertiría en una tarea extremadamente difícil. A pesar de todos los duelos y de todas las exhortaciones para consagrarse al deporte y al espíritu de combate, los escritos franceses del momento revelan más la sensación de una masculinidad perdida que la confianza mínima en cualquier medio posible para recuperarla.

Quizás, la más influyente de todas estas obras, el manual del duelo de Bruneau de Laborie, expresaba sin querer las mayores ansiedades sobre la masculinidad que libros como éste habían intentado disipar. Partes de la *Lois du duel* de Bruenau de Laborie aparecieron primero en *Le Figaro* donde se convertirían en serial en septiembre de 1903 bajo el título de «*La théorie du duel*». El amplio trabajo que complementaba teoría con práctica, resultaría publicado destacadamente tres años después. Era un libro de instrucciones para las clases cultivadas (lo que quizás explicaría por qué el juez Albanel consultó a su autor), incluyendo todo, desde cómo vestirse para un duelo a cómo redactar las fórmulas para las cartas de reto y sus respuestas. Se discutía, entre otras cosas, cuándo era permisible un duelo y cuándo era obligatorio, a quién le era permitido batirse (los caballeros) y a quién no (las clases trabajadoras y todas las mujeres). Mientras otros manuales de este periodo contenían la misma información práctica, aunque ninguno con tal detalle de elaboración, lo remarcable del trabajo de Bruneau son los términos torturados y contradictorios en que se expresa la conexión entre la masculinidad y el duelo. Bruneau comenzaba su obra dando por sentado que los hombres de alta condición se lanzaban al duelo como demostración de su coraje, como expresión de su rechazo a ser despreciados a ojos de la sociedad a pesar del peligro físico que tuvieran que afrontar. El hombre de honor era un hombre de valentía. Su disposición a someterse a las leyes del duelo mostraba que disponía de las tres cualidades indispensables para estar en la élite social: constancia, independencia y coraje[527]. Nada más que Bruneau hiciera pública esta afirmación se vio cómo se contradecía a sí mismo, tanto a nivel del lenguaje como de la imaginería, un nivel cuyas implicaciones el autor no había percibido de forma consciente. Una parte crucial de su argumento la constituía el intento de justificar los prejuicios de clase en los duelos, explicando por qué las clases superiores no debían enfrentarse con sus inferiores sociales. Pero al defender esta argumentación, Bruneau socavaba a la vez su punto de vista sobre los hombres pertenecientes a la élite como individuos viriles y valientes al caracterizarlos en realidad con palabras e imágenes que la *Belle Époque* reservaba habitualmente para las mujeres.

En una sociedad republicana como la francesa, argumentaba Bruneau, la habilidad para el duelo tenía que ser un privilegio exclusivo de los caballeros de la élite social pero no porque ellos fueran más honorables que los miembros de las clases inferiores sino porque eran más frágiles y más vulnerables –y, por ende, resultaban más fácilmente ofendidos- que aquellos que estaban socialmente por debajo. «Las condiciones artificiales de la vida» -concretamente, el trabajo intelectual al no ser atenuado por actividad física alguna- escribió

527 Bruneau de Laborie, *Les lois du duel*, pp.14-15, 24.

Bruneau, «había creado una élite distinguida por la sensibilidad nerviosa exagerada común a sus miembros». Únicamente esta élite accedería al recurso del duelo porque sólo sus miembros se encontraban tan fuertemente entrelazados entre sí y sus sentimientos eran tan inestables y desequilibrados que incluso la más mínima ofensa les resultaba intolerable. Un rudo trabajador podía fácilmente ignorar un insulto, incluso uno grave, porque no sufría esa fragilidad. Por dicha razón, exigir a un caballero que luchase en duelo contra un individuo «menos sensible» que él no sería distinto a «emplazar a un hombre, despojado de todas sus ropas, cerca de un ser robusto, armado de una sólida coraza cubierta de puntas, cuyos movimientos fueran de lo más dañino y además que fuera invulnerable a las acciones del otro hombre»[528].

Bruneau claramente pensaba en este argumento como justificación de la jerarquía social y entendía que la distinción social estaba sostenida por diferencias sicológicas. Pero entreverado con las palabras y con las imágenes que escogió, traslucía un retrato del hombre de élite que contradecía de forma marcadamente dramática el esfuerzo que había hecho al principio de su obra para describir a los caballeros como valientes y fuertes. Al caracterizar a los hombres de las capas superiores como tensos, frágiles, hipersensibles y dominados por sus nervios, Bruneau les confería las cualidades comúnmente atribuidas a las mujeres. Inconscientemente, Bruneau se hacía eco de Vuillermet y del comentario sexista al que ya se ha hecho referencia en conexión con los demás aspectos del *Affaire Caillaux*,

528 Ibíd., p. 23.

al expresar el temor de que la sociedad moderna había vuelto a los hombres -especialmente a los de la élite- afeminados. Sólo los todavía robustos trabajadores parecían exentos de la decadencia de la masculinidad francesa, lo que explica en parte por qué los miembros de las clases media y superior encontraban tan difícil hacer concesiones aunque fueran muy tímidas a las crecientes demandas de un movimiento obrero que clamaba por la justicia social[529]. Y, desde luego, en lo concerniente a los ideólogos franceses, cundían las dudas sobre la capacidad de quienes ocupaban la cúspide social, la sobrerrefinada élite social afeminada, para enfrentarse a sangre y hierro a un imperio alemán al que consideraban la quintaesencia de la masculinidad.

Las contradictorias imágenes de la élite masculina francesa subyacentes en la obra de Bruneau de Laborie pueden representar una percepción subliminal, por su parte, del importante cambio artístico desde lo masculino a lo femenino que había acompañado y reforzado la regeneración del prestigio aristocrático en el *fin de siècle*. Como demuestra Debora Silverman, los rasgos tan radicalmente distintos que se encuentran en las Exposiciones Internacionales de París de 1889 y 1900 revelan un generalizado rechazo, a finales de siglo, de las formas tecnológicas modernas y de la cultura burguesa y masculina que la Torre Eiffel había ejemplificado al inicio de los dos eventos. Hacia 1900, muchos de los

529 Vid. Sanford Elwitt, *The Third Republic Defended* (Baton Rouge: Louisiana State University Press, 1986). A pesar del interés «conservador» sobre la reforma social que Elwitt ha descubierto, Francia era conocida por su incapacidad y poca disposición a dar cualquiera de los vacilantes pasos hacia el estado de bienestar capitalista que se estaban dando en los Estados Unidos, Alemania e Inglaterra.

principales artistas franceses, escritores e intelectuales se habían vuelto hacia formas de arte y de diseño mucho más femeninas –y aristocráticas- en su esencia[530].

El monumento de Eiffel y su correspondiente *galérie des machines*, construida enteramente de hierro y cristal, habían servido para celebrar explícitamente los logros de los próceres republicanos de Francia en la esfera masculina de la industrialización, la ciencia y la vida pública. Ellos habían sido concebidos, escribiría un alto cargo en 1899, para «mostrar a nuestros hijos lo que sus padres habían logrado en el espacio de un siglo mediante el progreso del conocimiento, el amor al trabajo y el respeto por la libertad». La Exposición de 1900, por el contrario, enterraba las estructuras de hierro y cristal de 1889 entre fachadas tradicionales de piedra, propias del Antiguo Régimen, mientras dirigían a los visitantes hacia exposiciones de un diseño interior íntimo, aristocrático y muy femenino. Prácticamente se habían olvidado las galopantes alturas de la Torre Eiffel, «metáfora del espectacular ascenso del hombre»[531]. En vez de eso, los visitantes se encontraban con un par de estructuras mucho más pequeñas que la base de la torre –el Palacio de las Damas y el Pabellón de las Artes Decorativas-. Dentro de estos dos edificios, el mundo masculino de la tecnología industrial había dado paso al mundo femenino del diseño interior, a un *Art Nouveau* reminiscencia del gusto aristocrático femenino del siglo XVIII. Así, los dos edificios permanentes construidos para la Feria Mundial de

530 Debora L. Silverman, «The París Exhibition of 1889: Architecture and the Crisis of Individualism», *Oppositions 8* (Primavera 1977); y *Art Nouveau*, esp. cap. 1 y 15.
531 Citado en Silverman, *Art Nouveau*, pp. 4, 5-7.

1900, el *Petit* y el *Grand Palais* evitaban a toda costa el simbolismo industrial del siglo XIX en favor del diseño aristocrático y femenino del XVIII: el arquitecto de los dos palacios modeló sus estructuras según el *Petit* y el *Grand Trianon* de Versalles, tan admirados por María Antonieta[532].

Este cambio cultural provenía a la vez de una reacción contra la ubicuidad del momento, de una exagerada -por exceso- imagen de la Nueva Mujer y de la creciente desilusión de la élite con los resultados de la remodelación de París hecha por el barón Haussmann[533]. La supuestamente masculinizada mujer, emancipada por el feminismo y liberada en la nueva metrópolis de los bulevares de Haussmann estaba siendo reintegrada de nuevo a su verdadero papel de sosegada guardiana del hogar mediante el uso de una imagen cultural compensatoria de la mujer real integrada en el espacio doméstico interior[534]. Así como la dama aristocrática del siglo XVIII había creado un nido de elegancia para su señor y marido, así la esposa burguesa del XIX diseñaba un refugio de belleza para su marido. El propósito de este refugio sería actuar como un escudo protector para el hombre acosado desde la intensidad y la sobreesti-

532 Ibíd., p. 293.

533 Sobre los esfuerzos de Hausmann por transformar la ciudad casi medieval de 1850 en una moderna capital comercial a finales de siglo, vid. David H. Pinkney, *Napoleon III and the Rebuilding of Paris* (Princeton: Princeton University Press, 1972); Jeanne Gaillard, *Paris, la ville 1852-1870* (Lille-Paris: Honoré Champion, 1977); Philip G. Nord, *Paris Shopkeepers and the Politics of Resentment* (Princeton: Princeton University Press, 1986), esp. cap. 3; T.J. Clark, *The Painting of Modern Life* (New York: Knopf, 1984), esp. cap. 1; Norma Evenson, *Paris: A Century of Change, 1878-1978* (New Haven: Yale University Press, 1979), esp. cap. 2.

534 Silverman, *Art Nouveau*, cap. 4.

mulación a la que estaba condenado sin remedio en el París de Haussmann, el de los paseos atestados de gente y repleto de tráfico[535].

Estos esfuerzos por proteger a los hombres de París de la supuesta sobreestimulación de su mundo urbano añadían lustre a la cultura de gracia y refinamiento, a la vida sin prisas y agradable que muchos parisinos creían que caracterizaba la aristocracia de la *Belle Époque*. A la vez, el cambio del interés arquitectónico de los exteriores monumentales a los interiores íntimos parecía afirmar el valor de la mujer doméstica y de la dama aristocrática generalmente presentada como su modelo. También se asociaría estrechamente la aristocracia con la feminidad como jamás se había hecho desde las últimas décadas del siglo XVIII. Esta vez, no obstante, no habría una reacción masculina republicana contra el nuevo gusto aristocrático femenino. El prestigio de la *gratin* había llegado a ser tan grande que el arte feminizado con el que se asociaba, dedicado como tal arte a la mujer, parecía más tranquilizador que amenazante para los ideólogos masculinos de la burguesía[536]. Así, cuando los hombres de las clases medias se unieron a los aristócratas en el esfuerzo por reforzar su virilidad, no hubo nada que lo evitase ni tampoco existió un grupo contrario a abrazar la cultura de las capas superiores tan teñida de los rasgos femeninos. Ambas categorías de hombres pretendieron renovar su masculinidad volviendo a los conceptos aristocráticos del honor y a la competitividad masculina del duelo. Pero dada la ambigüedad sexual del *ethos* aristocrático, sus

535 Sobre la reacción contra la obra de Haussmann, vid. Clark, *Painting*, cap. 1.
536 Sobre las reacciones desde el machismo republicano de clase media, vid. Silverman, *Art Nouveau*, cap. 4.

esfuerzos se limitaron a producir unos resultados un tanto paradójicos.

Bruneau de Laborie había recogido esta paradoja sin darse cuenta. Otra obra sobre el duelo, publicada dos años antes por un tal conde Estève, fue la que provocó los temores inconscientes de Bruneau concernientes a la masculinidad como centro de su argumentación. El duelo, mantenía el conde, había sido una vez el símbolo de la independencia de la nobleza y de la valentía de todos aquellos que rehusaban someterse al sistema de justicia burocrática del rey. Esto había degenerado a finales del siglo XIX, sostenía él, en un signo de debilidad, de falta de virilidad, de susceptibilidad a las pasiones, nada que ver con la actitud masculina de controlarlas. «Nada, sino la debilidad, se rebela en esta exagerada sensiblería que hace que consideremos ciertas ofensas menores con excesiva seriedad». La esencia de la fuerza, añadía Estève, era «mantener el equilibrio personal, permanecer independientes y calmados, resistir la influencia de estímulos externos, para permanecer, en otras palabras, indiferente a las pasiones que pueden minar nuestra fuerza». Así, sólo unos poco demostraban poseer esta fuerza, lo que era «un signo de la degeneración que invariablemente resulta de toda nuestra insalubre sobreestimulación». En cuanto a la moda del duelo de entonces, Estève la consideraba como el resultado lógico de una «extremada susceptibilidad proveniente de la debilidad del carácter» en aquéllos «cuyos sistemas nerviosos están exhaustos y han llegado a convertirse, física y moralmente, en seres impresionables»[537].

537 El conde Estève, *Le duel devant les idées modernes* (Paris: Société française d'imprimerie et de librairie, 1908), pp. 208-9.

La crítica de Estève sobre los orígenes emocionales del duelo es sorprendentemente similar a la explicación comúnmente dada para los crímenes pasionales como productos de un sistema nervioso hipersensible a los sentimientos del momento. Las mujeres, como hemos visto, eran especialmente consideradas susceptibles a tan ciegas pasiones, a tales estímulos nerviosos; esta susceptibilidad, proclamaban los sicólogos, a menudo convertía las emociones normales de ira, tristeza y celos en las fuentes del crimen violento. Estève encontraba a los afeminados hombres de la *Belle Époque* igualmente proclives a este desequilibrio emocional, sólo que ellos expresaban sus pasiones a través de la violencia del duelo. Émile Faguet, aunque más favorable al duelo que el Conde Estève, describía las fuentes emocionales del duelo en términos incluso más cercanos a los que se aplicaban generalmente al crimen pasional. El Honor, escribió Faguet, «nos inflama, es una pasión, una pasión ardiente e invencible», que cuando se combina con el deber impela a los hombres a la acción «de la misma manera que lo hace la más elemental de las pasiones –como es el amor, los celos, la embriaguez o el libertinaje-. El deber del honor ha llegado a convertirse en una pasión que resulta ser intoxicante y hasta mortal». Los hombres, explicaba Faguet, usando la terminología sicológica tan común a muchas de estas discusiones, encararían el peligro de un duelo, incluso se enfrentarían a la muerte, porque el honor les resultaba un «impulso imperativo», una «pasión ciega que por sí misma llega a causar una excitación nerviosa que altera la salud del alma»[538].

538 Faguet, *Démission*, p. 316.

Faguet, como Bruneau de Laborie, intentaba justificar el duelo proclamando que suponía una tranquilizadora estructura de decoro y civilización en los individuos sobreexcitados por «un desacostumbrado shock del sistema nervioso seguido por un gasto excepcional de energía». Pero tal justificación sólo confirmaba la teoría de Estève. Los hombres de la élite, afeminados, hipersensibles, emocionalmente frágiles y asediados hasta por la más leve de las pasiones, recurrían al duelo por muchas de las mismas razones que empujaban a las mujeres a los crímenes pasionales. Tanto del *crime passionel* como del duelo se decía que proporcionaban un «*nervous détente*», como sostenía Bruneau, a los individuos sujetos a emociones fuera de control[539]. Lejos de un acto de virilidad que afirmase la fuerza y determinación masculinas, el duelo había llegado a ser, a ojos de algunos analistas, poco más que un crimen pasional disfrazado y socialmente aceptable para los afeminados hombres de una neurasténica *Belle Époque*.

Tal asociación implícita del duelo y del crimen pasional, en consonancia con lo que algunos escritores veían como la cultura hermafrodita de la *Belle Époque*, dio al acto de Madame Caillaux una nueva perspectiva[540]. Aunque Henriette Caillaux calificó, primeramente, su asesinato de Calmette como un *crime passionnel*, poco más tarde lo explicaría recurriendo al lenguaje del duelo. En sus entrevistas anteriores al juicio con el *juge d'instruction*, que tuvieron lugar en abril de 1914, Henriette sostuvo que se encontraba tan aterrorizada con

539 Bruneau de Laborie, *Les lois du duel*, pp. 19, 16.

540 Sobre la visión de la *Belle Époque* como una cultura de hermafroditas, vid. el debate en el capítulo III del trabajo de Le Roux y Hugues Le Roux, *Un homme qui comprend les femmes* (Paris: A. Méricant, 1913), pp. 269-86.

la posibilidad de que Joseph matara a Calmette en un duelo entablado para defender su propio honor que decidió, por sí misma, retar al editor. «Vino a mi cabeza la idea», le dijo al juez, «de tomar el lugar de mi marido e irme a demandar una satisfacción del editor jefe de *Le Figaro*»[541]. Una nota que Henriette escribió a su marido apenas antes de ir a ver a Calmette el 16 de marzo da a su declaración al *juge d'instruction* considerable credibilidad. En ella, declaraba: «No quiero que te sacrifiques. Francia y la República te necesitan. Seré yo quien actúe en tu lugar»[542]. Puede ser que la tendencia de los analistas de la *Belle Époque* para explicar –e incluso justificar- el duelo y el *crime passionnel* con un vocabulario casi idéntico de nervios frágiles e hipersensibilidad neurasténica condujera finalmente a Henriette a mezclar las dos cosas en su mente. El acto de violencia de Madame Caillaux aparecería en el juicio y de forma mayoritaria más como un crimen pasional que como un duelo por su honor, que es lo que ella bien pudo haberse imaginado el 16 de marzo.

Cualquiera que fuesen sus motivaciones conscientes –o inconscientes-, Henriette parecía haber quedado profundamente afectada contra su honor por la amenaza que Calmette hizo de publicar sus *lettres intimes*; tal y como mantuvo en el juicio, habría sido «un baldón a mi honor como mujer»[543]. Como el debate de la *Belle Époque* sobre la mujer real había mostrado claramente (vid. capítulo III), el honor de una mujer dependía entonces no tanto de la castidad antes del matrimonio y de la fidelidad después sino que se basaba en la apariencia de

541 *Le Petit parisien*, 25 de marzo de 1914. Las comillas son mías.
542 Ibíd., 26 de marzo de 1914.
543 Transcripción-*Le Temps*, 21 de julio de 1914.

todas estas virtudes ante el gran público. Al igual que a los hombres sólo se les deshonraba cuando los insultos llegaban a la prensa popular, las mujeres sufrían ese destino solamente cuando sus trasgresiones llegaban a ser ampliamente conocidas. Así, Henriette tenía su honor en entredicho no porque se hubiera comportado inmoralmente, sino porque Calmette la había amenazado con sacar a la luz pública esa inmoralidad. El honor no era tanto el producto de sus propias acciones, sino de la manera en que los demás las interpretaran. «La sociedad actuaba implacablemente», escribía el historiador Jacques Chastenet, «hacia la mujer imprudente que se dejaba deslizar [hacia la ruina moral]... pero la gente, especialmente, rehusaba perdonarla por haber traicionado la imagen de ella que la sociedad deseaba mantener»[544].

A través de su testimonio, Henriette buscaba la simpatía de la corte judicial al evocar una y otra vez hasta qué punto su honor había resultado comprometido. Durante la campaña de Calmette contra su marido, se había visto «obligada a abandonar [una sesión del Parlamento] avergonzada»; creía que Berthe Gueydan le había entregado las cartas a Calmette para «deshonrarla»; temía que hubiera sido avergonzada en presencia de la misma reina de Inglaterra, con la que se iba a encontrar pronto[545]. Sus partidarios irían aún más allá, justificando sus acciones con el lenguaje del honor y de la vergüenza. El periódico radical *La Lanterne* declaró que sería una gran injusticia «calificar como un crimen» el esfuerzo de Madame Caillaux «por levantar su mano en defensa de su corazón y de su honor»[546]. Lo que, con-

544 Chastenet, *Belle Époque*, p. 137.
545 Transcripción-*Le Figaro*, 21 de julio de 1914.
546 *Le Matin*, 20 de julio de 1914.

tinuaba el periódico, nunca hubiera sido un drama para *Le Figaro* sí que lo era por los «ultrajes contra el honor de Monsieur Caillaux»[547]. Igualmente, el revolucionario *Guerre sociale* de Gustave Hervé, se preguntaba retóricamente: «Cuando las leyes son incapaces de defender el honor de las mujeres en un país que se considera a sí mismo como civilizado, ¿tienen estas mujeres violadas el derecho a tomarse la justicia por su propia mano o no?». La respuesta de Hervé en el caso de Madame Caillaux fue un enfático «sí»[548].

Quizás nadie utilizó el lenguaje del honor de forma más vehemente en defensa de Henriette Caillaux que el propio Joseph que buscaba, al mismo tiempo, defender su propio honor. En su testimonio, Joseph Caillaux describía la campaña de prensa contra él por parte de Calmette diseñada para «atacarme políticamente a través de mi honor y mi honorabilidad y a la vez atacar a mi mujer a través de su honor porque era nuestro hogar mismo al que él atacaba por la espalda». Calmette había efectuado una inaceptable «incursión a mi intimidad» en la que «nuestro honor, conjunto, como pareja» se ponía en cuestión[549]. Como Henriette, Joseph caracterizaba su honor como algo que podía ser comprometido no por su mismo comportamiento deshonroso sino por los esfuerzos de Calmette para hacer que este comportamiento fuera del dominio público. Al «deshonrar» a Caillaux de esta forma, Calmette había excedido los límites del discurso político al uso y creado una situación, sugería Joseph, en la que no resultaba nada disparatado el solicitar una satisfacción.

547 *La Lanterne*, 23 de julio de 1914.
548 *La Guerre sociale*, 16-24 de marzo de 1914.
549 Transcripción-*Le Figaro*, 22 de julio de 1914.

De hecho, otro testimonio en el juicio reveló que Caillaux había, no obstante, intentado retar a duelo a Calmette. August Avril, uno de los lugartenientes de Calmette en *Le Figaro*, dijo a la corte que Joseph le había abordado a él en un corredor del Palais Bourbon justo cuando la campaña anti-Caillaux del periódico estaba comenzando en serio. Caillaux quería saber si «Calmette planeaba continuar con estos ataques», y cuando Avril respondió que no sabía, Caillaux le dio la siguiente réplica: «usted sabe que ya he sufrido demasiado y, si esto continúa, le enviaré a mis padrinos». Avril recordó que Caillaux había añadido «disparo muy bien. Voy todos los días a Gastinne-Renette [a practicar] y cada tiro alcanza el objetivo». Cuando se le preguntó en el juicio si había hecho tales comentarios, Caillaux replicó: «Quizás puede que haya dicho algo de este tipo»[550]. Los comentarios de Caillaux sobre su puntería en el tiro eran más que una mera fanfarronería; por medio de un empleado de Gastinne-Renette se le confirmó a un periodista que no sólo el líder radical practicaba regularmente, sino que disparaba tan bien que todo el mundo se detenía en el local para verle[551]. Es interesante notar que la misma Henriette practicaba el tiro en Gastine-Renette, dando a entender que, como su marido, estaba también preparándose para algún tipo de duelo con Calmette.

Según *Le Figaro*, Calmette esperaba firmemente que Joseph Caillaux le retase a duelo; los editores recordaron que, justo el día antes de que fuera tiroteado,

550 Ibíd, 23 de julio de 1914.
551 Esta anécdota está recogida, aunque desafortunadamente sin atribución, en la obra de Paulette Houdyer, *L'Affaire Caillaux... ainsi finit la Belle Époque* (Les Sables-d'Olonne: Editions le cercle d'or, 1977), p. 104.

parecía «muy extrañado de que Caillaux no enviase a sus padrinos»[552]. Caillaux debió considerar, tal y como se tomaba en serio todo, incluir en sus memorias una elaborada explicación de por qué no lo hizo. En esencia, la razón que dio era que Calmette tenía tan poco honor que no merecía la pena retarle. «No doy a gente como él», escribió Caillaux, «el honor de considerarle a él en el mismo plano de igualdad». Caillaux añadía que no había tomado en consideración, en 1914, todas las cosas deshonrosas que le había hecho Calmette, «porque sabía lo bastante para verle como era: un bandido libertino»[553]. Así, según Caillaux, su oponente era un malcriado de casta inferior, lo que imposibilitaba la igualdad estatuaria que implicaba todo duelo. No había cuestión alguna de cobardía en su rechazo en retar a Calmette, según sugería Caillaux, porque poco después no vacilaría lo más mínimo a la hora de batirse en duelo con el aristócrata Louis d'Allières.

En el juicio a su esposa, Joseph elaboró en su defensa que Calmette no tenía honor, contrastando lo que era su propia y desinteresada carrera como servidor público frente a la supuesta venalidad y corrupción de Calmette en *Le Figaro*. Pertrechado con una copia del testamento de Calmette, ilícitamente obtenida, Caillaux reveló que el editor, que había sido en su día de modestos recursos, dejó la suma de unos trece millones de francos acumulados en el corto espacio de una docena de años. En cuanto al propio Caillaux, se enorgullecía de que no era más rico ahora que cuando entró en la vida pública. «Nací de padres… que eran millonarios,

552 *Le Figaro*, 20 de julio de 1914.
553 Caillaux, *Mes mémoires*, 3: 313.

y cuando sufrí el dolor de perderles heredé un millón doscientos mil francos. Demostraré que mi fortuna no es mayor hoy en día»[554]. El planteamiento era muy astuto por cuanto Joseph se presentaba a sí mismo como lo suficientemente rico como para no depender de la política para vivir, pero no tanto como para haberse beneficiado financieramente de ella. Implícitamente, asumía pertenecer a una élite cívica republicana, una moderna *noblesse de robe*, cuyos miembros se implicaban en política no por una ganancia personal sino por el mero honor del servicio público.[555] Caillaux era la honorabilidad misma, Calmette un mercenario, al menos para analistas como Faguet que tenían muy claro que la cultura del honor consideraba la preocupación por hacer dinero como la mayor muestra del deshonor.

La persistencia de esta cultura del honor y la aparente aceptación por parte de Caillaux de sus valores, hacen muy improbable que hubiera podido conspirar con Henriette, como Chenu aseguraba que había hecho, para matar a Calmette. Nada podía ser peor para un hombre que defendiera el honor que el que su esposa entablara un duelo en su lugar, algo que los enemigos de Caillaux le acusarían de haber hecho. Poco después del asesinato de Calmette, el diputado de derechas Jules Delahaye declaró ante la Cámara: «en el pasado, los ministros pillados haciendo algo mal se suicidaban; hoy, envían a sus esposas a matar a quienes les

554 Transcripción-*Le Figaro*, 22 de julio de 1914.

555 Sobre el republicanismo cívico, vid. J.G.A. Pocock, *The Machiavellian Moment: Florentine Political Thought and the Atlantic Republican Tradition* (Princeton: Princeton University Press, 1975). En sus memorias, Caillaux se presentaba a sí mismo no como un político sino como un funcionario de las finanzas. Caillaux, *Mes mémoires*, 2: 40.

denuncian». Así mismo, el periodista Lucien Descaves escribió que en tiempos mejores la esposa «nunca se consideraba a sí misma como la única que defendía el honor familiar». En vez de ser ella la que le dijera a su marido «¡Ve y lucha!», ahora en marzo de 1914, era él quien le decía a ella «Vete a atacarle»[556].

Tales declaraciones podrían haber generado terribles polémicas, pero no consiguieron que hubiera otra explicación más creíble del fracaso de Caillaux a la hora de retar a Calmette que la ofrecida por el mismo líder radical. En realidad, Caillaux declinó enfrentarse en duelo no porque desease enviar a su esposa en vez de ir él sino porque consideraba que Calmette no se merecía su atención y también para mantener la aureola fantasiosa de su invulnerabilidad, tan importante para su imagen como persona. Retar a Calmette a un duelo habría sido admitir que los ataques del editor le habían causado daño; una cuestión para la que Caillaux no estaba emocionalmente preparado. En este caso, como en muchos otros, la atormentada psique de Caillaux creaba dificultades que podría haber fácilmente evitado. Si Caillaux hubiese retado a duelo a Calmette para después dispararle como hizo con d'Allières, podría habérselo puesto muy difícil al editor, imbuido él mismo de la cultura del honor, para continuar con su ofensiva periodística[557]. Así, al menos, lo veía uno de los amigos más íntimos del editor, el autor teatral Hen-

556 Jules Delahaye citaba en *Un libre noir: diplomatie d'avant guerre d'après les documents des archives russes* (Paris: Librairie du travail, 1923), 2: 253; artículo de Lucien Descaves, *Le Journal*, 25 de marzo de 1914.

557 El contraste entre el asesinato de Calmette y el duelo con d'Allieres provocó el sarcasmo periodístico. Cubriendo el duelo de Joseph que tuvo lugar unas pocas semanas después del ataque de Henriette, los periódicos de la mañana exclamaron, «*Elle tire mieux que lui*» (ella dispara mejor que él).

ry Bernstein, que testificó que «Gaston Calmette era el honor mismo» y que aguardaba el reto de Caillaux «como corolario de su campaña de prensa»[558].

Al retarse con Calmette, Caillaux podría también haberse ganado, a regañadientes, el respeto de sus enemigos de la derecha, haciendo que moderaran sus ataques, al menos momentáneamente. A algunos de sus aliados de la izquierda quizás les hubiera gustado preguntarse en público si de verdad era o no un hombre de paz, pero secretamente habrían estado encantados de ver a un líder tan importante hacerse respetar con todos los honores. Por su parte, Madame Caillaux, que asumió que su esposo «no podría defenderse a sí mismo debido a su alta posición en el gobierno», necesitaba no haber sentido que «era a mí a quien correspondía la defensa de los insultos que nos cayeron a los dos»[559]. Si Joseph se hubiera retado en duelo, ciertamente, Henriette no se habría sentido impelida a atacar por ella misma y la vida de Calmette –y la carrera política de Caillaux- se habría salvado. Un acto violento de tan gran simbolismo habría dejado a Joseph Caillaux en una posición propicia para liderar a su país en un momento en que se acercaba la verdadera violencia a gran escala.

Pero como Caillaux prefiriera no enfrentarse con Calmette, las cuestiones concernientes a su honor surgieron una y otra vez durante el juicio de Henriette. Los más dramáticos de estos momentos se produjeron cuando Henry Bernstein se encaminó el séptimo día hacia la abarrotada sala para refutar algo de lo que Cai-

558 Transcripción-*Le Figaro*, 25 de julio de 1914.
559 Transcripción-*Le Figaro*, 29 de julio de 1914.

llaux había dicho sobre él al principio de la sesión. En su juventud, Bernstein había desertado del ejército y Caillaux, en su ataque hacia el dramaturgo, se refirió a «ciertos hechos» en el pasado del autor cuando habría fracasado «en el cumplimiento de sus deberes con la patria»[560]. Bernstein no estaba presente en la sala cuando se dijo esto, pero cuando unos amigos le avisaron por teléfono de los comentarios de Caillaux, corrió enseguida al Palais de Justice.

«¿Está usted aquí, Caillaux?», gritó Bernstein desde la galería de espectadores, sin que le importase interrumpir los procedimientos de la Corte.

El juez Albanel, impotente en apariencia para imponer el orden judicial, se limitó casi a asumir un mero papel de observador en su propia Sala. «Hable sobre algo concreto», fue todo lo que Albanel le dijo.

«Déjeme exponer mi opinión», respondió Bernstein. «Hablo para defender mi honor, Señor Presidente. Usted ha hablado del suyo propio [honor] a través de la voz de la prensa y yo también tengo el mío [honor]». Bernstein tenía razón. El mismo Albanel había hecho la defensa de su propio honor como una parte más de los procedimientos de la Sala de tal manera que se encontraba en una difícil posición como para denegar a otros el derecho a hacer lo mismo. Albanel no puso objeción alguna y Bernstein comenzó una larga defensa de su honor que no tenía nada que ver con las materias legales. «En mi juventud», comenzó el autor, «cometí una idiotez de la que he renegado públicamente. No a causa de la odiosa persecución que sufrí por entonces, sino porque mis arrepentimientos son profundos, sinceros y permanen-

560 Transcripción-*Le Figaro*, 28 de julio de 1914.

tes. Adoro a mi país apasionadamente y no hago más que lamentarlo». Durante el asunto de Agadir, continuó, «en un tiempo de crisis diplomática casi igual al que estamos asistiendo hoy, fui movilizado para ser reenganchado en el ejército. Durante mi primer periodo de servicio militar, resulté asignado a una unidad que no luchó». En 1911, «a pesar de mi deplorable estado de salud, pedí ser destinado a una unidad armada y fui aceptado. [Ahora] Formo parte de una unidad de combate, soy un artillero. Está anunciado que se me licencie al cuarto día de la movilización y la movilización quizás pueda que se produzca mañana. No sé qué día se licenciará Caillaux. Pero debo advertirle que en la guerra no puedes poner a una mujer ocupando tu puesto. Tienes que disparar por ti mismo». Las dos últimas frases crearon tal alboroto con gritos de «¡Bravo Bernstein, bravo!» que Albanel, incapaz de controlar el tumulto, se vio forzado a despejar la sala y pedir un receso[561].

En el comentario de *Le Figaro* sobre el séptimo día del juicio, los editores aplaudieron a Bernstein por defender su honor con valor y elocuencia –y por «la energía viril [que] brillaba en su cara»[562]–. El periódico ya había dejado claro que consideraba a Caillaux poco hombre por haber fracasado en retar al propio Calmette, una idea que el testimonio de Bernstein reforzaba considerablemente. Pero el dramaturgo hizo algo más con su testimonio que repetir únicamente las polémicas anti-Caillaux que habían tenido lugar anteriormente. En su respuesta a Caillaux, Bernstein probó que él mismo estaba dispuesto a hacer explícito lo que casi todos los demás participantes del

561 Ibíd.
562 *Le Figaro,* 28 de julio de 1914.

juicio estaban intentando acallar: la posibilidad inmediata de la guerra. Bernstein añadió la inminente guerra a la fórmula de masculinidad, honor y duelo del «precavido» Caillaux que no podría enviar a su mujer en su lugar a luchar contra los alemanes. La Guerra estaba en el horizonte, declaró Bernstein y los hombres de verdad, los hombres honorables, estaban impelidos a luchar en ella. Ya que Caillaux había fracasado como hombre al enfrentarse a Calmette, porque también había fracasado en la defensa del honor de su esposa, tampoco debía ser tenido en consideración alguna cuando hubiera que defender el honor de la misma patria. El duelo era una guerra en miniatura; se consideraba un axioma el que preparaba a los hombres para el combate.

Mientras Bernstein consideraba en público todas estas conexiones entre la guerra y el duelo, Charles Péguy estaba haciendo lo mismo en privado con una sostenida discusión filosófica sobre el duelo. Para Péguy, el largo apego que Francia tenía con el duelo provenía de la inspiración y de la certeza en una inminente guerra con Alemania, una confrontación que consideraba como el último –y necesario- duelo para el futuro de la humanidad. En su *Note conjointe sur M. Descartes et la philosophie cartésienne*, una fascinante obra escrita durante el apogeo del caso Caillaux*, Péguy pretendía demostrar que aquellas tradiciones caballerescas de Francia, su fe en el duelo, proporcionarían medios suficientes

* Literalmente, el asunto fue así: Péguy había estado trabajando en el escrito durante la última semana de julio de 1914, interrumpió el ensayo en mitad de una frase para presentarse como voluntario en el frente el 1 de agosto. Péguy murió en el campo de batalla el 5 de septiembre de 1914, y la *Note conjointe* fue publicada póstumamente en 1917 (vid. Hans A. Schmitt, Charles Péguy [Baton Rouge: Lousiana State University Press, 1967], pp. 33-34).

para sobrevivir a un inevitable conflicto con un imperio alemán más implacable en la guerra y más rico en recursos naturales. Péguy argumentaba que habían existido en la historia europea dos clases opuestas de concebir el combate que se correspondían a su vez con dos sistemas opuestos de ley, de moralidad y religión respectivamente, ejemplarizados cada uno en las «razas» francesa y alemana. En el primer sistema, nacido en Francia, la batalla lo era todo –más importante que la victoria, más importante incluso que la vida misma-. «Este sistema», escribió Péguy, «es el sistema del heroísmo. Es el sistema del honor. Todo él está contenido enteramente en el código del duelo». El otro sistema, el alemán, buscaba no el honor ni la belleza del combate en sí mismos sino que tan sólo perseguía la victoria y, a través de la victoria, la dominación. El sistema alemán era «lo más ajeno posible de lo que supone el duelo, de lo que supone el mismo honor». El éxito, para los alemanes, lo justificaba todo; «la idea de que sólo existe la victoria, no importa cómo se obtenga, puede ser deshonrosa». Lo que contaba para Francia, al contrario, «es solamente aquello que tiene cabida en el duelo, y naturalmente lo que tiene lugar en debida forma. Una vez que esto sucede, el que haya un vencedor y un vencido no tiene la más mínima importancia»[563].

Aquí Péguy hacía implícito lo que otros decían de forma abierta; a saber, que una razón para la valoración del duelo, para el deseo de luchar contra Alemania independientemente de las consecuencias era que

563 Charles Péguy, *Note conjointe sur M. Descarte et la philosophie cartésienne*, en *Oeuvres complètes* (París: Editions de la Nouvelle revue française, 1924), 9: 147.

el duelo igualaba a los dos combatientes. Emplazaba a ambos en el mismo plano del honor porque cuando un hombre estaba de acuerdo en luchar contra otro, entendía que el otro era digno de él y que era su igual ante las leyes del honor[564]. Así, para Péguy la posibilidad de derrotar a Alemania tenía menos importancia que el deseo de luchar, porque simplemente al aceptar la batalla con su adversario, Francia superaría el estigma de su anterior derrota. La tradición del duelo nos ayuda a explicar algo del ardor nacionalista que después de 1905 llevaría a la guerra contra Alemania. La misma lucha era lo que en realidad contaba; Dios haría el resto. Desde la perspectiva nacionalista, perseguir la paz y la reconciliación, como hacía Caillaux, era dar el consentimiento para siempre de la subordinación de Francia a los alemanes. La única vía para restaurar la igualdad era luchar contra ellos una vez más. Para los conservadores y los nacionalistas, el fracaso de Caillaux al no retar a Calmette estaba en consonancia con su aparente nula disposición a levantarse contra los alemanes, a poner en pie la patria para defender el honor nacional en un duelo con el enemigo.

Tan fuerte era la fe de Péguy en el duelo que encontraba en su ética del honor los orígenes del compromiso francés por la libertad. Si Francia perdiera la guerra con Alemania, sostenía, «el mundo entero perecería con nosotros y sería este mundo el de la libertad, el de la gracia». Pero el compromiso de Francia con las leyes del duelo, admitía, planteaba una cuestión problemática. ¿Cómo era que Francia, con su compromiso con el honor y el decoro podría continuar sobreviviendo

564 Herte, «Le duel et l'éthique», p.4.

ante un imperio alemán movido exclusivamente por el deseo de dominar?, ¿no era cierto que «la fuerza [la Francia caballeresca] empleada para pulsar la medida de uno mismo ya no era tenida en cuenta de manera unánime; esa fuerza que sólo se emplea para el combate en estado puro y no tanto para conseguir la victoria; la fuerza que se emplea para ser justo y no para ser fuerte?». Francia no había sido exterminada, replicaba Péguy, por una simple razón: «Francia es el último de los pueblos elegidos». Era la moderna beneficiaria de una gracia divina que venía transmitiéndose desde «Jerusalén a París, pasando por Atenas, Roma y Florencia». Francia había sobrevivido contra toda probabilidad porque «aquí radicaba en libertad, en justicia (y quizás en verdad), el secreto de la fuerza, un vigor único, un rayo de esperanza, una forma de gracia en esencia»[565]. Dios, en efecto, había concedido su gracia a Francia debido a la libertad y a la justicia nacidas de su compromiso con el honor y el duelo.

Francia, sugería Péguy, podría así alcanzar a la vez el honor y la supervivencia –aunque no añadiera a ello la victoria-. Incluso Charles Péguy, como místico nacionalista que era, no podía ignorar la importancia de la derrota de Francia en septiembre de 1870. Pero Péguy no quería ver ninguna consecuencia duradera derivada de esta derrota. No quería que sus compatriotas concluyeran que sería algo inútil lanzarse a una lucha de Francia contra los alemanes. El punto esencial de su ensayo sobre el duelo era que Francia necesitaba no acobardarse ante todas las ventajas materiales que parecían pesar a favor de Alemania. Aunque «un pode-

565 Péguy, *Note conjointe*, 9:152, 154, 158, 155.

roso movimiento, absolutamente opuesto al genio [de Francia], ha surgido en torno a Francia y también dentro de Francia. [Aunque] Este movimiento materialista beneficia a un pueblo brutal y disciplinado, regido por máquinas y regulaciones», Francia resistiría la fuerza de este movimiento porque «lleva en sí misma la sagrada carga»[566]. Mientras permanezca leal a la ética del duelo, Dios la protegerá.

Resulta significativo que la oda de Péguy al duelo comparta con la *Lois du duel* de Bruneau de Laborie el reconocimiento tácito de que tal combate podía ser un signo de honor y una muestra de altura moral pero no suponía necesariamente una señal de fortaleza. Porque el compromiso caballeresco de Francia con el duelo la había empujado a sacrificar la fuerza por la justicia, el poder por el derecho; la proeza militar que caracterizaba a los franceses no provenía del interior de su cultura, sugería Péguy, sino de la apreciación de que su cultura se inspiraba en Dios. Los franceses podían entrar en guerra con Alemania llenos de esperanza y confianza porque además de que el duelo les había preparado para un combate victorioso también les había convertido en un pueblo honorable merecedor de la gracia de Dios. Tal era, en efecto, el espíritu con el que Francia iría finalmente a la guerra. A pesar de la inferioridad de las armas, de tener un ejército pequeño, de la decadencia demográfica y de la debilidad en recursos naturales, Francia se involucraría en la guerra confiadamente, incluso jubilosamente, esperando la victoria en cuestión de meses. Sus generales llevaron a cabo una peligrosa estrategia ofensiva, obviando las razones ma-

566 Ibíd., p. 158.

teriales que les aconsejaban un planteamiento mucho más cauto. Y sus soldados marcharon a la guerra convencidos de que el honor y la valentía les protegerían.

El entusiasmo francés por luchar –la ilusa confianza que les salpicaba- procedía en parte, por tanto, de la ética del honor, elemento central de la cultura de la *Belle Époque*. Según algunos ideólogos de entonces, el campo del honor sería el lugar de entrenamiento para el próximo conflicto internacional, un lugar donde los afeminados franceses pudieran reclamar el estatus de verdaderos hombres. Otros estaban menos seguros sobre los efectos masculinizantes del duelo, temiendo que la obsesiva sensibilidad subyacente al duelo supusiera una debilidad en vez de una señal de fuerza, más una muestra, propiamente, de feminidad que de virilidad. Todavía, muchos escritores, con Péguy entre ellos, veían en el duelo el emblema de la superioridad moral de Francia, una superioridad que le permitiría sobrevivir, a pesar de los innobles deseos de Joseph Caillaux, a la inevitable confrontación con Alemania.

VI. Gaston Calmette. El poder y la venalidad de la Prensa

No sería hasta el sexto día del juicio en que las famosas *lettres intimes*, finalmente, se leyeron ante la corte de justicia. Los rumores concernientes a su contenido habían estado circulando desde el asesinato de Calmette y tanto Gueydan como Chenu y Labori venía discutiendo sobre ellas desde el cuarto día. Mientras, el juez Albanel las había convertido en la pieza central en su particular asunto de honor que parecía abocado a un duelo. Finalmente, justo antes de la apertura de la sexta sesión, Chenu y Labori habían llegado a un acuerdo sobre qué documentos se presentarían a la corte. Labori leería dos de las tres cartas que, a su juicio, eran las más relevantes para el caso, aquéllas que Henriette Caillaux consideraba que la habían precipitado a su violento acto.

Madame Caillaux sostenía que lo que le había empujado en marzo de 1914 únicamente era el deseo de evitar la publicación de estas cartas. Pero ahora, el 26 de julio, no había tenido elección en permitir que fueran leídas en voz alta, un acto que las pondría a todas ellas en las primeras páginas de prácticamente todos los periódicos del mundo. Si ella demostraba que Calmette habría comprometido su honor al publicar esta correspondencia, el jurado, al menos, tendría que saber por qué. Así, el abogado Labori, desde el principio de la sexta sesión, mostró un par de documentos dirigidos a «*Ma chère petite Riri*» y comenzó a leerlos en voz alta[567]. Las cartas eran largas, especialmente la primera, y no podrían haber sido más explícitas sobre el adúltero amor que Joseph y Henriette compartieron en su día. «Cuando te conocí, amor mío», había escrito Joseph a Henriette el 19 de septiembre de 1909, «me lancé hacia ti con apasionado fervor». Joseph continuaba detallando la estrategia que había tramado para capear a Berthe Gueydan, al decir a Henriette que tenían que extremar el máximo cuidado para mantener su relación en secreto hasta que finalizaran las elecciones próximas. Joseph se daba cuenta de que la paciencia y doblez que requería este esfuerzo serían algo doloroso, especialmente para Henriette, pero le aseguraba a su «amor más querido, que te amo sobre todo y por encima de todo, que me siento feliz contigo, que deseo que dure esta felicidad, que espero tenerla y que vivo enteramente con la esperanza de su realización».

Labori continuó, mientras Henriette iba palideciendo cada vez más y cuando su abogado llegó a la despedida de la segunda carta de Joseph «un millar de besos para todo tu adorado cuerpecito», ella se desplomaría, desmayada. Al principio del juicio, Madame Caillaux había sostenido que la carta «*Ton Jo*» le había hecho te-

567 Las cartas se reprodujeron en la transcripción–*Le Figaro*, 26 de julio de 1914.

mer la publicación de otras cartas aún más comprometedoras. Tenía miedo de que Gaston Calmette usase su poderoso y respetado *Le Figaro* para revelar al mundo entero una correspondencia íntima destinada sólo para ella. Henriette se veía a sí misma a total merced de la prensa francesa, de un editor determinado a utilizar el poder de su medio para arruinar su reputación –y de paso su honor- para siempre.

Madame Caillaux tenía buenas razones para abrigar tales temores; durante la *Belle Époque* la prensa había alcanzado un nivel de poder e influencia tal que ningún otro medio de comunicación disfrutaría jamás. A principios de la Primera Guerra Mundial, los cuatro periódicos más importantes de París –*Le Petit parisien*, *Le Petit journal*, *Le Journal* y *Le Matin*- imprimían de forma conjunta unos cuatro millones y medio de ejemplares al día[568]. Dado que la población de Francia era de unos cuarenta millones, con que sólo dos o tres adultos leyeran cada número de las cuatro cabeceras líderes, los *quatre grands* por sí solos habrían llegado quizás hasta la mitad de la población adulta francesa. Tomando a todos los demás periódicos diarios en cuenta, podemos suponer razonablemente que cada francés adulto –la alfabetización era prácticamente universal en estos momentos- tenía acceso al menos a casi un periódico por día. Tal penetración sin precedentes, y su correspondiente influencia, habían conseguido el éxito al tener la prensa el monopolio absoluto sobre la difusión de la información, el entretenimiento, el gusto, los valores morales, los temores y las ansiedades

568 Claude Bellanger, ed., *Histoire générale de la presse française* (París: Presse universitaires de France, 1977) 3: 297.

sobre las masas. Después de la Primera Guerra Mundial, la radio y el cine competirían poderosamente con la prensa como medio de masas en Francia, al igual que lo haría la televisión después de la Segunda Guerra Mundial. Pero antes de 1914, la prensa escrita estaba sola en este asunto y quienes, como Gaston Calmette, la controlaban, disfrutaron de un poder único en la historia para modelar la cultura popular y la opinión pública.

En los últimos años se ha escrito mucho sobre los trabajos de Michel Foucault en torno al conocimiento y el poder, sobre la importancia en los tiempos modernos del conocimiento como una forma esencial del poder[569]. No sólo presidentes, legisladores, generales y jefes de policía son los que ejercen el poder; también lo hacen profesionales, escritores e intelectuales. Estos últimos grupos ejercen el poder, escribe Foucault, al poseer el conocimiento que otros no tienen, al usar su conocimiento para configurar el debate público sobre asuntos e ideas de tal forma que esto les confiere autoridad y legitimidad por sí mismos y por su manera de organizar y controlar la vida pública y privada. Foucault centra su estudio en ciertas instituciones clave –principalmente prisiones, hospitales y colegios- cuya labor central desde finales del siglo XVIII ha sido recoger toda clase de informaciones sobre la gente que permitan luego los mejores sistemas posibles para ejercer el

569 Los escritos de Foucault sobre este asunto han sido reunidos y traducidos al inglés en un volumen editado por Colin Gordon: Michel Foucault, *Power/Knowledge: Selected Interviews and Other Writings, 1972-77* (Nueva York: Pantheon, 1980); vid. también Mark Poster, *Foucault, Marxism, and History* (Nueva York: Basil Blackwell, 1984),

control sobre ellos[570]. Así, los oficiales de prisiones y los penalistas ejercitaron el poder sobre los encarcelados no sólo con el acto de pérdida de libertad sino mediante la organización de la prisión acorde con la nueva teoría penal que extremaba la vigilancia. A principios del siglo XIX, los prisioneros no estaban alojados de forma conjunta en torres o mazmorras sino en celdas individuales abiertas en su frente y construidas alrededor de un patio central desde el que podían ser observados constantemente. Tal vigilancia permitía a los oficiales de prisiones un detallado conocimiento del interno que, una vez conocido, podía ser «rehabilitado» de la manera que consideraban la apropiada los penalistas y los oficiales de prisión que le vigilaban. El conocimiento, así, producía las instituciones y las prácticas que permitían renovar el conocimiento y nuevos y cada vez más potentes métodos de control. Foucault, en este trabajo, no consideró hasta qué punto los mismos internos podían adquirir los conocimientos precisos que les permitieran resistir a estos métodos de control, pero en algunos de sus últimos trabajos parece que acabó rectificando este análisis inicial[571]. Lo que no consideró en absoluto, ya que su trabajo se centraba en la primera mitad del siglo XIX, fue la cuestión de los medios de comunicación de masas y su habilidad sin precedentes para ejercer el poder a través de la difusión del conocimiento. Los «centros disciplinarios» de

570 Michel Foucault, *Birth of the Clinic*, trad. de Alan Sheridan (Nueva York: Pantheon, 1973); *Discipline and Punish*, trad. de Alan Sheridan (Nueva York: Pantheon, 1977); *Les machines à guérir (aux origines de l'hôpital moderne)* (París: Institut de l'environnement, 1976).
571 Michel Foucault, *The History of Sexuality*, vol. 1, trad. de Robert Hurley (Nueva York: Pantheon, 1978).

Foucault puede que alguna vez hayan sido los centros del binomio poder/conocimiento, pero a finales del siglo XIX resultarían eclipsados por la prensa popular, cuya influencia únicamente reforzarían. Ninguna otra institución a finales de siglo podría haber alardeado de una omnisciencia como lo hacía la propia cabecera de Le Matin: «*Le Matin voit tout, sait tout, dit tout*» (Le Matin ve todo, sabe todo, dice todo).

Al igual que los centros disciplinarios de Foucault, la prensa de masas de la *Belle Époque* ejerció su formidable poder no sólo a nivel de una evidente persuasión política sobre la alianza de partidos y política parlamentaria, sino también al nivel de la cultura y de los valores morales. En un esfuerzo por no dejar fuera a ningún lector, los *quatre grands* se presentaban a sí mismos como políticamente neutrales; aunque a menudo apoyaban de forma subrepticia al gobierno que detentaba el poder, raramente tomaban partido a favor de un partido o programa político concreto. En vez de eso adoptaron la técnica mucho más efectiva de influir sobre los lectores apelando a actitudes profundamente instaladas sobre religión, nacionalidad y sexualidad, todas las cuales en determinadas circunstancias podían crear ciertas proclividades culturales profundamente políticas. Las controversias sobre los crímenes pasionales, sobre la naturaleza de la mujer real, sobre el matrimonio y el divorcio, sobre el honor y el patriotismo, llegaron todas ellas a convertirse en asuntos de interés público durante la *Belle Époque,* en gran parte debido a su tratamiento por la prensa. La *enquête* no era sino un intento para involucrar a los hombres y mujeres de Francia en alguno de los asuntos culturales más controvertidos de la época: divorcio, feminismo, sufragio femenino, defensa nacional, el sistema del jurado y la pena capital[572]. Al escoger los temas que se ponían cara al público y al interpretar los resultados de sus encuestas, los editores de periódicos se convirtieron a sí mismos en el centro de la vida cultural y política de la Francia de la preguerra.

Pero los editores no estaban forzados a depender básicamente de mecanismos como la *enquête* para ejercer el poder cultural; mucho más importante, sin duda, sería el estilo retórico utilizado por los periodistas y su habilidad para determinar qué hechos y qué historias tenían que imprimirse. Y lo que la prensa popular consideraba como particularmente digno de atención eran los *fait divers* –los sucesos-, las historias de crímenes reales narradas en una prosa truculenta pensada para estimular un maremágnum de emociones contradictorias: el horror sobre el crimen combinado con una cierta fascinación por el mismo criminal; una identificación simpatética con la víctima atemperada por una secreta sensación de alivio al saber que la víctima era cualquier otra persona.

Copiando a los verdaderos *faits divers*, surgieron cuentos ficticios de asesinatos, suspense, amor, amor y aventuras que proporcionaban la misma prensa popular mediante los suplementos conocidos como *romans-feuilletons*. Los lectores de periódicos eran especialmen-

572 Sobre las *enquêtes* en torno al sistema del jurado, vid. capítulo I; sobre el divorcio, vid. capítulo IV; sobre las mujeres y el feminismo vid. capítulo III y la *enquête* patrocinada en 1913 por *L'Opinion* y publicada por Amélie Gayraud, *Les jeunes filles d'aujourd'hui* (París: G. Oudin, 1914). La famosa investigación de Agaton revela que los jóvenes franceses y la élite eran tan profundamente nacionalistas como se había publicado en 1912 en L'Opinion. El *Petit parisien* llevó a cabo un referéndum sobre la pena capital en 1907 y el *Journal* consultó la cuestión del sufragio femenino en la primavera de 1914.

te partidarios de las historias de detectives y romances y de las aventuras de hombres cuya fuerza, determinación y talento les convertía en seres maravillosos[573]. El estilo literario de estos folletines de ficción era prácticamente idéntico al de los sucesos; los dos se entremezclaban y se alimentaban con las mismas referencias e imágenes. Es probable que los lectores de la prensa popular vieran las piezas de ficción, los folletines, casi como si fueran tan reales como los sucesos y que considerasen a las verdaderas historias tan excitantes y creadoras de suspense como a las novelas[574]. Y, puesto que realidad y ficción en la prensa popular adoptaron similares formas literarias, los periódicos precisaron requerir alguna división externa para diferenciarlas. La tarea se consiguió plenamente gracias a la doblez del periódico que dividía la primera plana en una mitad superior y otra inferior. La superior quedaría reservada para *l'actualité* –las noticias del día, ya fueran crímenes, desastres naturales o escándalos- y la de abajo para el *roman-feuilleton*. Era muy común a periódicos como el *Petit journal* y el *Petit parisien* que ganasen diez o veinte mil lectores más con el comienzo de cada nuevo folletín, la inspiración del cual procedía, muy a menudo, de los *faits divers* que se presentaban en la mitad superior[575].

Fuera o no intencionadamente, estos *fait divers* y los folletines, generaban, sin duda, en los lectores una sensación exagerada de la prevalencia del crimen y de su

573 Sobre la literatura popular de la época, vid. Anne-Marie Thiesse, *Le roman du quotidien* (París: Le chemin vert, 1984); Patrick Dumont, *Etude de mentalité: la petite bourgeoisie vue à travers les contes quotidiens du journal* (1894-1895) (París: Aux lettres modernes, 1973).

574 Michael B. Palmer, *Des petits journaux aux grandes agencies: naissance au journalisme moderne* (París: Aubier, 1983), p. 26.

575 Ibíd. p. 27.

potencial peligro para ellos mismos. Los lectores se refugiaron, como resultado, en un deseo por mantener la pena de muerte tal y como una encuesta promovida por el *Petit parisien* en 1907 dejaría bien patente. Pero su indulgencia hacia los crímenes pasionales claramente mostraba que no buscaban siempre esta reparación contra toda clase de crímenes[576]. Parece evidente, no obstante, que el tono cultural dominante en la prensa de masas de la *Belle Époque* era conservador; las *quatre grands* en particular se referían tanto en su apartado de sucesos como en el de ficción a los valores tradicionales familiares, a un elemental nacionalismo que estereotipaba a los alemanes como el «otro» cultural y a un ideal de civilización francesa que excluía a los judíos[577].

Al hacer este llamamiento, la prensa francesa configuró poderosamente la naturaleza y la cualidad de la vida de la *Belle Époque,* aunque quizás no tanto como muchos analistas imaginaban. Prácticamente, todos los que han escrito sobre la prensa durante los años de 1890 a 1914 la veían como poseedora de unos casi ilimitados poderes, que los escritores frecuentemente caracterizaban en términos demoniacos; los análisis de la prensa eran muy a menudo tan faltos de sofisticación como el tipo de periodismo al que se condenaba. Los socialistas aseguraban que los periódicos de masas contribuían en solitario al sostenimiento del sistema capitalista, mientras que los antisemitas creían

576 La encuesta del *Petit parisien* sobre la pena capital recogió 1.083.000 votos a favor y 327.000 en contra.

577 Bellanger, *Histoire générale*, 3:257; Madeleine Rebérioux, *La république radicale? 1898-1914* (París: Seuil, 1975), p. 146; Pierre Sorlin, *Waldeck-Rousseau* (París: A. Colin, 1966); Pierre Sorlin, *La Croix et les juifs (1880-1899)* (París: Grasset, 1967), Jeannine Vergès-Leroux, *Scandale financier et antisémististme catholique: le krach de l'Union générale* (París: Le Centurion, 1969).

que el supuesto dominio judío sobre la prensa les había convertido en los amos de Francia[578]. Otros veían a la prensa como la que socavaba los valores religiosos y destruía la familia y fomentaba el crimen[579]. Esto último era una queja muy común, para los analistas –a menudo con impecables credenciales académicas o médicas- que regularmente aseguraban que los relatos periodísticos de crímenes eran tan vívidos desde un punto de vista emocional que empujaban a los lectores, sobre todo a las mujeres, a imitarlos. «Cada vez que un periódico popular recoge un crimen sensacionalista», escribió el Dr. Séverin Icard en el respetado diario *La nouvelle revue*, «tiene lugar de forma inevitable a corto plazo otro crimen similar»[580]. O como Gabriel Tarde dejó escrito, «por lo que supone de contagio de asesinatos y violaciones, los reportajes de crímenes, en sí mismos, han causado que se cometan [una gran cantidad de] crímenes»[581]. Los crímenes pasionales, añadía Icard, resultaban particularmente contagiosos, así como los suicidios. Se refirió al incidente en el que un elaborado reportaje informó sobre el suicidio de

578 En *Les Thibault*, el héroe de Martin du Gard, el intelectual socialista Jacques Thibault, se refiere continuamente a la prensa como el baluarte del capitalismo. Sobre el punto de vista antisemita, vid. Paul Soleilhac, *Le grand levier, ou de la presse et de son influence politique et sociale à notre époque* (París: Blériot, 1906). El prefacio a esta obra es del notorio antisemita Edouard Drumont.
579 La lista de diatribas contra la prensa como fuente poderosa de males es, en este período, inacabable. Vid. por ejemplo: Georges Maze-Sencier*, Le role social et moral de la presse* (París: P. Lethielleux, 1911); Augustin Lémann, *Un fléau plus redoutable que la guerre, la peste, la famine* (París: Vitte, 1908).
580 Séverin Icard, «De la contagion du crime et du suicide par la presse», *La nouvelle revue*, 15 de abril de 1902, p. 5. Icard era un hombre de considerable prestigio entre la comunidad médica, un miembro laureado de la Académie des sciences e integrante del prestigioso Institut de France.
581 Citado en Jacques Pigelet, *Organisation intérieure de la presse périodique française (*Orleans: P. Pigelet, 1909), p. 132.

una joven que fue seguido pocos días después por el suicidio de otra mujer de aproximadamente la misma edad. Como una macabra nota de suicidio, la segunda víctima dejó el periódico, cuyo relato había seguido, abierto por el artículo en cuestión.

Icard explicaba la influencia aparentemente hipnótica de la prensa sobre sus lectores, su habilidad para conducirles al asesinato y al suicido, al describir el cerebro como una especie de cámara cinematográfica capaz de grabar imágenes para ser usadas como guion para una actuación futura. «El cerebro», escribió, «es una perfecta máquina grabadora. Cada sensación que percibe, fuerte o débil, consciente o inconsciente, deja una impronta como en una placa fotográfica. Estas impresiones cerebrales son indelebles, *son actos que pueden ser realizados en el futuro, actos en estado latente.* Un incidente menor o cualquier hecho es suficiente para transformar estos actos del estado latente al activo». Cuando esto ocurre, concluía, «la publicidad logra su trabajo diabólico, estimulando el poderoso instinto de imitación tan fácilmente despertado»[582].

La imaginería cinematográfica que Icard emplea sugiere la influencia del prominente sicólogo Hippolyte Bernheim, que sostenía que las «imágenes visuales» sin mediación alguna del pensamiento racional penetraban rutinariamente las mentes de la gente

582 Icard, «Contagio», p. 9. Subrayado en el original. Este punto de vista gozó de una considerable y prolongada vida en Francia y fuera de Francia. Marshall McLuhan cita a un jefe de policía de Minneapolis que se regocijaba porque su ciudad había estado sin periódicos durante varios meses en 1962. «Seguro que echo de menos las noticias», declaraba, «pero en lo concerniente a mi trabajo espero que los periódicos nunca vuelvan a publicarse. Hay muchos menos crímenes alrededor sin un periódico que dé ideas para cometerlos». Marshall McLuhan, *Understanding Media* (Nueva York: Signet, 1964), p. 183.

y se fijaban en el cerebro[583]. Tales imágenes eran el producto de lo que Bernheim llamaba «sugestiones», principalmente palabras, gestos, imágenes o hechos del entorno que se alojaban en el cerebro del individuo antes de ser proyectadas de nuevo hacia afuera como acciones que imitaban la sugestión original. Este proceso ocurría, mantenía Bernheim, por debajo del nivel de la conciencia, bajo la influencia de estas sugestiones imaginarias la gente se comportaba como si estuviera sometida a un trance hipnótico; podían ser hipnotizados, como creían muchos de sus seguidores, sólo con la estimulación ambiental.

A finales del siglo XIX las ideas de Bernheim habían encontrado una amplia acogida entre médicos, criminólogos y periodistas y parecían haber influido en la decisión de bastantes casos legales[584]. De hecho, el testimonio de Henriette Caillaux podía por sí mismo haber estado conformado por la idea de la sugestibilidad, de las imágenes cinematográficas impresas en

583 Hippolyte Bernheim, *De la suggestion dans l'etat hypnotique et dans l'état de veille* (París: Octave Doin, 1884). El colaborador de Berheim, Jules Liégeois, llevó el punto de vista de Berheim directamente al ámbito de la criminología en su *De la suggestion et du somnambulisme dans leurs rapports avec la jurisprudence* (París: Octave Doin, 1889). El eminente sicólogo Pierre Janet efectuó una excelente aproximación sobre la literatura de la sugestión en *L'automatisme psychologique* (París: Félix Alcan, 1889), cap. 3. Vid. también Emile Laurent, *Les suggesions criminelles* (París: Société d'editions scientifiques, 1891). En cuanto a las disgresiones de Bernheim y sus interrogantes vid. Debora L. Silverman, *Art Nouveau in Fin-de-Siècle France* (Berkeley: University of California Press, 1989), pp. 83-88; Ruth Harris, «Murder under hipnosis in the case of Gabrielle Bompard: psychiatry in the courtroom in Belle Époque Paris» en W.F. Bynum, Roy Porter y Michael Shepherd, eds., *The Anatomy of Madness* (London: Tavistock Publications, 1985), pp. 207-10 y ss.; Susanna Barrows, *Distorting Mirrors: Visions of the Crowd in Late Nineteenth-Century France* (New Haven: Yale University Press, 1981), pp. 119-25.

584 El caso de Gabrielle Bompard, analizado por Ruth Harris en «Murder under hypnosis», es el más prominente de todos ellos.

el cerebro para una actuación posterior. En el primer día del juicio había explicado su impulso irracional al atacar a Calmette como producto de la visión «de un film cinematográfico [que] pasaba ante mis ojos», una película en la que vio a su marido «el hábil pistolero que era, matando a M. Calmette». De alguna manera, continuó Henriette, se encontró a sí misma recreando esta imagen fílmica del cerebro, convirtiéndose ella misma, más que su marido, en la protagonista de su drama: «la idea de sustituirme yo misma surgió en mi mente»[585].

El Dr. Icard no testificaría a favor de Henriette Caillaux, pero ideas como las suyas fueron útiles para su defensa. Icard mantenía que pocas mujeres poseían la fuerza de carácter, la fuerza intelectual y moral requerida para controlar el instinto de imitación que podría impulsarlas a cometer crímenes violentos. Haciéndose eco de Gabriel Tarde y de muchos otros, Icard sostenía que las mujeres «por su propia naturaleza poseen una predisposición» para imitar lo que veían y leían. Dado que un gran número de mujeres estaban «al borde de la locura», añadía Icard, «podemos entender cómo un especialmente poderoso artículo de periódico podría alterar las facultades racionales de ciertas mujeres y llevarlas momentáneamente al ámbito de una enfermedad mental». Incluso las mujeres que no fueran particularmente desequilibradas, sostenía, podían ser empujadas al crimen o al suicidio si leían un apasionante *fait divers* durante su ciclo menstrual o mientras estuvieran temporalmente «nerviosas o deprimidas»[586]. Henriette

585 Transcripción–*Le Figaro*, 21 de julio de 1914.
586 Icard, «Contagion», pp. 12. 13.

Caillaux, como hizo notar, había hecho hincapié en su estado «nervioso y deprimido» el marzo anterior y en su habitual lectura de *Le Figaro* y otros periódicos diarios, todos los cuales estaban llenos de historias emocionalmente atormentadas sobre crímenes violentos.

Mientras la mayoría de los comentarios del momento eran tan alarmistas y misóginos como los del Dr. Icard, un influyente escritor adoptó un acercamiento más sutil, criticando la prensa no por llevar a sus lectores al crimen y la locura sino por distraer su atención de las realidades cotidianas de la vida diaria con un mundo imaginario de peligro y excitación. Henry du Roure, un dirigente católico liberal asociado a *Le Sillon*, explicaba que la prensa había alcanzado su extraordinario poder porque se lo habían dado los lectores a los que sus «propias vidas no les proporcionan... una vida de romance... de aventuras increíbles y sentimientos desatados, de sangre, sexo y muerte»[587]. Escribió Roure que el periodista ya no era un incisivo analista de los problemas sociales y de los acontecimientos políticos. En vez de eso, se había convertido en «el *metteur en scène* (director de cine) de un espectáculo diario de magia destinado a embellecer la vida vulgar para la mayor satisfacción tanto de trabajadores como de burgueses»[588].

De nuevo, una vez más, la metáfora cinematográfica, pero en este caso sugiere la influencia no sólo de Bernheim sino también de Henri Bergson, quizás el

587 Henry du Roure, *La presse d'aujourd'hui et la presse de demain* (París: Au Sillon, 1908), pp. 14-15. Sobre el fenómeno de Le Sillon de Marc Sangnier, un movimiento fascinante en sí mismo, vid. Paul Cohen, «Heroes and Dilettantes: The Action Française, Le Sillon, and the Generation of 1905-1914», *French Historical Studies 15*, nº 4 (Otoño 1988).
588 Roure, Presse d'aujourd'hui, p. 15.

más prominente filósofo del fin de siglo. Como Bernheim, Bergson creía en el poder de las sugestiones del ambiente para alcanzar lo que era la verdadera esencia del cinema: la transformación de las ideas en imágenes. Bergson, también, sostenía que las sugestiones se fijaban en el susconsciente, directamente, eludiendo al mismo consciente. Al considerar el papel que desempeñaban las sugestiones en la conformación de los fenómenos mentales, Bergson se refería en particular al arte, a las vías en que el artista conseguía sus efectos: pintores, músicos y escritores captaban a su público no por apelar a la mente consciente sino por «llevar la razón al sueño», al emplear un poder de sugestión casi hipnótico «para desencadenar estados emocionales»[589]. Fue esta última noción la que distinguía el punto de vista de Bergson del de Bernheim, que creía que la sugestión no desencadenaba sólo estados emocionales sino también actos físicos. Bergson, por el contrario, sostenía que las imágenes del ambiente conformaban la mente mientras hacían muy poco para impulsar el cuerpo.

A la luz de las ideas de Bergson es como el comentario de Roure puede ser mejor entendido. A diferencia de Tarde e Icard, vio el periodismo más como una forma de arte que como un agente de impulso sicológico, como un médium capaz de hacer llorar a los lectores pero no de llevarlos a actuar. La prensa popular, para Roure, poseía la misma capacidad de evocar imágenes de placer que de dolor, de deseo, de melancolía y de terror que los críticos atribuirían más tarde al propio

589 Vid. la penetrante discusión sobre la obra de Bergson *Essai sur les données immédiates de la conscience* (1889) en Silverman, *Art Nouveau*, pp. 89-90.

cine. Pero el periodismo, no más que el cine, no seducía hasta el punto de llevar a un mundo de crimen. Lo que la prensa hizo –considerablemente mejor que los inicios del cine- fue hacer capaz a su audiencia de experimentar ese mundo a través de alguien, sentirlo sin tener que vivirlo.

Los lectores de periódicos, a tenor de lo que cuenta Roure, podían disfrutar los seguros placeres del voyeur, las distanciadas delicias del espectador excitado por la acción pero libre de los riesgos y peligros consiguientes. Los individuos aburridos por un trabajo burocrático y por las rutinas de la vida familiar, con sus emociones cuidadosamente controladas para que no provocasen la ira a un empleado o alienasen a un pariente, podían encontrar en el periódico diario la experiencia, aunque fuera indirecta, de la pasiones prohibidas. Al abrir el periódico por la enjundiosa sección de *fait divers*, el lector, según Roure, «se le cae la baba. Cree experimentar por sí mismo una a una -¡y con qué transportes de regocijo!- las emociones de una desafortunada mujer atacada de noche y cortada en trozos a golpes de espada; entonces al intentar meterse en el personaje del asesino, degusta los incomparables placeres sicológicos que él, como hombre práctico que es, nunca ha experimentado directamente»[590]. A través de estas narraciones de los *fait divers* el lector puede primero identificarse con el placer del criminal de la agresión desatada y, más tarde, al seguir la condena del malhechor, expresar seguramente la ira y las fantasías de venganza que surgen necesariamente en el trascurso de toda existencia mediocre.

590 Roure, *Presse d'aujourd'hui*, p. 16.

Por muchas de las mismas razones, afirmaba Roure, la prensa dedicaba una considerable atención a los asuntos privados de los principales hombres públicos de Francia. Al revelar las proezas financieras y sexuales de los más famosos políticos, los periodistas abrían una ventana hacia mundos de excitación y lujuria en el que la mayoría de sus lectores nunca podrían directamente complacerse. Al hacerlo así, la prensa cumplía una función sicológica al permitir que los lectores a la vez se deleitasen al identificarse con aquellos que les gobernaban y el placer de dar rienda suelta a su ira motivada por la envidia hacia ellos. Y cuando los miembros de la élite eran castigados por su comportamiento escandaloso, los lectores podían sentirse reconfortados en la justicia de sus propias sencillas y estrechas vidas.

Los efectos emocionales sobre los lectores de estas narraciones periodísticas de crímenes y caos fueron extremadamente importantes. Como han apuntado los especialistas coetáneos sobre la prensa, casi todos los artículos publicados en la prensa popular de la *Belle Époque,* no sólo aquellos dedicados al crimen y al escándalo, seguían el molde retórico y estilístico de los *fait divers*[591]. Así, los artículos concernientes a la política nacional y los asuntos exteriores, los problemas sociales y los dilemas intelectuales, adoptaban la fórmula narrativa de la anécdota. Hechos y temas no se analizaban de forma pormenorizada al detalle sino que se contaban en un estilo diseñado para enganchar al lector, estimular sus emociones y despertar su curiosidad. Las disputas sobre la propuesta de aumento de im-

591 Vid. Jacques Kayser, *Le quotidien français* (París: A. Colin, 1963); Madeleine Varin d'Ainvelle, *La presse en France: genèse et évolution de ses functions psycho-sociales* (París: Presses universitaires de France, 1965), p. 208.

puestos hecha por Caillaux, por ejemplo, no tenían en cuenta su proporcionalidad al comparar la estructura impositiva existente con la nueva propuesta o al considerar qué ingresos fiscales produciría el nuevo sistema. En vez de eso, contaron la historia del esfuerzo parlamentario para aprobar o bloquear la nueva legislación de impuestos, generando un suspense hasta el límite sobre el resultado. Airearon las biografías políticas de los líderes de las distintas posturas, condenando o aplaudiendo el proyecto de ley en función de las personalidades de cada lado. Historias como éstas son las que enganchaban a los lectores más que los sesudos análisis; pero al referirse a la política como si fuera un evento deportivo o un cuento de drama y suspense, los periódicos crearon una cierta satisfacción emocional a expensas de la argumentación intelectual.

Esta «*conversión en página de sucesos* de la esfera política» como la denomina Jacques Kayser, parecía convertir el mundo en un espectáculo en donde el periodismo montaba la escena y los lectores conformaban el público en número casi ilimitado. Al presentar la vida política y social como un drama de héroes y villanos, la prensa popular zambullía a sus lectores en el vasto teatro de lo real, en un mundo de absorbente emocionalidad de lo más convincente porque los personajes y hechos retratados existían de verdad[592]. Como este drama, a diferencia del drama literario o teatral, no tenía un punto final prefijado, los lectores podrían imaginarse a sí mismos no sólo como participantes sino también como creadores, como individuos cuya voz o

592 En *La presse en France*, pp. 209-10, Varin d'Ainville cita la frase de Kayser, «*la fait diversification de la politique*». Vid. también Jean Stoetzel, «Fonctions de la presse: à côté de l'information», *Etudes de presse 3* (15 de julio de 1951).

voto podía afectar a la evolución final de la narración. Los lectores masculinos podían expulsar del ministerio con sus votos a un político escandaloso y las mujeres podían unirse para prestar su apoyo a un líder injustamente considerado. Estas posibilidades podían dar tanto a los hombres como a las mujeres la sensación de que sus vidas, aunque de forma muy breve, no resultaban, después de todo, tan insignificantes.

En este mundo teatral del periodismo de masas, nada podía haber resultado ser un tema más adecuado que el asunto Caillaux. Poseía todos los elementos de la narrativa periodística ideal: asesinato, romance, sexo e intriga política, asentados en el atractivo y concreto contexto de lo real. La misma transcripción del juicio contenía más carga dramática que cualquier obra de teatro y por esa razón aparecía literalmente en todos los grandes periódicos parisinos, algunos de los cuales elaboraron suplementos especiales para dar cabida a las páginas extras que requería el asunto[593]. Como las novelas populares que los periódicos publicaban regularmente, la transcripción salió en la modalidad por entregas, un formato que venía dictado, para ser veraces, por la propia estructura del juicio, pero que dejaba convenientemente a los lectores pendientes de saber lo que ocurriría al día siguiente. Al examinar la transcripción cada mañana, los lectores formaban parte de la misma audiencia de la sala de justicia, que se extendía por todo el país, trayendo a la moderna Francia la versión más próxima de lo que el teatro cívico de los griegos lograra en su día.

593 *Le Temps*, por ejemplo, creó un suplemento recogiendo la transcripción del juicio durante toda la duración del caso.

El juicio de Madame Caillaux resultó ser tan perfecto vehículo para la «*conversión en página de sucesos* de la esfera política», tan ideal a la hora de convertir los hechos públicos en espectáculo teatral, que durante ocho días a finales de julio de 1914 la prensa francesa apenas prestó atención a otras cosas. Como Jean-Jacques Becker demuestra en un detallado análisis de los seis mayores diarios franceses -cuatro de París y dos de provincias-, los periódicos de Francia dedicaron la mayor parte de sus páginas al juicio de Henriette Caillaux incluso después de que los terribles hechos diplomáticos de finales de julio deberían haberlo desplazado[594]. Entre el 21 de julio, cuando comenzó el juicio, y el 25 de julio, cuando las noticias del ultimátum austriaco a Serbia ya habían salido un día antes, prácticamente todos los periódicos parisinos dedicaron la mitad o más de sus primeras planas al *Affaire Caillaux*. Periódicos conservadores como *L'Echo de Paris*, *La Presse* y, sorprendentemente, *Le Figaro* dedicaron por entero sus primeras páginas enteras (ocasionalmente ocuparía la esquina inferior de la columna de la derecha) al evento. Sólo el inflexible *Journal des débats* dio una mínima cobertura al tema Caillaux. En cuanto al espacio total dedicado por los periódicos en cuestión, el *Echo de Paris*, del 24 de julio, se alzaría con el récord al dedicar casi el 60 por ciento de todas sus páginas al asunto. El progubernamental *Le Temps* concedió al juicio el 51 por ciento de su totalidad en el número del 22 de julio. El 29 de julio, tan sólo dos días antes de la orden de movilización de guerra en Francia,

594 Jean-Jacques Becker, *1914: comment les Français sont entrés dans la guerre* (París: Presses de la Fondation nationale des sciences politiques, 1977), pp.131-36. Los periódicos que analizó son Le Temps, *L'Humanité*, *L'Echo de Paris* y *Le Petit parisien* de París y L'Est républicain y *Le Petit dauphinois* de provincias.

Le Petit Parisien, L'Echo de Paris y *Le Temps*, todos ellos, dedicaron más espacio al juicio que a la crisis europea. *Le Figaro*, por su parte, concedió al juicio cinco de sus seis columnas de la primera plana el 29 de julio y tres de las seis al día siguiente. Casi ningún periódico descabalgó el caso de sus titulars hasta que se declaró de hecho la movilización general. En cuanto a la propia situación diplomática, ninguno de los seis periódicos que estudia Becker concedió a la crisis más de un 30 por ciento de sus páginas hasta el 30 de julio, y sólo uno de los cuatro periódicos parisinos de Becker, el socialista *L'Humanité*, prestó más atención a la crisis que al juicio antes de este mismo día[595].

Más allá de la narración del juicio y de la apelación al dramatismo, lo que más llamaba la atención en la portada era su poderosa carga fotográfica. Hacía sólo cuatro o cinco años antes de este asunto que la prensa francesa había mejorado lo suficiente su sistema de reproducción fotográfica como para incluir imágenes de relativa calidad en el papel de periódico[596]. Una vez logrado esto, las grandes imágenes fotográficas a toda página llegarían a ser algo de rigor. Los editores buscaban cubrir historias que pudieran fotografiarse y en julio de 1914 el asunto Caillaux resultaba ser un tema infinitamente mejor que la nebulosa crisis diplomática ocurrida fuera y que afectaba a individuos desconocidos para la mayoría de los lectores de periódicos franceses. Mucho más satisfactorio era generar imágenes fotográficas de la atrativa Madame Caillaux y de los elegantes hombres que la rodeaban.

595 La excepción es el lunes 27 dejulio, cuando no hubo noticias del juicio que ofrecer dado que la corte no había tenido sesión el domingo.
596 Bellanger, *Histoire générale,* 3: 122.

Esta fijación sobre el *Affaire Caillaux* era tan poderosa que la prensa hizo de su propia obsesión –y de la de sus lectores- parte de la propia historia. Tal había sido el caso en el momento del asesinato de Calmette cuatro meses antes y tal sería el caso también cuando el juicio comenzara. Algunos días antes de los disparos, *L'Illustration* declaró que «raramente la gente había acaparado los periódicos con tan fervoroso interés, y raramente habíamos visto los diarios dedicando, como han hecho en los últimos días, la casi totalidad de sus páginas a un mismo asunto». En el día de apertura del juicio, la fiebre, según *La Presse*, sólo había hecho que subir. «El juicio», afirmaban sus editores, «agitaría a la opinión pública mucho más de lo que lo harían cuestiones infinitamente más importantes sobre el futuro del país. La fascinación por los *fait divers* redujo la alianza con Rusia a un asunto de importancia menor»[597]. Para confirmar ese temor, el periódico afirmaba el 25 de julio que «el juicio de Madame Caillaux nos ha hecho olvidar a todos la visita de estado de Monsieur Poincaré a Rusia». Los editores podían haber añadido que ellos eran en buena parte los culpables de esto porque todos los día habían embadurnado la primera plana con el mismo hecho que deploraban, a la vez que monopolizaban con él las noticias. Veinticuatro horas después, el católico *La Croix*, un periódico que difícilmente había ignorado el asunto, estaba igualmente consternado. Los editores encontraban deplorable que «¡uno pudiera fácilmente imaginar que no hay otra cosa en Francia sino Madame Caillaux!». Toda Rusia, continuaban los editores, había aclamado la visita del presidente Poincaré, mientras los

597 *La Presse*, 21 de julio de 1914.

franceses desconocían que estuviera de viaje en el extranjero[598].

Así, con una Europa afrontando el riesgo de una guerra general, Francia estaba preocupaba con un drama periodístico que reducía su visión periférica casi a la nada. No era que los franceses hubieran permanecido ajenos al inminente conflicto, sino que, en la atmósfera de crisis de julio de 1914, pronunciaron sus palabras de guerra y sintieron sus señales de alarma a través de la aparente lejanía de un *fait divers* nacional. Así como los lectores habían satisfecho las sensaciones de terror y excitación ante el crimen desde la segura posición del voyeur, así experimentaron el preludio de la guerra a través de las narraciones periodísticas de un juicio cuyos personajes parecían hablar sólo en el lenguaje figurativo de los duelos. La crisis europea podía ser vista únicamente a través de las lentes que suponía la política francesa nacional. Y gracias a la «*conversión en página de sucesos* de la esfera política» a través, sobre todo, de las personalidades destacadas de su élite, incluyendo al miembro cuya muerte había transformado la política común en un asunto de significado simbólico.

Gaston Calmette había sido tan importante en la culminación de la campaña de lucha entre nacionalistas y antinacionalistas de la Francia de preguerra, entre los enemigos y los amigos de Joseph Caillaux, que el juicio de Henriette Caillaux difícilmente pudo evitar una repetición de esta lucha. A través del juicio, y especialmente durante las sesiones sexta y séptima, los dos bandos chocaron sobre la cuestión de si Calmette y su periódico eran responsables, al menos en parte, de los

598 *La Croix*, 26 de julio de 1914.

violentos sucesos del 16 de marzo de 1914. Los aliados de Calmette le retrataban como a un caballeroso patriota martirizado por su noble empeño periodístico de proteger la nación de los designios diabólicos de Joseph Caillaux. Los enemigos de Calmette, y especialmente Caillaux, le pintaban como un saboteador editorial al utilizar el vasto poder de la prensa para difamar y deshonrar a un hombre que únicamente buscaba la paz y la justicia fiscal para su país –aunque fuera en contra los intereses de las élites privilegiadas de *Le Figaro*-. Ambos bandos consideraban a la prensa como algo crucial en estas luchas y consideraban a Calmette como el emblema por antonomasia de su influencia (figura 15).

Calmette se había unido a *Le Figaro*, uno de los periódicos más antiguos de Francia, en 1883. El principiante reportero tenía entonces apenas 25 años y había escogido el periodismo tras pasar brevemente por la academia militar de Saint-Cyr y después de estudiar leyes[599]. Sus orígenes familiares eran más bien modestos. Calmette había perdido a su madre a edad temprana y su padre había sido un funcionario provincial, alcanzando el nivel medio de subprefecto sin ascender más allá. El primer puesto de Calmette en *Le Figaro* fue como asistente del editor de una sección llamada «*échos*», una especie de columna de chismorreo literario y allí publicó su primer artículo firmado en 1885. Poco

599 La información biográfica sobre Calmette es sorprendentemente escasa. Las principales fuentes son una entrada en el *Dictionnaire biographique de la France* y un polémico *hommage a Calmette* escrito poco después de su muerte por un periodista prestigioso para *Le Figaro*. Vid. Raymond Recouly, *Gaston Calmette: une champagne politique, ses raisons–ses résultats* (París: Plon, 1914). Alguna información sobre la familia de Calmette se puede encontrar en un libro dedicado a su hermano Albert, famoso por una serie de descubrimientos médicos. Vid. Noël Bernard, *La vie et l'oeuvre de Albert Calmette* (París: Albin Michel, 1961).

después, se hizo cargo como editor de «*échos*». Según Raymond Recouly, un veterano periodista de Le Figaro, Calmette atrajo la atención del editor en jefe del periódico, Francis Magnard, hasta el punto de que auspició su promoción desde escritor al que se pagaba por artículo a redactor asalariado.

Fig. 15. Gaston Calmette, editor de *Le Figaro*, en la cima de su poder (*L'Illustration,* 21 de marzo de 1914).

Calmette gastó enteramente su primera mensualidad cobrada en una elegante cena, un gesto que, según Recouly, «impresionaría profundamente» a Magnard. Al día siguiente, el director llegó hasta el punto de decirle a Calmette que lo que había hecho demostraba que tenía clase. «Nadie» diría un exultante Magnard, «había tenido jamás una idea como ésa»[600]. Magnard quedó tan impresionado con el talento de Calmette como perfec-

600 Recouly, *Gaston Calmette*, p.17.

to anfitrión parisino que lo pondría bajo su protección directa, haciéndole su asistente editorial en 1892. En este desempeño, Calmette escribió una serie de grandes artículos sobre el escándalo del canal de Panamá a principios de la década de 1890, un sórdido episodio que mancharía a los parlamentarios del gobierno en los siguientes años.

Calmette poseía una considerable habilidad periodística pero debió su rápido ascenso en el periódico sobre todo a sus relaciones sociales. Después de que la muerte de Magnard en 1894 le privase a Calmette de protector, el joven periodista se acercó a la hija de Georges Prestat, el hombre que dominaba la junta directiva y controlaba financieramente el periódico. En 1896, la hija de Prestat se convertiría en la esposa de Calmette. Seis años después, con el periódico en plena crisis económica y con el número de sus lectores cayendo en picado, Prestat cesaría tanto al editor en jefe, Fernand de Rodays como al gerente, Antonin Périvier, dando a Calmette ambos puestos. No está claro por qué Prestat destituyó a ambos dirigentes jefes de *Le Figaro*, aunque las disensiones políticas derivadas del caso Dreyfus y la bajada de lectores contribuyeron indudablemente a ello. Quizás fue más importante el deseo de la junta directiva por reestructurar la base del capital del periódico. Para hacer eso, Prestat contaba con la lealtad de su yerno, Gaston Calmette. Así que a la temprana edad de cuarenta y tres años, Calmette se encontraba en la envidiable posición de dirigir a la vez la política editorial de *Le Figaro* y sus asuntos financieros diarios[601].

601 La historia de los problemas políticos y financieros de *Le Figaro* y de la ascensión de Calmette a su liderato se recogen en Bellanger, *Histoire générale*, 3:347-51.

Bajo el liderazgo de Calmette, *Le Figaro* restó atención a la política parlamentaria y de partidos para dedicar más atención que antes a la deslumbrante vida social y literaria de París. Aparentemente, el nuevo director tuvo éxito con esta propuesta, ya que la circulación del periódico aumentó más del doble entre 1902 y 1912[602]. En una reunión de accionistas en 1905, Calmette se jactó de que el periódico «había reconquistado las simpatías que un periodo de tormenta [el caso Dreyfus] nos había hecho perder». La prueba, mantenía, «es que nuestra lista de suscriptores crece de mes a mes y constituye un 'Quién es Quién' de la aristocracia, la parte más rica de la burguesía y los principales representantes del comercio, la industria, el ejército así como los más elegantes de cuantos forasteros viven entre nosotros». Con tal «admirable clientela», concluía el editor, «el camino a seguir en los terrenos de la política –y de la vida social- se abre ante nosotros»[603]. Así, bajo la dirección de Calmette, *Le Figaro* iba a ser más conservador que reaccionario, inteligente pero no intelectual. Toda una apelación a los gustos literarios tradicionales y a la cautela política de sus lectores de alta sociedad. «El poder de *Le Figaro*», escribe el popular historiador Arthur Conte, «reside en su habilidad para ser a la vez un periódico de información y un periódico de ideas, un periódico para el compromiso político y para la lectura de evasión»[604].

Calmette, desde todos los puntos de vista, estaba perfectamente preparado para dirigir el periódico, des-

602 Las cifras de circulación de todos los periódicos importantes de París se pueden encontrar en *Archives nationales* F7 12842.

603 Citado en Bellanger, *Histoire générale*, 3:350.

604 Arthur Conte, *Le 1er janvier 1900* (París: Plon, 1975), p. 332.

tinado, como lo era, para una élite social con pretensiones literarias. Conte le denomina como «el parisino que tenía más contactos sociales que nadie»[605]. Era ampliamente conocido por su afabilidad, por su encanto, sus maneras fáciles y llenas de gracia. Recouly escribió que «nunca antes había existido un hombre capaz de dirigir un periódico importante con tan buena gracia, tal cortesía, tales poderes de seducción». Calmette alcanzó su éxito en el enrarecido mundo de la alta sociedad parisina, añadía Recouly, por un «cierto encanto atractivo nacido, en esencia, de la naturaleza y la sensibilidad femeninas». Haciéndose eco de Bruneau de Laborie y otros muchos, Recouly describe así a este hombre de la élite, intelectualmente, mediante términos femeninos muy explícitos. Calmette, escribió, «embelleció los hechos más cotidianos de la vida diaria con un infinito número de toques elegantes, con una exquisita delicadeza en sus formas». Y más allá de estos rasgos femeninos, el editor siempre «dio lo mejor de sí para agradar, porque era atento y servicial, haciendo todo lo que estaba de su mano para aliviar y facilitar las relaciones entre los hombres que se habían vuelto demasiado ásperas y duras»[606]. En esta descripción, Calmette aparecía como una consumada esposa de la alta sociedad, una que hubiera aprendido a la perfección las lecciones de los manuales matrimoniales al uso.

Dados todos estos rasgos de personalidad afable, cuesta entender qué le movió a emprender tan violenta y mendaz campaña contra Joseph Caillaux. Hasta entonces, Calmette no tenía costumbre de moverse en el

605 Ibíd.
606 Recouly, *Gaston Calmette*, p. 8.

oscuro submundo del combate político, manteniendo un tono periodístico digno que dejaba la retórica dura y el ataque a las personas para los periódicos más a la derecha. Poincaré escribió en sus memorias que la agresión de Calmette «no está conforme al tono general de [*Le Figaro*] ni al estilo habitual de M. Calmette, quien hasta ahora ha sido el más cortés de los periodistas»[607].

Asimismo, Francis Charmes, el columnista de asuntos políticos en la *Revue des deux mondes*, dejó dicho que Calmette, que en el pasado había sido siempre «amable, cortés y benevolente», se mostraba con su campaña de prensa «bajo una completamente nueva luz... enérgico, ardiente y vigoroso en su ataque»[608]. Es cierto que Calmette, al igual que otros rivales de Caillaux como Barthou, Briand y Poincaré, se opuso también a la subida de impuestos y apoyó el proyecto tributario del trienio, pero el editor no había sido nunca un nacionalista extremo. Su periódico había, incluso, alentado las negociaciones de Caillaux con los alemanes durante la crisis de Agadir[609]. Calmette, parecía, no obstante, haber quedado muy afectado cuando Caillaux derrocó al gobierno de centro-derecha de Barthou en diciembre de 1913, sintiendo, según las palabras de Alain Decaux, «la caída de Barthou como si fuera la propia»[610]. Ahora bien, otros reveses políticos similares no habían pro-

607 Raymond Poincaré, *Au service de la France: neuf années de souvenirs* (París: Plon, 1927), 4:30.
608 Citado en Jean-Claude Allain, *Joseph Caillaux* (París: Imprimerie nationale, 1978), 1:423.
609 Caillaux, en su intervención del tercer día del juicio, citó un artículo que Calmette había escrito a este efecto. Transcripción–*Le Figaro*, 23 de julio de 1914.
610 Alain Decaux, «L'honneur de Mme. Caillaux» en el Archivo Emile Roche-Joseph Caillaux de la Fundación nacional de ciencias políticas (de ahora en adelante ERJC-10), dosier 2.

vocado en el pasado una respuesta tan violenta por parte de Calmette.

¿Por qué, entonces, Calmette acordó dedicar todos sus talentos y su periódico a la tarea de desbancar a Caillaux? Según Recouly, el afán de Calmette por perseguir a Caillaux tan ardientemente tenía que ver con una personalidad más compleja de lo que la mayoría de la gente pensaba. «Por debajo de una capa superficial de amabilidad y brillantez», sostenía el periodista, «se escondía un temperamento apasionado, una sensibilidad en ebullición». Calmette, en suma, «era impetuoso en sus odios y todavía más en sus amistades»[611]. De nuevo aquí, el editor se describe de forma muy similar a la de una típica dama de la *Belle Époque*, especialmente a una que pareciese dispuesta a cometer un crimen pasional, una cuyos sentimientos animales se escondieran detrás de una apariencia externa seductora llena de belleza y encanto. Si la feroz campaña de Calmette contra Caillaux era un crimen, suponía Recouly, entonces era un crimen de pasión. Aún así, este retrato de su personalidad no explica por qué nunca había reaccionado tan violentamente en el pasado, por qué su «sensibilidad en ebullición» se había desatado en celo persecutorio sólo contra Caillaux y sólo en el verano de 1914.

Quizás el editor esperaba que al atacar a Caillaux aumentase la tirada de *Le Figaro*, todavía por debajo de la de quince años antes[612]. Esta posibilidad no debiera ser excluida, aunque ninguna evidencia existe que sugiera que Calmette había tenido en cuenta tal cálculo.

611 Recouly, *Calmette*, p. 4.
612 Bellanger, *Histoire générale*, 3:348-50.

Ni la campaña contra Caillaux parecía haber aumentado las ventas del periódico, ya que los demás diarios populares copiaron todas las acusaciones de Calmette tan pronto como él las lanzaba. Entonces, ¿fue una rivalidad personal lo que existió entre Calmette y Caillaux? Jean-Claude Allain sugiere que bien puede haber sido éste el caso, aunque aún se esté lejos de confirmar tal evidencia. El embajador suizo en Francia envió un despacho a su gobierno el día después del asesinato de Calmette en el que declaraba que «desde los primeros instantes de la campaña de Calmette en *Le Figaro* contra M. Caillaux, todos los de la alta sociedad parisina han estado diciendo que la campaña tiene sus orígenes en una *histoire de femme*». De acuerdo con este rumor de la alta sociedad, Caillaux había estado planeando divorciarse de Henriette para casarse con una escritora a la que estuvo urgiendo para que se divorciara a su vez de su marido. Pero el rumor añadía, escribió el embajador, que Calmette «estaba igualmente interesado en esta misma dama». El diplomático suizo consideraba que estas cosas estaban infundadas, que eran incluso «calumniosas»; nada sugería que Henriette Caillaux se las hubiese tomado en serio. «Quizás la desafortunada Madame Caillaux», escribió, «últimamente descubrió este difamente chismorreo contra su marido y entonces perdió la cabeza»[613]. El embajador no decía por qué habría querido ella eliminar al rival de su marido en la disputa por la posesión de esta otra mujer.

Chenu aludió a este chismorreo en el juicio, declarando, «algunos rumores han circulado, pero los voy

613 Archives in Berne, Switzerland (E2001[D] a I). Informes del embajador suizo en París, 17 de marzo de 1914.

a dejar al margen». Los rumores, escribiría más tarde el hijo de Chenu, sostenían que «Madame Caillaux se temía en 1914 que acabaría corriendo el mismo destino que Madame Gueydan [es decir, que su marido se divorciaría de ella]»[614]. Aunque estos informes hubieran comprometido a Joseph Caillaux, Chenu eligió no traerlos a la palestra en el juicio porque al hacerlo así habría socavado toda su estrategia en la corte. A lo largo del juicio, Chenu se esforzó por presentar a Joseph y Henriette como una pareja sólidamente unida, actuando en tándem para conseguir el obsesivo deseo de preservar su carrera política. Henriette, sostenía Chenu, había matado a Calmette únicamente para proteger a Joseph de las revelaciones del *document Fabre*. Presentar a los Caillaux como al borde del divorcio podría haber hecho que los miembros del jurado se mostraran escépticos ante los argumentos de Chenu.

Si la rivalidad personal no explica por qué Calmette había hecho lo imposible por encabezar la campaña contra Caillaux, ¿qué otra cosa lo puede explicar? ¿Quizás el editor creía, junto a Raymond Poincaré, que el éxito de Caillaux al derribar el gobierno de Barthoy en diciembre de 1913 había «roto el encanto y destruido el movimiento nacionalista?»[615]. Aunque la mayoría de los votantes franceses no se decantó mayoritariamente por la derecha nacionalista después de 1912, muchos miembros de la élite política y social lo hicieron, especialmente escritores y periodista. Puede ser que Calmette y su *Figaro* fueran una parte integral de este giro

614 *Le Figaro*, 29 de julio de 1914; Charles-Maurice Chenu, *Le procès de Madame Caillaux* (París: Fayard, 1960), p. 188.
615 Vid. el debate sobre la política militar de Poincaré y su política interior consiguiente en el capítulo II; las notas relevantes son la 90 y 91.

de la élite a la derecha y que se sintió impelido a liderar el ataque contra el político al que Maurice Barrès había motejado como «el hombre más odiado de Francia». También parece como si Calmette entendiese que el apoyo de Caillaux en el Parlamento y entre los votantes estaba tan afianzado que sólo un esfuerzo extraparlamentario de enorme fuerza podría conseguir expulsarle. Esa fuerza tenía que venir de la prensa. Ninguna otra institución o medio de comunicación podría alcanzar a tanta gente, ni podría igualar la habilidad de la prensa para influir en la opinión pública y para configurar la percepción pública. En el invierno de 1913-1914, Gaston Calmette, editor de *Le Figaro* acometió lo que ningún político ni partido político tenía capacidad de lograr: hacer que Joseph Caillaux desapareciera del centro de la vida pública francesa.

La prensa nunca había disfrutado de tal poder. En 1859, los periódicos franceses consistían en dos o cuatro páginas de papel llenas de letra apretada, desprovistas de ilustraciones, fotos o incluso titulares. Los periódicos se vendían en puestos pero también, casi por entero, se vendían mediante suscripciones cuatrimestrales o anuales. Y las suscripciones eran muy caras, tan caras que sólo aquellos de las clases medias con ingresos suficientes podían afrontarlas. Los trabajadores ilustrados a veces juntaban sus escasos recursos para compartir el coste de un *abonnement* y aquellos incapaces de hacer esto podían leer varios periódicos en un café local o en la precarias bibliotecas populares conocidas como *cabinets de lecture*. Los individuos que iban tan lejos en su afán de leer la prensa durante la primera mitad del siglo XIX, tendían a estar muy politizados dado que los periódicos eran, sobre todo, órganos informativos de grupos que transmitían un mensaje político. Los periódicos contenían opiniones, argumentos y doctrinas; aún no eran los cronistas de hechos espectaculares ni los compendios de información en que se convertirían a ser más adelante[616].

Émile de Girardin es reconocido generalmente como el inventor del periodismo moderno en Francia con la aparición de *La Presse* en 1836. La innovación de Girardin fue rebajar el precio de suscripción a la mitad al introducir anuncios publicitarios de pago en el periódico. También decidió ampliar el público del periódico al reducir su contenido abiertamente político y al publicar en suplementos diarios las obras de novelistas tan populares como Eugène Sue[617]. La fórmula pareció tener éxito, en torno a 1848 Girardin ya consiguió una tirada (en torno a 30.000 ejemplares) que superaba en mucha proporción a la de los periódicos tradicionales. Aún así, *La Presse* nunca superaría esta cifra, demasiado modesta para los estándares de finales del siglo XIX, ni cambiaría el carácter básico del periodismo francés. La antigua *presse d'opinion*, altamente politizada y difícil de leer, continuó dominando en el periodismo francés hasta mediada la década de 1860. Únicamente entonces,

616 Para un excelente estado de la cuestión sobre la prensa francesa a principios de siglo, vid. Claude Bellanger, ed. *Histoire générale de la presse française*, vol. 2 (París: Presses universitaires de France, 1969); sobre el debate sobre el acceso de la clase trabajadora a la prensa política, vid. Edward Berenson, *Populist Religion an Left-Wing Politics in France, 1830-1852* (Princeton: Princeton University Press, 1984), caps. 5-7.

617 Sobre Emile de Girardin, vid. René Mazedier, *Historie de la presse parisienne* (París: Editions du pavois, 1945), pp. 84-102; Bellanger, *Histoire générale*, 2:114-20; Joanna Richardson, «Emile de Girardin, 1806-1881: The Popular Press in France», *History Today 26* (1976): 813; David H. Pinkney, *The Decisive Years in France, 1840-1847* (Princeton: Princeton University Press, 1986), pp. 121-22; Theodore Zeldin, *France, 1848-1945* (Oxford: Clarendon Press, 1977), 2:494-97.

la nueva tecnología y una creciente alfabetización hicieron posible una clase totalmente nueva de publicación.

En 1800 la mayoría de los hombres y de las mujeres en Francia no sabían leer; a principios de 1900 la alfabetización era casi completa[618]. Tal avance épico en materia de alfabetización creó un mercado potencial de lectores de periódicos que incluía a toda la población adulta. Pero así como la industria textil inglesa no podía encontrar un mercado potencialmente ilimitado antes de los avances tecnológicos de finales del siglo XVIII, así la prensa francesa no podía aproximarse a una población crecientemente alfabetizada hasta que se desarrollaran los nuevos métodos industriales. Hasta una fecha tan tardía como 1860, la elaboración de los periódicos seguía siendo la propia de un sistema artesanal: los costes por unidad eran altos y la circulación baja. En el mejor de los casos, las imprentas periodísticas podían a lo sumo sacar cada día tan sólo diez mil ejemplares que raramente pasaban de las cuatro páginas. Para empeorar las cosas había un impuesto decretado por el gobierno de Napoleón III sobre cada periódico que publicase artículos tratando cuestiones políticas o económicas. El impuesto hizo que los periódicos franceses

618 Quizás la única referencia fiable sobre los índices de alfabetización –aunque desafortunadamente excluye a las mujeres- que abarca desde los años primeros del siglo XIX con información de año a año es la de las reclutas militares. En 1832 un año antes de que la educación primaria hubiese sido declarada obligatoria, un 53 por ciento de los hombres sorteados para el servicio militar eran analfabetos. Hacia 1872 la cifra había caído hasta apenas un 8,5 por ciento, y en 1914 estaba por debajo del 4 por ciento. Vid. Bellanger, *Histoire générale*, 3:142. La mayoría de los historiadores en este tema creen que las cifras de alfabetización de las mujeres van por debajo de las de los hombres hasta principios del siglo XX, cuando las mujeres se unieron a los hombres en la alfabetización universal. Vid. François Furet y Jacques Ozouf, *Lire et écrire* (París: Editions de minuit, 1977).

resultaran aún más costosos de lo que por sí ya eran; su propósito era hacerlos demasiado caros a los lectores de la clase obrera, a la que se consideraba peligrosa y fácilmente excitable por los reportajes políticos[619]. A la prensa francesa se le impedía, así, aprovecharse del potencial de la población del país recién alfabetizada por un amplio conjunto de obstáculos políticos, económicos y tecnológicos. Los periódicos eran demasiado caros como para captar al lector genuinamente popular y la producción permanecía en un nivel demasiado artesanal como rebajar los precios por unidad. Se necesitaban desesperadamente innovaciones. Gracias a un veterano periodista llamado Moses Millaud, no tardarían mucho en llegar. En 1863, Millaud lanzaba *Le Petit journal*, un periódico destinado a transformar el periodismo en un producto para el consumo de masas[620]. La principal innovación de Millaud fue vender cada ejemplar de su diario por un *sou* (cinco céntimos), en un momento en que la mayoría de los periódicos costaban dos o tres *sous* cada uno. Un *sou* ponía fácilmente un diario a disposición de las clases obreras francesas, puesto que cinco céntimos suponían tan sólo un uno por ciento del presupuesto diario de un trabajador parisino y un dos por ciento del de un trabajador de provincias. Compa-

619 Palmer, *Petits journaux*, pp. 23-24.

620 No existe ningún estudio exclusivo sobre *Le Petit journal*, pero algunos historiadores han dedicado significativas páginas a su historia. Vid. Roger Bellet, *Presse et journalisme sous le Second Empire* (París: A. Colin, 1967); Michael B. Palmer, «Le Petit journal et les debuts de la Troisième République», *Presse et politique* 1 (1973); Palmer, *Petits journaux*, pp. 23-40; Mazedier, *Presse parisienne*, pp. 131-39; Bellanger, *Histoire générale*, 3: 220-22. Para otros trabajos sobre la prensa de la Tercera República, vid. Raymond Manevy, *La presse de la IIIe République* (París: Joseph Foret, 1955); Raymond Manevy, *L'évolution des formules de présentation de la presse quotidienne* (París: Editions Estienne, 1958), cap. 2; L. Gabriel-Robinet, *Journaux et journalistes* (París: Hachette, 1962), caps. 2-8.

rado con otros artículos de consumo, más o menos, el periódico a un *sou* resultaba considerablemente menos caro de lo que supondría el precio de un diario casi un siglo después. Durante la *Belle Époque*, un *sou* suponía un décimo del precio de un kilogramo de pan, mientras que en 1980 el precio medio de un diario costaba más de la mitad de una barra de kilo. En 1900, el periódico de un *sou* suponía menos de un quinto del precio de un litro de leche pero más de los cuatro quintos ochenta años más tarde; un tercio del coste de un viaje en metro en 1900 y casi su equivalente total en 1980[621].

Al fijar su precio en un *sou* –la mitad o un tercio de lo que sus competidores habían venido cobrando- Millaud había creado ciertamente un periódico accesible para las masas. Pero al haber hecho su periódico tan barato, Millaud tuvo que compensarlo vendiendo un gran número de copias. Para alcanzar este objetivo hizo significativas innovaciones en todos los aspectos de la industria editorial periodística: anuncios, contenidos, distribución y técnica.

Millaud fue particularmente innovador en el ámbito de la publicidad. No sólo abrió su periódico a quienes deseaban anunciar sus productos sino que también anunció su propio periódico. Preparó la aparición de *Le Petit journal* el 1 de febrero de 1863 con una masiva campaña de anuncios durante un mes cuyos carteles puestos en todas partes anunciaban la llegada de «*le journal à un sou*»[622]. A finales de enero la curiosidad de los parisinos se había disparado; las ventas iniciales

621 Para ver el porcentaje que suponía un *sou* en el presupuesto de un trabajador, Palmer, *Petits journaux*, p.270, nº3. El precio del periódico en términos relativos durante la *Belle Époque* y 1980 se encuentra en Thiesse, *Le roman*, p. 17.
622 Micheline Dupuy, *Le Petit parisien* (Paris: Plon, 1989), p. 30.

resultaron muy altas y siguieron subiendo a toda máquina durante tres décadas, alcanzando la significativa cifra de un millón de ejemplares al día en 1890[623].

Millaud había sido capaz de conseguir un precio tan bajo para su periódico en parte porque decidió no tratar nada de asuntos económicos ni políticos, evitando así el impuesto de seis céntimos por número de Napoleón III. En vez de política, *Le Petit journal* se dedicó a los hechos y acontecimientos de la vida cotidiana. Como si fuera una especie de historia social de mediados de siglo, *Le Petit journal* se empeñó en describir el mundo de la gente corriente con la política al margen. Se incluía información práctica sobre agricultura, medicina y meteorología, lo que durante mucho tiempo habían sido las señas de identidad de los almanaques populares en la Francia rural desde el siglo XVII[624]. Pero su mayor innovación fue poner en la mitad superior de la primera página una *chronique* dedicada a lo que su escritor, el reconocido periodista Léo Lespes, llamaba «*L'actualité*» –todo lo que está sucediendo al momento-. Lespes describía su columna, escrita bajo el seudónimo de Timothée Trimm, como una crónica de «el hecho reciente, la *actuallité* todavía en curso, la última de las anécdotas, el resumen de una obra que sería representada al día siguiente, la educada pero convincente reseña de un libro publicado el día antes»[625].

623 Bellanger, *Histoire générale*, 3:301.
624 Vid. Geneviève Bollème, *Les almanacs populaires aux XVIIe et XVIIIe siècles* (París: Mouton, 1971); Geneviève Bollème, *La bibliothèque bleue: littérature populaire en France du XVIIe au XIXe siècle* (París: Julliard, 1971); vid. Eugen Weber, *Peasants into Frenchmen* (Stanford University Press, 1976), p. 464 y siguientes; para el debate sobre esta literatura popular y el éxito del *Petit journal* en perfeccionar las técnicas de los antiguos *canards* o periódicos populacheros.
625 *Le Petit journal* (8 de junio de 1866) citado en Palmer, *Petits journaux*, p. 24.

Cada día, Lespes ocupaba la mayor parte de la primera plana de *Le Petit journal* con una sección tipo «el eco de la calle» para el hombre común y corriente. A menudo gracioso pero raramente irónico, una mezcla acertada de aviso, comentario, humor, pedagogía y reportaje que evitaba a propósito toda sofisticación, los chistes para iniciados y las referencias literarias que durante largo tiempo había caracterizado a la mayoría de las públicaciones francesas de élite. La clase trabajadora, despreciada por los periódicos que se las daban de cultos, como *Le Journal des débats* o por los refinamientos de alta sociedad de *Le Figaro*, encontraban *Le Petit journal* accesible y edificante. «Timothée Trimm», escribió un dependiente llamado Urbain Desvaux, «sabe cómo ampliar los horizontes de nosotros, los trabajadores». Trimm no era exactamente un gran hombre de letras, «que nos hace entender las cosas que nunca habíamos entendido antes; él señala a lo que merece la pena prestar atención; nos advierte de lo que hay que seguir. Sus avisos nos ayudan a ser mejores ciudadanos, buenos franceses, buenos camaradas, buenos hijos, buenos maridos y buenos padres»[626]. Gracias en gran parte al talento de Léo Lespes, Millau hizo muchísimo para transformar el periodismo francés desde un fórum para la política y la polémica en un medio de instrucción y diversión para los trabajadores y sus familias.

El *Petit journal* divertía a sus lectores tanto con las crónicas de Timothée Trim como con los *faits divers* y los *romans-feuilletons* [folletines] que pronto llegarían a ser fundamentales para la prensa popular industria-

626 Urbain Desvaux (*Les lecteurs du journal à un sou*, 1868) citado en ibíd., pp. 33-34.

lizada como ya lo habían sido en la literatura popular de los siglos pasados. Tampoco Timothée Trimm monopolizaría el sistema de reportar «*L'actualité*». La mayor parte de lo que el *Petit journal* consideraba como noticias en el mundo represivamente despolitizado de la época de Napoleón III, eran en realidad historias de crímenes espectaculares, *fait divers*[627]. En 1869, el *Petit journal* vería subir su tirada desde los 350.000 ejemplares a los 600.000 –una cifra que posiblemente no se habría ni soñado diez años antes- gracias a la historia -el «*roman vrai*» tal y como le denominó el periódico- del *Affaire Troppmann*. El 23 de septiembre de 1869, el *Petit journal* dedicó las dos primeras páginas enteramente a un crimen horrible que había tenido lugar el día anterior. Un mecánico llamado Jean-Baptiste Troppmann había asesinado brutalmente a los padres y a los seis hijos de una familia en el modesto suburbio parisino de Pantin. Cuando los detalles del crimen llegaron a ser conocidos y el mismo criminal comenzó a hablar, el *Petit journal* dedicó una parte cada vez mayor de su espacio a este asunto. A finales de septiembre, todo el periódico apenas contaba otra cosa que no fuera el caso Troppmann; a medida que aumentaba el espacio dedicado al tema, la tirada del *Petit journal* ascendía. Alcanzaría el máximo el 15 de enero de 1870 cuando publicó una elaborada descripción de la ejecución del asesino. Durante todo este tiempo, los reporteros del periódico habían montado su propia investigación al margen de la investigación policial, sopesando evidencias y especulando sobre los motivos del asesino. Tan identificados estuvieron los periodistas con los hechos

627 Ibíd, p. 26.

sobre los que informaron que, según un ampliamente extendido rumor, uno de los reporteros del *Petit journal*, un «fanático de la pena de muerte», actuaría por entonces como ayudante del verdugo de Troppmann[628]. Desde el generalizado atractivo que suponía el reportaje dramático y desde las dosis diarias de suspense novelístico, es como mejor podemos comprender el hecho de que el *Petit journal* y periódicos como éste pudieron captar a toda esta audiencia de lectores recientemente alfabetizados. Aún así, cifras de tiradas tan altas como las que disfrutó el *Petit journal* nunca hubieran sido posibles sin determinados e importantes avances técnicos en el campo de la impresión en los que Millaud y sus colegas fueron pioneros. Entre 1863 y 1872, los periódicos frances –encabezados por el *Petit journal* y unos pocos más- desarrollaron la tecnología necesaria para convertirse en verdaderos medios de masas.

Esta transformación comenzaría muy lentamente a principios de la década de 1860, ganando rápidamente impulso después de 1866 cuando el competidor de Millaud, Émile de Girardin, que guardaba aún en secreto su sueño de crear un periódico de masas, unió sus fuerzas con las del impresor-inventor Hippolyte Marinoni para producir un nuevo tipo de imprenta para los periódicos. Girardin había estado siguiendo los avances en materia de impresión que tuvieron lugar en los Estados Unidos y se dio cuenta de que la única forma de competir eficazmente con Millaud era adaptar la nue-

628 Ibíd., p. 31. Un excelente análisis del asunto Troppmann en Michelle Perrot, «L'Affaire Troppmann», *L'Histoire*, 30 de enero de 1981. Vid. también Michelle Perrot, «Fait divers et histoire au XIXe siècle», *Annales: Economies, sociétés, civilisations 38*, nº4 (1983): 914.

va tecnología americana al mercado francés. Dispuso de Marinoni para que le montara un par de rotativas totalmente mecanizadas capaces de producir diez mil periódicos de cuatro páginas a la hora. La máquina de Marinoni suponía una enorme ventaja sobre los modelos manuales y parcialmente mecanizados que podían producir, como mucho, mil quinientos ejemplares a la hora[629]. También confirió una ventaja tecnológica a los franceses por delante de británicos, alemanes y americanos como la que no disfrutarían en ningún otro campo de la industria. La máquina de Marinoni era más pequeña, ligera y eficiente y menos costosa que las rotativas usadas en los otros países[630].

En 1872, Marinoni animado por la caida del régimen represivo de Napoleón III, presentó una máquina capaz de imprimir veinte mil periódicos por hora, a la que añadiría un plegador automático seis años después. Lo último fue el primero de una serie de avances graduales que hacia 1902 cristalizaron en la rotativa que, con solo pequeñas modificaciones, ha permanecido en servicio hasta la década de 1970[631].

Así, hacia 1880, las rotativas francesas ya habían conseguido una velocidad y eficencia que a la industria le llevaría casi un siglo superar. Lo que retardaba el progreso a finales del siglo XIX era el sistema de de naturaleza artesanal de la tipocomposición. Los inventores europeos y americanos venían experimentando con máquinas de tipografiar desde la década de 1820, pero ninguna había sido utilizada de forma habitual hasta

629 James Moran, *Printing Presses: History and Development from the Fifteenth Century to Modern Times* (Berkeley: University of California Press, 1973), p. 125.
630 Bellanger, *Histoire générale,* 3:82-83.
631 Ibíd., pp. 84-94.

1872 cuando el *London Times* compró media docena de dispositivos aún muy primitivos. Un aparato más eficiente haría su aparición en 1884 cuando Ottmar Mergenthaler, un alemán que había emigrado a los Estados Unidos, produjo un aparato que pronto sería conocido como la linotipia, una máquina que producía líneas de escritura. En vez de ir encajando letras de metal una a una como en la tipografía manual, la linotipia creaba una línea entera no de letras de metal sino de un molde de estas letras. Un teclado como el de una máquina de escribir que marcaba las impresiones de letras en una matriz de escayola formaba el molde. La linotipia entonces vertía en el molde una aleación líquida con plomo que, después de secar, formaba una línea sólida metálica de letras en relieve. La máquina ajustaba las líneas insertando espacios en blanco con la anchura apropiada. Cada linotipia era muy costosa, en torno a tres mil dólares de 1890, pero un operario podía hacer el trabajo de seis tipógrafos artesanos. La innovación rápidamente resultó ser de lo más rentable, a pesar de algunas protestas por parte de los trabajadores afectados. Unos cuantos periódicos parisinos ya habían instalado máquinas linotipias a principios de la década de 1890, aunque no se generalizarían hasta 1900. En ese momento, finalmente, la tipografía alcanzaría las velocidades mecánicas acordes con las que las prensas rotativas habían alcanzado tres décadas antes. No sólo los periódicos de masas podían hacer más copias sino que ahora, además, podían crear periódicos con seis, ocho y hasta doce páginas en vez de las cuatro páginas tal y como había sido lo habitual hasta el cambio de siglo[632].

632 Ibíd., p.72; Pigelet, *Organisation intérieure,* p. 95.

Con la tecnología adecuada y el contenido orientado hacia una masa de lectores, la prensa popular poseía el potencial suficiente para vender su producto no sólo en París sino a todo lo largo y ancho de la nación. Lo único que faltaba era idear unos canales eficientes de distribución. Tradicionalmente, los periódicos se habían vendido por suscripción y distribuidos a través del correo. Este sistema era adecuado para la prensa elitista de pequeña circulación propia de la era preindustrial, pero no podía satisfacer las intenciones de Moses Millaud; los lectores a los que pretendía captar no podían pagar de una vez una suscripción de varios meses al periódico. Ellos sólo podían comprar un número cada vez y, para atraerles, Millaud empleó a un pequeño ejército de chicos como vendedores ambulantes para vender su periódico –y sólo su periódico- en las calles de París. Para asegurarse los lectores en provincias, el *Petit journal* imitó los métodos que fueron pioneros quince años antes, cuando los usó la prensa izquierdista de la Segunda República. En un esfuerzo por llegar a los votantes rurales, la prensa socialdemócrata en 1848 había enviado paquetes de periódicos a las estaciones de tren recién construidas en los centros poblacionales de todo el país. Desde estas estaciones, vendedores ambulantes –o *colporteurs*-, llevaban los periódicos hasta lo más profundo del país donde los ofrecían a los campesinos y artesanos rurales ávidos de noticias políticas[633].

Después de 1863, Millaud haría lo mismo sólo que a una escala mucho mayor. Estableció depósitos en la mayor parte de las innumerables estaciones de tren y

633 Berenson, *Populist Religion,* cap. 5.

enroló a un montón de vendedores ambulantes de periódicos para que los distribuyeran en las ciudades y pueblos de alrededor. La estrategia de Millaud obtuvo un brillante éxito y, hacia 1880, *Le Petit journal* había alcanzado casi los 600.000 ejemplares de tirada –habiendo crecido desde los 220.000 de 1872-. En el curso de esta rápida expansión sin precedentes, el periódico logró más del 25 por ciento del mercado completo parisino de periódicos. El éxito aún sería mayor en provincias, tanto que hacia 1911 se vendía el 80 por ciento de sus 800.000 ejemplares fuera de la capital de la nación[634]. Las cifras eran similares a la de su más cercano rival periodístico, el *Petit parisien*, que hacia 1910 poseía 13.500 depósitos para la venta en todo el país y vendía el 75 por ciento de su tirada en provincias[635].

Es interesante, también, saber que el diario de Millaud, así como otros periódicos populares franceses, obtenían la mayor parte de sus ingresos no de la publicidad, como hacen los periódicos contemporáneos americanos, sino de las ventas de ejemplares. En 1905, con una tirada de unos 850.000, el *Petit journal* obtenía el 75 por ciento de sus ingresos a través de las ventas en kioskos y vendedores ambulantes. Sólo el 3 por ciento provenía de las suscripciones y un 20 por ciento de la publicidad. En cuanto al *Petit parisien*, obtenía el 85 por ciento de sus ingresos brutos en 1905 por las ventas de ejemplares y sólo el 14 por ciento por la publicidad. Estos porcentajes fueron algo común para ambos periódicos durante el periodo que iba de 1880

634 Bellanger, *Histoire générale*, 3:297-98.
635 Francine Amaury, *Histoire du plus grand quotidien de la IIIe République: Le Petit parisien,* 1876-1944 (París: Presses universitaires de France, 1972), 1: 374; Pigelet, Organisation intérieure, p. 91.

a 1914[636]. Tan abrumadora dependencia de las ventas de ejemplares para la rentabilidad del periódico exigió a los diarios populares doblar y redoblar sus esfuerzos para vender periódicos en la calle. El reportaje sensacionalista y los folletines por entregas no resultaron ser suficientes; periódicos como el *Petit journal* y el *Petit parisein* consideraron necesario montar elaboradas campañas de anuncios para atraer a los lectores y concursos patrocinados por firmas comerciales en los que las personas pudieran ganar fantásticos premios.

En 1903, el *Petit parisien* invitó a sus lectores a que adivinasen el número de granos de trigo que contenía una determinada botella de vino. Un dibujo de la botella, cuya etiqueta rezaba «*Une fortune dans une bouteille*», apareció diariamente durante las tres semanas que duró la competición. Los concursantes tenían que escribir su nombre, dirección y número estimado en un impreso incluido en el periódico y enviarlo a las oficinas del *Petit parisien*. El primer premio consistía en la sustancial cifra de 25.000 francos en metálico. El segundo era una casa a veinte minutos de París valorada en 15.000 francos, el tercero una residencia de playa para el veraneo valorada en 12.000 francos, el cuarto y el quinto eran dos automóviles nuevos de 4.900 y 4.100 francos respectivamente. Los demás premios, que aparecían individualizados en una lista y se decía que alcanzaban un valor conjunto de 200.000 francos, iban desde trece motocicletas a un piano, perfumes, alfombras, joyas y vajillas todas seleccionadas del «elegante» catálogo de los grandes almacenes parisinos

636 Bellanger, *Histoire générale*, 3:302; Amaury, *Histoire du plus grand quotidien*, 1:472.

Grans magasins du Louvre[637]. De entre todos los premios, sólo los dos tipos de vehículos –los dos coches y las motos- fueron reproducidos en imagen, haciéndose hincapié en el elemento de fantasía tecnológica modernista al que aludía el concurso. En 1903, un auto, mucho más que una casa o el dinero contante, era un elemento tan nuevo y tan fantástico como para echar a volar la imaginación de la inmensa mayoría de los lectores del *Petit parisien*[*]. Al esponsorizar el concurso, el periódico no sólo atraía a nuevos lectores, sino que ofrecía fantasía. Al igual que con los artículos de *actualité* y los suplementos de ficción, el concurso abría una vía de escape al vulgar mundo cotidiano. Pero de todos estos elementos de fantasía, el concurso ofrecía uno que el mismo periodismo no podía dar: la posibilidad de cambiar de vida. Las historias reales y las inventadas podían sacar a los lectores de su vida diaria sólo emocional y mentalmente, mientras que el concurso podía hacerles ricos.

Estas promociones atraerían un gran interés durante el lapso de 1900 a 1914, aunque como eran muy caros de sostener –un coste de hasta 250.000 francos-, sólo los periódicos más ricos y de mayor tirada podían afrontar el gasto que suponían. Como resultado, los *quatre grands*, los periódicos que al inicio de la Guerra

637 Sobre el número de ejemplares del *Petit parisien* en el que se anunció el concurso, vid. Amaury, *Histoire du plus grand quotidien*.

* Otros periódicos parisinos rápidamente imitaron la idea del *Petit parisien* de movilizar a los lectores a través de concursos y promociones. Algunos atrajeron la atención al esponsorizar eventos deportivos; otros organizaron esos mismos eventos, como hizo *Le Matin* con su carrera automovilística a Francia en 1899 y su exhibición aérea de 1910. Los periódicos esponsorizaron diferentes referéndums sobre la pena de muerte, el divorcio, el matrimonio y otros candentes asuntos culturales y políticos en aras a conseguir más lectores.

sumaban el 40 por ciento del total de la circulación diaria en la nación (y el 75 por ciento en París), estuvieron en condiciones de aumentar su número de lectores, a menudo a expensas de los otros periódicos, menos solventes[638]. Desde que los periódicos de Francia obtenían la mayor parte de sus ingresos de la venta de ejemplares, la mayoría de los lectores se fueron a los *quatre grands*, lo que suponía una pérdida para los otros. La población francesa apenas creció durante las dos décadas previas a la Primera Guerra Mundial, lo que significaba que, en la mayoría de los casos, el crecimiento de lectores en un periódico se hacía a costa de la pérdida de lectores de otro. De hecho, algunos periódicos perdieron tantos lectores que no pudieron seguir imprimiéndose. En 1882, cuando Francia sólo disponía de un único diario de masas, el *Petit journal*, noventa periódicos distintos se publicaban cada día en París. En 1892, conforme ascendía el *Petit parisien*, el número había caído a 79 y hacia 1914, hasta 57. El número de diarios de provincias declinó algo más lentamente, sobre todo porque la mayoría eran tan localistas que no competían con los grandes periódicos de París. Pero aquellos periódicos de provincias que sí competían declinaron en un número creciente. Lyon disponía en 1892 de doce diarios en circulación y sólo de dos en 1914, Grenoble siete en 1892 y sólo uno al principio de la Guerra[639]. Finalmente, los *quatre grands* acabaron convirtiendo la publicación de periódicos en un oligopolio real a la vez que centralizaban cada vez más la producción del conocimiento periodístico y de

638 Las cifras de circulación en Bellanger, *Histoire générale*, 3:297.
639 Varin d'Ainvelle, *La presse en France*, p. 221.

la cultura de masas en París capital. La diversidad regional francesa, tan alabada, podría haber persistido aún en el siglo XX pero en los inicios de la Gran Guerra la cultura nacional era ya más homogénea de lo que nunca había sido hasta entonces.

Debido a que los *quatre grands* se apropiaron de la mayoría de los lectores franceses, el resto de la prensa francesa tuvo que buscarse otros modos para compensar y frenar unas tiradas cada vez más en decadencia. Así que empezaron a aceptar cobros, a menudo de gobiernos extranjeros, aunque también de hombres de negocios de Francia y del propio Estado francés a cambio de dar información favorable sobre sus asuntos políticos o financieros. Bancos y empresas como la Compañía del Canal de Panamá pagaron «subsidios» a diferentes periódicos con este propósito, tal y como el periodista Georges d'Avenel refirió en 1901 al «crear o mantener un clima favorable de opinión sobre sus aventuras inversoras aunque no tuvieran interés informativo alguno en el momento actual»[640]. Propagandistas al servicio de las empresas escribieron a menudo artículos a favor de sus operaciones, que se insertaban en las secciones económicas de los periódicos como genuinos reportajes. Además, las columnas que analizaban los avances y caídas del mercado de valores solían ser poco más que meros anuncios de las compañías que subsidiaban el periódico en cuestión. Estos análisis destacaban los propios valores de las compañías como excelentes y animaban a los lectores a que los comprasen. Los bancos utilizaban también estos artículos subvencionados para promocionar sus emi-

640 Citado en Bellanger, *Histoire générale*, 3:263.

siones de bonos al igual que hacían los gobiernos extranjeros con la esperanza de obtener sumas sustanciales de los inversores franceses.

Una empresa en particular, la Compañía del Canal de Panamá de Lesseps, contribuiría con una gran cantidad de dinero –unos 13 millones de francos entre 1880 y 1888- a los periódicos franceses en su esfuerzo para ocultar a los potenciales inversores la extrema dificultad técnica y los obstáculos financieros que afrontaba el proyecto del canal. Los pagos parece que no se hicieron de acuerdo con la tirada de los periódicos sino a la supuesta influencia de los periódicos en la élite económica y política. Así, el *Petit journal* (con una tirada de 900.000 ejemplares) recibió unos 500.000 francos en subsidios, mientras que *Le Figaro*, por su orientación, aunque apenas vendía 80.000 copias al día, recibió algo más. Mientras que *Le Temps* (con una tirada de 30.000), un periódico motejado por el líder marxista Jules Guesde como «*la bourgeoisie faite journal*» (la burguesía encarnada en un periódico), recibió unos 1,8 millones de francos de la generosidad de la Compañía de Panamá[641].

Gracias a las revelaciones de la *L'Humanité*, que llegaría a ser el órgano oficial del Partido Comunista francés en 1920, los sobornos del gobierno de Rusia anterior a la Guerra hechos a la prensa francesa están perfectamente documentados. Al principio de la década de los 20, los líderes soviéticos dieron a los editores de *L'Humanité* copias de los documentos zaristas cap-

641 Sobre la participación de Guesde, vid. Arthur Raffalovitch, *L'abominable vénalité de la presse* (París: Librairie du travail, 1931), p. xi. En *Histoire générale*, 3:268, Bellanger da una lista de los pagos de la Compañía de Panamá y cifras de la circulación periodística en las pp. 195, 235, 353.

turados con los que esperaban desacreditar a la vez al capitalismo francés y a la Rusia del Antiguo Régimen. Estos documentos se publicaron en un volumen titulado sin tapujos como *La Abominable Venalidad de la Prensa* (1931), y demostraban que los rusos –a menudo con el apoyo tácito del propio gobierno francés- solicitaron a los periódicos parisinos que ganasen el apoyo público para su política exterior y para sus esfuerzos a la hora de obtener dinero de los inversores franceses. Entre 1889 y 1904 los rusos pusieron 5.500 millones de francos en bonos en el mercado francés, un esfuerzo que les costó una cantidad relativamente modesta, de entre 200.000 a 300.000 francos por año en sobornos a la prensa parisina. Hacia 1905, no obstante, con los inversores franceses cada más recelosos sobre los bonos rusos a consecuencia de la desastrosa guerra del zar contra Japón y la revolución de 1905, los rusos percibieron que resultaba necesario elevar sus presupuestos anuales en más de dos millones de francos[642]. Aunque los efectos de la guerra rusa y la revolución sobre los inversores franceses se habían apagado hacia 1910, el asesor financiero del zar en París, Arthur Raffalovitch, sin embargo, consideraba crucial para su gobierno continuar pagando a la prensa francesa para obtener un trato favorable a los intereses rusos. «Es importante», escribió Raffalovitch, «tener a nuestra disposición unos cuantos órganos respetables como el *Journal des débats* y *Le Temps* así como algunos periódicos populares tales como el *Petit parisien*, *Le Journal* y quizás *L'Echo de Paris*»[643]. La habilidad de Poincaré,

642 Bellanger, *Histoire générale*, 3:271.
643 Citado en ibíd., p. 272.

después de 1911, para mantener una controvertida alianza militar con Rusia derivaba en parte del éxito de Raffalovitch al conseguir periódicos franceses a «nuestro servicio»[*].

Aunque Calmette no parecía haber tenido en cuenta la cuestión financiera en sus esfuerzos por desacreditar a Joseph Caillaux, la «abominable venalidad de la prensa» sería una parte muy importante en el caso Caillaux, sin duda. Joseph Caillaux se defendió a sí mismo contra las insinuaciones de *Le Figaro* que le vinculaban vía soborno con el emporio Krupp, el poderoso negocio armamentístico y metalúrgico, y de recibir pagos del gobierno húngaro a cambio de una cobertura favorable. En otras palabras, fue acusado por *Le Figaro* de ayudar y ser cómplice del enemigo tanto apoyando su industria de armamento como defendiendo los intereses de su aliado principal, Hungría[644]. En su testimonio durante el segundo día del juicio, Caillaux se refirió a una demanda supuestamente efectuada por el líder socialista alemán Karl Liebknecht en torno a que Krupp había pagado a *Le Figaro* un «subsidio» para editar artículos pensados para animar el movimiento de un resurgir militar en Alemania. La acusación era que la avaricia de *Le Figaro* había corrompido tanto su nacionalismo que el periódico estaba casi deseoso de no hacer nada que

* Joseph Caillaux, entre otros líderes de la izquierda francesa, intentó sobre todo reducir las tensiones crecientes franco-germanas que la alianza con Rusia exacerbaba.

644 Caillaux también insinuaba que Calmette había comenzado a violar los intereses nacionales franceses desde 1902 cuando llegó a la dirección de *Le Figaro*. El líder radical testificó que Calmette había conspirado con su suegro, Georges Prestat, para atraerse nuevo capital al periódico procedente de bancos alemanes y no de inversores franceses. Caillaux sugería que ya entonces Calmette se había mostrado dispuesto a mancharse con capital extranjero. Vid. transcripción –*Le Figaro*, 28 de julio de 1914.

condujera a Francia y Alemania al borde de la Guerra, aunque le supusiera formar una alianza nada santa con Krupp. Caillaux se refería a este supuesto chanchullo con el grupo Krupp sólo de pasada y quizás porque tenía pocas evidencias concretas para justificarlo, porque cuando el presidente del consejo de *Le Figaro* puso en tela de juicio estas alegaciones, el líder radical no persistió en las mismas.

El caso de Caillaux con respecto a Hungría, no obstante, estaba mucho mejor documentado. Parece que había recibido información de un húngaro llamado Lipscher, que comprometía a Calmette directamente; Lipscher había sido el intermediario de las negociaciones con Budapest del *Le Figaro*[645]. Como parte de su testimonio, Caillaux leyó una traducción de un acta parlamentaria del Congreso húngaro en el que un miembro del Parlamento de aquel país acusaba a su gobierno de buscar una cobertura favorable por parte de *Le Figaro*. Desde el gobierno húngaro se apoyaba a Alemania mientras la oposición se situaba al lado de Francia, Caillaux utilizaría este incidente para insinuar que Calmette era tan corrupto como para violar los intereses nacionales fundamentales. El diputado de la oposición húngara a quien se refería Caillaux, había basado sus acusaciones en una copia de un contrato entre el primer ministro húngaro, el conde Tisza, y el *Le Figaro* que Lipscher había dispuesto en 1913. Oficialmente, Lipscher actuaba como corresponsal de Calmette en Budapest, pero su contrato contenía una curiosa cláusula final. Al contrario de lo habitual en cualquier contrato de trabajo, se estipulaba que él pagaría a *Le Figaro*

645 Allain, *Caillaux*, 1:438-39.

por publicar sus artículos, en vez de resultar pagado. Lipscher ingresaba 30.000 francos al año en metálico por «prestar servicios políticos al gobierno húngaro» más una cantidad adicional de 10.000 francos por hacer publicidad de los atractivos turísticos y los balnearios termales de Hungría. Todos los artículos destinados a *Le Figaro* estarían escritos por miembros de la prensa oficial del gobierno húngaro[646].

En respuesta a estas alegaciones, Georges Prestat, el suegro de Calmette y presidente del consejo de *Le Figaro*, sostuvo que *Le Figaro* había rechazado los intentos de Krupp de insertar artículos en su periódico. En cuanto a Lipscher y los húngaros, Prestat argumentaba que el contrato de *Le Figaro* era únicamente para publicitar los balnearios húngaros; nada que tuviera que ver con la diplomacia o la política exterior. Lipscher, no obstante, había enviado dos artículos a *Le Figaro*, los cuales habían sido publicados, pero Prestat insistía que tan pronto como los colegas de Budapest investigaron las credenciales del corresponsal, Calmette inmediatamente rompió todas las relaciones con él. Con respecto al pago de 30.000 francos en metálico, «*Le Figaro* nunca recibió un solo céntimo, ni directa ni indirectamente, ni de Lipscher ni de nadie más»[647].

Esta denegación no resultó del todo convincente al citar Caillaux, acudiendo nuevamente a la traducción del acta del Congreso húngaro, unas palabras del conde Tisza en las que admitía ciertos contactos con el periódico de Calmette: «En lo concerniente a *Le Figaro*», declaraba el conde, «creo recordar que el periódico

646 Transcripción–*Le Figaro*, 22 de julio de 1914.
647 Ibíd.

quiso obtener una cantidad de dinero [de nosotros]». Caillaux también citaba la evidencia de que el pago ofrecido al *Le Figaro* no podía haber sido sólo por publicitar sus balnearios. En una carta de *Le Figaro* citada en la transcripción del Parlamento húngaro, el director de publicidad del periódico se refería a dos pagos por parte de Lipscher, uno de 30.000 francos mencionado anteriormente, más otro de 10.000 francos para financiar un suplemento ilustrado de viajes presentando «los baños termales». Caillaux concluía, gracias a esta evidencia, que el pago de 30.000 francos no era para el turismo sino para la propaganda prohúngara en directa contradicción con los intereses franceses[648]. Fueran o no ciertas las alegaciones de Caillaux –y parecía evidente que *Le Figaro* bien podía haber aceptado el soborno húngaro-, él fue lo suficientemente astuto como para utilizarlas. La venalidad de la prensa era tan corriente y tan conocida que los miembros del jurado y los lectores de periódicos podían fácilmente imaginar que el propio Calmette hubiera sido corrompido.

Sus conjeturas se afianzaron después de que Caillaux presentase a la Corte una copia del testamento de Calmette que confirmaba que desde su ascenso a la dirección de *Le Figaro* había llegado a convertirse en uno de los hombres más ricos de Francia[649].

«¿Cómo lo consiguió [el testamento de Calmette] usted?», preguntó el juez Albanel.

«De la misma manera», respondió Caillaux, «que Calmette consiguió la carta '*Ton Jo*'». Entonces, Caillaux procedió a leer en voz alta trozos del testamento

648 Ibíd.
649 Ibíd., 28 de julio de 1914.

de Calmette. Para mayor irregularidad, los testamentos eran documentos confidenciales y Caillaux podía haber obtenido la copia aprovechándose de su antigua posición como ministro. Pero el juicio en su conjunto estuvo tan plagado de irregularidades –con el recital de correspondencia íntima comprometedora, la discusión de documentos diplomáticos clasificados como alto secreto y el potencial duelo entre Albanel y Dagoury– que a nadie se le ocurrió censurar a Caillaux por hacer público el testamento de Calmette. Chenu debería haberle aconsejado, no obstante, que se detuviera porque el testamento hacía que la fortuna del editor pareciera altamente sospechosa. El origen familiar de Calmette, de clase media-baja, no le dejó nada económicamente; antes de casarse con la hija de George Prestat, Calmette apenas poseía ningún otro ingreso salvo su modesto salario como periodista. A la hora de su muerte, dieciocho años después, estaba en disposición de dejar a sus herederos trece millones de francos. Diez millones de esta suma los había heredado de dos ricos personajes «en memoria de la devoción que les mostré» como el mismo Calmette dejó escrito en su testamento. Pero los otros tres millones los había ganado por sí mismo, presumiblemente como resultado del poder y la influencia alcanzada por su posición en la cima del periodismo francés. Era una suma de dinero, declaró Caillaux, para la que «nuestras familias burguesas necesitarían ciento cincuenta años para conseguirla»[650]. Con este último comentario Caillaux perseguía crear una imagen de la presunta avaricia familiar de Calmette. Las fortunas legítimas, venía a decir, se construyen

650 Ibíd.

durante siglos; sólo las ilegítimas pueden adquirirse en apenas dieciocho años. Calmette había llegado a ser rico, Caillaux quería que la Corte así lo creyera, a través de la «abominable venalidad de la prensa», mediante los pagos ilícitos que tanto él como su periódico habían recibido por propagar los intereses de gobiernos extranjeros.

Aunque se sabía que Calmette había conseguido sus tres millones de francos –y los gobiernos extranjeros resultaban ser su única fuente posible-, esto suponía de forma palmaria que el mero poder de los magnates de la prensa de Francia llevaba a más cosas; porque también era una cuestión de dinero. La riqueza traía consigo más poder, al permitir finalmente que Calmette alcanzase un objetivo político que se le había escapado al mismo presidente de la República. El editor de *Le Figaro* había conseguido el poder suficiente como para derribar a Caillaux, aunque fuera a costa de su propia y próspera vida.

Epílogo

Al octavo día -28 de julio de 1914-, comenzarían las alegaciones finales de los abogados. Charles Chenu repasó prácticamente el juicio completo, retocando el retrato de Henriette y Joseph Caillaux que ya había hecho en el mismo. Henriette, mantenía una vez más, había cometido su acto calmosamente, de forma deliberada y con premeditación, impelida a asesinar a Calmette por un marido vengativo cuyas ambiciones políticas no conocían límites. «En este matrimonio», declaró, «había establecida una emulación de orgullo e ira. Porque ambos estuvieron de acuerdo... en que Calmette tenía que morir y, como Madame disparaba tan bien como Monsieur –y corría menos riesgos al hacerlo-, sería ella quien se encargase de la tarea»[651]. Al pintar así a los Caillaux movidos exclusivamente por la ambición y la política, Chenu representó a Henriette como si fuera más masculina que femenina, con una ausencia absoluta de feminidad como para que no

651 Transcripción–*Le Figaro*, 29 de julio de 1914.

consiguiera la más mínima indulgencia por parte de la corte. Y presentaba a los Caillaux como unos seres moralmente despreciables, unos egoístas individualistas para quienes el sacramento del matrimonio no suponía absolutamente nada.

El abogado Labori, por su parte, se refirió a la sicología de la voluntad cautiva de Henriette Caillaux, a su acto como el trágico resultado de las pasiones femeninas desatadas. Llegó incluso a presentar una nueva prueba concerniente al estado mental de Henriette, un memorándum escrito por «uno de los más eminentes especialistas de la facultad de medicina de París» El estudio sostenía, como hemos visto, que Madame Caillaux quedó dominada el 16 de marzo de 1914 por «un impulso inconsciente que derivó en una personalidad rota»[652]. Labori se preguntó por los motivos de Berthe Gueydan que, al no destruir las *lettres intimes*, según aseguraba el abogado defensor, había hecho posible todo el drama posterior. Sin estas cartas no habría habido crimen pasional, ya que Madame Caillaux no hubiera tenido nada que temer de Gaston Calmette. Al hacer esta propuesta, Labori enfatizaba una vez más que su cliente había asesinado no por alguna necesidad masculina de venganza política sino por un completo deseo femenino, e irracional, de preservar su reputación sexual.

Con unos argumentos tan personalistas, ambos abogados no podían apenas referirse, salvo muy tangencialmente, a la situación militar y diplomática europea que iba empeorando a cada momento. Al hacerlo así, cada uno intentó utilizar los sentimientos naciona-

652 Ibíd., 30 de julio de 1914.

les en su propio provecho ante la corte. La de Labori fue la más elocuente de las dos alegaciones patrióticas, porque él había ido más lejos en su jugada. Al pedir a los doce jueces que absolvieran a Madame Caillaux, el abogado defensor instaba a la corte –y a sus compatriotas, por extensión- a que no condenara a su cliente, sino que «reservásemos nuestra ira en exclusiva para nuestros enemigos». En vez de condenar a Henriette Caillaux, concluyó, los hombres y mujeres de Francia debían «proceder unidos como uno solo... ante los peligros que nos amenazan, ante los peligros que deberemos ahora afrontar en cuanto lleguemos, finalmente, a la conclusión de estos tan prolongados debates»[653].

Fuera de la sala, crecientes multitudes se agolpaban esperando un veredicto hacia el que, parecía, nadie se mostraba indiferente. El periodista Geneviève Tabouis escribió que «París esperaba el día del veredicto las noticias con el aliento contenido. Hasta el asunto de la guerra se había olvidado. El Palacio de Justicia se había convertido en un campo de batalla donde se dirimía la guerra política entre la derecha y la izquierda. Aquella mañana, algunos autodesignados jueces se enfrentaban a un duelo personal en el juicio»[654].

El jurado se retiró de la cámara para comenzar sus deliberaciones a las 7:55 de la tarde. Hacia las 8:20 volvieron a la sala, aunque todavía no dictaron su veredicto. Los jurados tenían dos preguntas que hacer al juez Albanel, ambas relativas a la duración de las condenas que Madame Caillaux podía recibir de acuerdo con el código criminal. Afianzado con las respuestas de Alba-

653 Ibíd.
654 Geneviève Tabouis, *They Called Me Cassandra* (Nueva York: Scribner's, 1942), p. 36.

nel, el jurado se retiró una vez más para volver apenas media hora después. En ese momento, tras menos de una hora de deliberaciones, los miembros del jurado estaban ya preparados para revelar su veredicto.

«¿Es Madame Caillaux culpable de cometer, el día 16 de marzo, un homicidio voluntario contra Gaston Calmette?», preguntó el juez Albanel como primera de las dos cuestiones que estaba obligado a hacer al jurado.

El portavoz respondió: «por mi honor y mi conciencia, ante Dios y ante los hombres, la decisión del jurado es NO».

La segunda pregunta obligatoria resultaba ahora totalmente superflua, y apenas logró oírse entre los rugidos de ira y de alegría que llenaron la sala. «¿Fue dicho homicidio cometido con premeditación e intención criminal?»

«No» fue de nuevo la respuesta del portavoz, confirmando una absolución que el jurado había votado once contra uno[655].

Ante esto, Madame Caillaux se abrazó a Fernand Labori y esta vez no hubo desmayo. La sala explotó en voces airadas y gritos de victoria al igual que haría, instantes después, la inmensa multitud que se había reunido afuera[656]. Al instante, se corearon cánticos de «*As-sas-sin, as-sas-sin!*» que empezaron a competir con los gritos de «*Vive Caillaux», «vive Labori!*» Un cordón

655 Las decisiones de la Cour d'assises se tenían que tomar por mayoría de votos de los doce jurados. No se requería unanimidad. Sobre el voto del jurado, vid. Benjamin F. Martin, *The Hypocrisy of Justice in the Belle Époque* (Baton Rouge: Lousiana State University Press, 1984), p. 206.
656 Vid. los reportajes en *Le Figaro*, *Le Temps* y otros periódicos el 29 de julio de 1914.

de guardias municipales bloqueó inmediatamente la entrada al Palacio de Justicia, procurando a la vez que los dos bandos oponentes no llegaran a las manos. Aunque la multitud parecía poco interesada en la declaración de guerra entre Austria y Serbia hecha a primeras horas del día, la ruptura de las hostilidades en los Balcanes había exacerbado, sin duda, las tensiones políticas domésticas ya calentadas por el juicio. Miembros del partido de extrema derecha *Action française* atacaron a quienes coreaban los eslóganes a favor de Caillaux entre el gentío, muchos de ellos matones corsos reclutados especialmente para la ocasión. Y después de que la policía dispersase a los camorristas jóvenes del centro –Ile de la Cité-, enemigos y partidarios de Caillaux se dirigieron hacia los *grands boulevards* donde continuarían la bronca.

Mientras tanto, el propio Joseph Caillaux estuvo a punto de padecer violencia física e incluso podía haber resultado asesinado. Muchedumbres hostiles gritando «¡Muerte a Caillaux!» se concentraron ante la residencia de Caillaux, cuando Joseph y Henriette recibían a los amigos y partidarios; además, una serie de llamadas telefónicas anónimas amenazaban con matar al líder radical. Después del asesinato del dirigente socialista Jean Jaurès el 31 de julio, Jean-Louis Malvy, ministro del interior y amigo leal de Caillaux, consideró que el peligro resultaba tan grave que urgiría a Caillaux para que abandonase París inmediatamente. Era un buen consejo ya que Raoul Villain, el fanático nacionalista que había asesinado a Jaurès, parecía que planeaba ahora matar también a Caillaux. El confesor del asesino, el padre Calvet, escribiría más tarde que Villain había comprado un par de revólveres idénticos a los usados en la muerte de Calmette. En la empuñadura de uno había grabado la inicial J y en el otro una C[657].

Henriette Caillaux parecía haber quedado sepultada en el olvido dentro de la tensa atmósfera de guerra inminente que seguiría a su veredicto absolutorio, pero no así su marido. Nunca antes, en su tumultuosa carrera política, Joseph Caillaux había sido amenazado de muerte[658]. Ahora, por las secuelas del caso Caillaux, en el peligroso momento de una guerra inminente y cuando los dirigentes se consagraron a lograr una «unión sagrada» de todos los franceses, Caillaux se había convertido en el símbolo de lo que la Patria no debería permitir por más tiempo. En el momento justo en que Francia se dedicaba a reiventarse a sí misma como una sagrada familia en la *union sacrée*, Caillaux parecía subvertir a la verdadera vida familiar creada para transmitir fuerza a la nación. Tal y como Maurice Barrès escribiría más tarde, mezclando las metáforas de familia y nación, Joseph Caillaux había «inventado una nueva modalidad de traición: la falta de fe en su país. Es un hombre que no cree en la virtud de su madre. En él tenemos un caso peculiar de parricidio»[659]. Al mostrar de manera evidente su desprecio hacia la familia, hacia la pureza de las madres o a la autoridad de los padres, a la virtud de las mujeres o al honor de los hombres, Caillaux no podía sino traicionar a la misma Patria.

657 Jean-Denis Bredin, *Joseph Caillaux* (París: Hachette, 1980), p.145; Jean-Claude Allain, *Joseph Caillaux* (París: Imprimerie nationale, 1978), 1:443. Las intenciones asesinas de Villain están confirmadas por Jean-Antoine Calvet, *Visages d'un demi-siècle* (París: Grasset, 1958), p. 59.
658 Así lo mantiene su biógrafo Allain, *Caillaux*, 1:443.
659 Maurice Barrès (*Mes cahiers*, 1939), citado en Bredin, *Caillaux*, p. 173.

Antes del juicio, el presidente Poincaré había informado de manera confidencial al editor de *Le Petit parisien*, Jean Dupuy, que no tenía alternativa alguna para proponer a Caillaux como primer ministro «si su esposa resultaba absuelta»[660]. Pero después del juicio, absuelta y todo, tal propuesta quedaría fuera de lugar. Joseph Caillaux se había convertido en la antítesis de los valores encarnados por la *union sacrée*. Era el enemigo simbólico por excelencia contra el que todos los patriotas franceses podrían unirse.

Henriette Caillaux, por su parte, salía del juicio intacta, incluso reforzada por un veredicto que en gran medida fue fruto de su elaborada imagen de mujer frágil empujada a un abismo emocional por una comprometedora *lettre intime*. Henriette había representado su acto como un crimen pasional, como el trágico resultado del esfuerzo por defender su honor y esto había hecho mucho para inclinar la balanza de la justicia hacia su lado. No sólo la pasión femenina había absuelto a Madame Caillaux de la responsabilidad por su crimen, también le había permitido escapar de la condena a las consecuencias morales de su divorcio.

A Henriette Caillaux se le perdonaron estas trasgresiones porque parecía afirmar las concepciones tradicionales del orden sobre los géneros cada vez más puesto en duda. El juicio de Madame Caillaux había tenido lugar a la vez que la creciente confusión sobre la naturaleza de la masculinidad y la feminidad, en un tiempo en el que las percepciones –excepcionalmente

660 Joseph Caillaux, *Mes mémoires, Clairvoyance et forcé d'âme dans les épreuves, 1912-1930* (París: Plon, 1947), 3:152. Es cierto que esta información proviene del mismo Joseph Caillaux, pero los historiadores han tendido a considerarla veraz porque Poincaré nunca la contradijo. Vid. Bredin, *Caillaux*, p. 137.

las percepciones masculinas- en torno a las lineas separadoras de los dos sexos se habían vuelto cada vez más borrosas. A causa de la lectura sin precedentes y de la influencia de la prensa popular, esta confusión cultural, con sus temores masculinos correspondientes, había permeado a la sociedad francesa, afectando a la vida parisina en gran medida. En medio de esta incertidumbre, los hombres de las clases media y superiores, esperanzados en reforzar su masculinidad mediante el honor y los duelos, se encontrarían aún más desorientados cuando algunos intelectuales calificasen al duelo mismo como una demostración de la hipersensibilidad femenina. Mientras tanto, los esfuerzos de las mujeres por alcanzar un puesto de igualdad en el seno de la familia y su acceso a las profesiones fuera de casa incrementarían aún más la aprensión masculina. La emancipación de las mujeres, según se creía firmemente, no sólo subvertía la autoridad de los maridos y padres, sino que también debilitaba a la nación.

En un esfuerzo por vencer estas ansiedades y restaurar su antigua posición dominante, los hombres, cada vez más, se refugiaron en un conjunto de valores y creencias conservadoras en torno al matrimonio, la familia y la sexualidad; creencias que una vez habían sido consagradas en el jerárquico orden sexual del código napoleónico. Que ellos hicieron esto mientras que la política parlamentaria de Francia se inclinaba normalmente hacia la izquierda sólo enfatizaba la gravedad de su malestar sobre la cuestión de las tensiones de géneros. En este contexto, la habilidad de Madame Caillaux para convertirse en la mujer real del mito masculino hizo mucho a la hora de absolverla del peligro cultural y político que su marido representaba.

Ni Joseph ni Henriette Caillaux llevarían una vida fácil en los años posteriores al juicio, pero la década de 1914 a 1924 sería para él especialmente cruel. La dañina imagen de este asunto en la vida moral de Caillaux seguida por el estallido de la guerra no sólo le quitaría las ganas de volver al gobierno sino que comenzaría un proceso que culminaría en su propia prisión por «entendimiento con el enemigo», por crímenes contra la gran familia que suponía la Francia en guerra. Aunque injustamente acusado, Caillaux resultaría casi ejecutado por traición en 1918. Es verdad que se había vinculado imprudentemente con algunos individuos de dudosa reputación –incluso proalemanes- durante la guerra, pero las razones esenciales sobre su persecución se basaron en las percepciones públicas sobre su política y su moral que se habían conformado y reforzado durante el juicio de Henriette. En 1920, en la revista *Action française*, Léon Daudet dejó escrito, sin duda alguna, los puntos de vista de Clemenceau y Poincaré en cuanto a mantener que el arresto en tiempos de guerra de Caillaux había «asestado un golpe mortal contra el radicalismo en la persona de *Ton Jo*»[661].

Incluso después de la guerra y de su salida de prisión en 1920, Joseph Caillaux siguió siendo enormemente antipopular. Ruidosas manifestaciones le seguían a donde fuera. Los restaurantes y los hoteles se negaron a servirle y los desconocidos le insultaban en la calle. Incluso antiguos amigos le condenaban en las columnas de los periódicos. Sólo se encontraba seguro en su casa de campo de Mamers, donde se dedicó a

661 *Action française* (6 de octubre de 1920), citado en Bredin, *Caillaux*, pp. 171-72.

escribir sus memorias con las que esperaba justificar su vida anterior. Se lanzó a este proyecto con tal determinación que Rudolph Binion acertadamente le ha calificado como «el eterno acusado, rebajado de hacer historia a sólo escribirla»[662].

De todas formas, Caillaux no permanecería para siempre en Mamers. Cuando este clima político ferozmente conservador de los años de la posguerra disminuyó y la izquierda moderada volvió al poder en 1924, Joseph también volvería, alcanzando una posición política inimaginable uno o dos años antes. La economía de Francia estaba decayendo y los radicales necesitaban un ministro de economía con experiencia que no les alejase de los socialistas de quienes dependían por su apoyo al gobierno: Caillaux era la única elección. Su reputación como genio de las finanzas permanecía intacta, mientras que su martirio durante la guerra le había ganado el aprecio del socialismo, como si sus sufrimientos a manos de la derecha le hubieran absuelto de los pecados de su pasado capitalismo. Pero, por desgracia para la izquierda, y quizás para el país en su conjunto, Caillaux no era ya el hombre que había sido una década antes. La sobrina de Berthe Gueydan, Isabelle, que no le había visto desde hacía muchos años, escribió que «sus padecimientos, las noches sin dormir le habían marcado»[663]. Las transformaciones políticas de Francia también le habían dejado huella, a mediados

662 Rudolph Binion, *Defeated Leaders: The Political Fate of Caillaux, Jouvenel, and Tardieu* (Nueva York: Columbia University Press, 1960), p. 108.
663 Isabel Couturier de Chefdubois, «Offertoire et réparation. Souvenirs et témoignages» (1966) en el Archivo Emile Roche-Joseph Caillaux de la Fundación Nacional de Ciencias Políticas (a partir de ahora ERJC-10), dosier 2, p. 132.

de los años 20, con la emergencia de un impactante partido comunista y con un poderoso partido socialista, Joseph Caillaux no era ya un hombre de izquierdas tal y como lo entenderían los marxistas poco tiempo después. En el nuevo contexto político, su oposición al «colectivismo», a la nacionalización de la economía que él pensaba que debía estar en manos privadas le situaba en el centro, si no en la derecha política.

Los conservardores franceses, no obstante, nunca le perdonarían por lo de Agadir, por la subida de impuestos o por ser *Ton Jo* y se pasaría el resto de su larga carrera confinado a una tierra de nadie política, ni de derechas ni de izquierdas[664]. Aún así, mantuvo algún pequeño atisbo de poder, si bien en un sentido negativo, desempeñando un mayor papel en la caída del gobierno del Frente Popular de Léon Blum en 1937. Y si vivir mucho es la mejor de las venganzas, se le permitió el placer de ver cómo antes dejaban este mundo todos sus antiguos rivales; Clemenceau, Poincaré, Barthou y Briand, todos se murieron antes que él[665]. Caillaux permanecería como miembro del Senado Francés hasta el armisticio franco-alemán de junio de 1940. Moriría poco después de la liberación, en noviembre de 1944.

En cuanto a Henriette Caillaux, aunque ella no padeciera prisión por su crimen, nunca acabaría de librarse del todo de los ecos de su pasado. En noviembre de 1914, habiendo acompañado a Joseph en una misión de guerra a Brasil, Henriette sería rechazada por la alta sociedad de Río de Janeiro, tanto por su divorcio

664 Sobre el final de la carrera de Caillaux, vid. Bredin, *Caillaux*, caps. 26-45; Allain, *Caillaux*, vol.2; Alfred Fabre-Luce, *Caillaux* (París: Gallimard, 1933), pp.121-273; Binion, *Defeated Leaders*, pp. 71-116.

665 La muerte de Barthou fue trágica; sucumbiría a una bala asesina en 1934.

como por el asesinato de Calmette[666]. Experimentaría, al igual que su marido, la indignidad de no ser atendida en restaurantes y hoteles y tener que enfrentarse a manifestaciones hostiles en cualquiera de los sitios a donde viajó. En una ocasión, una mujer bien vestida se sentó al lado de Henriette y, sin decir una sola palabra, dejó un revólver encima de la mesa[667]. Además, tuvo que soportar la fatal atracción de Joseph por las *liasions élégantes* extramaritales[668]. Henriette, no obstante, conservaría la suficiente riqueza como para vivir una vida confortable y poder disfrutar de sus circunstancias. Al final de su vida volvió a convertirse en estudiante, obteniendo el diploma doctoral de la *Ecole du Louvre* en 1933 con una tesis sobre el escultor Aimé-Jules-Dalou, un trabajo que vería publicado en 1935[669]. El siguiente proyecto de Madame Caillaux sería un estudio sobre el pintor Van Eyck; cuando intentaba hacer una pública lectura de este trabajo, miembros de la *Action française*, a los que rara vez se les veía en reuniones tan eruditas, le impidieron impartir la conferencia[670]. La extrema derecha nunca permitiría que se perdonara su pasado y, después de este suceso, parece que optó por marcharse del hogar de los Caillaux en Mamers y se instaló en su propiedad particular de Cheffes en el Maine-et-Loire. A pesar de su doctorado y de sus investigaciones, Joseph continuaría considerando a Henriette como lo ha-

666 Allain, Caillaux, 2:26.
667 Fabre-Luce, *Caillaux*, p. 192.
668 Vid. la evidencia sobre los devaneos extramaritales de los años 20 en ERJC-10, dosier 2, Rose Deschamps-Deshayes a Emile Roche.
669 Henriette Caillaux, *Dalou (1832-1912): l'homme-l'oeuvre* (París: Delagrave, 1935). ERCJ-9, dosier 1; Allain, *Caillaux*, 2:515.
670 ERCJ-9, dosier 1, Emile Roche a Georges Duhamel, 29 de noviembre de 1935.

bía hecho siempre, es decir como a una burguesa y una diosa doméstica. En la víspera de un viaje a Mamers en 1941, Joseph, de setenta y ocho años, dejó escrito que anhelaba volver a su casa solariega y a «la mujer que es su angel de la guarda»[671].

Por desgracia para Berthe Gueydan, Joseph Caillaux nunca habría utilizado tales imágenes para describirla. Aunque el acuerdo de divorcio le permitió gozar de un cierto desahogo financiero, fue incapaz de superar las consecuencias emocionales. No volvió a casarse y, según Isabelle Couturier de Chefdubois, vivió el resto de sus días entre la amargura y los celos[672]. Berthe Gueydan había imaginado su vida como una especie de reina de la Tercera República; al ser humillada y abandonada por uno de sus reyes, se volvió contra el propio régimen político republicano. Madame Gueydan se convirtió al reaccionarismo, cobrándose su última revancha al escribir una historia derechista a más no poder de la República en la que echaba todas las culpas de sus faltas putativas a los pecados de Joseph Caillaux[673].

De este modo, para Berthe Gueydan –como para Henriette y Joseph Caillaux- el caso Caillaux hizo que la *Belle Époque* perviviera en ellos como memoria y como causa final, como un tiempo que les marcaría para el resto de sus vidas. Pero para la sociedad francesa en su conjunto, el asunto Caillaux sería el acontecimiento final de esta hermosa etapa. Muchas de las normas y costumbres que habían conferido a la *Belle Époque* su peculiar nombre serían desterradas más tarde en la carnicería física y moral de la Gran Guerra

671 Citado en Allain, Caillaux, 2:480. Mayúsculas en el original.

672 Couturier de Chefdubois, «Offertoire», p. 49.

673 Berthe Gueydan, *Les rois de la République*, 2 vols. (París: Perrin, 1925).

de 1914. En concreto, la guerra declararía la extinción total del duelo, ya que durante los cuatro años largos que duró los franceses fueron obligados a demostrar su honor en unas formas que ningún duelo hubiera podido reproducir en lo más mínimo. Así como la *Belle Époque* fue una peculiar mixtura de castidad pública y transgresión privada, ésta sucumbiría en los años 20 a una relativa apertura sexual y a una creciente igualdad entre los sexos dentro del matrimonio. La misma guerra, al conferir a las mujeres francesas importantes responsabilidades en la retaguardia, hizo mucho para que estos progresos fueran posibles. Aún así, en Francia se iría despacio a la hora de reconocer a las mujeres de una forma legal los beneficios económicos y culturales obtenidos por entonces. Las francesas no ganarían su derecho al voto hasta 1944.

En muchos aspectos, por lo tanto, el juicio de Madame Caillaux marcó él fin de una era crucial de la vida contemporánea francesa, una era cuyos embrionarios esfuerzos por liberarse de los valores y la cultura del siglo XIX sólo revelarían hasta qué punto estas referencias persistían aún. El asunto Caillaux no provocó, desde luego, la desaparición de esta etapa; sólo la Guerra pudo lograr un efecto tan profundo, Pero como episodio histórico que fue, durante la semana de julio de 1914 demostró las relaciones existentes entre la vida privada y la alta política, entre la pequeña provincia de las mujeres y el gran reino de los hombres; el asunto Caillaux nos presenta una imagen de la *Belle Époque* mucho más viva quizás que la que conocíamos hasta ahora.

Epílogo a la edición española

El error Caillaux
Una crítica del oportunismo en la *Belle Époque*

«Para conocer a los hombres hay que verlos actuar. En sociedad se les oye hablar; muestran sus palabras y ocultan sus actuaciones; pero en la Historia estas quedan al descubierto, y se les juzga por los hechos»

Jean-Jacques Rousseau, *Émile*

«Lo contrario de un error es otro error»

Bernard von Brentano, *Theodor Chindler*

I.

El domingo 30 de noviembre de 1913, París amaneció con un cielo brumoso y un ambiente húmedo y fresco. A los cerca de diez mil lectores de *L'Humanité*, el diario les ofrecía en la segunda de sus seis páginas un «*feuilleton*», en concreto la entrega número 18 de *Germinal*, una de las novelas de la serie inmortal *Les Rougon Macquart*, de Émile Zola. En la página cinco, boyantes comercios como *La Samaritaine* y *Aux Galeries Lafayette* anunciaban en sendos faldones el comienzo de la campaña navideña de juguetes. Por su parte, en la portada, el director del periódico, el líder socialista Jean Jaurès, adoctrinaba a sus seguidores con un breve editorial firmado bajo un expresivo y combativo título: «*L´Action des Peuples*»[1]. Jaurès, que además de ser responsable «político» del periódico era diputado en la Asamblea, hacía referencia a una conferencia que Henry Asquith, que será el jefe del gobierno de su majestad británica entre 1908 y 1916, había pronunciado en Leeds dirigiéndose a miembros del partido liberal que él lideraba. El flemático gobernante criticaba agriamente la estrategia de la «paz armada», y auguraba que la clase política tradicional de la vieja Europa no sería capaz, una vez más, de poner coto a la amenaza bélica: «el agravamiento abrumador de los impuestos y el crecimiento de la deuda harán al final lo que el idealismo no ha podido hacer». La razón por la que Jaurès traía a colación el discurso del *premier* vecino no era otra que su obsesión en sumar voces contrarias al militarismo rampante que invadía Europa. Y es que el espíritu belicista había tomado cuerpo también en Francia, donde la zona conservadora y revanchista del arco parlamentario se obcecaba en armar al país para una guerra que, a decir de muchos, se oteaba ya nítidamente en el horizonte. Y la medida que el sector conservador pretendía poner sobre la mesa para evitar que el orgullo francés fuese pateado de nuevo por los «boches», no era otra que la restauración de la duración del servicio militar de tres años.

En verdad, la cuestión de la Ley de Tres Años traía causa del mencionado rebrote nacionalista, que había

1 Jaurès, J.: *L´Action des Peuples*, p. 1, 2 y 6, L´Humanité, 30 Novembre 2013, nº 3511, Dixième Année.

sido interesadamente enardecido desde el acuerdo que Caillaux alcanzó con Alemania en 1911 sobre el problema de Marruecos, y la consiguiente paz de Agadir[2]. Alemania consigue en dicho acuerdo una parte del Congo (unos 265.000 km^2) y Francia el protectorado de Marruecos. Es un buen trato para Francia, que cede territorios mediocres, pero asegura su hegemonía en África del Norte; y, además, mantiene la paz en un momento en que ni está preparada para la guerra, ni sus aliados parecen dispuestos a secundarla en un eventual conflicto[3]. De hecho, la Asamblea lo ratifica por una apabu-

2 Después del tratado de Algeciras en 1906, Francia ha ido ganando terreno poco a poco en el Magreb, y de hecho ya a primeros de 1911 todo el centro de Marruecos se encuentra bajo el control de su ejército. Alemania, cuyo complejo de potencia mundial sin colonias crece a velocidad exponencial, advierte, por diversos conductos diplomáticos y financieros, que desea obtener compensaciones por la expansión *de facto* con la que Francia la ha sorprendido una vez más. Y aunque en 1909, con Clemenceau en el gobierno, se había firmado el acuerdo francoalemán por el que se reconocía a Francia una influencia «administrativa» sobre Marruecos, repartiéndose la influencia económica entre las dos potencias, lo cierto es que los franceses tomarán una abrumadora ventaja también en esta última esfera. Cuando Alemania decide pasar de la advertencia a la acción, y envía a su cañonera *Panther* a Agadir (una embarcación que según la programación de la marina alemana debiera haberse achatarrado en 1909), Caillaux improvisa una estrategia reactiva para evitar una guerra. Su pragmática mente se representa enseguida un escenario razonable para un trato: Francia concede una compensación territorial al imperio alemán, y este garantiza a cambio un protectorado francés en Marruecos. Y lleva a cabo las negociaciones por conductos extraoficiales, una de las grandes imprudencias que cimentarán su caída. Sobre la crisis de Agadir véase Allain, J.C.: *Agadir 1991: une crise impérialiste en Europe pour la conquête du Maroc*, Université de Paris, 1976.

3 En el ensayo de Madeleine Rebérioux, *La République radicale*, se cita un estudio de C. Coquery-Vidrovich, *Le Congo au temps des grandes compagnies concessionnaires, 1898-1930*, en el que se observa que la tasa de beneficio de estas concesiones, que en 1910 se situaba por encima del 30%, se desinfla hasta menos del 5% a partir de 1912, y de esto puede deducirse que las cesiones de territorios en el Congo no iban a reportar grandes beneficios a los alemanes, mientras que la economía del Protectorado seguiría ofreciendo rentabilidades excepcionales a Francia. Véase Rebérioux, M.: *La République radicale? 1898-1914*, p. 131, Éditions du Seuil, 1975

llante mayoría de 393 votos contra 36[4]. Sin embargo, los círculos de la derecha consideran que Francia se ha humillado una vez más ante el agresivo imperio alemán, que ha obtenido concesiones a todas luces inmerecidas por medio de una mera amenaza. El ataque efectivo se presentará en el Senado, donde los enemigos de Caillaux van a tenderle la trampa que provocará la dimisión de su gobierno. En efecto, Caillaux explica a la Asamblea cómo ha salvado la situación, y asume la plena responsabilidad de su política, y en particular manifiesta que Alemania y Francia están condenadas a entenderse y que eso será bueno para ellas, para Europa y para el mundo: «*La France et l´Allemagne doivent être dêsireuses de s´accorder, pour le plus grand profit de la civilisation dans le monde*»[5]. Con todo, va a ser una imprudente mentira la que va a pro-

4 La célebre periodista francesa Louise Weiss, poco partidaria de Caillaux en su actividad como periodista (aunque luego «*llegamos a ser bastante íntimos. Era un señor*»), destaca en sus Memorias el acierto de este en la conducción de la crisis de Agadir. La historia establecerá -afirma- que sus negociaciones relativas al Congo y a Marruecos que culminaron en el Tratado de 1911 manifiestan un sentido tal de las realidades y un acierto de las predicciones que descalificaron las posiciones y acusaciones de sus detractores. Otra cosa es que, como consecuencia de ignorar y despreciar al Quai d´Orsay, hasta el punto de no informarle de sus negociaciones secretas y de utilizar intermediarios de dudosa reputación, aquel se revolviera y vengara más adelante. Y sigue señalando que la prensa enseguida trató a Caillaux de «liquidador» del sagrado territorio de la República. Unos años después, Jules Cambon, embajador en Berlín en esos días, contó a Louise, con enfado y furor, que se enteró por el gobierno alemán de los términos del acuerdo que Caillaux había negociado con el barón de Lancken. También a él le había escondido una parte de las negociaciones. Weiss, L.: *Mémoires d´une Européenne. Tome I:1893-1919*, p. 173-174, Payot, Paris, 1970. También expresa una opinión favorable a la gestión de la crisis por Caillaux el biógrafo de Clemenceau, David Watson, para quien las negociaciones con Alemania fueron «*remarkably succesful*», y supusieron un grave traspiés para la diplomacia alemana. Pese a todo, señala, la opinión pública francesa fue malintencionadamente orientada hacia la idea de que las concesiones a Alemania habían sido excesivas ante el temor a su superioridad militar. Véase Watson, D.R.: *Georges Clemenceau. A Political Biography*, p. 240-243, Eyre Methuen, Plymouth, 1974.

5 Caillaux, *Mémoires*, II, 216.

vocar la caída final de un gobierno que había gestionado bien los intereses de Francia en una situación muy compleja de crisis internacional. En la Comisión del Senado que analiza el caso, Caillaux da su palabra, sin que nadie se lo haya pedido, de que no ha habido negociaciones no oficiales, lo cual muchos, y entre otros su ministro de Exteriores, Justin de Selves, saben que no es verdad[6]. Toda una imprudencia. Clemenceau ve la ventana abierta y presiona; de Selves dimite, y Caillaux no es capaz de recomponer el gobierno, lo que provoca su caída el 11 de enero de 1912. Una parte relevante de la gran prensa parisina, astutamente aleccionada desde el poder económico, aprovecha la ocasión para reclamar un gobierno de unidad nacional, más allá de las diferencias y facciones partidistas, con objeto de asegurar el orden interior (lo que significa acallar la demanda de reformas sociales) y la seguridad de Francia (lo que supone grandes pedidos para la industria). En sólo tres días Raymond Poincaré forma un gobierno en el que se integran importantes pilares del centro político republicano como Briand, Millerand, Delcassé, Bourgeois y Klotz, e imprime un giro anti-alemán a la política exterior de Francia. Una de las líneas sostenidas del pensamiento político de Caillaux era la conveniencia de alcanzar un gran acuerdo francoalemán para emprender desde él la construcción de una Europa integrada económicamente. Ello favorecería el bienestar de los pueblos del antiguo continente

6 «Doy mi palabra de que no ha habido nunca tratos de ninguna clase fuera de las negociaciones diplomáticas y oficiales». Poincaré observará que sólo alguien totalmente cegado por el éxito puede cometer ese error. Citado en Fabre-Luce, A.: *Caillaux*, p. 69, Librairie Gallimard, 1933. Véase asimismo Brédin, J-D.: *Joseph Caillaux*, p. 105: «Doy mi palabra de que jamás ha habido tratos políticos y financieros de ninguna clase, distintos de las negociaciones oficiales».

y, por ende, una paz duradera. La paz de Agadir respondía a esta convicción. Sin embargo, el revanchismo y los intereses económicos de la alta burguesía preferían alentar los sentimientos nacionalistas y, consecuentemente, mentalizar al país para la guerra. Poincaré fue el instrumento de esta política, que iba a sustanciarse en un fortalecimiento de la alianza militar con Rusia[7], el aislamiento de Alemania por medio de la triple entente y la orientación de la estrategia militar a la doctrina de la «ofensiva a ultranza»[8]. Tanto lo primero como lo tercero hacían imprescindible, a juicio del nuevo gobierno, derogar la ley de 1905 que había reducido el servicio militar de tres a dos años, y reinstaurar el servicio de tres años. Por lo tanto, la ley de Tres Años se convirtió en el epicentro de la política francesa entre 1912 y 1914.

El 21 de marzo de 1905, en efecto, la duración del servicio militar se redujo en Francia de tres a dos años, lo que para muchos resultaba a todas luces inapropiado en la previsible antesala de una guerra. Y en parte lo era, porque Alemania, según los estudios de los servicios de inteligencia del ministerio de la Guerra francés, contaba con un ejército activo de 850.000 efectivos por sólo 500.000 Francia; y, por si esto no fuera suficiente para activar todas las alarmas, según estimaciones del gobierno, el gasto militar en Francia había crecido un 70% en los últimos treinta años, frente a un 227%, más del tri-

7 Y no sólo militar. Poincaré y el gobierno favorecieron la concesión de grandes préstamos a Rusia para que construyera las líneas de ferrocarril necesarias para que su movilización contra la vanguardia del ejército alemán fuera, en su caso, rápida y eficiente. Así, en 1914 el 80% de la deuda rusa estaba en manos de ahorradores e instituciones de inversión franceses. Chauvy, G.: *Enquête sur une guerre programmée*, p. 72, Pygmalion, Paris, 2014.

8 Véase Michon, G.: *La Préparation à la Guerre. La Loi de Trois Ans (1910-1914)*, p. 93 y ss, Librairie des Sciences Politiques et Sociales, Marcel Riviére, Paris, 1935.

ple, en el caso de Alemania[9]. Esta situación de aparente indefensión relativa irritaba y angustiaba sobremanera a los grupos nacionalistas y, en particular, a Raymond Poincaré, que estaba convencido de que Francia debía disponer de opciones para estar en disposición de pasar un día a la ofensiva. Seguramente recordaba que, a petición de Caillaux, el general Joffre había estimado -en plena crisis de Agadir en 1911- que las posibilidades de Francia de vencer a Alemania en una guerra no superaban el 70%, y al parecer Caillaux siguió el conocido criterio de Napoleón de que por debajo de ese porcentaje no debía presentarse batalla al enemigo[10].

Así las cosas, desde principios de 1913, se hace patente que las sucesivas campañas de prensa y la determinación del gobierno han hecho mella en la opinión pública, cuyo ánimo parece inclinarse hacia el nacionalismo. La elección de Poincaré como presidente de la República el 17 de enero no hace sino reforzar ese clima[11]. Poincaré va a conferir a la institución de la más alta magistra-

9 Véase Young, R.J.: *Power and Pleasure. Louis Barthou and the Third French Republic*, p. 111, McGill-Queen´s University Press, Montreal and Kingston, 1991.

10 Sobre la estimación de Joffre véase Allain, *Agadir 1911*, p. 375, Université de Paris, 1976.

11 En opinión de Fabre Luce había en Francia, en los tiempos en que Poincaré accede a la presidencia de la República, dos grandes tesis en torno al problema alemán. Por un lado, Poincaré y sus partidarios consideraban que «el antagonismo del imperialismo alemán y el resentimiento francés debían fatalmente expresarse un día en una lucha sangrienta» (p. 129). En este sentido, una política enérgica podía crear las condiciones favorables para la victoria de Francia en el medio plazo; era pues necesario, no tanto reaccionar al desarrollo del poder militar alemán, sino tomar la iniciativa y a poder ser la delantera. La tesis de Caillaux y sus seguidores venía a cuestionar la estrategia de aislamiento de Alemania por medio de la triple entente, pues ello hacía más difícil la reconciliación francoalemana y abocaba a un conflicto a medio plazo. Sin embargo, la cuestión de Alsacia-Lorena podía ser resuelta por una transacción al estilo de la que puso fin a la crisis de Agadir. Fabre-Luce, A.: *Comment naquit la guerre de 14*, p. 129-133, Éditions de Fallois, Paris, 2017.

tura de la República un nuevo sello, esto es, un papel mucho más activo e intervencionista en las decisiones políticas clave que el que habían venido desempeñando los presidentes de la República desde MacMahon[12]. Esa era, desde luego, la opinión del embajador de Rusia en París, Alexandre-Pétrovitch Isvolsky, que el mismo día 17 escribe una misiva a su ministro de Exteriores, Serge-Dimitriévitch Sazonov, en la que celebra la elección de Poincaré, pues simboliza «el triunfo decisivo de los elementos moderados de la política sobre el radicalismo extremo que siempre ha mostrado su hostilidad con respecto a Rusia y a la alianza franco-rusa». Y a renglón seguido, en letras mayúsculas, enfatiza: «L´ÉNERGIE, LA DÉCISION ET LE CARACTÈRE ENTIER DE M. POINCARÉ APPARAISSENT COMME LA GARANTIE DE CE QUE, EN QUALITÉ DE PRÉSIDENT DE LA RÉPUBLIQUE, IL NE SE CONTENTERA PAS, À L´EXEMPLE DE M. FALLIÈRES, D´UN RÔLE PUREMENT PASSIF ET, SI L´ON PEUT S´EXPRIMER AINSI, DÉCORATIF, MAIS QU´IL INFLUERA PAR TOUS LES MOYENS, ET À TOUTE HEURE, SUR LE COURS DE LA POLI-

12 En la campaña para su elección como presidente de la República, Poincaré había insistido en la necesidad, para reequilibrar el sistema político francés, de reforzar la institución de la Presidencia. A estos efectos, señala John Keiger, en un libro aparecido en 1912 (*Ce que demande la Cité*) abogaba Poincaré por dicho reforzamiento para «atemperar los excesos del régimen de asamblea y permitir que la voluntad del pueblo se expresara adecuadamente». Se manifestaba, además, en contra de la práctica adoptada por el sistema, tras el fracaso del 16 de mayo de 1877, de acortar los poderes del presidente de la República no ejerciendo este de facto la competencia de disolver en su caso las Cámaras y convocar elecciones. Keiger, J.F.V.: *France and the Origins of the First World War*, p. 117, St. Martin´s Press, New York, 1983. Sobre la trayectoria política de Poincaré como presidente de la República en esos años véase Wright, G.: *Raymond Poincaré and the French Presidency*, Stanford University Press, 1942.

TIQUE FRANÇAISE, PRINCIPALEMENT DANS LE DOMAINE DES AFFAIRES ÉTRANGÈRES»[13]. Isvolski tiene claro que el septenato que se avecina será favorable a los intereses rusos, ya que no existe riesgo alguno de que el presidente de la República proponga para encabezar un gobierno a personas como Caillaux. Esta acertadísima profecía muestra hasta qué punto conocía el embajador la manera de pensar y las intenciones de Poincaré, y el rencor abrasivo que este sentía hacia el político radical.

II.

Corren tiempos en que los gobiernos de países como Inglaterra, Francia e Italia se enfrentan a muchas dificultades para conseguir mayorías parlamentarias moderadas y reformistas. Poincaré desea mantener un gobierno fuerte de unidad nacional, para lo que elige a Aristide Briand, pero la inestabilidad va a instalarse pronto en el ejecutivo. Diversos historiadores han formulado la tesis de que el espectro de una revolución social pudo inclinar a algunos gobernantes europeos -y el caso de Poincaré parece paradigmático en este sentido-, a utilizar la amenaza de una guerra, o su mera posibilidad, para reordenar las fuerzas moderadas y conservadoras en torno a una estrategia de control de las demandas de las clases

13 *Lettre d'Isvolsky a Sazonov*, 17/30 Janvier 1913, *Un Livre Noir. Diplomatie d'avant-guerre d'après les documents des archives russes*, Novembre 1910-Juillet 1914, Tome Second, p. 18-22, Librairie du Travail, (non daté): «La energía, la decisión y el carácter del señor Poincaré representan la garantía de que, en su calidad de presidente de la República, no se limitará, como el señor Fallières (*su antecesor*), a desempeñar un rol puramente pasivo, y si puede expresarse así, decorativo, sino que influirá por todos los medios, y en todo momento, en el curso de la política francesa, principalmente en el ámbito de los asuntos internacionales».

trabajadoras y minimización del riesgo de conflicto social. Y esa estrategia no podía ser otra que poner delante del electorado el problema de una catástrofe superior, a saber, la de una nueva invasión alemana de Francia. Como ha subrayado Arno Mayer, uno de los estudiosos más significativos de la mencionada interpretación, los grupos sociales más vulnerables a un conflicto social, entre los que destacaban la aristocracia rural, la pequeña burguesía, los artesanos y el pequeño comercio, se convirtieron en fieles aliados de la política nacionalista[14]. También aquí resultan elocuentes las informaciones que Isvoslky remite a su ministro. En ellas advierte que el efecto del «golpe de Agadir» y el sostenido aumento de la fuerza militar alemana están rindiendo un servicio impagable a los intereses militaristas de Francia[15].

El uso interesado de la guerra, o de la amenaza exterior, presupone en el gobernante que decide llevar a cabo esta política un cuidadoso cálculo sobre sus efectos, tanto en la escena interior como en la exterior. Pero ese taimado cálculo encubre, en su otra vertiente, una voluntad dirigida no por el bien común (que difícilmente puede ser la guerra) sino por el interés egoísta e instrumental de las clases políticas y de las élites socioeconómicas que apoyan la estrategia del conflicto. Y, como mostraremos más adelante, esta forma de comportamiento puede calificarse de oportunista. El opor-

14 A decir de Mayer, entre los líderes políticos que se inclinaban a considerar la guerra como un antídoto de la revolución social se encontraban Poincaré, Carson, von Westarp y Maklakov. Otros como Grey, Morley, Giolitti y Hollweg tendían a ver la guerra como un agente precipitador de la revolución social; mientras que Wilson, Lloyd George, Jaurès y Caillaux temían que la guerra actuase como nutriente de la reacción conservadora. Mayer, A.: *Domestic Causes of the First World War*, p. 286-300, Doubleday and Co., New York, 1967.

15 *Lettre d'Isvolsky à Sazonof*, 14/27 Février 1913, *opus cit*, p. 31-33.

tunismo en la *Belle Époque* abarcó grandes espacios de la esfera pública, incluida una cuestión tan relevante como las decisiones acerca de la guerra, y en él se vieron involucrados no sólo la clase política, sino el alto mando militar y, quizás aún más que los anteriores, la élite económica, los medios de comunicación y algunos altos estamentos de la administración del Estado y del poder judicial.

La nueva política se anclaba así en tres grandes ejes: el militar, orientado a la preparación del ejército para la guerra y a redireccionar la política exterior hacia el aislamiento de Alemania; y otros dos que revestían singular importancia, en la medida en que daban confort a las élites económicas y financieras, a saber: la dilación de la aprobación de la ley del impuesto progresivo sobre la renta y la creciente tolerancia con el proteccionismo económico. En el fondo, el bucle en el que confluían los tres representaba el núcleo de los intereses de la oligarquía económico-financiera: más gasto militar (y una estrategia de ofensiva a ultranza que daba satisfacción al alto mando), congelación de toda iniciativa parlamentaria conducente a una mayor imposición directa (lo que no permitía ahondar en las reformas sociales, amén de apaciguar a la burguesía) y mantenimiento del proteccionismo comercial (que miraba a los intereses de la industria nacional). Y de ahí que Poincaré pudiera verse sesgado en favor de la guerra como medida o antídoto anti-revolucionario, como vehículo de unión del país, y como la forma más inteligente y eficaz de favorecer los intereses de la derecha después de un largo periodo de dominio del radicalismo. La agitación nacionalista de la inminencia de la guerra, favorecía, además, la fractura entre las fuerzas políticas de izquierda y del centro-izquierda, dejando aislados al antimilitarista partido socialista y a su archienemigo Joseph Caillaux[16]. Esta tesis es consistente con la formulada por Gerd Krumeich, que niega que la expansión del ejército francés auspiciada desde la defensa de la ley de Tres Años (que el ejército y los nacionalistas venían intensamente demandando desde Agadir), pueda interpretarse sólo como una respuesta al rearme alemán, sino también como un plan orientado a estimular los sentimientos nacionalistas y militaristas, y de paso, las tendencias social conservadoras frente al republicanismo de izquierdas, y destronar a este último de una vez por todas[17]. Las

16 Bertrand Blandin ha ido aún más lejos y ha defendido la tesis de que Rusia y su principal aliado, Francia, acabarían teniendo una notable responsabilidad en el desencadenamiento generalizado de las hostilidades que condujeron a la Gran Guerra. En este sentido, Francia no sería considerada como una simple víctima de la agresividad alemana, sino como un actor importante en la generación del conflicto. Y culpa a Poincaré especialmente de ser el hilo conductor final de una estrategia revanchista anclada en el resentimiento de grandes capas de la población y del ejército contra el dominante yugo alemán. El célebre alegato de Gambetta acerca de Alsacia-Lorena, «no hablar de ello nunca; pensar siempre en ello», se habría hecho realidad de la mano de Poincaré y sus aliados políticos, militares y con la complacencia de la alta burguesía, y las clases medias y rurales. Blandin, B.: *1914, La France Responsable*, L´Artilleur, Paris, 2016.

17 Véase Krumeich, G.: *Armaments and Politics in France on the Eve of the First World War. The Introduction of Three-Year Conscription 1913-1914*, Berg Publishers, Dover, New Hampshire, 1984. La investigación de Krumeich, sustentada en diferentes fuentes como los diarios de Poincaré, las actas del Consejo Superior de la Guerra y los del Comité del Ejército, arroja las siguientes conclusiones (p. 17 y ss): (i) la ley de Tres Años no estaba preparada antes de 1913; (ii) la ley alemana de 1913 fue la principal razón para introducir la ley francesa; (iii) el motivo del rearme francés no fue el miedo a una inminente invasión alemana, sino la amenaza que el rearme alemán suponía para los planes militares estratégicos franceses; (iv) el acuerdo con Rusia era esencial para esos planes; (v) los líderes del ejército y de los nacionalistas políticos eran conscientes de que medidas como la ley de Tres Años serían difícilmente aceptables para los republicanos de izquierda y los socialistas, lo que les hizo incidir en presentar la medida públicamente como algo urgente e imprescindible para proteger al país del ataque alemán; (vi) no está claro ni que la ley de tres años obedeciera exclusivamente a razones de política interior

cancillerías de los países vecinos observan con ansiedad esta evolución de los acontecimientos y la retroalimentación subsiguiente del clima prebélico. En este contexto, no es de extrañar que el barón Guillaume, ministro de la embajada de Bélgica en París, curse un cable a su gobierno en el que denuncia que el espíritu público de Francia ha devenido chauvinista e imprudente, y culpa de ello a la política nacionalista que Poincaré y sus amigos han inventado y propagado, lo que constituye «un peligro para Europa y para Bélgica»[18].

Espoleados por una campaña de prensa favorable a la restauración lanzada desde *Le Temps* y otros medios afines al gobierno y a la presidencia de la República[19], tanto el gabinete dirigido por Briand como el consejo superior de la guerra presidido por Poincaré, deciden por unanimidad, en los primeros días de marzo de 1913, el restablecimiento del servicio militar de tres años igual para todos[20]. Pues bien, cuando todo parecía encajado para que los planes de Poincaré-Briand en relación con la restauración cuajasen, se produce uno

(encaminada a la preeminencia de los intereses conservadores a largo plazo), ni tampoco sólo exterior; (vii) el país coincidió, cuando la amenaza de la guerra se dibujó claramente en el horizonte, en que la unión frente al enemigo común (*l'Union Sacrée*) era la política a seguir.

18 Citado en Michon, *opus cit*, p. 121-122.

19 Los principales argumentos de los partidarios del servicio de tres años, recogidos en la campaña orquestada especialmente por André Tardieu y Albert de Mun, y aireada además de por *Le Temps,* por *Le Matin, Le Figaro y L'Écho de Paris*, fueron los siguientes: (i) el temor a un ataque inmediato e imparable del ejército alemán (*ataque brusquée*); (ii) el ejército francés, debilitado sobre todo por la campaña de Marruecos que había requerido 70.000 efectivos, no disponía de una clase de reserva movilizable durante el otoño y el invierno; (iii) la ley de dos años daba, en tiempos de guerra, una gran cantidad de reservistas, soldados de inferior calidad y valor que los activos. Véase Michon, *opus cit.*, p. 138.

20 Véase Poincaré, R.: *Au Service de la France. Neuf Années de Souvenirs. III. L'Europe sous les Armes. 191*, p. 148, Librairie Plon, Paris, 1926.

de esos acontecimientos tan habituales como imprevisibles en la Tercera República. El gabinete Briand, que había hecho de la reforma electoral el segundo pilar de su programa, se enfrentó a la hostilidad de la izquierda hacia el proyecto, lo que aprovechó el oportunista Clemenceau para derrocarlo[21]. Poincaré decide entonces ofrecer la alternativa a Louis Barthou, que como ministro de Justicia del anterior gobierno había iniciado el trámite legislativo de la ley de Tres Años. Este consigue formar un ejecutivo mediocre, elegido con el criterio de apoyo cerrado a la citada ley. Enseguida percibe el clima hostil que se respira en una parte del hemiciclo (socialistas y un buen número de diputados radicales) hacia la restauración. Los argumentos que sustancian esta animosidad son, antes que nada, de corte pacifista y, en cierto modo, populista. Y su principal adalid es Jaurès, que escribe el editorial que hemos comentado en los momentos cruciales en que los mecanismos de financiación de la aplicación de la ley están siendo discutidos en el Parlamento. El jefe de filas socialista no sólo apela al pacifismo internacional, sino a que sean, en su caso, los ricos los que paguen la factura de una política que favorece sus intereses (en la medida en que las partidas de gasto en armamento y equipamiento de la tropa generan importantes pedidos para las fábricas de los capitalistas)[22]. Un segundo argumento, de carácter más técnico, compartido por varios grupos, pone

21 Poincaré, *Au Service de la France,* III., p. 155.

22 Jaurès era muy crítico con el modelo francés de «ejército de cuartel», y preconizaba (en su obra *L´Armée Nouvelle*) una organización de la defensa desplegada alrededor del conjunto de ciudadanos franceses, de acuerdo con su concepto de «nación armada». Véase Lasne, L.: *Le roman de Jaurès. Des idées dans les poings,* p. 105, éditions de Rocher, 2014.

el énfasis en la necesidad de más inversiones en armamento pesado y tecnología militar.

Hasta aquí el gobierno mantiene el tipo. Pero se está cociendo a sus espaldas el ataque más sofisticado y demoledor: ¿cómo se va a financiar el aumento del gasto que la ley conlleva? Es la hora de Caillaux. Sabe que la única forma de atender el servicio de la deuda del empréstito requerido para acometer las inversiones más urgentes, además del aumento estructural del gasto corriente inducido por una plantilla más numerosa de efectivos, es un incremento también estructural de los ingresos públicos, que sólo puede venir de la instauración de un impuesto sobre la renta. Una medida de ese porte reabriría las heridas, suspicacias y contradicciones de la derecha moderada, y Caillaux intuye que una tormenta perfecta puede desencadenarse en cuestión de semanas sobre el gabinete Barthou. Su caída le serviría en bandeja el liderazgo de la política francesa. Para ello es preciso dar satisfacción a los socialistas y al ala izquierda de su partido promoviendo el boicot a la ley de Tres Años, y allanando así el camino para formar un ejecutivo, que, entre otras cosas, promulgue por fin su proyecto de ley del impuesto sobre la renta, que aún languidece en el Senado. Seguramente le ha venido a la cabeza la jugada táctica con la que «destrozó» el proyecto de reforma fiscal de Klotz en 1901, «dando la impresión de defenderlo»[23]. Algo parecido cabe hacer con la

23 Caillaux, en su primer mandato como ministro de Finanzas en el gabinete Waldteck-Rousseau (1899-1902), no quiso formular un proyecto de reforma fiscal que fracasara como los más de 100 que se habían presentado desde la institución de la República, pues consideraba que el ambiente económico y social no estaba aún maduro para reformar la imposición directa. De hecho, el 4 de julio de 1901 se opuso a un proyecto de enmienda presentado por los diputados Klotz y Magniaudé, calificándolo de insuficiente, timorato e incoherente. La enmienda fue

ley de Tres Años. La calculadora mente de Caillaux cavila: en una misma jugada puede, audazmente, matar tres o cuatro pájaros de un tiro. Lo primero y más importante, y así parecen intuirlo algunos periódicos, es reconquistar el poder y presidir de nuevo el gobierno. Se siente fuerte desde que ha sido elegido presidente de los radicales en su congreso de octubre, y cuenta con una bancada de no menos de 170 diputados. Segundo: torpedeando la ley de Tres Años se ganará la confianza de los socialistas, y la de Jaurès, lo que propiciaría una legislatura estable. Por otra parte, la operación supondrá asestar un zarpazo al prestigio parlamentario de sus enemigos políticos -la triple alianza Poincaré, Briand y Barthou-, que podrá rentabilizar en las elecciones previstas para abril del 14. Finalmente, la ley del impuesto sobre la renta será promulgada, al fin, con una amplia mayoría de radicales y socialistas.

En sus *Mémoires* sostiene Caillaux que le repugna atacar a su amigo Barthou, «sin haberle dejado el tiempo para

derrotada. Caillaux cometió una de las grandes imprudencias de su vida pública, que trece años más tarde arrojaría una sombra imborrable sobre su credibilidad política. En efecto, al día siguiente de su actuación parlamentaria escribió un billete a su amante, Berthe Gueydan, que acabaría desposando a regañadientes al cabo de seis años, en el que se vanagloriaba de haber destrozado aquella enmienda, aparentando defenderla: «*J´ai d´ailleurs remporté un très beau succès: J´ai* écrasé *l´impôt sur le revenu en ayant l´air de le défendre*» («He conseguido, por otra parte, un gran éxito: he destrozado el impuesto sobre la renta aparentando defenderlo»). Y firma: «Ton Jo». El contenido íntegro del billete será reproducido por el diario *Le Figaro* el 14 de marzo de 1914, en el apogeo de la campaña de descrédito que este medio inició ese año contra Caillaux. En sus *Mémoires*, reconoce Caillaux haber cometido una imprudencia al jactarse -eso sí, en un billete privado- de su pirueta parlamentaria, que él justifica como un mero tacticismo habitual en la Cámara en ese tiempo, consistente en defender conceptualmente el impuesto, pero sugiriendo un diseño alternativo general del mismo (en la medida en que el propuesto por los diputados Magniaudé y Klotz mantenía aún las contribuciones directas, lo que suponía renunciar al más importante atributo del nuevo tributo, a saber, su aplicación general). Véase: Caillaux, *Mémoires*, I. 195; y Allain, *opus cit*, pág. 236.

orientarse...», palabras huecas e hipócritas, pues a renglón seguido manifiesta su verdadera intención y preocupación real: «... ¿existe una mayoría contra el ministerio Barthou? Lo dudo»[24]. Mide el riesgo y planifica los siguientes movimientos como un jugador profesional de ajedrez. Evita, esta vez sí, la imprudencia que habitualmente enturbia sus acciones. No obstante, sabe, si finalmente vence, que lo más probable es que Poincaré no le encargue formar gobierno, pese a ostentar él la jefatura de la oposición radical, violentando por tanto una práctica habitual de la alternancia en el poder en la República. Pero se puede mandar sin estar a la cabeza del ejecutivo.

La ley de Tres Años es un pilar esencial de la estrategia exterior y militar de Poincaré. Y este está dispuesto a utilizar todos los medios a su alcance para sacarla adelante: nombramiento de ministros acomodaticios y favorables a la Ley en los gobiernos, control del Consejo Superior de la Guerra y uso de los poderes del presidente de la República en las «materias reservadas» de defensa y política internacional[25]. En este contexto, a Caillaux sólo le vale construir una mayoría alternativa. Y esto pasa por convencer a Jaurès, que se muestra esquivo, de acordar una hoja de ruta común[26]. Solicita a su amigo Charles

24 Caillaux, *Mémoires*, III., 58-59.

25 Poincaré pensaba, por otra parte, que la aprobación de la ley ejercería un fuerte efecto demostración sobre los rusos, y les impelería también a ellos a prepararse para un eventual conflicto con el enemigo común. Véase Clark, C.: *Les somnambules. Été 1914: comment l'Europe a marché vers la guerre*, p. 310-315, Flammarion, Paris, 2012. Hay traducción española: *Sonámbulos. Cómo Europa fue a la Guerra en 1914*, Galaxia Gutenberg, Barcelona, 2015.

26 Brédin ha avanzado la hipótesis de que en el tiempo de la oposición a la ley de Tres Años se consolidó una cierta relación, si no de amistad, sí de respeto, entre Jaurès y Caillaux: ambos eran pacifistas y defendían una visión fiscalmente más avanzada y justa de la sociedad. Si bien Jaurès era pacifista por amor a la humanidad, Caillaux, según Brédin, lo era por una razón fría y calculadora, en la

Paix-Séailles que organice un almuerzo con el líder socialista y ambos se ven en privado en casa de aquel. Jaurès es mucho más beligerante que Caillaux con respecto a la ley de Tres Años (a la que ha calificado de «crimen contra la República») y, además, desconfía de la actitud tibia que el político radical ha mantenido en la Asamblea. En todo caso, llegan a una posición común: máximo de hostilidad frente a la ley, y exigencia de que la cobertura financiera de la misma tenga como base la aplicación del impuesto sobre la renta[27].

III.

Caillaux diseña su plan. Está convencido de que, dado el clima prebélico y patriótico que anega los espíritus, la ley será aprobada, pero piensa que combatiéndola inteligentemente reagrupará a la izquierda sin por ello enervar los ánimos de las clases populares. Rehúye por tanto

medida en que estimaba que una guerra acarrearía más costes que beneficios para Francia, sobre todo por el grado de interpenetración que habían alcanzado las economías. Así las cosas, el internacionalismo pacifista de uno contrastaba con el capitalismo liberal del otro, pero ambos se entendían en cuanto al objetivo común de evitar la guerra. Jaurès era para Caillaux un ideólogo romántico, y Caillaux para el líder socialista un pragmático conocedor de los negocios. Pero Jaurès alababa la competencia del líder radical, y este la honradez y sentido democrático del primero. Una alianza entre los dos podría haber cambiado la historia política de Francia, quizás la de Europa. Pero no fue así. 1914 fue un año convulso para los dos (de hecho, Jaurès fue asesinado en los días previos a la guerra, y Madame Caillaux asesinó, a su vez, al director de *Le Figaro*), para su patria y para toda Europa. Véase Brédin, *opus cit.*, p. 119.

27 Charles Paix-Séailles recuerda que ambos llegaron, pese a sus diferencias, pronto a un acuerdo, que es resumido por Caillaux al final del almuerzo: «haremos un gran esfuerzo sobre la enmienda Messimy, que puede reunir el máximo de votos hostiles a la ley. Inmediatamente, nos concentraremos en la ley de cobertura financiera sobre la que exigiremos la aplicación del impuesto sobre la renta». Y Jaurès asintió. Paix-Séailles, C.: *Jaurès et Caillaux. Notes et Souvenirs*, p. 87-89, Eugène Figuière & Cie, Éditeurs, Paris, (non daté).

el ataque frontal. La ofensiva radical, bajo el liderazgo de Caillaux, que es nombrado presidente de la «*Délegation des Gauches*», a estos efectos, somete a la Cámara una contrapropuesta o enmienda en nombre de la izquierda, elaborada por los diputados Paul Boncour (republicano-socialista) y Adolphe Messimy (radical), y que plantea una extensión del servicio de seis meses (y no doce como pretende el gobierno y sus partidarios), y un alargamiento de cerca de un mes adicional para los reservistas. La jugada es ciertamente maestra, y pone al gobierno Barthou en un apuro: si la acepta, los radicales ganan y además serán vistos como patriotas; si la rechazan, Caillaux pondrá en marcha el plan B. La clave de ese plan es concentrar toda la fuerza en el flanco, esto es, presionar al gobierno Barthou a aceptar sus propuestas de financiación y aflorar así las contradicciones de las fuerzas que lo sostienen: la derecha nacionalista, contraria a la imposición sobre la renta, y un buen número de diputados moderados opuestos a un empréstito con inmunidad fiscal de intereses. O Barthou se allana o su gabinete saltará por los aires[28]. Y no le duelen prendas en reconocer que ha de actuar con astucia para ejecutar su plan con garantías de éxito: «Resuelto a seguir punto por punto el plan que me había trazado, rehusaría toda agresión contra el ministerio… Incluso aprovecharía la primera ocasión que se me presentara para mostrar mi espíritu conciliador»[29]. Tan es así que Caillaux llega a despistar al propio Poincaré, que revela en sus Memorias que, en un banquete del partido radical celebrado el 20 de mayo, Caillaux ha declarado que pese a ser excesivo el periodo de tres años

28 Caillaux, *Mémoires*, p. 61
29 Caillaux, *Mémoires*, p. 62.

pretendido por la ley, la democracia no debe eludir el dilema que plantea la nueva situación internacional, y que necesariamente obliga a prolongar el plazo del servicio militar[30]. En este contexto, se suceden entre el 17 y 22 de mayo de 1913 importantes manifestaciones y revueltas de soldados contra la ley de Tres Años. La prensa conservadora utiliza el clima irrespirable para revitalizar su campaña en favor de la ley, e insinúa que las revueltas han sido lanzadas desde el pacifismo antipatriota. El gobierno no se hace de rogar y prohíbe cualquier tipo de acto público contra o a favor de la ley y, para sorpresa de todos, Caillaux vota con la mayoría (330 contra 168) a favor de la citada prohibición[31]. El editor de *Le Temps* publica en portada, el martes 27 de mayo, un comentario, con un expresivo titular, *Le retour au bercail* («El regreso al redil»), en el que aplaude la decisión de Caillaux de votar con el gobierno, «porque tiene principios que no puede descuidar»[32]. Lo cierto es que las algaradas, en las que se involucra el propio Jaurès, producen, en contra de lo pretendido, un efecto *boomerang*, y generan una cierta división del centro-izquierda, y una reafirmación de las clases moderadas en favor de la ley.

En este mismo condescendiente espíritu, en la sesión de la Cámara del 29 de mayo, según nos cuenta su amigo Paix-Séailles, Caillaux rechaza los planes financieros del ministro Dumont, pero lo hace con una «moderación sorprendente» y le ofrece a cambio un programa finan-

30 Poincaré, *Au Service de la France,* III., p. 211.

31 Véase Krumeich, *opus cit.*, p. 91-94.

32 *Le retour au bercail,* p. 1, Le Temps, 27 Mai 1913, nº 18955, Cinquante-Troisième Année. ¿Nuevo gesto oportunista? Puede que aquí Caillaux estuviera dando una de arena al gobierno (estrategia que él mismo se había propuesto), o puede que, como hombre de orden, no deseara que el caos inducido por las revueltas se generalizase en toda Francia.

ciero «de un oportunismo tal, que podía parecer más apropiado para la política general de un gabinete moderado que para la del partido radical»[33]. Caillaux se nos revela en todo este episodio como un astuto y consumado táctico, que no muestra reparo alguno en recurrir al oportunismo y a la hipocresía política para conseguir sus objetivos.

Pero, con independencia de su deseo de derrocar al gobierno Barthou y recuperar el poder, ¿cuál era en verdad la posición de Caillaux con respecto a la Ley de Tres Años y su modo de financiación? En relación con la primera cuestión, toda la izquierda consideraba que la ley era un despropósito por varias razones: en primer lugar, no contemplaba una modernización en medios, tecnología y material del ejército. Además, un año más de servicio militar retiraría de la producción industrial y económica en general otros 200.000 jóvenes en un país ya pobre en hombres y con una tasa de natalidad muy inferior a la de Alemania; alguien como Caillaux sabía muy bien que lo que hace a la postre fuerte a un país es el tamaño y dinamismo de su economía. La ley obedecía, por otra parte, a un espíritu revanchista, que a juicio de la izquierda acrecentaba la probabilidad de una conflagración a escala europea. Por último, y como el líder del partido radical se encargó de enfatizar en la propia sesión en la que se aprobó la ley, esta adolecía de improvisaciones y contradicciones que la hacían técnicamente deficiente. Caillaux matiza en sus *Mémoires* que su oposición a la ley no menoscababa en absoluto su determinación de contar con una nación fuerte en lo militar. Pero ello requería medidas inteligentes de naturaleza organizativa y tecno-

33 Paix-Séailles, *opus cit.*, p. 90.

lógica, e inversión en material y fortificaciones que la ley no contemplaba[34].

La ley de Tres Años fue finalmente aprobada por la Cámara el 19 de julio por una sólida mayoría de 358 votos contra 204, y ratificada por el Senado el 7 de agosto. El 19 de octubre Caillaux, que tiene a esa fecha 50 años, acude a Pau donde se celebra el congreso del partido Radical, a petición de Combes, que estima que un hombre como él puede sustituirle en la presidencia. Su candidatura se impone a la de Camille Pelletan, un oscuro personaje de 67 años, encaramado al aparato, que se queja amargamente de que la brillantez del poder emule el trabajo de partido. Caillaux es ahora jefe de la oposición. Y la probabilidad de éxito de su plan cobra fuerza. El círculo se estrecha para el gobierno, que aún no da con la fórmula para financiar las necesidades de gasto derivadas de la ley de Tres Años. El 28 de noviembre, nuestro hombre ataca en la Cámara diversos aspectos técnicos de la forma de financiación del déficit presupuestario que va a generar la aplicación de la ley, pero ofrece alternativas, incluso con

34 El grueso de la campaña no fue en efecto, en lo que concierne a la actividad parlamentaria, llevado a cabo por Caillaux, sino sobre todo por Augagneur, Thomas, Chautemps y, más que ningún otro, por Jaurès. Diputados como Boncour, Messimy y Painlevé presentaron contraproyectos; numerosos generales del ejército se manifestaron en contra, así como buena parte del mundo intelectual y cultural. La oposición más encarnizada, desde los medios, la protagonizó lógicamente *L'Humanité*, pero fue secundada por otros como *Le Radical, Le Siècle, L'Aurore*, etc. Uno de sus argumentos, además de los citados en el texto, se centraba en subrayar que en verdad el alto mando había boicoteado la aplicación de la ley de dos años, dejándola virtualmente sin efecto. Y el propio Jaurès (que pronunció el discurso más importante de la campaña en las sesiones de la Cámara del 17 y 18 de junio) demostró que en verdad los 180.000 nuevos efectivos que el incremento de un año en el servicio allegaba, quedaban reducidos a un total de 30.000 hombres por circunstancias tales como las vacaciones, destinos en el interior, liberación anticipada por familia numerosa, etc. Véase Michon, *opus cit.*, p. 144-150, y 160-62.

base en un empréstito. El día siguiente, en un banquete del comité ejecutivo del partido radical-socialista, advierte, no obstante, que no está dispuesto a aceptar la propuesta del gobierno de conceder inmunidad fiscal a los intereses del empréstito. Entre tanto, Jaurès no se fía de que el pacto que alcanzó con Caillaux en marzo sea finalmente respetado por este. Y le dispara un dardo envenenado que publica el 30 de noviembre en la portada de *L'Humanité*, donde le afea su comportamiento timorato en el asunto del empréstito ante el tándem Barthou-Dumont, empecinados en un empréstito de no menos de 1.300 millones y con inmunidad fiscal: «No es nada dudoso que la seguridad sobre este punto de los señores Barthou y Dumont se derive de la falta de decisión que se manifiesta en el campo radical, y el propio señor Caillaux ha dado ejemplo de esto anteayer»[35]. El 1 de diciembre la Cámara aprueba el empréstito por un importe de 1.300 millones con una mayoría débil de 291 votos contra 270, como se encarga de anunciar Jaurès en *L'Humanité*, que anticipa una crisis de gobierno[36]. Y el 2 de diciembre Caillaux asesta su estocada definitiva. Sube a la tribuna en la sesión de la tarde que comienza a las tres en punto. Su razonamiento responde a una lógica implacable: la inmunidad de los intereses del empréstito contradice lo dispuesto y aprobado por una votación de la Cámara, el 25 de mayo de 1908, que por una mayoría de 386 votos prohibía la concesión de inmunidad fiscal a los intereses de los empréstitos. Jamás ministro alguno de la República (con la excepción de Léon Say que fue en su día desautorizado por la Asamblea) había propuesto

35 *L'Emprunt. Quelle sera, lundi, l'attitude du Gouvernement*, L'Humanité, 30 Novembre 2013, nº 3511, Dixième Année, p.1.
36 Jaurès, J.: *La Vraie Crise*, L'Humanité, 2 Décembre 2013, nº 3513, Dixième Année, p.1.

una inmunidad definitiva para los intereses de la deuda. Lo que pretende el gobierno perjudicará la colocación de futuros empréstitos que no disfruten del mismo privilegio, encareciendo de esta forma el coste financiero del Estado, amén de propinar un bajonazo mortal al proyecto de ley del impuesto sobre la renta[37]. La Cámara se pronuncia y deja en minoría al gobierno por 290 votos contra 265. Por una vez el partido radical ha votado totalmente unido, y a él se han asociado los socialistas y algunos diputados conservadores. Caillaux ha derribado el gabinete Barthou[38]. Ha cumplido su compromiso con Jaurès. Este abre su periódico el día siguiente con un titular a toda página: «*La Chute du Ministère des Trois Ans*», con foto de Caillaux en la portada[39].

Ha llegado al cénit de su carrera. Las formas políticas republicanas obligan al presidente Poincaré a ofrecer al vencedor -que es, además, el jefe del partido radical- la formación del nuevo gabinete[40]; ha desbaratado en cierta

37 Estas eran en verdad las razones para oponerse a la propuesta del gobierno, pues el coste de oportunidad presupuestario anual de la inmunidad fiscal de los intereses para el Estado, según el ministro de Hacienda, Dumont, se estimaba entre 16 y 18 millones de francos, lo que no representaba más de un 3% del presupuesto del Estado. Citado por Isvolsky, *Copie de la Dépêche de l´Ambassadeur à Paris*", nº 53, 21 Novembre/4 Décembre, *opus cit.*, p. 191-192.

38 Véase Allain, *opus cit.*, p. 262; Young, *opus cit.*, p. 116; Caillaux, *Mémoires*, III., p. 78. Poincaré, *Au Service de la France*, III., p. 337-338. Curiosamente, Poincaré afirma en esas páginas que la sesión en que la Cámara aprobó el texto en 1908 tuvo lugar el 25 de marzo de ese año, y la votación fue de 349 votos contra 170.

39 *Séance de l´Après Midi*, L´Humanité, 3 Décembre 2013, nº 3514, Dixième Année, p.1.

40 Isvolsky escribe alarmado, en efecto, a Sazonof advirtiendo del peligro de que Poincaré ofrezca la alternativa a Caillaux, lo que a su juicio causaría una tormenta financiera (la renta francesa ya había caído bruscamente con el derrocamiento de Barthou) y un perjuicio para los intereses rusos, pues Caillaux, como se vio en Agadir, es partidario de una política más acomodaticia con Alemania. *Lettre de l´Ambassadeur à Paris*, 21 Novembre/4 Décembre 1913, *opus cit.*, p. 195-197.

medida la estrategia militarista de sus enemigos políticos; las relaciones con los socialistas pasan por su mejor momento, y eso hace presagiar la posibilidad de crear un bloque de izquierdas tras las elecciones de abril del 14, que están a la vuelta de la esquina. Pero antes está en condiciones de forzar, finalmente, la promulgación del impuesto sobre la renta, su gran obra política. En lo personal, las disputas con Berthe Gueydan quedan lejos, y el acuerdo de separación que ambos firmaron en 1906, que le costó una fortuna, supuestamente le protege de las indiscreciones y desvaríos de su exmujer, y, sobre todo le libera para disfrutar de Henriette, su actual esposa[41]. Ha acumulado un enorme capital político que ha de adminis-

41 En 1900 Caillaux se enamora de Berthe Gueydan, la mujer de un alto funcionario, y viven como amantes hasta que contraen matrimonio en 1906. Cuando Caillaux es nombrado ministro de Finanzas en el gabinete Clemenceau (1906-1909), Berthe ocupa los departamentos privados del Louvre (*sede del ministerio de Finanzas; de hecho, todavía hoy sede de la dirección general del Tesoro*), junto a su marido, como si fueran suyos, y le obliga a vivir una vida social desmesurada, contraria a los deseos de intimidad de aquel. Este desencuentro, apenas trascurrido un año desde la boda, conduce a Caillaux a echarse en brazos de una nueva amante, Henriette Reinouard, una divorciada culta, discreta, proveniente de la burguesía. Pero a Berthe le sobra astucia, y, más que nada, la mundanidad de una mujer de salón. Para ellas no hay muros que puedan guardar un secreto. Y Berthe ha intuido, primero, y sabido después que la actitud fría y distante de Caillaux obedece a la presencia de otra mujer. Sobrevienen discusiones, acusaciones, palabras que rozan el chantaje. Caillaux sopesa los costes y los beneficios que pueden derivarse de una ruptura, y opta, con su consabido oportunismo, por una falsa reconciliación. Invita a su mujer a un viaje a Egipto para sellar la paz, y evitar así males mayores, pues le consta que ella puede guardar muchas cartas y billetes comprometedores, y la juzga muy capaz de utilizarlos. La carrera política más valiosa de Francia puede estar en juego. En abril de 1910 vencen las izquierdas, y Caillaux vuelve a ganar su acta de diputado por Mamers; poco después abandona el domicilio conyugal. El matrimonio llega a un acuerdo de mutua conveniencia, un acuerdo frío y pragmático: ella ha de destruir toda prueba que comprometa la honorabilidad y la carrera de Caillaux, y él se aviene a pagar 200.000 francos de su capital. Pero el despecho siempre acaba en venganza. El honor en esos tiempos era cosa de hombres. Berthe Gueydan no cumplirá el acuerdo. *Cherchez la femme*!

trar con inteligencia. Para muchos representa el futuro de Francia, la encarnación de sagrados valores republicanos como la igualdad, la paz, la razón. Pues bien, ese capital va a esfumarse a la velocidad de un rayo. Las imprudencias del pasado, convenientemente aireadas, van a arrinconarlo y hasta empujarlo a un camino sembrado de espino. Alegará que la imprudencia es inseparable de la acción; apelará a la recuperación de la moral de riesgo para encumbrar de nuevo a Francia; entonará, en fin, un quejumbroso «*tout pour la Patrie*», pero a veces, en las existencias de los hombres, públicos o no, la suerte está echada[42].

Una fina inteligencia como la de Caillaux, en sus horas de reflexión fría y serena, tuvo que haber intuido que un bajo barométrico se cernía sobre él, justo al mismo tiempo que casi culminaba la cima tantas veces soñada. Si no hubiese sido por la distracción intelectual que produce el éxito, por la ceguera a que lo sometió su enaltecido amor propio, le habrían necesariamente saltado algunas alarmas en los últimos días de su gesta derrocadora. El día anterior a la caída del gobierno, y tras un discurso ofensivo y despreciativo hacia Briand, al que califica de «egoísta

42 Caillaux cayó en desgracia tras la campaña orquestada contra él por Barthou, Briand y Calmette, con la complacencia de Poincaré, y que culminó con el asesinato del último, a la sazón director de *Le Figaro*, a manos de la mujer del propio Caillaux. Esta fue declarada no culpable por un tribunal penal en los días que precedieron al estallido de la Gran Guerra, pero a su marido, la masa, convenientemente adoctrinada, le colgó el cartel de «culpable político», y fue condenado al ostracismo. Tras varios años de guerra, sus enemigos de siempre -a los que se unió Clemenceau- estimaron oportuno a finales del año 1917, cuando la contienda parecía perdida para Francia, buscar en el diputado radical el chivo expiatorio que el reforzamiento de la moral guerrera del país necesitaba. El 22 de diciembre el Senado se reunió en sesión extraordinaria y, a petición del propio Caillaux, levantó su inmunidad parlamentaria. Caillaux defendió en aquella sesión su pragmática teoría de la acción política, según la cual un actor en este ámbito está necesariamente obligado a cometer imprudencias si desea ser eficaz («la imprudencia es inseparable de la acción»).

durmiente, tiene con este un agrio encontronazo en los pasillos de la Asamblea, y el veterano político, rodeado de sus afines, le amenaza veladamente: «Se me trata de durmiente; se verá que no estoy adormecido (…) voy a defenderme y os responderé públicamente de inmediato»[43]. Al día siguiente, *Le Figaro* dedica la totalidad de su portada al «injusto y desleal» acoso y derribo del gabinete, incluyendo un editorial firmado por su director, Gaston Calmette, que aún no sabe que apenas le quedan unos meses de vida, y menos aún que quien rubricará su final será la mujer de aquel contra el que enrabietado dirige ahora su pluma. Tras loar la nobleza del gobierno saliente, anuncia, ya al final de su crónica, tener bien identificados a los malvados que están arruinando al país, y que merecen ser objeto de su ira: «(…) son los autores de todas las faltas que han deteriorado nuestras finanzas, de todas las aventuras que han comprometido a nuestras fuerzas militares, de todas las leyes de odio que han dividido al país, de todas las amenazas de impuestos vejatorios que inquietan al contribuyente, y su victoria de una tarde ha sido aclamada ayer por sus tropas al grito de: abajo los tres años. ¡Es suficiente!»[44]. Todo lector de *Le Figaro* sabe muy bien de quién habla su director. Cuando el viento amaine, Briand y Barthou, con la complicidad de Poincaré, planificarán la campaña contra Caillaux: la ejecutará Calmette y en su empeño cercenará la vida (en un caso física y en el otro política) de ambos.

La Tercera República -y particularmente el paréntesis de la *Belle Époque*- fue para algunos la República

43 El episodio es narrado de una manera sesgada por Auguste Avril, un periodista de *Le Figaro*: *Un incident entre M. Briand et M.Caillaux*, *Le Figaro*, 2 Décembre 1913, Année 59, nº 336, p. 1.
44 Gaston Calmette: *Un noble départ*, Le Figaro, 3 Décembre 1913, Année 59, nº 337, p. 1.

de los escándalos, para otros la República radical, y para este breve epílogo el tiempo del oportunismo político. Mi propósito al comenzarlo por el final no ha sido otro que llamar la atención del lector sobre la que a mi juicio constituyó la gran batalla política de la *Belle Époque* -una vez superado el caso Dreyfus-, que dirimió la lucha entre dos modos casi opuestos de concebir Francia, su modelo de desarrollo económico y social, y su papel en el escenario europeo. En esa lucha encarnizada se pusieron en juego vastísimos intereses, y como hemos visto las partes recurrieron pródigamente al oportunismo. El proyecto reformista-radical, representado por Joseph Caillaux, se articulaba, a mi juicio, en torno a tres grandes grupos de ideas: el avance de Francia hacia una economía equitativa de mercado; el aseguramiento de la paz y el progreso fundado en la extensión e internacionalización de las relaciones económicas y empresariales entre naciones; y la construcción de Europa sobre la base de un sólido eje francoalemán. Se trataba de un proyecto modernizador, con acento liberal pero anclado en el concepto de orden (que jugaba el papel de válvula homeostática de los desequilibrios causados por el mercado) y en la distribución más igualitaria de los frutos del progreso, para lo que se predicaba la introducción de un impuesto progresivo sobre la renta y la riqueza. Pues bien, esta ambiciosa y en cierta medida visionaria estrategia reformista se enfrentará, en la década previa a la Gran Guerra, al plan alternativo de una gran coalición de fuerzas conservadoras ancladas en la defensa de los privilegios, el proteccionismo, el nacionalismo y el militarismo revanchista. Caillaux sostuvo siempre que el plan articulado desde las élites burguesas, con fuertes connivencias en las esferas de la política, la prensa, el alto mando del ejército e incluso la jerarquía judicial, condenaría a su país al atraso y, en última instancia, a la conflagración y al empobrecimiento generalizado. Y no le faltó razón. Nuestro hombre cometió grandes errores e incorrecciones morales; y también se cometieron contra él. La cita que abre una de las grandes novelas de la Guerra del 14, *Theodor Chindler*, cobra aquí todo su sentido: lo contrario del error es otro error. Pero lo cierto es que las ideas centrales del proyecto político de Caillaux son las que, a la postre, han permitido construir Europa.

IV.

¿Qué mentamos cuando hablamos de oportunismo? ¿Qué es propiamente un acto oportunista?

En el lenguaje moral común, oportunismo remite a interés egoísta, a la búsqueda del interés propio por encima del de los demás, o incluso a costa del de los demás. Y esa búsqueda no es neutral ni transparente, en la medida en que el agente «oportunista» se vale del engaño, la astucia, la confusión o la manipulación para conseguir su objetivo[45]. En aras de tratar de formular una defini-

45 Desde un punto de vista formal, la discusión conceptual en torno al oportunismo ha tenido un gran desarrollo en la economía, particularmente en las teorías de los contratos (con referencia a los costes de transacción) y de la agencia. Oliver Williamson, el académico que más ha profundizado en el tema que nos ocupa, al menos en el ámbito de la ciencia económica, estima que el oportunismo es una sutil y penetrante condición de la naturaleza humana. A su entender, la teoría de los costes de transacción, y la teoría de la organización económica que se deriva de ella, parten de dos asunciones básicas: los seres humanos están sujetos a la existencia de racionalidad limitada y son proclives al oportunismo, esto es, a la búsqueda del interés propio con astucia. La primera reconoce límites o restricciones en las capacidades cognitivas del ser humano; la segunda, dice Williamson, «sustituye la simple por la sutil búsqueda del interés propio», aunque en mi opinión lo que en verdad subyace en el oportunismo sistemático es la existencia de limitaciones serias a las capacidades morales del ser humano. De aquí surge lo que se podría considerar un imperativo

ción de oportunismo, veamos cuáles serían las notas que caracterizarían este concepto. La primera de ellas es la búsqueda egoísta del interés propio o de una ventaja personal. Esto no quiere decir que la orientación de nuestra acción al interés propio sea siempre oportunista; sino que en todo acto oportunista encontramos el empeño de su autor en el logro de aquello que le marca su propio interés. Pues bien, para que en efecto esa búsqueda revista el carácter de oportunista, segunda nota, ha de llevarse a cabo por el agente con la intención de aprovecharse de una situación generada por él mismo o por circunstancias tales que le permitan anticipar o prever que como resultado de su acción obtendrá una ventaja personal. Es en la motivación «egoista», en efecto, donde posiblemente anida la diferencia entre interés propio bien entendido y búsqueda oportunista del mismo[46]. Defender o promocionar el interés de uno mismo no implica en absoluto hacerlo con la intención de que sólo resulte beneficiado el actor. Por eso, la tercera nota de la conducta oportunista presupone que el agente busca no sólo su beneficio, sino que está dispuesto (o acepta), al hacerlo, a causar con su acto un perjuicio, coste o pérdida a alguien, esto es, a generar su propia ventaja «a costa» del bienestar de otros o de sus intereses. En cuarto tér-

---

organizativo, tanto en el ámbito de la acción política como en el de lo social y económico, a saber: conviene establecer un marco de las relaciones de unos seres con otros y de transacciones entre ellos que partan del principio de satisfacción (y no del de maximización) del interés propio, y que simultáneamente evite que aquellas sean objeto de los azares del oportunismo. Lo que viene a proponer Williamson son reglas consistentes que penalicen las conductas oportunistas. Williamson, O.E.: *The Economic Institutions of Capitalism*, p. 43-67, The Free Press, New York, 1985.

46 Sobre la doctrina del interés bien entendido véase, por ejemplo, Tocqueville, A.: *La democracia en América*, p. 877-885, Editorial Trotta-Liberty Fund, Madrid, 1990.

mino, la acción en cuestión se efectúa por el agente con engaño, astucia, desinformación, falta de transparencia y/o manipulación, lo que implica traicionar la confianza de las personas afectadas, que en muchos casos mantienen además una relación de agencia con el autor de la acción oportunista[47]. En quinto lugar, en el agente que se comporta de manera oportunista concurre una disposición o una práctica orientada a la planificación de la acción, al cálculo de sus efectos y a la maximización de su ventaja o intereses. Por último, el agente que actúa con oportunismo conoce (salvo que su nivel de autoengaño sea anormalmente elevado) que su acción es inconsistente con sus principios morales, y entre ellos, el de la equidad (*fairness*) en el trato con los demás.

Llegados a este punto, podemos extraer como notas esenciales del oportunismo las siguientes: la búsqueda calculadora y egoísta del interés propio; llevada a cabo desde la manipulación y al margen de los principios en los que cree el propio agente; con objeto de obtener una ventaja injustificable, con independencia de los efectos que ello tenga para los demás. Es decir, hay seis parámetros que enmarcan la acción oportunista: el egoísmo, el cálculo obsesivo, la manipulación, la traición a los propios principios y valores, la injustificable corrección moral de la ventaja pretendida y la falta de respeto hacia los demás. Y propongo definirlo de la siguiente manera: «Un acto oportunista

47 En relación con la teoría de la agencia, creo que puede afirmarse que en toda situación de conflicto de intereses se da un comportamiento oportunista por parte del agente, aunque lo inverso no es cierto. Así, en el conjunto de los actos oportunistas estaría incluido un subconjunto de los actos productores de conflictos de intereses (otros serían actos de *free-riding, sirking*, falsas promesas, manipulación, etc). Sobre la teoría de la agencia y su influencia en la teoría de los conflictos de intereses véase Eguidazu, S.: *Filosofía de los Conflictos de Intereses*, UNED, mimeo, 2013.

es aquel perpetrado por un agente egoístamente motivado por su propio interés, y llevado a cabo con manipulación y cálculo; y, en todo caso, al margen de sus principios morales, con la pretensión de obtener una ventaja injustificable, susceptible de perjudicar o causar un perjuicio inmerecido a los afectados por el mismo».

Una vez acotado el acto oportunista, se nos presenta la siguiente cuestión: ¿es necesario para calificar un acto de oportunista que identifiquemos en él todas y cada una de las notas descritas en la anterior definición? Pues bien, una forma de reflexionar en torno a este asunto consistiría en tratar de sintetizar esas notas en dos o tres clases homogéneas y analizar si estas han de darse para tachar a una acción de oportunista. En mi opinión hay dos subconjuntos de notas perfectamente agrupables: el primero, que titularemos «ventajismo», afectaría a las notas incluidas en el concepto de «interés calculador y egoísta en obtener una ventaja injustificable y perjudicial para terceros, con astucia, manipulación y engaño». Creo que todas estas notas suelen coincidir en un propósito ventajista, pues tratar de obtener un beneficio personal a costa de otros requiere cálculo egoísta, manipulación y falta de respeto hacia los intereses de los demás. Y obtener un beneficio a costa de otros es moralmente injustificable; es una acción moralmente incorrecta. El segundo sería la «inconsistencia» de la acción con los principios morales, planes generales o simples principios de conducta del agente que la diseña y ejecuta.

Por otra parte, en relación con la caracterización que hemos realizado del ventajismo, reviste particular importancia analizar si es intelectual y moralmente viable diferenciar dos clases de «interés propio», a saber: el interés egoísta u oportunista, y el interés natural o «bien entendido». Si así fuera, dicha caracterización tomaría pleno sentido, en la medida en que el interés natural produciría los efectos propios de un juego de suma positiva (la mano invisible de Adam Smith), mientras que el interés egoísta arrojaría un saldo social como mucho nulo (lo que uno gana lo pierde el otro), tal y como hemos definido el ventajismo.

En conclusión, en toda acción oportunista confluyen dos notas generales al mismo tiempo, a saber, ventajismo e inconsistencia. Es decir, será oportunista aquella acción por medio de la cual el agente pretende obtener una ventaja moralmente injustificable y cuya ejecución es, a su vez, inconsistente con sus principios e ideas, en el sentido de estar traicionando, al llevarla a cabo, su esencia como persona. Hasta ahora hemos predicado el oportunismo de los actos, pero cabe preguntarse si no sería asimismo razonable atribuir dicho predicado al agente, como habitualmente lo hacemos en la práctica diaria. Pues es verdad, en cierta medida, que la observación de la vida cotidiana pone de manifiesto que unos agentes son sistemáticamente más propensos al oportunismo que otros. Es posible, desde luego, que en dichos agentes anide una disposición de ánimo (eso que Kant llamaba *Gesinung*) que les proyecte hacia una conducta pertinazmente oportunista, pero esa investigación trasciende el objeto de este epílogo. Mi opinión, en todo caso, es que la orientación egoísta de un acto constituye una nota esencial del ventajismo y, por ende, del acto oportunista, y que ese interés «egoísta» es distinto del interés propio natural y razonable .-el interes «bien entendido» de Tocqueville o de Smith- de cada ser humano, que inspira otra clase de actos.

V.

Descubrí el ensayo de Berenson en una librería de Nueva York. Su nombre era Brentano y ocupaba uno de esos gigantescos lofts de la Quinta Avenida frente al Rockefeller Center. Las lámparas, las barandillas negras de las escaleras y del piso visto de arriba, el artesonado del techo, despedían un cierto aire Art Nouveau, subliminalmente trasladaban al cliente que se encontraba en un espacio culto, tranquilo, en el que los detalles se cuidaban y los libros se amaban. Nunca supe si el librero original, que resultó llamarse August Brentano, y que fundó su compañía en 1856, guardaba alguna clase de parentesco con Franz Brentano (1838-1917), el gran filósofo reformista de principios del siglo XX según Ortega[48]*, y autor del opúsculo «El origen del conocimiento moral», en el que esbozó una teoría en toda regla sobre el fundamento de la moralidad, y alumbró los primeros destellos de una teoría de los valores*[49]*. O si podía existir -también me venía a la mente- alguna posible conexión con la familia de mi admirado Bernard von Brentano (1901-1964), el escritor alemán que retrata en «Theodor Chindler» la desintegración moral de una familia en medio del caos social de la Alemania inmersa en la Gran Guerra, hasta el punto de que la hija rebelde, Lilli, reconoce que la gente «no quiere vivir mejor, sino vivir»* [50]*. Ese clamor por la paz también se daba al otro lado de las trincheras, y uno de sus grandes impulsores era precisamente Joseph Caillaux. Lo cierto es que, tras peripecias y avatares corporativos sin fin, en los que la propiedad de la cadena de librerías Brentano cambiaba de manos como los libros en los estantes -como es usual en el dinámico capitalismo americano-, la empresa finalmente quebró a principios de este siglo y el*

48 Ortega y Gasset, J.: *La Metafísica y Leibniz*, en *Obras Completas, tomo 3*, p. 432-33, Alianza Editorial, Madrid, 1983.

49 Brentano, F.: *El origen del conocimiento moral*, Tecnos, 2002. Traducción de Manuel García Morente, y con un estudio preliminar de Juan Miguel Palacios. A Brentano llegué, precisamente, de la mano de J.M. Palacios y de sus clases magistrales sobre el opúsculo aquí citado.

50 Von Brentano, B.: *Theodor Chindler*, p. 392, Alianza Editorial, Madrid, 2018.

local de Nueva York fue arrendado a una cadena de perfumerías. La fragancia de la cultura había dejado de estar de moda; y los libros se compraban ya en Amazon. Afortunadamente, antes de que todo esto ocurriera, adquirí allí, en un gélido domingo neoyorkino de diciembre de 1992, «The Trial of Madame Caillaux». No niego que nada en la imagen melancólica de Henriette Claretie en la portada de la edición original, su perdida mirada, sus manos enfundadas en un rulo de armiño, sudorosas imagino al apretar con fuerza una Smith and Wesson, haga sospechar que unos minutos después vaya a asesinar a uno de los hombres más poderosos de Francia, Gaston Calmette, a la sazón director de Le Figaro; y no puedo negar tampoco que dicha imagen encendió mi curiosidad aún más que la que siempre me han producido los libros que abordan los grandes juicios, políticos y penales, de los grandes personajes históricos. En la Europa de 1992, sin embargo, la historia de Joseph Caillaux, antiguo presidente de Francia en 1911 y el hombre-arquetipo de la Belle Époque, y la de su criminal pareja, no interesaban sino a unos pocos historiadores y estudiosos del apasionante universo de la Tercera República. De hecho, en el cuarto de siglo que ha transcurrido entre la publicación del libro del que este epílogo trae causa y la adquisición de los derechos para su publicación en castellano por Avarigani Editores, he podido personalmente comprobar que muy pocos franceses saben quién fue Caillaux y qué servicios rindió a su patria en las primeras convulsas décadas del siglo pasado.

Devoré el texto en unos pocos días -el frío invitaba a permanecer en el hotel- y, con independencia de su indiscutible calidad, de la profundidad de la investigación histórica y la riqueza de sus fuentes, del acierto en utilizar aquel asesinato como pretexto para analizar y evaluar aspectos críticos de la política y de la sociedad de la Belle Époque, tales como la justicia, la prensa, la institución del divorcio y el desarrollo del feminismo o las motivaciones pasionales de la burguesía republicana, recuerdo que dos analogías me invitaron a profundizar en el singular político que fue Joseph Caillaux. Ambas dos seguramente respondían a la inmediata proximidad de los acontecimientos que pudieron haberlas esti-

mulado. En febrero de 1992 se había firmado, en efecto, el Tratado de Maastricht, el gran paso en la construcción europea desde la fundación de la CEE. Algunas de las visionarias ideas defendidas por Caillaux casi un siglo antes, en particular la creación de una Europa económica y monetariamente integrada, veían la luz finalmente en ese Tratado. Dos años antes, la reunificación de Alemania había hecho posible otro sueño de nuestro hombre, a saber, la estabilidad de una Europa unida, próspera y en paz de la mano de un eje director francoalemán.

La segunda de las analogías hacía referencia a la caída en desgracia de lo que se conoció en España como la «beautiful people», un conjunto de financieros, empresarios y hombres de negocios, e incluso algún político, que en buena medida dirigían de facto la política económica y financiera, y propugnaban un programa modernizador, europeísta y reformista para nuestro país, aún lejos de los niveles democráticos y de confort material de nuestros vecinos. En julio de 1992, tras una intensa campaña orquestada por el diario El Mundo, que había descubierto ciertos escándalos en los que estaba involucrado, dimitió el gobernador del Banco de España, el más significado exponente de aquel grupo. Él y algún otro acabaron más tarde en la cárcel. De alguna forma habían contado con el apoyo del gobierno socialista, por lo que los ataques adquirieron una gran virulencia mediática y política. Todo ello me recordó a algunas de las vivencias de Caillaux. Como su propio apodo indicaba, la «beautiful» estaba integrada por un conjunto de personas inteligentes, brillantes, cultas, elegantes, socialmente bien relacionadas, de tendencia ideológica socialdemócrata, pero de hábitos burgueses y liberales, y con una enorme influencia y penetración en los grandes círculos empresariales, en las instituciones económicas, en los bancos y en el propio gobierno. Su ocaso precipitó en cierta medida el del partido socialista, que ya en el año 1993 estuvo a punto de perder las elecciones. A partir de ahí el acoso de la derecha y de los medios afines no se detuvo hasta que aquella alcanzó el poder en las elecciones de 1996. Caillaux había pasado por un infierno similar. Sus ideas progresistas (llegó a ser Presidente del partido radical, y de su alianza con el radical-socialista), particular-

mente su empeño por emprender la reforma del sistema impositivo francés, implantando por primera vez en el país -junto con Inglaterra- más desigual del mundo en esa época un impuesto progresivo sobre la renta y la riqueza; su credo liberal, abiertamente contrario a los privilegios de la alta burguesía -«las doscientas familias»-, al proteccionismo y a la tímida internacionalización de la economía francesa; sus firmes convicciones antinacionalistas y antimilitaristas; su decidida apuesta, como hemos dicho antes, por la integración económica y monetaria de Europa sobre la base de un sólido eje francoalemán que garantizara la paz y la prosperidad a largo plazo, y la transformara en un área fuerte y competitiva frente a los colosos emergentes de la posguerra como Estados Unidos y Japón; le habían granjeado la enemistad y el odio de las élites dominantes y de las fuerzas conservadoras, que oponían a su proyecto reformista otro anclado en el nacionalismo económico, el militarismo revanchista y la desconfianza radical en el archienemigo alemán. Estas élites, que habían conseguido apropiarse de una parte significativa de los antiguos privilegios de la aristocracia, traicionando los ideales de la República, consideraban, por su parte, a Caillaux el paradigma del traidor de clase, debido a su ascendencia (procedía de una familia burguesa, adinerada e instalada en el poder; su padre había sido dos veces ministro de Obras Públicas y Hacienda con Mac Mahon)-, a su forma acomodada y libertaria de vida (se casó dos veces, pero nunca llegó a fundar un hogar), y a sus maneras atildadas, de él llegó a decir el líder socialista Jean Jaurès que parecía un «dandy balzaquiano». No le perdonaron su insultante inteligencia, su superior preparación técnica y su prepotente oratoria. Y utilizaron su inveterada imprudencia para hacer de él el chivo expiatorio que Francia reclamaba cuando a comienzos de 1918 iba perdiendo la guerra.

La campaña que desencadenó el declive de la carrera política de Caillaux, y que precedió al asesinato de su ejecutor, el director de Le Figaro, a manos de su segunda mujer, y que se describe con rigor en el ensayo de Berenson, constituye por sí misma una analogía dentro de otra analogía. Lo que hicieron Calmette y los auténticos instigadores de la infame campaña -Aristide Briand, Louis Barthou y, en la sombra, Raymond Poincaré- fue crear, por primera vez en la historia de los medios de comunicación en Europa, un acontecimiento, una suerte de telenovela con más de cien episodios (los días que duró la campaña), en la que se cruzaron sin escrúpulo alguno los límites de la profesionalidad, de la verdad y del respeto de la intimidad. Se utilizaron todos los medios al alcance, desde el soborno y la amenaza hasta la entrega para su publicación de documentos oficiales; desde el contubernio entre periodistas, políticos y oscuros hombres de negocios, hasta la defensa de intereses económicos espurios. Fue una muestra más del oportunismo que anegaba la conducta moral de la clase dirigente de la Tercera República. Una conducta que se extendió a ciertos estamentos de la justicia, a los altos mandos del ejército, a la profesión periodística como hemos visto, a la gran empresa, a la alta administración del Estado y a la clase política en general.

Las dos analogías que acabo de describir representan, de alguna forma, dos polos opuestos del comportamiento de una persona, o de un grupo de personas: de una parte, la firmeza de las convicciones, la defensa de las ideas propias o de los proyectos, incluso hasta el punto de poner en riesgo la libertad personal (como fue el caso de Caillaux), muestran el lado noble y anti-oportunista del carácter humano; por otra, la forma de ejecutar esas ideas, las contradicciones o las inconsistencias entre el pensamiento y la acción, descubren el recurso al oportunismo de muchos hombres de acción -y Caillaux no fue una excepción- para acabar consiguiendo sus objetivos, en algunos casos inconfesables o inaceptables. Pero si la naturaleza humana fuese inmune a la contradicción, la investigación histórica resultaría menos apasionante. De ahí que me haya parecido apropiado centrar en el análisis crítico del oportunismo el contenido de este Epílogo a la edición española de «The Trial of Madame Caillaux».

Ribamontán al Mar, septiembre de 2018